中华现代学术名著丛书

西域史地考古论集

黄文弼 著
黄　烈 编

2017年·北京

图书在版编目(CIP)数据

西域史地考古论集/黄文弼著;黄烈编.—北京:商务印书馆,2015(2017.3 重印)
(中华现代学术名著丛书)
ISBN 978-7-100-11725-8

Ⅰ.①西… Ⅱ.①黄… ②黄… Ⅲ.①历史地理—西北地区—文集 ②文物—考古—西北地区—文集 Ⅳ.①K928.6-53 ②K870.4-53

中国版本图书馆 CIP 数据核字(2015)第 263100 号

权利保留,侵权必究。

中华现代学术名著丛书
西域史地考古论集
黄文弼 著
黄 烈 编

商务印书馆出版
(北京王府井大街36号 邮政编码 100710)
商 务 印 书 馆 发 行
北 京 冠 中 印 刷 厂 印 刷
ISBN 978-7-100-11725-8

2015 年 12 月第 1 版　　开本 880×1240　1/32
2017 年 3 月北京第 2 次印刷　印张 17½　插页 8
定价:55.00 元

黄 文 弼

(1893—1966)

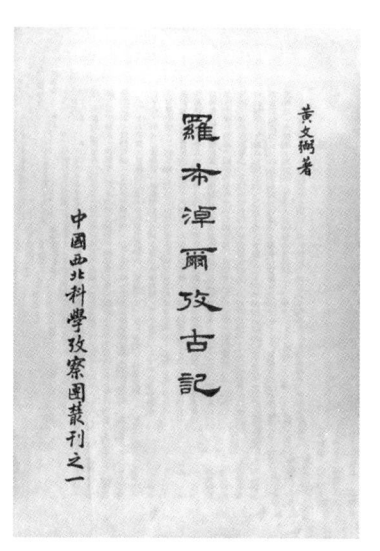

《罗布淖尔考古记》内封,
国立北平研究院史学研究所、
中国西北科学考察团理事会
印行

《黄文弼历史考古论集》封面,
文物出版社 1989 年版

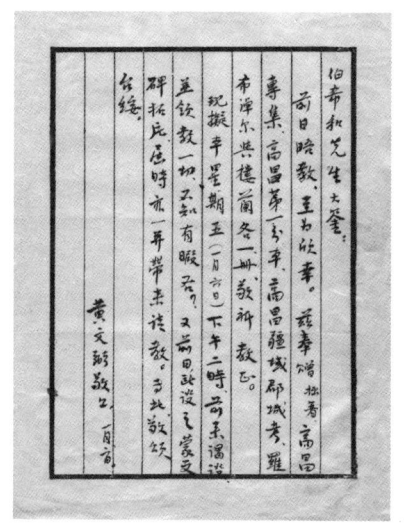

黄文弼致伯希和信

出版说明

百年前,张之洞尝劝学曰:"世运之明晦,人才之盛衰,其表在政,其里在学。"是时,国势颓危,列强环伺,传统频遭质疑,西学新知亟亟而入。一时间,中西学并立,文史哲分家,经济、政治、社会等新学科勃兴,令国人乱花迷眼。然而,淆乱之中,自有元气淋漓之象。中华现代学术之转型正是完成于这一混沌时期,于切磋琢磨、交锋碰撞中不断前行,涌现了一大批学术名家与经典之作。而学术与思想之新变,亦带动了社会各领域的全面转型,为中华复兴奠定了坚实基础。

时至今日,中华现代学术已走过百余年,其间百家林立、论辩蜂起,沉浮消长瞬息万变,情势之复杂自不待言。温故而知新,述往事而思来者。"中华现代学术名著丛书"之编纂,其意正在于此,冀辨章学术,考镜源流,收纳各学科学派名家名作,以展现中华传统文化之新变,探求中华现代学术之根基。

"中华现代学术名著丛书"收录上自晚清下至20世纪80年代末中国大陆及港澳台地区、海外华人学者的原创学术名著(包括外文著作),以人文社会科学为主体兼及其他,涵盖文学、历史、哲学、政治、经济、法律和社会学等众多学科。

出版说明

出版"中华现代学术名著丛书",为本馆一大夙愿。自1897年始创起,本馆以"昌明教育,开启民智"为己任,有幸首刊了中华现代学术史上诸多开山之著、扛鼎之作;于中华现代学术之建立与变迁而言,既为参与者,也是见证者。作为对前人出版成绩与文化理念的承续,本馆倾力谋划,经学界通人擘画,并得国家出版基金支持,终以此丛书呈现于读者面前。唯望无论多少年,皆能傲立于书架,并希冀其能与"汉译世界学术名著丛书"共相辉映。如此宏愿,难免汲深绠短之忧,诚盼专家学者和广大读者共襄助之。

商务印书馆编辑部

2010年12月

凡 例

一、"中华现代学术名著丛书"收录晚清以迄20世纪80年代末,为中华学人所著,成就斐然、泽被学林之学术著作。入选著作以名著为主,酌量选录名篇合集。

二、入选著作内容、编次一仍其旧,唯各书卷首冠以作者照片、手迹等。卷末附作者学术年表和题解文章,诚邀专家学者撰写而成,意在介绍作者学术成就,著作成书背景、学术价值及版本流变等情况。

三、入选著作率以原刊或作者修订、校阅本为底本,参校他本,正其讹误。前人引书,时有省略更改,倘不失原意,则不以原书文字改动引文;如确需校改,则出脚注说明版本依据,以"编者注"或"校者注"形式说明。

四、作者自有其文字风格,各时代均有其语言习惯,故不按现行用法、写法及表现手法改动原文;原书专名(人名、地名、术语)及译名与今不统一者,亦不作改动。如确系作者笔误、排印舛误、数据计算与外文拼写错误等,则予径改。

五、原书为直(横)排繁体者,除个别特殊情况,均改作横排简体。其中原书无标点或仅有简单断句者,一律改为新式标点,专名号从略。

六、除特殊情况外,原书篇后注移作脚注,双行夹注改为单行夹注。文献著录则从其原貌,稍加统一。

七、原书因年代久远而字迹模糊或纸页残缺者,据所缺字数用"□"表示;字数难以确定者,则用"(下缺)"表示。

目　　录

第一编

略述内蒙古、新疆第一次考古之经过及发现 ……… 3
吐鲁番考察经过 ……………………………………… 11
焉耆考古调查简记 …………………………………… 30
轮台考古调查简记 …………………………………… 44
库车考古调查简记 …………………………………… 53
若羌考古调查 ………………………………………… 101
罗布淖尔考古简记 …………………………………… 111
伊犁考古调查简记 …………………………………… 138
1957—1958 年新疆考古调查简记 …………………… 153

第二编

新疆地形古今谈 ……………………………………… 169
汉西域诸国之分布及种族问题 ……………………… 179
张骞使西域路线考 …………………………………… 203
两汉通西域路线之变迁 ……………………………… 206
谈古代塔里木河及其变迁 …………………………… 212
汉通西域后对西域之影响 …………………………… 227

大月氏故地及西徙 246

中国古代大夏位置考 249

重论古代大夏之位置与移徙 258

第三编

吐鲁番发现墓砖记 267

雅尔崖古坟茔发掘报告 271

雅尔崖古冢中陶器之研究 292

兽形足盆形象考释 322

高昌史事略 333

高昌疆域郡城考 341

亦都护高昌王世勋碑复原并校记 354

宁朔将军麴斌造寺碑校记 369

张怀寂墓志铭校记 374

绢画伏羲女娲神像图说 377

第四编

略述龟兹都城问题 383

汉文写本残纸简释 391

释刘平国治关城诵 397

古代于阗国都之研究 403

焉耆博斯腾湖周围三个古国考 414

罗布淖尔水道之变迁及历史上的河源问题 424

古楼兰国历史及其在西域交通上之地位 453

楼兰土著民族之推测及其文化 494

佛教传入鄯善与西方文化的输入问题 …………………… 500
元阿力麻里古城考 ………………………………………… 524

黄文弼先生学术年表 ………………………………… 黄　烈 535
西域史地考察与丝绸之路研究的奠基之作
　　——黄文弼先生的《西域史地考古论集》………… 朱玉麒 543

第 一 编

略述内蒙古、新疆第一次考古之经过及发现

我于1927年夏,以北京大学考古学会名义,参加西北科学考查团赴甘、新一带考查古迹古物。日前返平,特述其大略如下。

一、由内蒙古至新疆哈密

我们是在1927年4月间离开北平,向新疆出发。由北平赴新疆有三道。一由大道经陕西、甘肃。一由商道经内蒙甘边。一由俄道,经西伯利亚。我们为工作便利起见,乃取商道(图一)。商道系用骆驼。在由包头至蒙古草地时,因骆驼尚未购齐,停包头五十余日。以7月20日发内蒙茂明安旗(今达尔罕茂明安联合旗)之亚木塞河畔,向西进展。9月尾,抵额济纳(今弱水)河畔,休息月余。11月初间,复发河畔西行,至次年(即1928年)1月初方抵哈密。时我等均在大队中,与赫定博士、徐旭生先生同行。其旅行一切情形,在中外两团长旅行日记中言之甚详,不待赘述。惟于沿途关于考古工作,可略述一二。

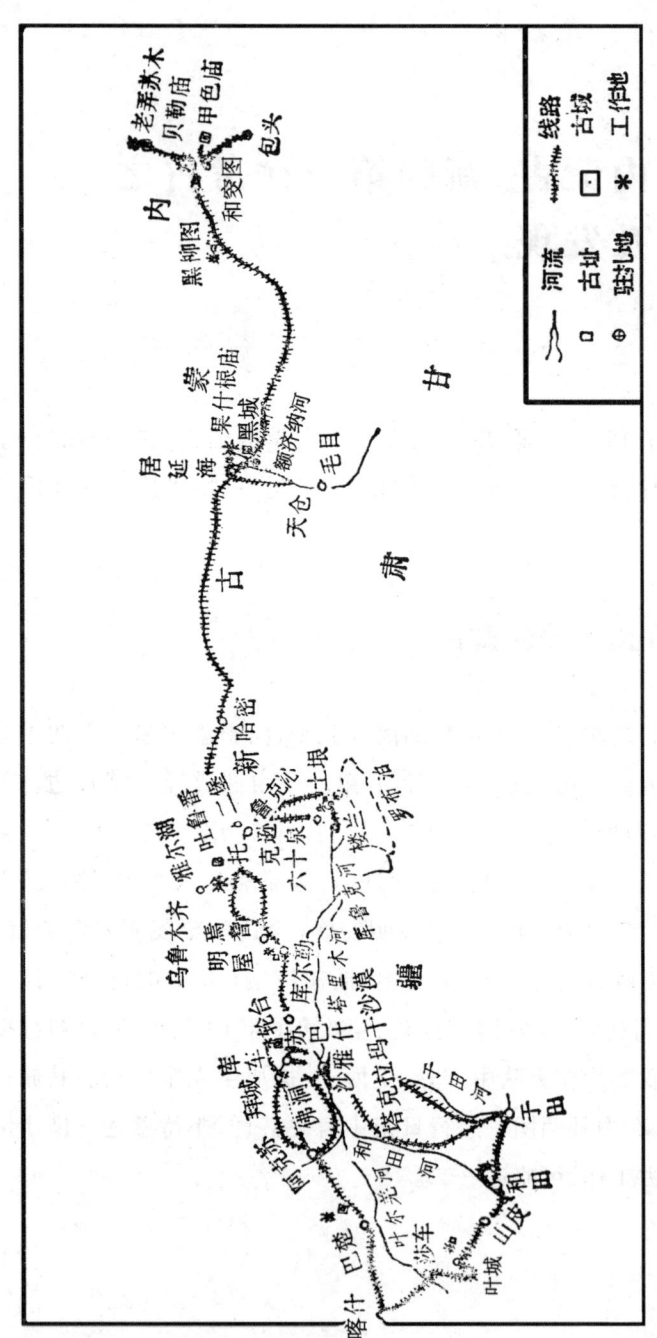

图一 内蒙古、新疆考古线路图

（1）贝勒庙北之古城

贝勒庙属喀尔喀右翼，为多罗达尔汉贝勒游牧地，故称贝勒庙。庙东北35公里许，有一故城，时大队骆驼尚未购齐，乃拟乘间于6月初间，前往视查。在贝勒庙附近，采拾石器后，即沿爱不哈河东北进，2日至老弄苏木（多庙之义），有古城遗址，房舍庙基，尚能见其仿佛。复在城中觅得汉文、蒙文石碑各一方。汉文碑记为《王傅德风堂碑记》，乃马扎罕之子八都帖木儿，于至大元年（公元1308年）立为王傅，管领德宁、砂井、净州、集宁等路，在此建设王府。又其撰文与书丹之人，皆署明净州路，故我疑此城为金净州城故址。

（2）黑柳图

蒙名哈利乌台因果尔。有河，名黑柳图河。经阴山之阳南流，由乌兰鄂博入河套。工作地即在河之西岸。时大队先行，我留此工作，发掘七日，共得铜铁器约二百余件，又骨器、陶器之类，约陈两箱，以掘得器物证之，疑为汉代兵营。此地当汉五原北境。盖汉兵由五原攻匈奴，道必由此也。

（3）额济纳河之旧庙及天仓北古堡

当大队抵额济纳河休息时，我则乘间出发考查，先由额济纳河故道北行，途中发现一古庙，采拾残纸甚多。字多草体，亦有真书，经鉴定为西藏文书。复转西行，经苏古诺尔、嘎顺诺尔，我国地图称为居延海。复由嘎顺诺尔之西隅，沿木伦河南行，在河岸古烽台遗址，检拾铜矢镞之类若干，抵天仓之后，在其北一古堡中，发现木简数枚，要皆为汉代故物。盖此一带为汉时出兵居延海以攻匈奴之要道也。

以上三者，皆为我在内蒙古地工作之重要区域。又沿途尚拾有石器、陶片甚多。尤以在巴丹吉林大沙漠之东麓,发现石器为最佳,石器散布约5公里,种类亦多,掇采三日,约得二千余件,为研究内蒙石器之分布及种类的好资料。

二、由乌鲁木齐至阿克苏

我们至哈密后,因赫定博士病途中,遂在此度阴历年节。于1928年2月初间,雇大车发哈密。3月初间到乌鲁木齐。略息,即商出发考查事。我以西域文化之中心点皆在南路,故决定由乌鲁木齐至吐鲁番,沿天山南麓西进至喀什,转行昆仑山之北麓,东至和田、于田。乃于4月中旬,带工人四名,发乌鲁木齐,龚元忠随行,司照相事。6日至吐鲁番。南路气候较北路为暖,旅行以小驴为最适宜。故在吐鲁番售驼购驴,准备一切,勾留二十余日。5月中旬,向西出发,经行山中。6月初间,抵焉耆,维名哈拉沙尔,古焉耆在此。工作四十余日,7月中,再由大道西进,8月底至库车,龚因事返乌鲁木齐。我在此工作五十余日,后由库车山中,至拜城之克孜尔,又工作两星期,乃由拜城至阿克苏,时已12月底也。兹将各地工作情况略述之。

(1) 焉耆之明屋

我此次之复至吐鲁番,时气温已高,不堪工作,略一视查,即至焉耆。当海都河之南,距焉耆20公里,有一旧城,其西南15公里许,有若干废寺,山上山下自成行列。当地人名曰明屋,即千屋之义。曾遭兵毁,东西人士,率来游历。有一庙虽遭兵燹,然尚未经前人发掘,料必有遗物保存其间。我于6月中旬,开始工作,每日十人、二十人不等,发掘十余日,发现泥塑佛像及陶模若干,装陈二十余箱。陶模之背面,均刻有当时通行之古印度文字。又在其西之佛洞内,掘拾写经残纸少许。发掘既竣,又踏查海都河沿岸,及霍垒山一带古迹,亦多为外人所毁也。

（2）库车

古龟兹国地。疆域甚大,包括今之库车、沙雅、托克逊、拜城。我循序先考查库车之西南,经托克逊至沙雅之北面,南抵塔里木河;复由沙雅之东而北,至托和乃山中,而西返库车;行程七十余日,计掘拾铜铁诸器及泥塑像、陶模、塑画等类,共十余箱。

（3）克孜尔佛洞

当库车之北山,渭干河上源木扎提河经行其间,在河出入山口处,依崖凿洞,状若蜂窝。出口处为库木土拉之千佛洞。入口处为克孜尔之千佛洞。克孜尔佛洞较库木土拉为多。惟上下二层,被当地人及东西游历人士,剥掘尽净,惟上层尚未经前人到过,乃系绳凌空而上,工作十余日,计得木版经纸若干,皆古西域语文书。此外又在轮台、库车间戈壁中踏查,发现古城古址,为外人所未至者,无虑十数,以及山川、河流之方位移徙,凡此,详我所著考古记中,兹不备录。

三、由沙雅至于田,西进至喀什,东返乌鲁木齐

我于1928年冬由阿克苏返库车,适当冬春之交。考虑到塔克拉玛干大沙漠中,当有许多废城,入春夏而风沙毒热,万不可行,思于此时横穿沙漠而抵于田。然行沙漠非骆驼不可,乃购骆驼十匹,

整备旅行沙漠行装。于 4 月 1 日,发塔里木河畔,南行六日至大沙窝,发现一干河川,由西来东流。于河之旁有古道遗址,及铜、铁、陶片之类。又思此河必与和田河通。乃沿河西行,6 日至和田河。复沿河南行,10 日至洛瓦克。又经行和田北之沙漠,5 月初间至于田。由沙雅至于田,在荒寞无人的大沙漠中计行一月零三日,辛苦备至。在于田考查二十四日,复西进,经和田、叶城、莎车至喀什,时 8 月初间也。略息,复由喀什经行大道返乌鲁木齐。工作情况,略述如下。

(1)于田北沙漠中之古迹

此次路线太长,只能略作踏查,在于田北之大沙漠中,曾觅得若干古址,采获陶件铜钱等,及残纸少许。

(2)叶城附近之古址

在叶城东 10 公里许,地名拉一普,陶片、铜件甚多。区域颇大。在此,拾有古代铜钱百余枚,面圆无孔,两面均刻有用阿拉伯字母拼写的文字。同时拾有宋咸平、天禧、崇宁诸钱,则此地为宋以前之故址,今几及千年也。

(3)巴楚

维语名马拉巴什,其北一站地,称为九台,维名图木舒克。有古址,分布于秋鲁克塔格之南麓,工作二日,掘一僧坟采获古物两箱,泥像、木器较多,残纸亦有少许,皆为古西域语文书也。

四、由吐鲁番至罗布泊

我于 1929 年冬到乌鲁木齐后,即在乌鲁木齐度岁。考虑到

1928年过吐鲁番时,因气候过暖,未及详细工作,必须前往补作。又罗布泊为汉通西域要道,亦当前往探检。乃于1930年2月中旬发乌鲁木齐,16日至雅尔湖,工作月余,转至鲁克沁、鄯善等处视查。复由鲁克沁南行,经库鲁克塔格至罗布泊,工作月余,仍返吐鲁番。复由吐鲁番西北行,探天山即博格达山之最高峰,转至乌鲁木齐。此次工作之重要者为雅尔湖及罗布泊。

(1)雅尔湖

在吐鲁番城西10公里,有旧城,即古交河城。古有两河绕城,因名交河。河流故道尚存。现河低岸高,故又名崖城(本地人称为雅尔和图即此义)。此次工作一月余,计在城中所得者,有维文残纸若干片及木简少许。其在城西坟院所得者,有陶器八百余件,墓碑百余方,皆为北魏至唐之古物,推其年号,可补高昌世次之阙。

(2)罗布泊

即古之盐泽,在今海之东北。因地理的变迁,渐次向东南徙,故昔日之川湖久已干涸。近数年来,水复故道,而从前之干河涸泽,现已汪洋一片矣。我抵此地后,尝编方舟泛水漫游。在此觅得石器、玉器、铜器及木陶类甚多。又在楼兰东百余里,觅得烽燧古址,其烽燧之具犹存。在此工作十余日,采掘汉代木简残整数十枚,漆器、铜件若干。木简有黄龙、元延诸年号,迄今已一千九百余年矣。(详《罗布淖尔考古记》)

抵乌鲁木齐后,知吐鲁番所采集古物,已由内蒙古运平。我乃取道北路,经西伯利亚东归。而内蒙古草地运输之古物,亦先后抵平。此次本团所得采集品已运归者,约计152箱;关于我所采集之古物部分,由内蒙古草地运归者8箱。由新疆运归者,第一次为42箱,第二次为35箱。乌鲁木齐尚存少许,共得古物80余箱。内中除陶器、墓砖、泥塑、壁画为最大多数外，若木件、铜器、石刻、草器、丝织品及西域文字残纸，均有若干件。而古西域文字几达十种，皆中土所未见也。今均安然到平，喜可知矣。沿途照片五百余幅，工作图四十余幅，路线图百余页。历长途而归，虽一方谋休息，然所得之古物，非一一注其渊源年代及发现之地点，他人欲求研究，亦无所适从。而所经过之一切山川故址，民俗遗迹，苟不躬自记述，日久亦或忘之。故深冀多得暇日，以尽科学之义务，方不负此行也。

1930年10月述于北平
1964年9月20日校正

　　整理者按：本文原载于北京大学《国学季刊》第二卷第三号，系作者在北京大学欢迎会席上的演说大纲。文前有编者言：

　　北京大学前派参加西北科学考察团之黄文弼氏，新由迪化归平。该校考古学会特于月之21日上午开会欢迎，并请黄氏讲演在新疆工作情形。首由陈大齐致辞，大意云黄先生此行前后三年，经过许多艰难困苦，成功而归。外国人在新疆考古者甚多。我国人今以黄先生为第一，而其所得材料之丰富，亦不亚于外人，尤可庆幸云云。次沈兼士演说，大意谓我国的科学的考古事业，今尚在幼稚时代，人材经济及环境，均有种种困难，黄先生当时勇往直前，今果战胜一切，成功而归。现在国内学术机关，已渐注意考古及民俗学之研究。但在六七年前，只北大同人注意于此，不但开通风气而已，今果有伟大成功。至于以后应如何继续努力，尚应研究进行之策云云。次由黄文弼报告新疆工作情形。

吐鲁番考察经过

吐鲁番盆地，在天山区东部，周围有高山环绕。北为博格达山，主峰高达5445米。南为库鲁克山，平均高度亦达1200米左右。中间形成东西斜长之低地，亦称为盆地。沿库鲁克山北麓，出现一断槽，即艾丁湖及其周围之盐壳区域，最低处海拔为−154米。在天山南麓又隆起一低脊丘陵，东起连木沁，西至雅尔湖，延袤150余公里，屏峙于吐鲁番东北两面。山石由砂砾岩所组成，形成红色，故本地居民称为"克子尔塔格"，义即"红山"也。在红山各断层中，泉水涌出，积流成溪，下流灌地。但因盆地北对高山，南面断槽，高低悬殊，因此气候干燥，夏季温度极高，蒸发强烈，雨滴不及下降即消失。又因盆地处于内陆中心，周围又有高山阻隔，从海洋吹来的饱含水分之空气已渐微弱，不易侵入，故形成雨水稀薄现象。农民凿井穿渠，以资灌溉。正因有泉水及井渠水之供给。土地变为肥沃，一年再熟，出产甚丰。沿盆地周围，如鲁克沁、鄯善、吐鲁番、托克逊，均为居民聚住之区。树木荫翳，禾稼茂盛，为新疆南八城中富庶区域之一。历来各民族均视此地为天赋之乐土，建国称王于此者，不知凡几。

其次论及其位置。吐鲁番在新疆东部，南与罗布泊洼地对直，东接河西走廊，为自古以来东西交通线上之南北两据点。自汉武首开西域道，东西人士之移徙，商贾之往来，必经吐鲁番或罗布泊，通过塔里木盆地而至西域各国。当时来往率由二道：一曰南道，经楼兰即由罗布泊沿昆仑山北麓往西，过葱岭，而至印度、大月氏；二曰北道，则经吐鲁番，即由车师沿天山南麓往西过葱岭而至大宛、康居、安息。历汉至唐，其情不殊。自宋以后，南道闭塞，而北道仍不失为中西交通枢纽，吐鲁番为交通线上活动之中心，至今不变。由于吐鲁番位置之特殊，反映其政治和文化之多方面的发展。在历史上无论汉人、匈奴人、突厥人、西藏人、回鹘人、蒙古人，挟其政治或军事力量西进，而印度人、大月氏人、康居人、安息人、罗马人或土耳其人，拥其宗教或宗教艺术东来，莫不以吐鲁番为焦点而留其残迹。加以吐鲁番气候干燥，腐蚀不易，最适宜于保存地下文物。又因其地理环境之特殊，境内重要地点如鲁克沁、哈拉和卓、雅尔湖等地区，自古以来即为吐鲁番人民活动中心区，其遗址至今岿然犹存，未尝受风沙之摧毁与淹埋，如楼兰、尼雅之变易其形势也。因此吐鲁番不特为研究我民族历史之重要地点，亦且为研究亚洲历史可珍贵之宝库矣。吾等此次到新疆考察，以南疆为目的地，而以吐鲁番为考察重点之一者，其故在此。但清季以至国民党统治时期，帝国主义者常派遣其文化特务，藉游历为名，公开盗走中国大批文物，吐鲁番正是受害最巨之一地。吾人来此已晚，仅能捃拾其剩余之一部分而已。兹将考察经过简述如下。

一、第一次工作经过

1928年我等行抵新疆最东之一城市哈密时，值旧历春节，遂在此度岁。徐炳昶、丁道衡诸先生等一行先赴迪化（今乌鲁木齐），我与袁复礼、刘衍淮诸先生为最后赴迪化者。2月12日首途北上，经头堡、三堡至吐鲁番。由哈密至吐鲁番原有两路：一由哈密西南行，经四堡、五堡、十三间房沿沙漠边沿，西至吐鲁番，为南路。唐时玄奘由伊吾涉南碛至高昌，即由此道。一由哈密往西北，过七角井，如北逾天山，即可达到天山北路之古城子。由七角井折西南行，经东、西盐池，至吐鲁番为小南路。南路沙碛多风，春夏旅行不宜。我等乃取小南路（图一）西北行。经柳树泉、三道岭、瞭墩、一碗泉入山，经车毂轳泉至七角井，转西南行，过东、西盐地，至土墩子，车行135公里之石碛，甚为艰苦。又15公里许至七克台。又一站至鄯善县，亦名辟展。住一日。城中七圣庙内悬有一木匾，浮雕"神灵感应"四字，传出自哈拉和卓旧城，本地人送县悬之。次日至连木沁，行旅大车由大路行，我与袁、刘二先生骑行，穿连木沁沟，傍红山南麓，至吐峪沟，一览晋唐佛教遗址。复穿吐峪沟，依红山北麓，至胜金口。次日至吐鲁番。在此一带，东起连木沁，西至桃儿沟，有一座低脊山脉，居民称为克子尔塔格，计长180余公里。山谷间泉水涌出成溪，下流灌地。如连木沁之水下流灌鲁克沁，吐峪沟之水下流灌洋赫，木头沟、胜金口之水下流灌二堡、三堡，葡萄沟之水下流灌吐鲁番、洋沙、沙河子，桃儿沟之水下流灌玉林宫，雅尔湖之水下流灌野木什及让布工商。因此，自连木沁至野木什，凡有水之地，居民稠密，自成聚落。在此一带山脉中，每一溪涧均有佛教遗址，依岩凿洞，金碧辉煌，为古时居民礼拜之所，尤以吐峪沟、胜金口为最著。外国文化特务闻风而来，大量盗掘，出现古物如经卷、木牍、塑像之类，捆载而去，不可胜数。我等来此已晚，且急需赴省城，未及详细勘察。

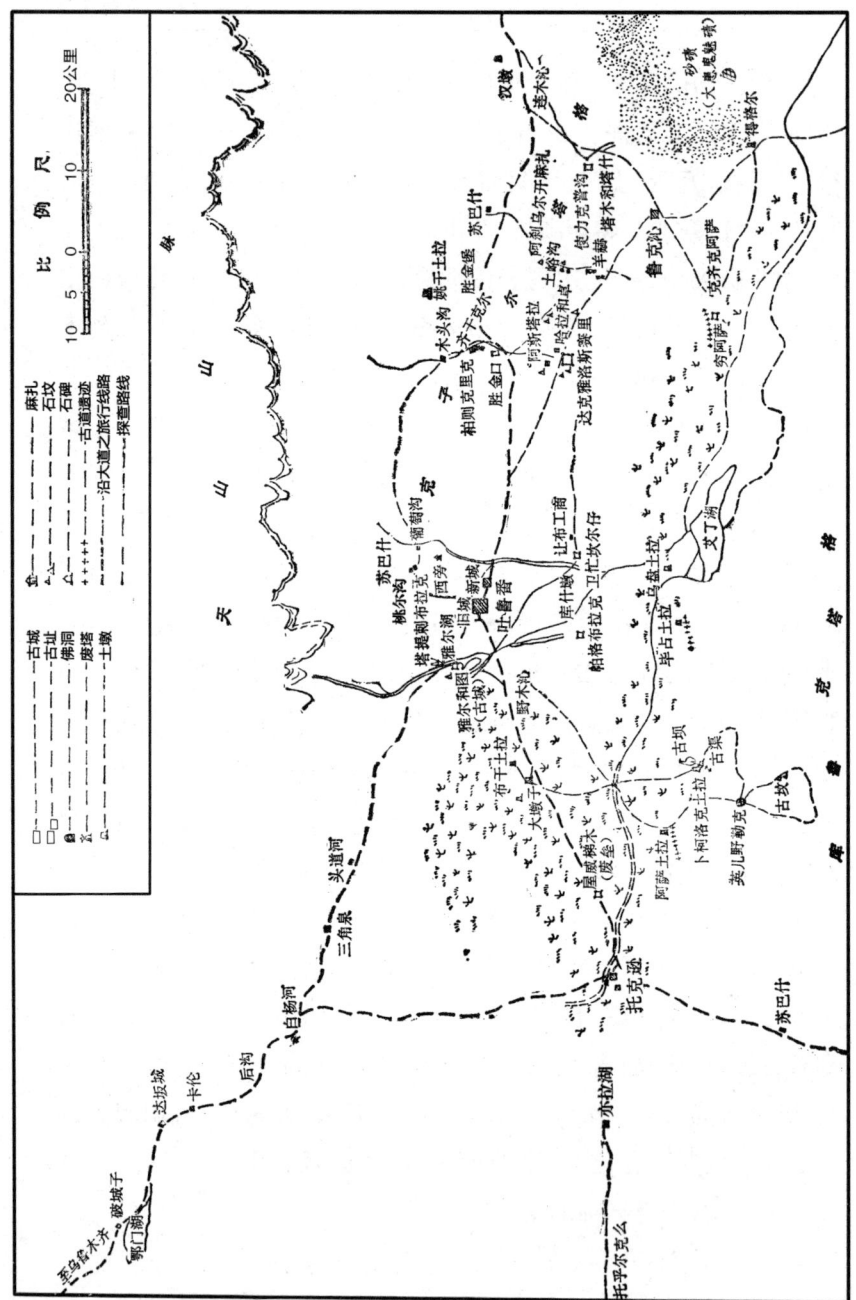

图一 吐鲁番考察路线图

我等在吐鲁番休息两日后,即赴迪化,时3月8日也。在迪化停留四十余日,筹商分途考察事。我任新疆南路考古工作,筹备一切。4月19日,同龚元忠、亚生、蓝福苟等一行四人,出发南行。经柴窝堡、达坂城、白杨河、根特克,五日至吐鲁番。在柴窝堡海子边,有土墩及古坟遗址。曾在古坟中掘出陶器数件,但因急赴吐鲁番,未及详细工作。

吐鲁番有两大古城:一为在现吐鲁番城西10公里之雅尔湖旧城,一为在现吐鲁番城东南25公里之哈拉和卓旧城。我等抵此后,一方面筹备赴库车途中之所需,一方面访探古迹。4月26日清晨,我同亚生游览雅尔湖旧城。城在两河之中洲,形同扁叶,有二甚深之河床绕城而过,古称为交河,故此城古亦以交河为名,现称为雅尔和图。河中已干涸,惟泉水尚旺,下流灌野木什地。居民亦多。城中颓垣败壁,满布平野,洵为可工作之地。但因时间关系,拟留待下次来工作。在吐鲁番稍休息后,于5月3日复同龚元忠、亚生等向哈拉和卓出发,作高昌城之探查。

(一)高昌城之沿革

在哈拉和卓之古城遗址,本地居民往往有不同的名称,或称为伊底库特赛里,或称为达克阿奴斯城。后者出于吐峪沟中麻扎之传说。据云:"在回教来新前,有罗马国六人来此访道,其中一人为达克阿奴斯初建此城,死后葬于吐峪沟中,立为麻扎,连同一狗,称为七位眠者。"现在仍为本地人朝拜之所。但达克阿奴斯来此建城之真确年代,尚无史料可征。我国古代记载,则称为高昌。高昌之名始见于《汉书·西域传》。称:车师后王姑句"即驰突出高昌壁"。《后汉书》云"自伊吾北通车师前部高昌壁千二百里,自高昌壁北通后部金满城五百里"。(《列传》八十七)《北史·西域传》云:"高昌者,车师前王庭之故地。……或云昔汉武帝遣兵西讨,师旅顿弊,其中尤困者因住焉。地势高厂,人庶昌盛,因名高昌。亦云其地有汉时高昌垒,故以为国号。"是此城称高昌远在二千年前。由晋至魏常设太守以统之。虽累经变革,其名未改,至麴氏王高昌时,且以为国号,传世百四十年(公元500—640年)。唐灭高昌,以其地为西州,仍置高昌县;唐贞元中,始没入吐番。内属者百五十余年(公元640—791年)。唐懿宗咸通七年(公元866年)北庭回鹘,进取西州,而西州遂属于回鹘。但此地仍称为高昌。据吐峪沟所发现之古维吾尔文石刻称:"其国王布哈里葛亦都克,在高昌之克子尔重修庙宇",是高昌自汉至元均未废弃。明初并入吐鲁番,城遂荒废矣。

(二) 高昌古城之现状

高昌旧城在吐鲁番东南约30公里,邻近阿斯塔拉(亦名二堡)及哈拉和卓(亦名三堡)两村落。两村落南部,有一片颓败城墙及土堆,乃古之高昌城旧址。周围约5公里,大部尚完整。居民依城凿室而居,多在北城,因此北墙有若干裂口,为居民出入城内之径路。城墙周围甚不整齐,以东墙为甚。城墙建筑,有用土筑者,有用土坯堆砌者,又有用黑沙泥筑者。高昌自汉至元,历经一千五百余年,政权之更替,民族之变迁,于城墙之建筑术及其形式,均有影响。城墙之不规则或突出,或洼入,其原因亦由于此。大城之内,另有一子城,西、南两面,尚可见城墙遗迹;北面亦可见一段;东面全缺。居民云,"大城中有九个子城",现可见者仅此,或历代添筑修补,致现出多种形式,并非真有九个子城也。城中多半已开垦为耕地。城中古建筑,由于农人挖取墙土作肥料,亦大半逐渐消失。现在保存之大宗建筑物,多在子城内西北区,居民称为学堂,多为古代庙宇建筑,作穹窿形,用土坯砌成,再加涂泥粉及彩画。在此东南接近中心处另有一较古老建筑,颇宏伟,墙壁皆用红泥土筑,每版约二尺见方,居民称为"汗土拉",或称为"可汗堡"。据云:曾在此处发现有五铢钱及烧砖。我等在此处稍作发掘,但未有所获。德国考察队在可汗堡东南角,掘取红沙石石刻一方,即北凉沮渠安周造寺功德碑。王树枏《新疆访古录》考订为沮渠氏承平三年,即宋元嘉二十二年(公元 445 年),时沮渠安周称王高昌,建筑寺宇,则此一带或即沮渠氏时代之遗址。在可汗堡之南,勒柯克曾发现摩尼教壁画,及古维吾尔文经典。居民亦称在此处发现古维吾尔文字甚多,是子城之南部,或为回鹘人入新后之政治中心区。城之东南部均为低地,现已辟为田园,或为当时子城之城隍。故疑自汉迄唐之政治中心,可能均在子城之中心偏西北地区也。

(三)高昌古城附近之情形

我等于 5 日在城中考察完毕,次日复游览城之周围。东城有河流绕于旁,此水即由胜金口水南流,以灌二堡、三堡之地者。河之东岸为一大平原,有路东至吐峪沟,东南至鲁克沁。在路南城之附郭处,有寺庙遗址数处,并有穹窿式大坟,由北而南并列成行,本地人称为失巴子。再东则为柏什柯布克,俟下节述之。东北西北均为戈壁,直至胜金口。在此戈壁滩上,古坟甚多,皆撮土为坟,外围土垣，与雅尔湖略同。惟西北区坟后均起建筑，现虽倾圮，然尚存其遗迹，张怀寂墓亦在西北区，墓中曾发现一石碑，为张怀寂墓志铭，泥塑及残余经纸亦多。石碑现藏乌鲁木齐博物馆。东及东南皆为田园。在城西约0.5公里处，有一废庙遗址颇高大，墙壁间尚可见壁画残迹。北为居民聚集之所，骈列为市，间有维族坟墓及礼拜堂。旧时遗址已多不可见矣。

我等游览既毕，乃开始考察周围之佛教遗址。首胜金口。5月6日下午全队沿胜金口水溯流而上。沿途树木密茂，泉水淙淙，居民络绎不绝。随河流之曲折，蜿蜒于三堡与胜金口间之大戈壁滩上，古坟棋布，直抵胜金口。坟后塔庙已半倾圮。约行7.5公里至胜金口，居一店中。

1. 胜金口

此为突厥语与汉语合名。突厥语"口"为"额格子"，胜金额格子，即胜金口之义也。为克子尔塔格各山口之一。有胜金水流于其间，下流灌二堡、三堡之田。山前为胜金口，山北为胜金堡，大道由连木沁至吐鲁番，沿克子尔塔格之背，由胜金堡南行而至胜金口，再转西行至吐鲁番。我等初来时，行李车即取道于此。我与袁复礼、刘衍淮初沿山南麓至吐峪沟，复转行山背大道，此次则由三堡北来也。在胜金水之东岸，山腰有庙基一，墙壁遗址尚存。转北山腰有佛洞二，山麓又有废庙一，佛洞一，洞中壁画间有存者。复沿溪行，在沟东岸，山上山下，废庙及洞室络绎不绝。我在东北山腰洞中检拾残壁画二块：一方墨绘菊花瓣，一方墨绘梅花。又在沟东南废庙内，拾婆罗谜文字数块。又购得写古维吾尔文字壁画数方。皆本地人由废庙中拾取者，文字颇明晰，但不识其意耳。

2. 柏则克里克

在胜金口游览毕,即向柏则克里克出发,胜金水,由山中南流至口时,木头沟水自西来会。故吾人欲至木头沟,亦须沿沟水涉涧曲行,依傍岩壁,至胜金水入口处。再攀登右岸之山腰,绕行于绝壁中之羊肠小道,转至山后,豁然开朗,展布一宽阔平原。木头沟水经流于沙原之下,岸高 10 多米,随水流为曲折,成马蹄状之湾岸。柏则克里克之优胜佛洞,皆位于湾岸之中层。故不到河岸不知此间有美丽如画之建筑也。柏则克里克为突厥语,有装饰绘画之义。盖选择此地为可隔绝尘寰、独身修炼之地。我等住于洞北 2.5 公里木头沟村庄一阿訇家中。柏则克里克之佛洞皆在沟西半壁间,依岩凿洞,鳞次栉比。由北而南,计洞十八。第一、二、三、四、五洞皆已倾圮,壁画无存。第六洞为一穹窿式之庙宇建筑,顶绘菩提像,旁题汉字,为"菩萨摩诃萨"。下为方形,绘画已残毁,皆难辨识,惟面貌似为黑色耳。第七洞,前为厅堂,堂后墙两旁开二小门弄,直入后室,后室为桶状式,长 900 厘米。两旁门弄北弄长 650 厘米,宽 110 厘米,南弄长 730 厘米,宽 120 厘米,高约 150 厘米。前面厅堂作四方形,宽长均为 740 厘米,藻井绘花朵状之图案,类宝相花开放之形。两壁绘佛像及楼阁,均已残缺。第八洞宽 430 厘米,深 980 厘米,高 410 厘米,四壁亦绘有佛像,多已残毁。第九洞宽 380 厘米,深 730 厘米,高约 400 厘米,顶绘佛坐像四,两壁绘佛立像六尊,后壁一尊,均已残毁。第十洞有厅堂,方形,后壁两旁为弄门,直通后室。后室作桶状式,与第七洞形式相同。南弄门深 810 厘米,北弄门深 820 厘米,宽各 130 厘米,均绘千佛坐像,但绘画不精。第十一洞,深 770 厘米,宽 310 厘米,高约 500 厘米,顶绘千佛坐像,两壁绘佛立像七尊,均已残毁。第十二洞无画。第十三洞,深980厘米,宽220厘米,高约300厘米,顶绘千佛坐像,两壁绘佛立像七尊。第十四洞,深1410厘米,宽370厘米,高约400厘米,顶绘千佛坐像,两壁绘佛立像十六尊,现均涂泥。第十五洞,深1210厘米,宽410厘米,高约300厘米,顶绘千佛坐像,两壁绘佛立像十二尊,残,涂泥。第十六洞,深1840厘米,宽420厘米,高约400厘米,后层为套房,无画,南壁书古维吾尔文字;旁有一套房,门墙破裂,墙壁里有一复墙,书有古维吾尔文字。是外墙为后人所重建,藉以保护里墙也。外墙上之古维吾尔文字为墨书,红绿双钩,颇为美观。一为红线双钩轮廓,而以绿色填之。第十七洞,宽180厘米,高220厘米,深250厘米,后层为套房,无画,中储黄米渣甚多,疑为旧时之仓库。以上各洞皆东向。第十八洞,宽355厘米,深615厘米,高约400厘米,顶绘千佛像,已涂泥。两壁绘佛像六尊,均已残缺,东北向。上述第七、九、十一、十八各洞,皆有残毁痕迹,显系被人有意铲除者。后查德人勒柯克所刊布之《高昌》称"在第四、第九两洞壁画铲取甚多,而第九洞几全部铲取"。当时未携带勒柯克原书对勘。不知彼所盗取者属于我所记何洞。但此破毁之洞中,必有为勒柯克所盗取者也。一幅完整之壁画,既经破坏,则他人若欲研究壁画在洞中之整个情形,及洞中各部分之关系,已不可能。又彼用暴力铲取,残存部分,因之遭受损伤者亦多。因此知帝国主义者对中国文化之破坏活动,无所不至也。

3. 葡萄沟及以西古迹

5月9日清晨,龚元忠因病先归。我同哈得尔带队沿红山之背,经行戈壁往西。时当春季,气候早暖,吾人挥汗如雨,而天山高峰,白雪皑皑,耸立云霄,反映出分外美丽。行20公里至葡萄沟,水流颇大,来源自雪山,下流灌沙河子、雅尔巴什等地。居民千余户,沿沟边而居,树木茂密,凉爽宜人。每至夏天四方之人来此游憩者甚众。地产葡萄,甘甜味美,甲于他地,故地以葡萄为名。下午游览葡萄沟之佛洞,复返店中。次日复西行,越过岗峦戈壁,约2.5公里,至西傍,有倾圮古庙遗址二、三,据引导者云:日本人曾在此掘出许多写经残纸。又过二沙梁,有一干沟,西岸有佛洞二所,壁画已毁。山上有古庙基一所,沟东有古址二所,均无可取。复西行,越二山梁,约1.5公里,至塔提刺布拉克,有寺庙遗址十余所,或依岩凿洞,或建立山腰,洞中壁画多已毁败,而壁画旁之古维吾尔文题词,尚隐约可见。复西行,至桃儿沟,憩息一回民家中,复循大道返吐鲁番,时为5月10日也,自5月3日出发,至此已八日矣。虽未作大规模之发掘,然零星搜集,已满陈四大木箱。此第一次在吐鲁番考察之经过。

二、第二次工作经过

吐鲁番第二次工作,以吐鲁番城西雅尔湖为中心,采获亦多。其详细情形,已见拙作《高昌陶集》、《高昌砖集》。兹为明了工作轮廓起见,再总述如下。

1. 雅尔湖古城

当我等于1929年冬返迪化后,本拟东归,适闻罗尔泊水复故道之消息,拟往勘察。又吐鲁番虽前后数次经过,但均未详细工作,亦有补充之必要,乃于1930年2月19日,复领队南行,24日抵雅尔湖住次。此次工作,雅尔湖古城亦为目的地之一也。休息二日,27日开始工作。

古城在雅尔湖村庄之西,位于两道甚深之河床中间,遗址满布平野,作椭圆形。居民称此为雅尔和图,"雅尔"为突厥语"崖岸"之义,"和图"为古蒙语"城",合译为崖城。此二河床,在古时本为二河,环流古城之两旁,至城之南端而合,故名曰交河。现分四沟:头、二道沟发源于约干特勒克塔格,西南流20公里,经行戈壁,分为二道,一南流为头道沟,一西南流为二道沟,约15公里至古城之东北隅而合,流于城东。三道沟起自戈壁,南流约5公里,绕于城西,至城之南端与二道沟合。四道沟亦出自戈壁,绕古坟群西,沿土子诺克塔格东麓南流,至雅尔沟与三道沟合流出口。头、二道沟出自天山,但雪水久已不至,现均为泉水。出古城北3公里左右,流于河床中间。两岸多已开垦为耕地,居民散布其中,树木庇荫,亦沟中之胜景也。

雅尔湖古城,汉名为交河城,见《汉书·车师传》。麴氏王高昌时为交河郡。唐灭高昌置西州,始改为交河县。唐末,回鹘人西迁交河,此地又属于回鹘。至元末,分设柳城、火州、吐鲁番三部万户府达鲁花赤,而交河遂并入吐鲁番,此城遂废。今则颓垣满野,为农民垦殖之沃土矣。次日偕同本地居民审观城中建筑,由其颓垣之分布,建筑之不同,及城中各地出现之遗物观察之,显有时代先后之差异。据居民云:"此城原为三城,有城门三座,南为伊犁河人所筑,中为汉人所筑,北为蒙古人所筑。"高大庙宇均在中部。谛审此城建筑方式,多不一致,故建筑时代,或有先后。以庙宇建筑术论之,北段墙基由约二尺宽之四方形土块叠累而成,下为方形地室,上覆苇草,类似羊户居室。吾人曾在此附近掘拾古维吾尔文写本残纸,则城北部为回鹘人所居,殊有可能。至中部庙宇之建筑,上为庙宇,下为洞室,庙墙为长方形土坯所砌,下洞依岩凿成,四周陶片为粉红色,面覆白沫一层。以各地陶片例之,凡类此者多为唐代遗物。又居民曾在此一带拾有唐开元、乾元诸钱,则此地为唐代遗址,或为可信。或即唐西州交河县故治,亦有可能。南部未工作,但在土台上曾拾有红底黑花陶片。我在《高昌陶集》中,曾推论为公元前后之遗物。故疑此区原为车师王前庭治所,麴氏王高昌之交河郡城,亦因之,后渐向北推移耳。又南部建筑,虽亦为上宇下洞,依岩为室,而上部之墙为黑沙泥土砖所砌,则或为后人添筑,非其原形。但此不过就城中各时期活动之中心而言,实则此城自公元前1世纪至公元14世纪初期,皆有居民活动其间也。

当考察古城时,曾派人发掘北部,大庙后之古房址,发现古维吾尔文写本残纸甚多,又发现佛书音义残片,则为唐人手笔。

2. 雅尔湖古坟

甲、沟北。2月28日傍晚,我队掘手汗木多利自古城工作地回来,报告本地一居民在沟北古墓中掘出一陶器,红底黑花,审其形制色彩,类似甘肃沙井子出土之陶器,且可与城中之彩色陶片相互证,遂购留之。29日留一部分工人仍清理北部大庙后之古房址,另派六人发掘沟北古坟区,冀能获得有彩色之陶器。在古城北半公里许有低脊沙梁一道,隆起于戈壁滩中。沿沙梁两旁,井穴鳞比,作长方形,皆为死者埋藏之所,其尸骨已多被搅乱。但其殉葬物品,则置于身旁或头部及足部,以陶器为最多,其状或为圆底,或作桶状,皆旁具一柄,用红泥由手抟法作成。亦有骨器、铜器之类。如在沟北第一冢之死者腰间拾铜环1件,在第三冢拾石斧1件,石斧置死者腰际,而陶器置死者头部。右边第七冢,发现骨矢镞1件,以木为干,置于死者左侧。使我最感兴趣者为第八冢。死者陈于复穴之上,在其身两旁,发现骨签两副,计四支,为一骨之剖为两半者,剖面尚刻有四方格纹,在副端有半圆形之缺口,显为系绳索皮带之用。身之两侧各陈一副,但此二冢中,均未发现陶器。由其墓室构造及殉葬遗物观之,与其他各冢,显有差异,可能为另一习俗也。

乙、沟西。2月30日*正清理古城北部回鹘人住宅,并发掘沟北古坟时,二引导者导我探视四周古迹,在三道沟西四道沟东,有一狭长大平原。北枕山岗,南抵土子诺克塔格沟口,宽约1公里,长3—4公里,古坟累累,隆起高阜,或方或圆,绵延以抵于沟口。因发现此大批古冢,遂决定开始发掘工作。初用10人,分为两组,每组5人,日可得两冢,后加至30人,分五组,日可得10冢。自3月1日开工,至17日止工,中间休息两日,整半月之工,共得古物35箱,计墓表120余方,陶器数百件,皆此十余日之收获也。

丙、沟南。先是在沟西之东里许,当四道沟与三道沟水合流出口处,当土子诺克塔格之北麓,有高原隆起于三道沟与四道沟之间,古冢累累如棋布。工人建议试往工作,因又继续掘沟南坟茔,以与沟西古坟作一比较。由沟西坟茔东行,山势陂陀,虽间散布一二古坟,但已与维族新冢相杂厕,前行半公里许即至其地。两旁临甚深之崖岸,居民均住于沟中,依岩作室,泉水东南流,树木荫翳,野木什人往迪化者咸取道于此。于3月17日开始工作,以18人从事,三日之中,得陶器80余件,墓表2方。收获甚丰,终为时间所限,即行停工。

3. 吐鲁番南部古遗址之考察

当在雅尔湖古坟群南部工作时,本地居民以阿亦普沁事相告,传说其城中神话。乃留汗木多利与小侯工作于沟西路南之古坟地,我与毛拉及引导者出发,寻觅阿亦普沁。3月8日午向东南出

---

* 原文如此。——编者注

发,沿沟中行。居民均住沟中及岩之东岸,泉水甚旺。午后1时出沟口,转南行于戈壁。经野木什村庄,有居民约数十家,并有一小八札。复入戈壁往南,经大庄子住于锡兰木一维族家中。次晨,又西南行,至托克逊水,两岸泥淖,深没马蹄。西南行,至阿萨土拉,周285步,为土坯所砌;城墙高丈余,中无遗物可验。但其南有车行痕迹,在碱滩中,似有古道东西行者,则此土墩当为古时营堡。据居民云:"毕占土拉、阿萨土拉,均有古道辙迹,现名北京邮路,为古时口内至新疆大道。"现由东至西,均有古时土墩,突厥语称为"土拉"形成一线。阿萨土拉即其中之一也。过此,仍为盐壳覆盖区域,枯苇僵结,鳞积成波浪纹。下午2时,住于英尔野勒克羊厂。次晨即骑马觅古城。传说古城在山边,及至其地,则所谓阿亦普沁者,除白色如银之库鲁克山岩石外,不见有何古代遗迹。但推其误传之由,或因山麓前有土墩三,后有一道土沙梁,弯曲若城基,东南隅有黄沙梁若城中房屋,远望遂若城墙。故本地羊户说:"远望为城,城门及城中房屋均见,近视则变了",故取名曰阿亦普沁,谓"望之是,即之则非也"。在土梁上,细石甚多,略备五色,红、白、绿、蓝均有。复沿山麓东行,觅得古墓茔多处,并拾得红陶片,或为古时沿艾丁湖畔之居民所遗,3月11日,由英尔野勒克东行,转北行,又经几处古坟群及"土拉",在山麓碱滩中,发现卜柯洛克土拉。与毕占土拉、阿萨土拉,东西形成一线。卜柯洛克略偏南,在土拉南,有古道东西行,车迹宛然若新。土墩旁有古渠,东西环绕,墩后有塘,傍于渠侧,或为古时蓄水池。距墩1.5公里,均有古时田亩遗迹,中露平川一线,疑为古时至墩旁大道。除此外均为盐壳覆盖区域。高低不等,形同巨浪,与罗布泊古涸海岸之盐层大致相同。颇疑此处为古时屯田之所,虽无遗物之证验,但因土墩建筑之形式,似与屯戍有关也。当日下午,沿碱滩中羊户所行之山道至大墩子,当晚返雅尔湖住次。此在吐鲁番西南视察之情形也。

雅尔湖工作完后,3月20日始将采集品26箱运至吐鲁番前西北科学考察团所设立之气象测候所存放。21日上午,向哈拉和卓——三堡首途。下午2时,全队离雅尔湖,绕道让布工商,考察古城。

初向南行,出土子诺克塔格沟口,转东南行;过摄提项村庄,转东行;沿让布工商渠东南行,渠水自雅尔湖沟中流出,已灌让布工商者,故以地名名渠。晚7时半,至让布工商,住一维族家中。让布工商汉名二工,在西尚有头工,为清光绪中屯垦之地。头工置150户,二工置120户,后售与本地居民,故现为维族及回族所有。此地古址有二:一为汗土拉,距旧城2.5公里,屹立于戈壁上。城为黑沙泥土坯所砌,墙高丈余,周约200步,城旁建筑之房屋,墙壁尚存。壁中掏空为圭形洞穴,以置被褥用具者,与当地现代住宅相同,盖为近代筑。据说,"由此土拉至大墩子5—10公里不等,均有土拉,与此土拉东西成一斜线"。大墩子西北约2.5公里,有安集延时代之旧营垒,名哈拉玉尔滚,与此土墩或为一时所筑。考查既毕,转南行,至古城处。古城在让布工商村庄之东,地名卫忙坎尔仔。城墙已圮,惟东墙及西墙之一隅,尚有遗址,南北墙因农民挖取城土肥田,已无遗迹可验。城之南部均已开垦成耕地。北部间有低隆不平者数处,居民称为"学堂",陶片甚多,在此检拾红底黑花彩陶片数块,其花纹与雅尔湖旧城中所出者相同。此城疑与交河、高昌诸城为同一时期之遗迹。又据本地居民云:"在此城之西约15公里,有一旧城,名安集占不周洼,因有安集延人之麻札,故名。地名帕格布拉克,汉名头工,城墙已圮。但其墙基遗迹,尚可看见。"惜因时间所限,未及前往。

4. 哈拉和卓古坟院之勘察及赴鲁克沁途中

当让布工商工作完毕后,次日由小侯、汗木多利带队直至哈拉和卓。我偕毛拉至吐鲁番购备什物。24日晚,返哈拉和卓,25日开始工作古城。数日辛苦,毫无所获。盖勒柯克在此穷力搜掘,盗窃已尽。30日即改作古坟。在哈拉和卓附近有古坟三区:一、在古城西北0.5公里许,其面积之大过于雅尔湖;著名之张怀寂墓亦在此区。二、在古城东北1.5公里许,当往吐峪沟途中,古坟亦多,其状与西北区同。在此处掘取墓表两方,一为朱书题"河西王通事舍人敦煌张季宗之墓表夫人敦煌宋氏",无年号及年月日。一为墨书"章和七年平远府禄事参军张归宗夫人索氏墓表",均录入《高昌砖集》中。此一带坟院形式与雅尔湖同,每院有石线作栏,冢前亦立一石线,其族划区分,亦颇清晰。惟西北之坟区,与此略异,无坟院,无石栏,冢前不立石,每冢之周围有半月形之土埂,表示为冢墓之屏障。亦有在坟后起建筑者,现已倾圮而遗迹犹存。哈拉和卓旧城及雅尔湖旧城附近尝有类此之建筑物,其前均有坟墓,有时外表不隆起,故不能知其墓穴何在也。三、在二堡东南伯什柯布克,距旧城东约2.5公里,四周均开垦为熟地,仅现南北行城墙一段。城东即古坟院。南北分布,绵延约5公里。在此一带工作数日,仅发现零星铜件。盖此一带地湿土疏,古物不易保存。因是离此地转往鲁克沁。

4月2日自阿斯塔拉住次向东南行,经昨日工作之伯什柯布克,转至洋赫,有麻札,名额力汗麻札,相传与哈拉和卓旧城旁额力帕他麻札为兄弟。复东南行,入鄯善界,下午3时,至鲁克沁住次。次日往见回王,并游览旧城。鲁克沁东有一回城,为安集延时代所筑。但有一旧城,城墙一段,其建筑形式和方法,与哈拉和卓旧城同,疑即高昌时代之田地城,唐柳中县之遗址也。在鲁克沁使力克普沟口,塔木和塔什地方有一废塔颇高峻,四周有佛像遗迹,多已残毁,塔顶部作圆弄形,朱书"贞元七年"(公元791年)年号,知为唐代遗物。并题有"僧辩真画"等字,盖为内地僧侣过此之题记。由此入沟,沿沟北行约4公里,至残石处。石为一方形石块,四周雕塑佛像,惜多残毁,上有一排圆孔,显为建筑之用,疑此残块系由山上庙中坠下者也。转西过沟,山上有古庙基遗址及刻石三块,一石上镌"□男年安"四字。旁刻有"龙"字,下缺,疑为"朔"字,如所推不误,则此石刻为唐高宗龙朔间物也。时大风忽起,岩石下坠如雨,急驰归。4月5日,发自鲁克沁,向西南行,村舍络绎不绝。约2公里,至伯什塔木村,居民均用坎井水,为吐鲁番坎井最富之区。转西南行,经草滩,为本地羊厂。又渡鲁克沁河,下午4时,至克齐克阿萨,有六角形建筑三座,中尚留存残壁画,已被烟熏黑矣,附近又有穹窿式之庙宇数处,悉为土坯所砌,疑为9世纪以后之遗迹。外人曾在此盗取古维吾尔文、汉文、藏文残纸若干,是此庙在回鹘人迁入吐鲁番以后,尚继续为居民所崇拜。复由此向西南行,约2公里,至穷阿萨,有城墙,墙高丈余,城中在当时显有多数之居民。中有一巨大土阜,盖为当时大建筑之倾圮者。其房屋遗迹尚可考见,房屋重叠,类似一高塔,屹立于城中央,墙壁甚厚,中为一圆顶形,四周又有小圆顶屋围绕之,其窗扉正对围墙而罗列,建筑形式,颇类托克逊北部之遗址,或为当时官署所在地。在穷阿萨之后,尚有一围墙,基址范围甚大,东自克齐克阿萨一并包括在内,是此地与克齐克阿萨为同一时代之遗址。最可注意者,在穷阿萨之北,不及半公里,有古道一,车迹犹存,本地居民呼为"北京邮路",据说此道为从前内地通西域之古道。又云:"沿大道均有古时土墩,形成一线。东至哈密,过十三间房至得格尔转西至穷阿萨毕占土拉、阿萨土拉,与托克逊之屋威梯木相接。"毕占土拉以西之土墩及古道,上文已述及,得格尔亦有一古时土墩,此次亦曾查勘明白。据此,则此道或为汉唐以来通西域之大道。盖鲁克沁东为大沙漠区域,余已考证此砂碛,即唐之大沙海,宋之大患鬼魅碛。唐玄奘由伊吾涉行南碛,至高昌,王延德使高昌经行大患鬼魅碛,即此。虽穷阿萨在鲁克沁西南,为玄奘、王延德所不经,但彼等系到高昌,故西北行,若至焉耆,则直西行,唐称为银山道,郭孝恪攻焉耆,曾取道于此。在此地勘查完后,乃转至得格尔,作罗布泊旅行之准备矣。

(原载《吐鲁番考古记》,科学出版社 1954 年版)

焉耆考古调查简记①

一、古代焉耆概说

焉耆为古国名,首见记载于《汉书·西域传》称:"焉耆国王治员渠城,南至尉犁百里。近海水多鱼。"《后汉书·西域传》称:"焉耆王居南河城(《后汉纪》作河南城),四面有大山,与龟兹相联,道险阨,易守。有海水,出入四山之内,周匝其城,三十余里。"由古书所载形势,证以今地,现喀拉沙尔之北、西两面为天山,为海都河发源及汇流之地。南、东两面为库鲁克山,古称南山即沙山,《水经注》所云:"敦薨之水,……又西出沙山铁关谷"是也。中有博斯腾湖,亦称巴勒喀斯湖,《水经注》称为"敦薨之薮",亦称为"西海",为海都河尾闾。海都河发源于汗腾格里山,东流迳流焉耆之野,至县城之东南,而入博斯腾湖。湖南、东两面均滨库鲁克山,沙碛纵横,北、西为天山,距海岸较远,中间隆起广大平原,海都河流贯其中,古之焉耆、危须、尉犁皆生息于此大平原也。据《汉书·西域传》"危须西至焉耆百里,焉

---

① 此标题为编者所加。

耆南至尉犁百里"，是危须在焉耆之东，尉犁在焉耆之南，如以曲惠为古危须国地，曲惠之旧城为其治所，则古危须国是据海北面平野。如以哈拉木登为古焉耆国地，其旧城即古员渠城遗址，则海之西北面大平原为焉耆国区域。如以四十里城市一带之遗址为古尉犁国地，则海之西南面平原为尉犁国地矣。至魏晋以后，焉耆王强盛，并有危须、尉犁两国地。晋张骏遣沙州刺史杨宣，疆理西域，以张植为前锋，植击败龙熙子遮留谷，进据尉犁（《晋书·四夷传》焉耆条）。遮留谷即今哈满沟，植从南来，过哈满沟进据尉犁，是尉犁已为焉耆之一县，而焉耆西境直至库尔勒而与龟兹接壤矣。魏太平真君七年，魏太武帝遣万度归讨焉耆，破左回、尉犁二城，进围员渠。左回即曲惠，古危须国地。是在北魏时，危须、尉犁已为焉耆之二城，故焉耆东境，当至榆树沟（喀拉和色驿）而与高昌交界，西南出铁关谷至库尔勒而与龟兹接壤矣。晋释法显至焉耆由南来，唐释玄奘至焉耆由东来，即由高昌来，均未提及危须、尉犁，则此两国早已并入焉耆矣。《西州图经》残卷称："银山道出天山县界，西南向焉耆国七百里"，即此地也。唐贞观间灭高昌，改为西州，焉耆遂与唐接壤，为唐通西域之桥头，故在唐上元二年，置焉耆都督府以备四镇。唐末回鹘入新疆，焉耆亦相继属于回鹘，与中国关系遂无所闻。直至清乾隆中叶平准噶尔后，焉耆又复内属，但由五代至清七百余年间，而焉耆民族又几经变迁，非复汉唐之旧矣。

二、焉耆山中及东部之探察

我于1928年5月18日在吐鲁番考察完毕后，即赴焉耆考察。由吐鲁番至焉耆有二道：一为驿道，即今大道。由吐鲁番西行，经布干台、托克逊，折西南行，至苏巴什入山，经阿哈布拉克、桑树园子、库木什出山,折西行,入焉耆界,经榆树沟、新井子、乌沙塔拉、曲惠、清水河而至焉耆,共11站,420公里。我在1929年返乌鲁木齐时曾行此道。二为山道,即由亦拉湖穿行天山中间至焉耆。我此次西行即采此道(图一)。盖天山自葱岭东行,绵延于塔里木盆地北面,至焉耆分一支脉东南行,与吐鲁番北面之博格达山对峙;南为库鲁克山,中间之低地即吐鲁番盆地。故由吐鲁番至焉耆必须穿过天山。不过走大道是横断库鲁克山而至焉耆;走山道是穿行天山主干折向西南行至焉耆。我在5月18日离开吐鲁番工地,循克子尔塔格西行,经耶木什、托克逊,至亦拉湖,乃作行山道之准备。5月23日由亦拉湖出发西行,晚住托湖尔克庆。24日至塔斯土儿。塔斯土儿现维吾尔语石塔之义。此地有石垒一座,周60米,高约4米,全以石垒砌而成。城隅有一高墩,亦用石垒砌,中有房屋遗址,相传为清末安集延人占据吐鲁番时所筑。但我掘墩中古房址,出现残履及帽缨,又拾红底黑花之彩陶片,余均为红陶片,皆为公元前后之遗物,盖非安集延人所筑也。此处北为榆树沟,通乌鲁木齐;南为博尔图沟通察汗通格至曲惠;西为阿拉癸沟通伊犁,折西南至焉耆。故此地可能是汉代车师国西境,与乌孙、焉耆东境相接,故在此设守望台以为防守。

5月25日发自打斯土儿,过榆树沟,向西南,绕过一山头,进阿拉癸沟西行。沟水深二尺,宽丈余,岩石壁立,两旁树木密结,顽石充塞,在密林顽石丛杂之中,露出小路。即从小道曲折向西前进。27日乃转入草滩,至一旧城住次。城墙遗址犹存。南北长87.2、东西长76、宽4、高1米。门向南开,门宽4.6米。城中已种麦,间有带黑花纹之薄肉红陶片,但未发现其他遗物。在城东有一石堆区,疑为古坟群,亦有红陶片。旁有一旧房屋遗址,中有发掘痕迹。但除红陶片外,亦无其他遗物。根据红陶片疑与阿拉癸沟口之石垒同为公元1世纪前后之遗迹。在此住一日,29日发自旧城,沿山坡西行。沿途有蒙古人牧畜,仍行草滩,住巴克斯因沟中,距塔斯干大坂尚有5公里。塔斯干乃中间之义。山北为旧土尔扈特地,山南为和硕特蒙古地,此处为分界线。5月30日复前行,沟中顽石横陈,下临悬岩,驴驮通行,颇为艰苦。而前途顽石更大,天气突变,乃停住沟中。31日动身过大坂。大坂宽约4公里,顶上雪水泞泥。余等冒雪沿沟向南偏西驰行,至可根托龙盖住次。此地有蒙古人驻牧,属和硕特旗。6月1日过王子营盘。有蒙古包6座。入沟行,顽石填塞沟中,驴驮踏石而过,进行颇为艰苦,3日近午方抵沟口。沟两旁岩石壁立,如双阙,高数十米,门宽6米,顽石填其中,两旁榆树骈植,瀑布如流,景致颇佳。出口,南行至察汗通格,此地有喇嘛庙一,土筑,外有土房六,蒙古包七,散居附近之蒙民约三、四十家。6月4日复自察汗通格南行沟中,出口转西南行,至曲惠住次。在曲惠西北250米处,有一古城遗址。墙基犹存,东西98、南北75.5米,墙高3.3、宽5米。东西开门,门宽3米。在城中有一土墩。横直12.5、高5.4米。夯土所筑。顶为土砖所砌,已颓。砖中夹有木材树枝。据本地人云,城中曾出红泥陶器,不见他物。我在城中拾小铜片及铁块亦未觅出他物,但红色陶片甚多,亦有红陶带黑花纹者,疑为公元前后之遗址,或汉时危须国地也。现属和硕县地。6月6日由曲惠出发,向西行,走吐鲁番至焉耆大道,经他加其、清水河,西南行。经草滩,遍生芨芨,高约1.2米,茎粗如箸,可作食具。6月7日续向西南行,近午抵焉耆①。

---

① 焉耆专区现改名巴音郭楞蒙古自治州,包括焉耆回族自治县和硕、和靖两县。自治州和焉耆县政府同设喀拉沙尔,现改名焉耆。和硕县政府原设乌沙他拉,现改名和硕,移设清水河附近,和靖县政府设何腾苏木,改名和靖。路线图(《塔里木盆地考古记》路线图,本书略)和硕画在曲惠,和靖画在察汗通格,均误。和硕应在乌沙他拉,和靖应在何腾苏木,今更正。

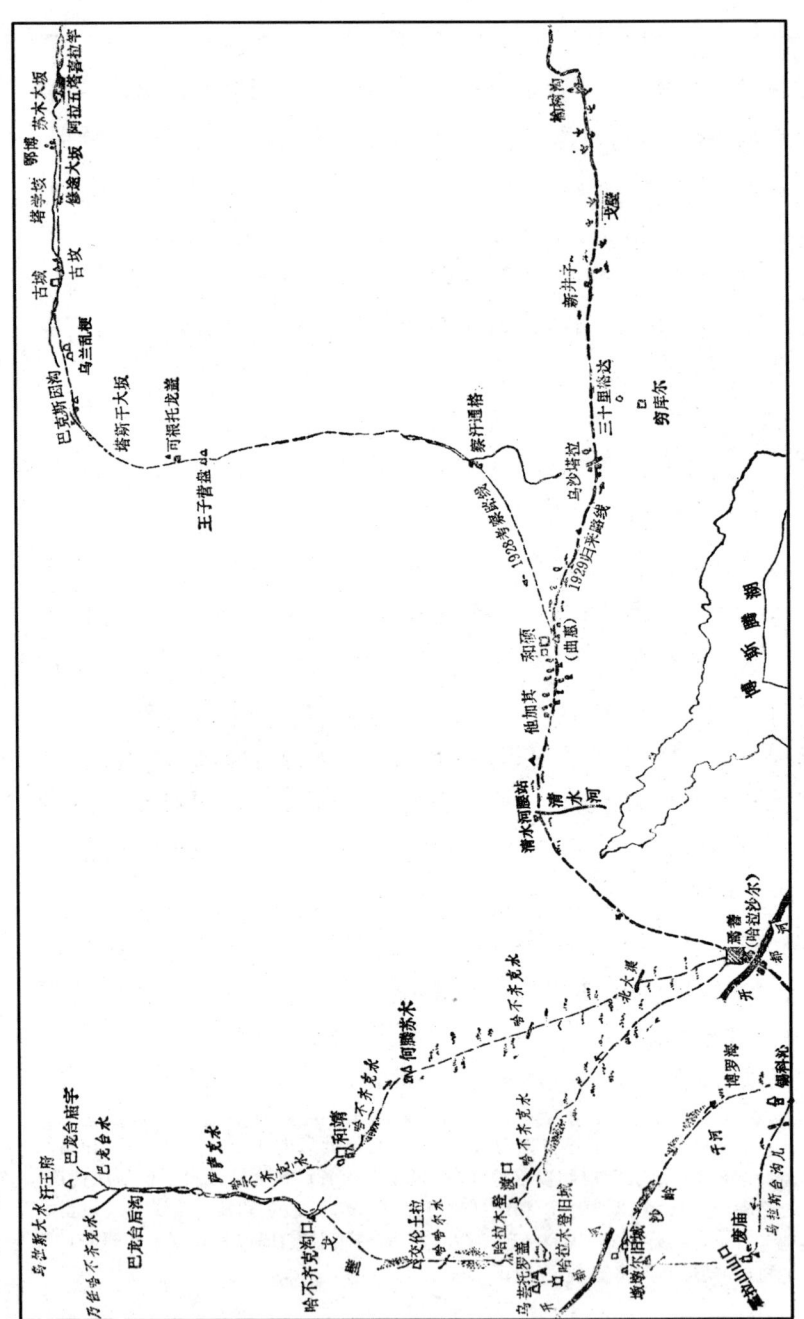

图一 塔里木盆地考察路线图(马者)

三、焉耆南部及西部古址之发掘与探查

1. 锡科沁之明屋

我等于 6 月 7 日抵焉耆县城后,6 月 11 日起程赴四十里城市考察。四十里城市是指距县城哈拉沙尔 20 公里(四十里)。在海都河之南,东距博斯腾湖约 5 公里,居民约数十家,成一小集镇,为焉耆至库尔勒及库车所必经之地。明屋亦在四十里城市西南,约 12.5 公里。我因工作关系,故亦以此地为据点。在博斯腾湖平原之西南面,有一低脊山脉,自天山分支东南行,与库鲁克山相接,围绕平原之西、南两面,在平原上隆起低脊沙梁数道;东西行,与霍拉山脉成平行线,在沙梁上下有已倾圮之庙基不下数十处,本地人称此地为"明屋"。明屋为维语,即千房之义。大地名为锡科沁。所有遗址,均在山腰或山脚,排列成行。每一庙基,墙址尚存,高者约丈余。庙中为大殿,殿两旁必有甬道,与吐鲁番柏则克里克佛洞组织大抵相同。大者上下两层,凡倚墙壁处,皆有泥塑像,墙壁上亦多彩绘,惜已残毁。又有小庙,顶作圆形,外有围墙绕之,与大庙相间杂,排列颇为整齐。此一带遗址,审其灰烬,是被焚毁者。何时被毁,无从考查。但吾人在大庙甬道中掘出"建中通宝"铜钱一枚(公元 780 年),证明此庙在 8 世纪后期尚在活动,则被残毁,当在 9 世纪以后也。1907 年,英国人曾来此盗掘古物,据本地人云:"彼日雇三十人,发掘余四十,所不掘者甚少。"我审查此一带遗址,除几堵墙壁外,庙中灰土已被盗掘一空。故此地遗址,不是被烧毁,即是被盗掘。吾人来此已晚,所能工作者,皆为外人遗弃之唾余耳。在沟西有一大庙基,为浮土填塞殆满,虽已被焚毁,但尚未经

外人盗掘,即在此处开工。初用四人,掘大殿旁之右甬道,出泥塑佛像碎片甚多,及唐钱一枚,可识"中宝"二字,盖为"建中通宝"钱。但吾人又拾得洋纸一张,书 mi、xi 二字,证明此甬道已被外国人盗掘,而被放弃者。吾人乃另行发掘大庙侧之红灰土层。土堆积几与墙平。初用六人发掘,发现泥塑像及陶范甚多。陶范为石膏质,经火烧后变为坚结。或仅属佛像头部,或为佛身及装饰品,俱属阴面。由此可知泥塑佛像及纹饰皆自陶范中铸出,后经艺术家整合为一。陶范背后每刻有婆罗谜文字。至于出现泥塑像,皆为残件,有头部及肢体,经火烧后已变坚结,成为陶质,埋藏于灰土中,故能经久不坏。17 日转掘大庙中大殿,发现泥塑佛像残件甚多,唯头部尚完整,余均属残肢体及纹饰,皆在大殿门东隅,不足 9 平方米之地,而所出佛像头部已数十枚矣。在头部及肢体中间均空,而有草制痕迹。盖当时塑像之法,先用木及草制一模型,然后涂泥,再装配头部及躯干衣饰佩戴而成。经火烧后,草型化为灰烬,空存遗痕,塑像中常留存草灰可证。次日仍继续掘大殿,除佛像外,又有象、马、猴、鸟之动物形像,最后在大殿中间,出现一高台,台上无物,必原有一佛像而被倾圮者。我等将大殿清理完毕后,又掘殿后房址,在灰土中有木炭及残木块。可证此房亦被焚毁者。又在此庙旁侧,发掘另一座庙,发现木盘及灯座之类。又在 C 庙中拾残纸一小卷为民族古文字,及珠粒一小串,壁上绘画已残毁矣。当我等在大庙工作时,又分出一部分人在圆顶式小庙工作。在泉水南端小庙中发现有绘画之墙壁,残木器片及残陶罐与牙骨灰,疑此类建筑为僧侣所住,或埋葬僧侣骨灰之所。15 日又发掘一小庙,发现带字陶片 3 块。复下掘,深 1.5 米皆流沙,底铺土坯,是此庙原为土坯所砌,浮沙后侵入耳。在小庙西北隅有烟熏遗迹,中有灶灰土及木炭,可证此间曾经为僧侣所居。又在此处发掘数处,均无显著遗物,乃转至沙梁之西工作。距此约2.5公里处,有一道低矮沙梁,亦由天山分支东南行,与东边沙梁骈列,有若干佛洞分布在山腰或山脚,每佛洞所在之沙梁上,必有已倾圮之建筑遗址,各洞皆被外人盗掘,空无所有。惟有一洞土半塞,尚未经人盗掘。6月22日乃发掘此洞。发现残纸一片,又有一贝叶,上书婆罗谜文字。又在另一大佛洞内,掘现一排佛洞,与大洞相联,但无遗物。想此一带佛洞必多,均埋没于沙土中未经发现耳。我等为时间所限,亦不能详细工作。在此地自6月13日开始工作,6月23日停工,共工作十日。所得之遗物,以泥塑残件及木件为多,装运至四十里城市驻处,乃转向霍拉山出发考察矣。

2. 霍拉山废寺

6月23日由明屋出发,循沙梁北面北偏西前进,至下级曹,转西北行,沿霍拉山支脉走。沿途丛草葱翠,沟渠如织,下午住于锡科沁渠畔。距此约2—3公里地有一古城俗称唐王城,城周约0.5公里,墙为土坯所砌。城中潮湿、泥淖,除间有厚红陶片外,无其他遗物。在城之中央有一土台,本地人呼为炮台。城外四面为红泥滩,高低不平,亦有红陶片,必为古代有居民区域。此地为古代龟兹或鄯善至焉耆必由之路。现哈拉木登蒙古人到罗布泊及库车亦取道于此。

次日由锡科泌出发,沿霍拉山支脉向西北行,约20公里。至察汗通格,转至沟西驻霍拉山沟口。在山口或山腰及山脚散布废庙遗址,墙壁皆以土坯累砌,墙基用石累砌,计有废庙18处,皆系被火焚毁者。有焚毁余烬及残渣可资征验也。26日开始工作,先就各遗址作试探工作,但发掘半日不见一物。盖多数遗址在1907年为斯坦因所盗掘。凡可工作之地未有不遭其破坏者。但有一幸运存焉,我准备测绘此地形势图,嘱工人友哇放置图架于一旧庙基上,友哇见磁砖角露出,乃试掘之,出现绿磁方砖,砖上花纹与吐鲁番三堡所烧砖同。下午添人掘之,又出磁砖数块,以木作柱,砖砌其中,又见门框残料,似此地为庙门,所砌之磁砖,即门两旁之柱也。又一工人在其西北面掘现许多车旋纹残件并泥塑佛头,知此处为一大庙遗址也。28日复掘此大庙遗址。前后掘遍,不见其他遗物,乃移掘此废庙北之另一废庙遗址。出现木雕佛像一件,颇完整:两手拱立,中有孔,其形式似内地墓前之石刻翁仲。又拾残壁画数块,据一本地居民云:"三十年前,有外人来此发掘多日,在山上庙中掘出写经残纸泥塑像甚多。"今观各庙遗址,皆有发掘痕迹,或曾为彼等所盗掘也。

3. 阿拉尔旧城

6月29日晨,由一蒙古人作引导,向河南岸即阿拉尔旧城出发,城距霍拉山口约15公里。初向北偏西沿山坡西行,过一干河床,又连过二干沟,下一沙梁;转北行,俯瞰平原,青草弥漫,海都河两旁树林骈列成线,夹持河流,蜿蜒东趋,而阿拉尔旧城土墩,颓墙败壁,历历在目。9时过锡科沁大渠,前进至阿拉尔旧城驻焉。此地有旧城二:一、在沙岭上,即我等驻处。城作椭圆形,南墙屹立于沙梁上,高约1米;北墙已颓圮,边于干沟岸。城中满布石子,不见任何遗物。南墙长约110、东墙长90米,北墙当与南墙同长。城北有查墩渠,来自大河,下流10余公里即没。此城之北有巴龙家大渠,即锡科沁大渠,东南流入锡科沁灌地。西、南、北三面皆大山环峙,中显平原。此岭突起于平原中间,城即建于此岭之西北麓。海都河出西北大山中,出山口后东南流,环绕此岭北面,故有海岛之目。东另有一遗址,在此岭北坡下,北面滨大渠,类似围墙。北面遗址尚存,长468、中宽48米。墙西有大土堆一、废址二,中部亦有大土堆一,东亦有土堆及废址,与西部土堆形成一线,可能为旧时围墙外建筑之残存。附近间有红陶片,亦无其他遗物。二、为河南岸旧城,与沙岭北旧城斜对,相距约2—3公里。在海都河南岸,距海都河仍有2—3公里地。城作长方形,南北约121.2、东西约90米。仅存墙基,余悉倾圮。墙基用石累砌而成,城中已开垦成地。惟西南隅土墩巍然屹立,城中间有旧房址数处,汗木多利以镐掘之,出现泥塑像残件,有一件彩绘色尚鲜明,因未经火烧不坚固,后因搬运已毁矣。城之东面,另有一围墙遗址。墙高约2.3、南北37.2、东西84米,房址无存。外仍有一墙壁,以石为基,距围墙约8.4米。两城之陶片皆作红色。北距海都河约2—3公里,可望及之。东、西、南皆熟地,麦穗飒飒。南距沙岭旧城约3公里,南北斜对;北望河北岸旧城,历历如画,盖亦古政治中心区也①。

---

① 阿拉尔旧城,路线图作墩墩尔旧城,在南哈拉木登,距焉耆61公里。哈拉木登应读为"哈拉毛旦"。海都河南北两岸同名,在海都河南者,名南哈拉毛旦;在海都河北者,名北哈拉毛旦。城在沙岭西北隅,南墙尚存,高约3米,北墙已倾圮,东西墙断断续续,间有存者。城作椭圆形,周1641单步,约1148.7米,原文计算错误,今更正。城中全为石戈壁,不见任何遗物,亦无人居住遗迹,究系何用不明。城北有小巴龙渠,原文及路线图均作查墩渠,1928年访问时,据一蒙古人所言记录,此次访问无此名。在此城东北约1公里,有一长墙在沙岭北坡下,断断续续蜿蜒于戈壁滩上,北面边小巴龙渠,由西向东直抵村庄,长约2.5公里。东部有田界遗迹,墙外有土筑建筑遗址六七座,形成一线,间有红陶片,亦无其他遗物。原文所记墙长468米,宽48米,只是所记墙之一段,此次复查,知此墙甚长,墙东头虽略弯曲,但决非古城,疑近代所筑,防止风沙,保护北面垦区而筑。尉犁养马河坝亦有此长墙可证。路线图作古城记号误。北哈拉毛旦旧城,在海都河北岸,城名阿尔仔格,蒙古语,有内外两城,内城城墙尚岿然усь存,高6米,宽7米,地面遗物除红陶片外,无其他遗物,与河南岸旧城遥遥相对,不知是否为唐代屯戍之地?

4. 四十里城市旧城

我等返四十里城市后,休息一日。有本地维族人那卡愿导余等察看附近一带之古址,盖由此往南偏西,有大道至库尔勒。沿大道南行约2.5公里地,即遍地沙丘,上生红柳,在红柳堆中,时现红土墩及红泥滩,并满布古陶片。红土墩多为土块累砌而成,但已颓圮,其形式不一,必均为古代建筑之遗存,与沙阜及红柳堆相间杂,非仔细考察,不能分别。南至紫泥泉子,西至明屋,东至盐池,东北至白土墩子,即海边;周围约15公里,皆为此类沙阜及土墩所散布。本地人每于大风后即往红泥滩上拾金子及古铜件,皆有采获。余等在此一带检视地形,亦随手拾得碎铜片、古钱、石燕化石、石矢镞、残瓦鬲与汉唐钱。陶片均作红色而厚,石矢镞作打制圆锥形,瓦鬲为红灰色,上有压纹,仅觅得一足,又有蛤壳贝二枚,显然为公元前后之遗物,则此遗址在纪元前后必已有居民。又在沙丘之旁,时露出磨石残块及开元钱,是此地至唐代仍有居民。又在此遗址之南,约5公里地,有古坟一区,即在盐池之旁,地名土子诺克。有土阜一,高3米多,宽约25、长134米,为一小土丘,土色白而坚结,上生蒺藜,死者即埋葬其中,亦无棺椁,因此,人骨、古物与沙土常胶结为一,发掘极感困难。我等在7月2、3两日,用6人从事挖掘。出现人骨骸一,并有汉式铜镜1、帽饰1、陶器残片10余。铜镜在死者胸部,帽饰在头部,亦为纪元前后之遗物,则此坟必与遗址为同一时代之遗存,而为遗址中居民死后埋葬之所也。又在附近戈壁上古坟前拾得已残破陶罐数件。因天气甚热,饮水困难,故辍工。自盐池往东南,地势低洼,形成一小海子,现已干涸,疑古时与博斯腾湖相连也。在盐池之西北面,有土墩7座,维吾尔语名"土拉",皆用土砖所砌,惜多已倾圮,然本地人仍在此一带拾金饰及碎铜片等。此地在紫泥泉子之北,为焉耆通库车及罗布淖尔之要道,故在此筑墩以为防卫也。在此遗址之西北约10公里,即四十里城市之东约2公里地,有旧城一座,名博格达沁,北距焉耆18公里,位于草滩之中,墙基尚存,周约3公里。城中已漫草荒芜,洼者且浸水而成池塘。城中有二土阜,审其发掘痕迹,似为土坯所砌之古房址。城西北隅有一大土墩,高3米多,同人在其附近拾有开元钱半枚及碎铜片数块,则此城确为唐代遗址。距大城约250米,有一小城,周约1.5公里,城垣已颓。小城中又有一小城基,类府第之属,当时或为军事上之设备也。至于此一带之古址,在历史上应属于何国,因未发现记录明文,无从臆度。清徐松《西域水道记》以四十里城市附近之旧城(即博格达沁)为焉耆员渠城(卷二,二二),我以为非是。按员渠城,为汉代焉耆都城。我在此旧城中,拾得唐开元钱,且其建筑为土坯所砌,盖唐以后之古址,决非焉耆旧都员渠城。审其形势及军事设备,或为唐焉耆镇所在地。其次,四十里城市西南沙阜中之遗址,有纪元前后遗物之发现。由规模之宏伟,亦必为一国之政治中心区。据《水经注》云:"敦薨之水,自西海迳尉犁国。国治尉犁城。西去都护治所三百里,北去焉耆百里。其水又西出沙山铁关谷;又西南流,迳连城别注。"(《水经注》卷二,页十五)由现在形势观察,沙山即今库鲁克山,铁关谷即今哈满沟。此处敦薨之水,即现由博斯腾湖西南溢出之水,即孔雀河,河水由淖尔溢出后西流,转西南流迳行哈满沟中,出铁门关,而至库尔勒,与《水经注》所述形势,完全吻合。然则在紫泥泉子以北地区,是古尉犁国地。《晋书·四夷传》称:"张骏遣沙州刺史杨宣率众疆理西域,以张植为前锋,败(龙)熙于遮留谷,进屯尉犁。"(卷九十七,页十二)遮留谷即今哈满沟,张植从南来,是尉犁在哈满沟之北。据此,则此沙丘中遗址非焉耆之员渠城,而是尉犁城矣。《水经注》称:"尉犁北去焉耆百里",此盖出于《汉书·西域传》语,若以阿拉尔之旧城即古焉耆员渠城,则自阿拉尔至此地,适当百里,距离亦复相当。虽然尉犁城形势不明显,但在沙阜中断断续续之墙基及土墩,尚可窥见其痕迹。至魏晋以后,并入焉耆,仍为尉犁一县;至唐代仍保持其活动,故在遗址中,同时亦有开元钱出土者此也①。

5. 哈拉木登旧城

当我考察河南岸旧城时,望北岸旧城如在目前,但欲前往考察,必须取道焉耆。乃于7月8日由县城向西行,经过一大草滩,至

---

① 博格达沁在四十里城市东北2.5公里处,此次复查,本地称为旦基尔沁亦即四十里城市旧城之义,一说此城名"喀拉马克沁",义谓蒙古城,不知孰是。一蒙古人云:"传说五百年前,穹库尔诺引有五兄弟,大兄居此城,与喀拉汗蒙古战,败死,此城遂为喀拉汗蒙古所占。"据此,则此城为15世纪前后旧城,但证以城中出土遗物,此说不确。此城建筑为夯土所筑,并非土坯,我们在城中曾捡有粗厚的陶红片,及一灰陶三足盆之一足,是此时代当较早。第一次来此时,曾拾有唐开元钱,是此城在唐前,至唐代已有活动。城周2856米,墙高约2—3米不等。在此城西0.5公里,另有一大城,城二重,内城周890.4米,外城周2206.4米,均为土筑,高约3—5米不等,在内城中间及东西城均有土筑台形高地,疑为古代建筑遗存。在此两大城周围5—10公里以内,还有若干高高低低土墩,以其形势论之,似为一国家政治中心区。今据唐贾耽《道里记》"自焉耆国五十里过铁门关",铁门关即今之哈满沟中塔石组南3公里河东岸之遗址,塔石组距四十里城市20公里,由四十里旧城至铁门关适23公里,合华里46里,与贾耽所记50里略相当,是在唐时焉耆都城在四十里城市差可信。但是否即汉代员渠城,是一问题:一、我等在城中尚未发现汉代遗物;二、据《汉书·西域传》"焉耆南距尉犁百里",在此城之南,百里之地,尚未发现汉代遗址,故汉代员渠城遗址,究在何地,尚不能确定。我等又在四十里城市西北约20公里日仔和田发现一旧城,名克列木托罗盖,仅存墙基,周约504.7米,又在焉耆六十户西北约45公里处,亦发现一旧城,名萨尔墩,城二重,外城不显,内城周约388.5米,可能均属焉耆国遗址,但是否即焉耆员渠城,不能定。又在锡科沁南1公里,发现一旧城,可能是尉犁国遗址。不过焉耆国都,自晋魏时尉犁危须并入焉耆,为焉耆二县,可能焉耆迁都四十里城市附近,而旧都亦已荒废矣。但尉犁在铁门关以北,博斯腾湖西部平原,与焉耆危须围绕博斯腾湖居住,由于此一带遗址之发现,更觉所推拟之可信也。

哈拉木登；复由哈拉木登南行约 5 公里，即抵旧城。城在海都河北岸，距海岸约 2 公里。有内外两城：外城周约 1140 米；内城周约 360 米。墙高约 1 米左右。东距焉耆 76 公里。城内为水冲刷，地面满布小石块，街衢巷陌已荡然无存。内城中间有隆起堆阜，或为建筑遗存。中有发掘痕迹，系本地人所掘，以拾取锡物者。间有红陶片，但墙为土坯所砌，四周突出，城垛城门转雍瓦，以建筑言可能是唐时遗址。城北约 2.5 公里许，有土阜 4 处，地名乌芸托罗盖，意为红土丘之义。传说有一神仙到此种麦，日收 10 万石粮，聚集为墩，故墩形如麦堆。盖其中有一土墩，顶为圆形，故有是传说，实皆古建筑之倾圮者耳。以上均在海都河北岸，与海都河南岸阿拉尔旧城遥遥相对，相距不过 5 公里，中隔一海都河水，故其河南北两岸遗址，古代必属于一国之政治中心区。如上面叙述四十里城市遗址群时，推断为古尉犁国政治中心区，根据《汉书·西域传》："焉耆南至尉犁百里"，是此地当为古焉耆国之政治中心区也。

（原载《塔里木盆地考古记》）

轮台考古调查简记[①]

一、库尔勒至轮台途中遗址之探查

库尔勒在库鲁克山之南,为进入塔里木盆地之桥头。现设置专区,统且末、若羌、尉犁、轮台等地。汉代为尉犁国南境。西南与渠犁,西与乌垒、轮台相接。轮台、渠犁常有田卒屯垦,而乌垒为西域都护所在地,故在西汉一代,现库尔勒专区地当为政治及经济中心地。至东汉明帝时,西域都护移设龟兹,乌垒、轮台遂属龟兹。魏、晋时,尉犁亦并于焉耆,自此后,库尔勒遂为焉耆、龟兹交界地点,仅为东西往来通途。唐玄奘由焉耆至龟兹,称:"踰一小山,越二大河,西得平川,步行七百里乃至。"(《大唐西域记》卷一)小山即库鲁克山,二大河疑即孔雀河与克子尔河,是玄奘所行之路,与现在由焉耆至库车之大道一致。云:"西得平川,步行七百里乃至",其区域荒凉,无甚多居民可知。《新唐书·地理志》内属诸胡州府,有乌垒、渠犁,如此二州府即汉时乌垒、渠犁地,则在中唐时

[①] 此标题为编者所加。

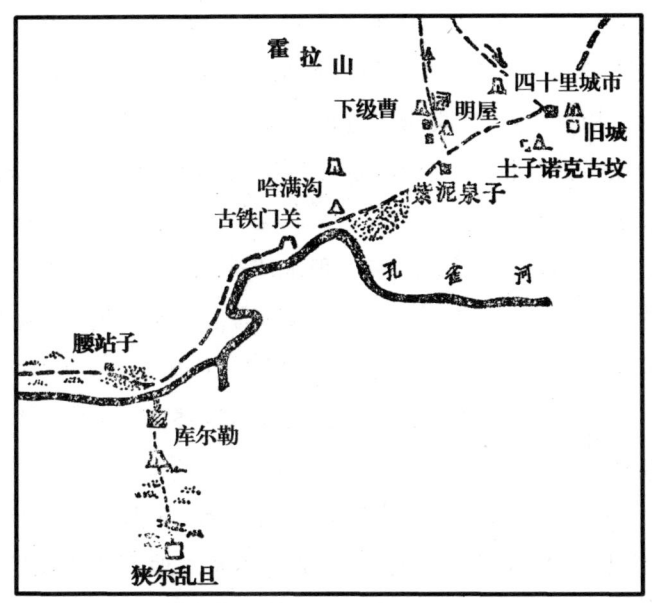

图一 塔里木盆地考察路线图(库尔勒)

又渐趋于繁荣,但至宋、元以后,仍沦于沙漠。其遗址何在,尚待吾人今后之探查与发现也。

我之赴库尔勒,是由四十里城市前往(图一)。旁博斯腾湖西岸大道行,15公里至紫泥泉子,本地称为效尔楚克。霍拉山支脉东南行至此,与库鲁克山相接,形成一狭口。孔雀河水由博斯腾湖溢出后西流,入狭口转西南流,穿行沟中,即有名之哈满沟也。此地出煤出铁,故古有"铁关谷"之名,又称为"遮留谷",焉耆王龙熙伏击晋张植于遮留谷即此。两岸岩石壁立,中显通衢,河水流贯其间,清波荡漾,碧草弥绿。吾等沿河岸西偏南行,15公里出山口,转西南行约5公里即至库尔勒。

库尔勒有旧城三:一为玉子干旧城,在回城南1.5公里,城墙已颓，只余墙基，周约1020米。中有土墩，本地人在此掘土，曾出一石碾，方形，长1.11米，围0.96米，两端有孔，确为田户用具。城中陶片均作粉红色，类唐代遗物。又在城东北，踏查羊达克沁旧城。城在回城东北约3公里，周约330米。陶片作青灰色，无花纹，疑近代之物。在玉子干南有一大城，名狭尔乱旦。城周1080米。中有土墩，墩为土坯所砌。城中积水淖泥，无一遗物，间有少数青灰陶片，与羊达克沁同。余初疑库尔勒为古尉犁国地，新疆曾在库尔勒南设尉犁县，今检视遗址，考之历史，乃知非是。自库尔勒以西（图二），有遗址数处，约在大道旁，今依次述之。

1. 库尔楚

库尔楚亦名查尔赤，旧有查尔赤河故名。8月1日，由库尔勒西行，经上户地、羊达胡都克，2日抵库尔楚。地面全为戈壁，附近有一土阜，本地居民掘土肥田，发现人骨及陶片甚多，则此处必为古坟地。土阜周围为泥滩，高低不一，周约3公里，青红陶片散布颇广，青灰陶片上有刻绳纹者，陶片颇古。汗木多又在红泥滩上拾铁块多件。距此西南约0.5公里，有一大墩，其陶片与库尔楚土阜相同。传说库尔楚南三站也有7座古城，为汉家屯十万兵马之处，但不易寻觅。库尔楚之南，适当古渠犁国地。昔汉武帝初通西域，置校尉屯田于此。《水经注·河水篇》云："桑弘羊曰：'臣愚以为连城以西，可遣屯田以威西国。'即此处也。"（卷二，页十五，合校本）则传说中之七座连营或即指此。故此地有古代遗址埋于沙中，亦系事实，不过尚未发现耳。

2. 野云沟

8月3日，又由库尔楚西行，至小野云沟，即古乌垒国地。复前行，抵野云沟住。此地旧名依什玛，有古遗址二处：一在村南约250

米处,有一高阜,面为浮沙堆集,上生芦草间有红陶片;一在村东北500米处,有大红泥滩一块,作椭圆形,直径约540、宽约240米;中有小土台,周约120米,疑为房屋建筑遗址。碎铁块甚多,瓦砾遍地,有作红色者,有作青色剔花纹者,均与库尔楚同,疑亦为汉代遗址。汗木多在城中稍作挖掘,即出现已被焚毁之碎木块颇多,是此城昔曾被火攻陷者。先是我在库车据一张姓言其家有陶罐2个,出自野云沟古城。1929年返行过此,访其家,见其陶罐为红泥质,高30多厘米,无花纹,圆底口小,旁有两耳,类甘肃沙井子所出。盖为公元前后遗物。此罐出野云沟东北10公里阿克墩东北一古冢中。据说当时掘出尸骨甚多,有陶罐数十,均被居民打毁,甚可惜也。

3. 卡尔雅河畔古址及石刻

8月5日复由野云沟出发西行,当日抵策特雅尔。为一小集镇。次日复前行,至羊沙尔巴杂。此地有居民约千余户,亦一大集镇也。据说市西北约10公里,卡尔雅河畔有旧城,城中有石碑,半为汉字,半为蒙文。我于8月7日带引导者向西北出发。约行5公里,抵卡尔雅河畔,有一麻札,以土垣围之,中有二土墩,出现人骨甚多,间亦有红陶片散布,盖古坟地也。麻札上悬羊角、白布、羊毛等。余等抵此后,沿卡尔雅干河川直西北行,约3公里许抵旧城处,并无城,只有已倾圮房址数处。在河两岸均有红泥滩,掘视亦无遗物,亦不见石碑。转东南行,遇一维族老人,指示石碑所在。转沿河西岸行,皆红泥滩,间有古房址及古渠田界,形迹甚显明,疑此地为古代垦殖区域。再由此南行1—2公里即至石碑处,亦在红泥滩中,与初所见房址相隔约0.5公里,当属一地,而仅失之交臂也。碑圆形如石鼓,半埋土中,半露地面。刻字均在鼓上,镌字极浅,字体曲折,类似蒙文,又似中国古篆文,均不认识,因手拓数纸以备研究。时已6时,光线不够,不能摄影,乃驰归。8月8日,向西出发,转西南行,过苦水河及克子尔河,履行平川,当日抵轮台县城。

二、轮台草湖中之古城

轮台县城,本地名布古尔。西汉初年仑头国地,为汉武帝时李广利所灭。后置使者校尉,屯田轮台,尝有田卒数百人。以后并于龟兹。自魏、晋至隋、唐,轮台之名不见于载记。现轮台县为清光绪中所开,东与焉耆、西与库车相接,为通行南疆必经之地,但较之汉时轮台已北移数十里矣。

1. 克子尔河畔之古城

余抵此后,即拟考察县城南之旧城。8月11日,由南乡乡约引导,向东南行,过那巴庄入戈壁,有一干渠,南东行,旁有红泥滩,埂界犹存,疑为古时垦殖区域。沿此东南行,抵一土墩,本地人称为梯木沁,即土墩城之义。周围约33、高约7—8米,四周散布红陶片及死人骨骸。旋转东行约5公里,抵黑太沁,在那巴庄南10公里,距县约15公里。"黑太沁"即"汉人城"之义。城高丈余,低亦数尺,土坯所砌,成一圆形。周337米,城中已全为碱地,中有一隆起处,大概为古时建筑遗址。四周红瓦砾甚多,均无花纹,间有碎铜片及丝线鞋与帽缨之类。吾人掘其遗址,深2米,上为浮沙土,中含黑灰土一线,铜片瓦砾均出此层中;下深1.3米,完全为黑泥沙土。根据城墙建筑及散布之陶片,疑为唐代遗址。8月12日,由黑太沁旧城出发,向南偏东行,皆红泥滩,间有红柳和沙碛,后沿一旧渠行,此渠即古时引克子尔河水以灌地者。约行5公里,又抵一旧城,城名柯尤克沁,即被火焚毁之义。城墙已颓,仅余墙基,略作方形,周约933米;中有土阜,高约6米余,全为土筑。陶片皆为红衣黑胎之瓦片,间亦有红底黑花之彩陶片,是此城建筑当早,可能为汉仑头国故址。城西南有古时流水沟渠,盖引克子尔河水以灌城中者。惟城中浮沙淖泥深尺许,面呈白沫,时陷马足。无法工作,转东行,过一干沟,经行湖滩,枯木构织,泥沙坚结,履行甚艰。湖滩中沟渠甚多,皆干涸无水,疑皆古时沟渠旧迹。旋转东偏北行,仍为一望无际之平滩,仅有少许红柳及柘蒿随风飘摇而已。约10公里,抵着果特旧城时已下午7时,即住于城之东南隅土阜下。城四周皆为红泥滩,为克子尔河水经流区域,克子尔河夹带红泥沙,故其所经流之地,皆染成红色。在旧城东北约1公里,有旧河床东去,必为旧时克子尔河故道。一切古代遗址,均在旧河道旁,现克子尔河向东北移,相距约5公里,流至柯克确尔即四散,水大时积而为潭,本地人称为柯克确尔海子。此城周约1200米,略作圆形。城墙已颓,仅余墙基,皆土筑。中有一隆起土阜,周67、高约3米,疑为古代建筑遗址。在其南有二小土堆,掘其左堆,出现稞麦壳甚多,古时必为仓库。右方之土堆,掘之无物,并有围墙痕迹,似为古时住宅,或官署所在地。在城之东南隅,有长方形土台,周124、高约9米许,余棚帐扎于土台下,而置箱物于土台上。上下掘痕甚多,皆本地人掘取镪物,或掘土肥田者。此高台究作何用,未经发掘,无从臆度,但必为古时城中之建筑遗址也。城中泥淖深尺余,陷马足足踝,人亦没履。城外东面距城根162米有土墩一,亦略作长方形,周约68、高约3米。城西亦有一土墩,略作圆形,周约40、高约6米。在此东尚有一小土堆,疑皆古时营垒,为田卒屯戍之所。城中有红底黑花陶片,与柯尤克沁旧城所拾者相同,皆为公元前后之遗物。又拾铁矢镞一,中实有柄,系汉物,故我疑此城为汉代屯田轮台时所筑。因城有营垒,当为田卒所住。城中有粮食,城南及东皆为红泥滩,古时沟渠田界痕迹,尚显然可见。《汉书·西域传》云:"轮台,渠犁皆有田卒数百人,置使者校尉领护,以给使外国者",疑即此处也。又据本地人云:"柯克确尔有一干河自库车来,会克子尔河东流至尉犁,入塔里木河。"如本地人之言可信,则此干河必即《水经注》中之东川水。《水经注》云:"东川水又东南流迳于轮台之东也。昔汉武帝初通西域,置校尉屯田于此。"(卷二,页十三)如果推论不误,则此城亦即汉时屯田之校尉城。核以形势,证以遗物,尚属可信。至柯尤克沁旧城,我疑为古仑头国都城,时代当与此城相差不远,由其所出之陶片相同故也。至黑太沁则为唐代遗址,因丝线履尝出现于遗址中,陶片作浅红色亦为唐代遗物也。8月14日由着果特旧城返轮台,途中又踏查卡梗不拉克土墩。周约二百余步,墙基间有存者,皆为土坯所砌。墩旁有一土堤,东南、西北行。据说此土堤是自那巴庄东南行,直至柯尤克沁,长约20公里。土堤两旁均为红泥滩,地形稍低,中间隆起一道土堤若长虹,横亘于湖滩中,疑为古时在苇湖中所筑之堤坝直达仑台国都以通行人者,且阻溢水横流,后人遂讹以为苇桥。现轮台市河寿桥,仍题"汉苇桥遗址",盖亦沿于传闻之讹也。

2. 第纳尔河畔之古城

第纳尔河为轮台之一大河,源于天山,南流出山口分为两河。一为克子尔河,又分为二水:一东偏南流于轮台东,一东南流于轮台市东2.5公里。河寿桥即建筑于此河上。东南流于柯克确尔海子即没。一为第纳尔河流于轮台西,灌穷巴克庄,转东南流至草湖,即四散。古时克子尔河水大,流亦长,所有旧时轮台遗址,均在克子尔河旁,沟渠田界历历可数,故克子尔河流域为古时垦殖中心区。其次当谈到第纳尔河古迹,第纳尔河为后起之河,当初水不大,故现所遗留之古迹不多。就我所探查者有二处:一为于什博罗久。8月16日,同草湖乡约由轮台市出发向西南行,复沿第纳尔河南行约30公里,抵乌斯托胡拉克庄。余曾单骑往访恰阳河景物。8月21日,由乌斯托胡拉克庄出发返回穷巴克途中,余同乡约及毛拉绕道考察旧城。8时,向西北行,沿第纳尔河前进。河身宽约0.25公里,河水停凝,每溢流为湖泽。初旁河岸行,复入碱滩,转北偏东行约15公里,12时抵旧城,城周约162米,西北有土墩稍高,墙已颓,只余墙基,审其状为土筑,本地人呼此城为于什博罗久,尝在此拾铜钱及珊瑚化石之类。余等亦拾碎铜片若干,并拾一"乾元"钱(公元758年),证明此遗址为唐代所遗。城中有烽渣残块,为古时举烽火遗滓。乡约并在土中拾有木炭,证明此城曾被火攻陷者。然此城为何时何人所毁现尚无确定答语,然必在10世纪之末或11世纪期间也。其次为黑太克尔。我等由于什博罗久城向北行,仍为碱滩,略有稀疏红柳随风飘摇,约10公里左右抵黑太克尔(即汉人渠坝之义)。有一土垣若城圈,周216米,现有积水。西南有干渠二:一南行,一东南行,必为古时垦殖遗迹,虽无遗物可验,然必与于什博罗久同一时期。因该城有"乾元"钱之发现,可能为公元8世纪之遗址,则第纳尔河之繁荣,当亦与之同时。余观察完后,连夜至穷巴克、轮台草湖考查,至此遂告一段落。

23日,复由穷巴克出发,沿大道向西偏南行,过阿尔巴特,24日抵托和乃。此为库车东境之一大集镇也。集镇有街市,在镇北约10公里有一千佛洞。25日,李稽查导余往游。此地有红沙山一道,东西蜿蜒,与北山骈行,千佛洞即建于此山脉上。山间泉水涌出,下流灌托和乃庄田,河南岸土阜重叠,佛洞密如蜂窝,东西骈列。西面有佛洞8座,前后对立,中空无壁画,有二洞中间实土,未开;中部6洞,一洞颇大,顶绘佛像,面为黑色,眉目用白线勾勒;东有佛洞5座,亦无壁画,共约20余处。洞多在山下,穿山而过,前后可通,因土阜本不高大,故可穿过,与库木土拉依岩凿室只有一面可通者不同。此间洞形建筑,多作上圆下方之穹窿形,洞门旁有窗牖约4平方米,为古代龟兹国佛洞建筑之一般形式,与吐鲁番、焉耆佛洞微异。又此间佛洞多作方形,洞与洞相联,有门及门限。而焉耆、吐鲁番佛洞,洞形深长,正殿两旁有甬道通后室,盖此地土阜狭小不可能作深洞也。又在佛洞西北旁河有高塔二,旁有红泥土堆,高低不一,疑为庙基。因急需赴库车,未及工作。12时仍循旧道返托和乃巴杂。8月26日,复由托和乃出发,西行至库车,达到余所欲考察之目的地矣。

(原载《塔里木盆地考古记》)

库车考古调查简记[①]

一、古代库车概说

库车为古龟兹国地。北倚天山,南对昆仑,西通疏勒,巴楚图木舒克为龟兹西境;东接焉耆,库尔勒为其分界线。塔里木河流贯其南,隔一大沙漠,而与于阗相对。水草丰盈,城市栉比,在西域三十六国中,龟兹为一大国。包括今之轮台、库车、沙雅、拜城、阿克苏、新和六县;而以库车为中心。当汉、唐时,西域都护均设在库车,故在历史上龟兹与内地关系异常密切。征之载记,龟兹初通汉,始于公元前1世纪绛宾王朝时。《汉书·西域传》称:"绛宾娶乌孙公主女为妻。元康之间,同入朝汉。宣帝赐之甚厚。乐汉衣服制度。归其国,治宫室,作徼道,周卫出入传呼,撞钟鼓如汉家仪。……绛宾死,子丞德立,自谓汉外孙,成、哀之际,往来尤数。"西汉时,汉西域都护设乌垒,去龟兹仅三百五十里,而龟兹北与乌孙接,去乌孙赤谷约六百余里。汉使乌孙必经龟兹,故龟兹在西汉

[①] 此标题为编者所加。

时常为交通枢纽。汉在龟兹亦设有田卒,屯田积谷以食使外国者。至后汉班超出使西域,初居于阗、疏勒间;永元以后,龟兹附汉,班超移居龟兹它干城,即今大望库木一带。余等在此一带,常发现汉代遗迹及铜钱、印章之类,是后汉之政治中心区,又移至龟兹矣。魏、晋以后,中国内部分离,政治上与西域时绝时通,但僧侣之往还,货物之交流,从未有停止。至唐灭东、西突厥,西域各国统属于唐。设四镇都督府,龟兹与于阗、焉耆、疏勒号称四镇。唐显庆三年移安西都护府于龟兹,统四镇十六府州之地。自于阗以西,波斯以东,皆隶属安西都护,号称极盛。自唐天宝十载(公元751年),高仙芝大败于怛罗斯,大食势力向东扩展,葱岭以西诸国皆转奉伊斯兰教,然葱岭以东诸国仍保持唐代势力。至唐贞元六年(公元790年),吐蕃乘新疆空虚,乘机攫取安西、北庭,自此后,内地遂与西域隔绝。及开成年间(公元836—840年),回鹘部众西迁,龟兹亦隶其版图。至11世纪初期,喀什改奉伊斯兰教,渐次东展,龟兹与喀什为邻,后亦改奉伊斯兰教。至15世纪中叶,新疆南疆大部分居民均改奉伊斯兰教矣。

　　我赴库车考察,于1928年9月初旬开始,历访库车、新和、沙雅、拜城等地遗址(图一)。沙漠湖滩,有古必访,马不停蹄,共历七十日,至11月中旬方毕。兹据当时考察记录,择要依次述之。

二、库车西部佛教遗址之工作

1. 库木土拉千佛洞

　　我等到库车后,准备赴库车西部考察,自库木土拉始。库木土拉为古龟兹国佛教中心区之一。北倚确尔克塔格,分布于木扎提河出口处。在《水经注》及《大唐西域记》均被提及,现尚留存遗迹。凿山为洞,石室鳞比,故又有千佛洞之名。在库车西南,距库车巴杂约25公里。我于9月3日前往考察,住库木土拉村。洞在确尔克塔格山麓,距库木土拉村庄约5公里。有木扎提河流贯其间。循河而北,岩壁屹立,依岩凿洞,或在山腰,或在山脚,均在河东岸岩壁间。余等初沿河岸行,由南往北,最南一洞南向,行数武,又一洞西南向。再往北约0.25公里,洞室颇密,约有洞十余,皆在岩下边河,可循石级攀援而至。余订为河坝区。至此有一小沟若羊肠,沿沟向北偏西曲折蜿蜒而行,两旁亦有佛洞。复出沟沿河岸,有佛洞十余,有石级,可循级上,直达石室。共五洞,骈比相联,中穿一夹道,以便往来,此为后人所凿。再北即为悬崖,临河,不得去,乃返行。又同乡约探查一干沟,初东南行,后转东偏北行,沟宽丈余,不见天日,或两岩结空,不通行人;或奇峰耸立,高出云表。在沟东岩上有佛洞,非梯绳不得至;复迤沟东行,在沟西半岩,亦有佛洞,复前往0.5公里即返。我所观察者仅此而已。其他还有在高岩,无路可上,或未及前往,据最近调查,此地约有九十余洞,则我所遗漏者多也。次日开始工作,分两组:一组掘河坝佛洞(A、B);一组在石室拓字(E)。在河坝洞中左侧巷内(A),掘出写经残纸一条,上写"尊致病交公夹行书夫人例不致及一君礼刿公宠之过",反面书汉文《法华经》,盖当时人用《法华经》残纸作书牍之用也。又有木器盖及木皮之类。乃移掘佛洞(B),洞半塞,疑未经人盗掘者。发掘结果,发现划字陶片一,上刻"法诚"二字。法诚疑为汉僧之名,或此洞属于汉僧住持。洞壁佛像多已残缺,但一部分尚可看见。每像均袒右肩,作说法式。面庞丰盈,线条生动,亦颇类唐人作风。疑此寺为唐人所建也。余同乡约又往前日所已觅得未看之洞,携带梯绳,在干沟北转东首,有二洞(C)在山腰。下临悬岩,无路可上,乃作绳梯,系绳于腰,一人拉之,以为上下,往复递上,得至洞前。洞宽不过1.3、深约2、高约1.7米。左右前后,刻划汉字殆遍。审其文义,此洞为藏罗汉骨灰处,所有题识,皆过此僧侣来此巡礼所记也。兹抄录如下:

西壁

  香净法集(乙)九已年

  令兴□礼^{法满}

    前不布施且作语言时来时迥佛礼去时迥佛归^{义诠}

    惠增留名之记   一月十二日 法超

    辟支(?)仏屈(辟支佛窟)礼拜行道功德回施□持和尚法真□□□□霑此福一时成仏(佛)

    丁未年十一月十六日辰时共互香使八人法超礼罗汉屈(窟)

    大唐大顺五年五月三十日沙弥法晴第僧沙弥惠顺日(?)巡礼至

              惠峻行礼

  法师惠增共大德□进法兴

  惠超礼拜罗汉回施功德兹(慈)母离苦解脱

  李道超巡礼之记

后壁南墙

  壬辰年五月(下缺)

  □茂惠初礼(下缺)

  回施日初和尚礼(下缺)

  解脱

东壁

  礼罗汉骨

  大师彦寿□坚更法师

  大唐东亰(京)　　坚行

  惠盖法灯律师巡礼罗汉

  王(壬)年七月十六日峇盖(惠盖)光峃及沙弥戓初

  惠初巡礼功德为焉耆小万我知(和)平福相见即是愿也坚行智恩(红土笔书)|普满|比丘惠灯记|

  丁卯年七月十一日

  沙弥戒初　　智净9 8

北右壁

  施□□□□□当来世师得其人亦□□乙酉年十一月五日戒诠书记|酌(愿)此福分回施法直嫛师心时

  乙酉年七月六日巡山寺示□□□

  日照是恶人广德书记

以上题辞均在 C 洞，即罗汉窟。在素壁上用木具或金属具刻划，线条甚浅，不便椎拓，题辞中有"大唐大顺五年"（公元 894 年）等字，大顺为唐昭宗年号，此为库木土拉署唐纪元之最后年号。又题名中有"惠增"、"法超"、"法真"、"法晴"、"惠顺"、"法兴"、"惠超"、"惠初"、"彦寿"、"坚更"、"坚行"、"惠盖"、"法灯"、"戒初"、"智恩"、"惠灯"、"智净"、"戒诠"、"义诠"，皆为僧侣之名，疑为唐朝僧侣巡礼罗汉窟留名题记。在各僧侣中有"法师"、"律师"、"沙弥"、"比丘"等称号，皆同于内地。惟东壁题有"大师彦寿□坚更法师"，写在"礼罗汉骨"之旁，疑"彦寿"为罗汉本名，且"彦寿"亦不类汉名也。又东壁题有"为焉耆小万"云云，疑小万焉耆人，在龟兹出家者。又题名中除"大唐大顺五年"署唐年号外,尚有许多题名,只写干支不署年号,例如西壁"乙巳年",疑为唐僖宗光启元年,"丁未年"为光启三年,与大顺五年题名同属一壁,必在大顺先后所写。又后壁"壬辰年",疑为懿宗咸通十三年。旁尚有回鹘文题名。东壁有"丁卯年",疑为宣宗大中元年。北壁有"乙酉年",疑为懿宗咸通六年。这些年号皆在唐之末际,时回鹘人已入新疆。在后壁"壬辰年"汉文题识旁,有回鹘文题识,时代虽不能必定同时,但可证明此时龟兹已属回鹘,故往僧侣,只署干支,不署唐朝年号,由此可知唐在西域控制力至此已全丧失;而回鹘人入新疆,库车已隶属于回鹘,均由此可得一证明。

  以上皆在C洞,即罗汉窟。在C洞东北另有一洞,在半山岩,旁刻"惠光"、"任光"、"法诠"、"道"等字。又罗汉窟旁岩石上,亦刻有"仙"、"智月"、"法门"、"志升"、"法铭"、"惠光"等字。又在附近岩石上刻有"□悟"、"智月"、"太守李(?)"、"仙"、"太宗"、"只向"、"法诚"、"惠禋(演)"、"惠兴",以上均刻在岩石上,仰首上望,仅见其仿佛。"太守"二字为隶体,书写甚优,下一字疑为李字,因壁临悬岩,不便细阅,故我亦未椎拓。余在此地抄录完后,复迤沟曲折东行,约2.5公里许,又有一洞(D),在干沟西岩半山腰。用梯线攀援而上,洞东壁刻"惠增"、"林";洞北壁刻"惠增象";洞西壁刻有"金沙寺"、"六年"、"彦太"等字。洞东侧甬道刻有"那"、"邨"等字,底为沙石,亦不便椎拓。返回至河坝洞,查看汗木多等工作,并在河坝南岩一洞中,洞东壁上亦有用具划字三行,为:

  ……题记之耳廿一日画金砂寺新□
  大德法藏鄢彡O□□□□□

月廿四日画□□□□□□□

又在洞东壁用红色笔书写题识为："惠超法圣伯智到此间""戒明到""智岭""三月九日到此日畔晏"，以上皆为汉文。旁尚有用民族古文字划者，未录。其中可注意者，沟西D洞及河坝南岩洞中，均有"金沙寺"等字。疑"金沙寺"为汉人在龟兹所建立之寺庙。慧起《往五天竺记》云："安西有两所，汉僧住持。行大乘法，不食肉类。"慧超不知是否即题记中之惠超，慧超过龟兹时在开元十五年，时库木土拉佛寺正是兴盛时期也。

在干沟迤北佛洞区，有石室五所。在廊下开一通道，五洞可通行。中有一室（E）颇宽广，四壁均刻有汉文及民族古文字。东壁刻汉文"成香""还原"四字；又刻有回文刻辞，字甚模糊，可见"法轮常转"等字。北壁东墙，刻民族古文字（G、H）两行；北壁西墙，刻汉文"惠亲惠"等字，同时刻有民族古文字（A、B）两行。西壁刻有汉文"向明""沙门日"，同时亦刻有民族古文字（C、D、E、F）四行。各洞佛像，仅存背光，面像已遗失；或仅存残身，头部残缺。《大唐西域记》称："昭怙釐佛像庄严，殆越人工。"今由其他各洞残迹，亦可见当时佛像盛况。清徐松《西域水道记》称："丁谷山有石室五所，高丈余，深二丈许。就壁凿佛相数十铺，璎珞香花，丹青斑驳。"是在前清中叶，石像尚存也。《西域水道记》又云："洞门南向，中有三石楹，方径尺，隶书梵字，镂刻回环，积久剥蚀，惟辨'建中'二字。"（并上，卷二，十三）所谓"隶书梵字"，大概是指民族古文字题识，惟"建中"二字今不见，或是星伯误认也。沙门题名今尚存。

9月7日，乃掘河坝洞。除发现带字陶片外，余无所获。乃移至东庙（D）发掘。发现铜片及残纸少许，并佛像残件，知此为废庙基也。但此庙已为前人盗掘，遗物无存，故停止工作。8日移至千佛洞之南，库木土拉村庄附近旧城工作。旧城名色乃当，遗址尚存，周约420米，四方形，城中已开垦为熟地。余等在城东北隅，拾唐代陶片数枚，间有带波纹灰陶片，当在唐前。在城北0.5公里许，且有一陶片上划汉字，字迹甚模糊。有土堡一，本地人称为"炮台"，盖为当时守戍官兵瞭望之所。在沙雅河（渭干河）西岸，与河坝洞区东庙相对，亦有古代寺庙遗址一区。我等于9月12日，由阿克雅尔前往探查，此地亦名千佛洞，实为大庙遗址。形同一小城，周约380米。沿城四周，均有住宅遗迹。城东有方形高塔一座，底宽8、高约7米，砖砌。形同西安大雁塔，惟顶部已残毁，我疑此为龟兹古代雀离大寺遗址。在城西亦有高塔一座，下为方形，宽约8米，上略圆形，宽约6.3米，高约6米余。城中已生青草，除拾得唐代陶片外，余无他物。

沙雅河（渭干河）两岸遗址，根据《大唐西域记》，当为古时昭怙釐。《西域记》云："荒城北四十余里，接山阿隔一河水，有二伽蓝，同名昭怙釐。东西随称，佛像庄严，殆越人工。"今按其形势，遗址均散布于确尔克塔格南麓，跨木扎提河即沙雅河出口处，即《西域记》所称接山阿隔一河水者也。南距伯里克斯之于什格提大城，约20余公里，与《大唐西域记》所述方位大致相合。城三重，量其中城，周约624米，疑即《大唐西域记》所谓荒城也。以今推古，名称虽易，而形势未变。《水经注》引释氏《西域记》曰："龟兹国北四十里山上有寺名雀离大清净。"（卷二，页九）按"雀离"与"昭怙釐"，或为一名之异译。《高僧传·罗什传》云："什在胎时，其母慧悟倍常，闻雀梨大寺名德既多，又有得道之僧，即与王族贵女德行诸尼，弥日设供，请斋听法。"（《高僧传》初集卷二，页一，金陵刻经处本）《高僧传》之雀梨大寺,当即《水经注》之雀离大清净寺,亦即唐之昭怙釐。罗什生于东晋建元二年(公元344年,据《西域之佛教》二七二页),此时雀离寺已臻极盛。则此寺之创建,当在东晋建元以前。吾人虽无遗物之证据,但据河西城西之高塔,上为砖砌,下为土筑,显然是两个时期之遗物。如以土坯累砌当于唐代,则用土筑当在唐前,故我定唐以前此寺即已存在,想无问题。同时,又在罗汉窟中发现"唐大顺五年"题识(公元894年),是此寺自公元3世纪50年代至9世纪末,此寺均在活动,则此寺之历史,约550余年,可谓悠久矣①。

2. 铁吉克遗址

我在库木土拉工作完后,即拟考察沙雅河西岸遗址。于9月9日,由库木土拉向西出发,渡沙雅河,河宽约1公里,渡河转西偏南行,至阿克雅尔稍息,复前行,沿途村舍络绎,柏杨夹道,下午抵今新和县住店。店有一小花园,颇舒适,在此休息一日。11日复出发至阿克雅尔,往探查沙雅河西岸及把什何计北之古址。13日,复由阿克雅尔向铁吉克出发,向西南行入戈壁,又过一大渠,本地人称为裕勒都司海子。盖沙雅河自库木土拉出山口后,分为二渠西行:一曰小裕勒都司渠,西南流至沙雅境内;一曰大裕勒都司渠,流灌裕勒都司,余水溢为湖泽。两渠并行向西,我等初行傍小裕勒都司渠,后傍大裕勒都司渠,沿渠村舍络绎,田亩相望。下午抵托卜沁。有一旧城在路南0.25公里处,只余墙基,城中已生青草,无一遗物

---

① 关于《大唐西域记》中昭怙釐问题,我在原文中是根据"荒城北四十余里,接山阿隔一河水,有二伽蓝,同名昭怙釐"之语,观察库木土拉形势适与吻合,又在其西南旧城适有名于什格提,故原文中断定库木土拉河两岸废寺,即昭怙釐。此次复查,于什格提旧城在新和县西18公里,库木土拉在新和西北15公里,共33公里,以距离及方向言之,均不适合,前说恐误。

可检。3时转至一猎户阿西木家住焉。14日即由阿西木家出发转西行,经红泥滩,间有沙碛,过玉尔滚,有土墩二:南墩高约9米余;北墩亦高6米。为土砖所砌,墩东西有垣墙遗址,已满积黄沙。我等在此检得碎铜片及陶片若干。审其陶片,均作粉红色,皆为唐代遗物。在墩东北约1公里沙碛中露出红泥滩,满布瓦砾及铁块甚多,并有烽火遗渣,知此地为古军事警戒区域,沿途置有戍兵。在南约5公里,亦有一旧址,未经探查。复由墩向西南行,初行沙窝之南,复穿过沙窝,绕行沙窝之背。此沙窝自沙雅河西岸,旁确尔克塔格西南行,至阿克苏境,绵亘50余公里,或即《大唐西域记》中龟兹与跋录伽中间之小沙碛也。出沙窝,向西傍山行,下午抵铁吉克,住店中。此处有一东西山脉,总名确尔克塔格。由库车北托和拉旦分支西行,木扎提河穿山而过,库木土拉佛洞即在其出口处。西行至铁吉克,本地人称为柯尤克塔格。柯尤克为喜欢之意。传说有一圣人至此,在山中牧放迷途,复被寻得,共称欢喜,故名。山为黄土层,中出石油,清末曾有人开采,后已停开,现山腰间尚留存许多洞穴,即旧时开掘遗迹。在山麓一带有铁块及硫磺炭渣甚多,是此地古代必为军事要地。复往西,查看千佛洞遗址。佛洞或在山顶,或在山腰,形势颇为散漫,现可见者约十余处。又有古房址或废庙,又有一古营垒,形同土堡,均在山顶,墙壁多已倾圮,此地遗址颇为复杂。我等先掘沟北佛洞(A),发现陶模一件,为佛掌。又在沟畔(E)掘出一烧砖铺底,间有花纹,惟不见他物。16日又移至古垒侧之佛洞发掘,在深1.2米下发现蓝墨锭若干,及尖头木具一。此洞或为画师所居,其颜料即以粉画墙壁者。运回后,抗战期间毁于兵燹,甚可惜也。又发掘古垒东墙,掘出一旧井穴,中有熔铁破瓦罐甚多。又垒中拾有铁箭头及铁弹子。箭头为扁叶状,颇类近代之物,但陶片及古垒建筑,则为唐代所遗。又掘沟坝,出现一小陶瓿,口部有四孔,未知何用。亦有佛像残件,知为古庙遗址。总之,此地遗址,除山上古垒外,其余大部为佛教遗址。但此一带地区,完全为黄土层,洞宇均凿山而成,故岩壁墙壁颇难辨识。我在河畔掘一处。现出砖石瓦片,且有灰土,为一住宅,但掘至宽2.66、深1.33米,全为黄土,以致庙宇痕迹隐晦不明。又山中裂沟甚多,盖为水冲刷而成。但沟中发现圆顶形房屋,墙壁有斧凿痕迹,表面为烟熏黑,确是人为,而非天然。因此我疑此处古时必有甚多之庙宇及住宅,经过雨水冲刷流为沟渠,建筑倾圮已变其形势,增加工作困难,故工作三日,即行停工也。

三、新和西部之古址

1. 大望库木旧城及周围之古址

余等在铁吉克工作完后,即往沙雅西北一带访古址。9月18日,由铁吉克出发,向东南行,经过盐壳及沙碛所覆盖之地面,又穿过一沙碛区域,抵伯克里克村边,沿途树木夹道,田亩相望,下午抵巴杂住焉。此地属沙雅县所管。由乡约代请一引导,名阿西木,年50余,对此一带之古址颇熟悉。由彼引导,历访各古迹,自近者始。在村庄附近有一旧城,距村庄西南约1.5公里。城三重,城基尚存,高约1米,本地人称为干什加提,即三道城之义。余于20日前往视察,分为内城外城大外城三重。内城土阜起伏,隆洼不平,洼者浸为水池,本地人传说为衙门,意谓官署所在之地。由内城至外城相隔约60余米。外城形略圆,每面均约156、周约624米。城中有土阜数处，或为建筑之倾圮者，大部分已开垦成熟地。由外城至大外城相隔约240米，外城周围未测量，城中隆起处不多，检视无一遗物，即陶片亦不可得。地面满覆泥沙，陷马足，因碱性蒸发有已变为硬壳者。询之本地人，亦无有在此拾一物者。一山西人告我云，此鞑子城，盖谓蒙古人之城也。城为夯土所筑，规模宏大，以城基建筑术言，或为唐以前之旧址，疑为龟兹旧都，即《大唐西域记》中所谓荒城也。《西域记》云："荒城北四十余里，接山阿隔一河水，有二伽蓝，同名昭怙釐。"昭怙釐遗址，我已证明即今之库木土拉佛洞，现此城北偏东距库木土拉不过25公里左右，位置相当，可能是龟兹金花王时代旧都。必须有待于将来之发掘作证明也。稍停，复向西行，抵伯勒克斯，住一庄户家。又本地农民送来铜花押之类，据说出于克子尔旧城。始在伯克里克时，亦购到铜章数件，知此一带古址必多。乃置行李于村中，余同引导及毛拉、汗木多等骑马往访。9月21日，由伯勒克斯向西出发，经行沙碛，在沙碛中露出红泥滩，瓦片铁块甚多，必为古时居民住地。旁有干沟已为浮沙所掩，但必为古时流水遗迹，或是古渠道。下午1时，抵大望库木，住于红泥滩上。此地在沙窝之中，遍生芦苇。引导人在此掘井，水出颇淡，即留什物于此，骑马往探旧城。此地沙碛纵横，枯木拟构，入其中者，顿失所向，孰为旧城，不易辨识。据说旧城旁有一胡桐树，但亦失其所在。在此一带盘旋四小时，旧城终未觅得。但土阜中瓦砾，触目皆是，亦是有居民之证。22日复往探寻，先考查住处北之土墩。墩在住处东偏北约3.4公里，在沙窝背面，屹立红泥滩上。墩为红土所筑，周约36、高约6米，中填土坯，疑原为汉墩，唐以后重修者。在此墩北，另有一墩，周30、高约5米。在此墩之南偏东，约1.5公里，又有一土墩，周约36、高约12米，下层为红土所筑,上为土坯所砌,亦为汉墩,唐以后重修者。余在墩旁拾有铜扣及蛤贝之属。墩西约数十步,复有一墩,亦为土筑,间有烽火遗渣。在此稍停,又西南行约 11 公里,有一营垒。垒二重:内层周约 54 米,外层周约 161 米。东北西北隅,均为沙碛所掩盖。城墙基址,间暴露于外,高不及 1 米,大部分均埋于沙中。观其形势,可能为古时军事中心区。9 月 23 日,复考察此一带之古址。在住地西偏南约 5 公里地,有一沙碛,露出红泥滩一块,散布红瓦砾甚多,铜钱、铁块俯拾即是,我拾得五铢钱一枚,可知为汉代遗址。范围颇大,横直约 2.5 公里,满布浮沙,旧城城墙隐没于浮沙中,若隐若现,犹能窥见其仿佛,本地人名此城为额济勒克。附近有土墩二:一略高,一略低,相隔不过 5 米。四周瓦砾、铁块甚多,且有烽渣,或为烽火台遗址。红泥滩中,时有隆起小土丘,可能为古时房屋之遗迹。略经探掘,亦未发现任何遗物。在此查勘后,复西南行,寻觅大望库木旧城。初向南行,沙窝累累,乃转南偏西行,又转南行,绕至大沙窝南部,红柳柘蒿与沙阜相间杂,大望库木旧城即在沙阜错丛中。北距额济勒克旧城约 5 公里。城墙遗迹已不可见,惟见土阜高处,四周散布瓦砾甚多,小铜钱散布极广,盖为龟兹所铸之货币,形式略同于刘宋时之对文五铢,但无字。我在此停留不及两小时,拾钱近百,乃转东行。沿途又经过遗址 4 处,情形均与大望库木相同,虽然沙窝不如额齐勒克一带之大,但在红泥滩上时有散布瓦砾、铜钱。惟靠近伯勒克斯村边一古址,区域颇大,纵横约 3.5 公里。余等在此拾小铜钱、印章、戒指等等,并有人骨露出,或部分为古坟地也。时已近黄昏,乃返行,抵伯勒克斯原驻地,已半月高照,家家灯火矣。

综计吾等于 9 月 21 日由伯勒克斯出发考察大望库木一带之古址,至 23 日返伯勒克斯。三日之探查,自早至晚,驰驱于沙窝泥滩中，周围约15公里，发现遗址10余处。或有城墙遗址，或为烽墩，或为房址，铜钱、铁块、瓦砾遍地皆是，而各遗址所出现者均同，可能为同时期所遗留。但由其发现有五铢钱及小五铢，例如额齐勒克所出者，则此一带可能为公元1世纪至3世纪之故址。又由于土墩旁有烽渣、铁块，可能有守望设备。因此就其性质言，或为军事中心地。由其小铜钱、瓦砾散布之广，又有铜印章、铜戒指之类，则居民亦多，或为戍卒之遗物。我于23日日记上有一段结束语曰："回首远眺白泥滩上，高阜起伏，若隐若现，犹想见古时屯戍刁斗之声。白屋历历，鸡鸣犬吠，如闻仿佛。"现在印象仍然如此。虽此地无显著大城，但遗址分布区域规模甚大，必为当时一重要中心地。据《后汉书·班超传》及《梁慬传》均称："班超为都护，居龟兹它干城。以后延平间，段禧为都护，赵博为骑都尉，均居其地。"是此地或为后汉时它干城故址也。

2．通古斯巴什旧城及周围之古址

余等在伯勒克斯西南一带之古址考察完后，即拟考察伯勒克斯东南一带之古址。9月24日由伯勒克斯出发，初向东偏北行，后转南行，约15公里至克子尔庄。庄南有一古城名克子尔沁，维语红城之义。两城相连，迤西一城周330米。有墙基，高约2米不等，红土所筑。北有土墩三。此城东又有一城毗连，相隔不过十余步，稍大，周约600米。满生青草，墙基稍高，除散布红陶片外，无其他遗物。25日继续考察克子尔庄西之旧城，名鹤什土拉。城墙周约102、高约2米，实一土墩，并非古城。"土拉"亦即土墩之义。城东北隅又有一土墩，已倾圮，地面散布碎铜片及小铜钱。在鹤什土拉之西，有一古城各色当沁，在旁又有一城，二城相连。迤北一城，有城墙遗址，周约210米。东南隅有一土墩已倾圮，城墙均为土坯所砌,余等在此拾"开元"钱一枚,是此城在唐代尚有居民。迤南约30余米,又有一城,城墙已毁,略存形迹,周约270米。在城北有土阜三,中一稍大。余等在土阜旁试掘,出现土墙,全为土筑,一面涂青灰,一面涂泥,墙宽不及1米,坚结非常,一墙半为土坯所砌,必系后来补筑。墙内堆满沙子,间有胡麻,必为古时陈储粮食之仓库,沙子则系由外面吹入者。余等在此附近,拾小铜钱及铜片,又拾五铢钱一枚,则此地又为汉代遗址。又因其墙一半为土坯所砌,则此址至唐仍未废弃也。往南约0.5公里,在沙窝中露出红土埂一道,亦为土筑,类似城墙,可能与克子尔沁有关,但因整个形迹不甚显著,故不能决定其性质也。26日继续考察克子尔庄西南之旧城勒哈米沁,维语有濠沟之义。西北距克子尔沁约5公里。城周210米,内有类似水磨石二块,不能取出,取则水上涌。余自洞伏地爬入至井底,周围亦不过丈余。形圆如葫芦,上透微光,井底有木柴二根,盖为后人放入者,亦不见有何遗物,或为当时之废井。在此城附近,拾铜片及红陶片数枚。在此城西北约1.5公里,有古房址二处,本地称为砖头城。实无城。四周散布红陶片甚多。余等在此拾开元钱一枚,则此遗址可能是唐代所遗也。27日继续往南考察,初向南行,过克子尔沁,转南东行,过卡勒克沁小城,周180米,门向北开,墙为土坯所砌,高约6米,在城外拾"开元"钱两枚,则此地亦为唐代遗址。复向南东行,抵通古斯巴什旧城北一村庄住。旧城在庄南,名通古斯巴什,盖谓"通古斯族首领"之义,又称为唐王城,为龟兹大城之一。四面城墙,巍然独存,城四隅尚有突出城垛。墙外尚存城垛五。高约9、周约825米,土砌。南北开门,门宽约1.3米,北门楼尚存,在北门楼东有古房遗址数处。9月28日开始工作,先掘城内东边垃圾堆处,发现布巾之类,次日仍继续掘通古期巴什旧城,先掘城中高地,深0.6米即现土墙,断为房基。再下深1.6米到底,发现干草甚多。又出现胡麻、油饼及木屑之类。油饼圆形,径30厘米余,盖用榨筒榨出。余在胡乃玛庄时见一家正在榨油,其法:凿一树为槽,大可盈拱,高约1米,中空,置菜子于内,以杵捣之,下有孔漏油,别以横木架杵,用驴或马拉转,杵上加木石之类颇重,一人一面赶驴,一面捞菜子粉,下有一碗盛油,不知古时与此法相同否?现在此地仍用胡麻油、菜油、棉子油,惟无芝麻油耳。在此地掘完后,又掘昨日之垃圾堆,又发现巾布、木栉、鞋履之类甚多。又有一布口袋,可能是盛弓箭之用。又有木碗、木具等等。余发现此类遗物时,本地人均笑之,而余则认为至宝。又本地居民在城中拾一残纸,上有唐大历年号,是此城为唐城无疑。当汗木多等工作通古斯巴什旧城时,余往南考察,单骑往访南5公里之不徒瓦什旧城,城周约250米,亦为小城。门向北开,墙基尚存,高约2米许,为土坯所砌。往西略偏南又有一旧城,名可提尤干,为一土墩,并非古城。墩下为土筑,上为砖砌,周围130、高约6米。附近0.5公里许,有红泥滩一块,红陶片散布甚多,间有铁块、小铜钱,或为古屯兵之所,以捍卫通古斯巴什旧城也。据说在可提尤干西南约10公里,另有一小城,名乌斯木,余以泥滩难行未去,想此一带小城必多也。余等连日考察伯勒克斯以南诸古城,除色当沁、克子尔沁相当于汉城,属大望库木系统外,若勒哈米沁、卡勒克沁、通古斯巴什、不徒瓦什、可提尤干均为唐城,其墙址均为土砖所砌,有唐开元钱散布,陶片亦属唐代系统,则此一带遗址,时代可能相当于唐,而以通古斯巴什为一政治中心区也。

3. 羊达克沁大城及周围之古址

我在通古斯巴什旧城工作完后,转向北考察以北迤东之古城。

9月30日,从通古斯村庄住地出发,向北行,经行沙碛及湖滩,裕勒都司渠水下流灌地后,余水每溢为湖泽。过此转东偏北行,约10公里多,抵玉尔滚沁大城,维语红柳城之义。城居于湖滩之中,有内外两城,颇大。外城周围约1425米,较通古斯巴什城为大。城墙已倾圮,只余墙基,高约3米,东墙略有未倾圮者,为土坯所砌,中夹枯柘木条,疑为后人所重修,当初乃土筑也。城中有一小城,在北,与外城相连,周346米,中有土阜,盖为古建筑物之倾圮者,无一遗物可检。城外沙窝棋布,城内泥淖深30厘米余,面呈白沫,青草红柳,随风飘摇,略有陶片及小铜钱。陶片作红色,小钱亦与色当沁一带所拾者相同。城门南北开。东门外又有土埂一道,疑为旧城基。在此稍停,复东行,转东南行抵叶现比,住乡约家中。叶现比是集镇名称,为沙雅县之一大镇,本地名为英尔默里,在英尔默里南北均有古城。10月1日,先考查北面之大城。先向北偏东走,约1.5公里,抵托卜沁旧城,只余墙基,高约3米,周约168米。东北开门,城中泥淖深30厘米许,表面结成硬壳。稍停,复北行,至羊达克沁大城,又名于什格提,距英尔默里巴杂约10公里。城墙全为土筑,现仅余墙基,高约1米,北面渐至灭迹。城三重,大外城周约3351米,内城周510米,中有土阜一线,或为古时建筑中心区。墙壁倾圮,隆起为阜。内城至外城中间尚有一城。北面墙基不明,城中沙阜累累,枯柘结泥,经硝碱蒸发,极为坚结。检视无一遗物,连陶片亦不可得。据本地传说,此为鞑子城,已有二千多年矣,莫哈默德出世前,即有此城。言虽无稽,然以此城建筑术论之,确在唐以前也。《晋书·四夷传》龟兹条云"龟兹国俗有城郭,其城三重,中有佛塔庙千所"(《晋书》卷九十七,页十三),与此城形势暗合。中间之高地,或即佛塔之倾圮者。据此,是此城为第3

世纪中期之旧城,距今已1700年矣。2日复考查英尔默里巴杂南面之旧城,在庄西南约5公里,为小羊达克沁。此地名克子尔库木,即红沙之义,故此城又称为克子尔沁。周135米,城墙已倾圮,只余墙基。在东北隅有一土墩,略高。城中除稍有红陶片散布外,无他遗物可检。在此城东1公里许,有阿雀墩已颓圮,在此稍停,复西南行,约5公里,过羊达克沁大渠,抵大羊达克沁。周约232米。实则为一小城。城中被水冲刷,城墙已倾,惟北墙稍高,约1米,为土坯所砌。城东南隅有一土墩,城外相距约0.25公里,有土墩二,高1米余。本地居民送来一铜花押及铜件,据说在城中所拾。又在城北沙碛中拾一木章,或亦作签押之用。汗木多等亦在城中拾"大历元宝"大钱一枚(公元739年铸),则此城在唐大历后仍有居民,且为唐城。城之北、西两面沙碛中,陶片铁块散布甚多,象征此城过去之繁荣。下午又考察月勒克沁,维语草场城之义,北距大羊达克沁约10公里。城在湖滩中,为圆形,城墙已毁。现存基址,高约0.7米,夯土所筑。周约250米,中有土墩,已倾圮,形式与轮台南之柯尤克沁,即吾人所断为仑头城故址者相同。陶片作红色而粗厚,年代较古。城中已成泥淖,地面暴碱沫若霜雪,据说此为近年事,十年前尚不如此。以西相距约0.25公里,有一土墩。四周有作长方形之墙基,周约90米,瓦砾、铁块甚多,陶片作红色。城南隅有发掘痕迹,审其形式,似为房屋建筑。余等在南墙下,拾有"开元"钱及五铢钱各一枚。是此墩必与月勒克沁有关系,且为同一时期之遗址,原为汉城,至唐此地尚有居民活动其间也。据说在月勒克沁南尚有二古城,在沙窝湖滩中,驴驮不能去。余等曾骑马前往探查,除在南5公里地之沙窝中,觅得一有陶片古地外,古城终未觅获。盖沙窝纵横,易致迷途,而且沙阜类土墩,红柳拟城墙,觅寻古城,诚非易事。乃放弃寻觅古城企图,返至胡乃玛庄,转至沙雅县城休息。沙雅西部,即渭干河西岸之古址调查,至此遂告一段落。

四、库车东南部之古址

10月7日,余等由沙雅返回库车,在库车略事休息,即准备考查库车、沙雅东部诸古迹。

1. 库车南部之古址

10月16日正午,由库车出发,初向南偏东行,过库车城上河。本地名曰沁色依,亦即"城上河"之义,为铜厂河西流之支水。转东南行,又过鄂根河,为一新河,自库木土拉渭干河分出东流,经长兴巴杂之北,土尤包第之西,转东南流入沙乌勒克草湖。水大时可至爱墨提草湖。下午6时半抵哈拉斯堂住。17日继续前进,向东南行,过博斯堂巴杂,直至哈拉黑炭巴杂。因由哈拉黑炭巴杂至沙乌勒克草湖中间古址甚多,故我以此地为中心向各方调查。兹将所已调查者,依次述之:

(1) 阿克沁

18日余单骑往访巴杂西阿克沁旧城。城墙为土坯所砌,高约1.3米,周围约123米,略作方形,不及0.5公里。城中无遗物可检。转东行,通过一小沙碛,至一古地,稍有红陶片,在其旁沙碛中,露出红泥滩一线,类似一干河床,自西北向东南,宛然如带。询之本地人,称是渭干河故道。据说此干河自千佛洞出山口后,经库木土拉之北,东经阿拉哈庄入戈壁,东流于亮果尔庄之西,长兴巴杂之东;复东南流,经哈拉黑炭之西;转东南流,过穷沁之北;折东北流,至爱墨提草湖。初本有水,后经农民打坝横截,逼水南流,故此河遂涸。复由此干河出发,绕哈拉黑炭之南,东行抵可洛克沁。据说昔时尚有旧城遗址,现已无形。有一土堆,已掘为塘,无遗物可检。

(2)托卜沁旧城

19日继续考察巴杂东北之古址。初向东北行,后转北行,过一干河川,河床颇宽,与沙雅北之渭干河相似。河岸胡桐树骈列成行。此干河据说自哈拉黑炭西之干河分出,东流经托卜沁之南、巴杂之北,东至爱墨提草湖。一说直至罗布泊。渡干河后,复北行,亦为湖滩,红柳丛生。10时抵托卜沁旧城。城墙已毁,只余城基,形略圆,中洼如釜形,空无一物,周约234米。此城位于湖滩中,四周皆碱地,面呈硬壳。盖此一带均为渭干河下流,地势低平,水大时每溢为湖泽。水涸复蒸发而成碱地也。

(3)英叶一带旧城

19日下午,全队由哈拉黑炭出发。东南行至英叶,住猎户阿西木家中。彼知道古地甚多。20日由阿西木引导,考察英叶东南之古址。初向东行,复转东南行,远望有一干河川在道南,即哈拉黑炭西面之干河。至此转东行直至草湖,与现在渭干河汇入塔里木河,现库车人至罗布泊,即行于此干河之旁也。河宽约百余步,两旁胡桐成列,沙窝骈立,中为河床。西域大河如和田河、塔里木河两岸均如此。渡干河川约数百步,即为穷沁旧城,西距英叶7.2公里,"穷沁"即大城之义。城在湖滩中,满覆泥沙,无遗物可检。城墙已不显著,只见城基,高约0.6米,略作圆形,周约924米。西有一土墩,已倾圮,周约120米。盖为古建筑遗址,其形式颇类轮台之着果特旧城。故我疑此城为汉代屯田时校尉城旧址。《水经注》云:"西川枝水,水有二源,俱受西川,东流迳龟兹城南合为一水,水间有故城,盖屯校所守也。"(卷二,页十四)西川水即渭干河,如上文所述。现长兴巴杂南之干流,东流分为二水:一东南流于哈拉黑炭巴杂之西,东流于穷沁之北;一东流于托卜沁之南,即《水经注》之西川枝水,分为两源者是也。而穷沁适在干河之旁,疑即屯校所守之故址也。乃返抵英叶,复踏查英叶附近之羊达克沁。城作方形,墙基高约2.6米,上生丛草,外披泥沙。城中空无所有,周约345米,又踏查英业西之旧城克子尔沁。城墙遗址尚存,略作圆形,城基高约0.6米,周约180米,亦无遗物可检。21日上午10时,率全队向沙乌勒克出发。在英叶东3.5公里道南,有一旧城作长方形,红土所筑,墙基高约1米,周约276米。北、西两面地略隆起,或为房屋痕迹。羊达克沁在其东北约3.5公里,相为犄角。旋循大道转东行,在大道南有一旧城,名阿克沁。周约105米,长方形,城门向南,四隅有土墩,高约2米,城墙高约1.3米,土砖所砌,墙东西两面隆起高地,想为房屋遗址。南城外有土墩二:一墩中空,现为本地人烧木炭之所。城旁有一大道,至沙乌勒克草湖,并至罗布泊,干河在城之西南,约5公里地也。在城之东北有一古渠,维语称为黑太也拉克,即汉人渠坝之义。据说此渠源出哈拉黑炭巴杂之西,地名曲鲁巴哈。由干河分支东行,经英叶入戈壁,一直往东,至爱墨提草湖遂不见。全长50多公里。附近古城若阿克沁、满玛克沁、黑太沁、于什格提皆附于渠旁;穷沁则附于干河旁。渠为红土所筑,宽约6米,至于什格提东面,分为三渠至草湖。此渠建筑年代虽不可知,然分于干河而不分于现在之鄂根河,则必建于鄂根河改道之前也。复前进,抵满玛克沁,亦名尚当。在大道之旁,位于胡桐窝中,距沙乌勒克约10公里。古渠经其西,四周城墙间有存者。东边尚有小城圈一道,城门向东,地亦略高,周约103米,疑为一古垒。复前行,抵渭干河岸,河为渭干河支河由沙雅东北分出,东南流至爱墨提草湖即止。一说与渭干南河汇流,入塔里木河。渡河南行约3公里,即抵沙乌勒克村庄。

(4)沙乌勒克以北之古址

22日开始考察河北岸古址。上午10时向东北出发,转北行,渡河经过一胡桐林,在西南有一大片盆地,周以胡桐,绕以干沟。本地乡约告余云,此名黑太克尔,意为汉人渠坝。而"黑太也拉克"之名,亦由此起。循黑太克尔东行,约40分钟,抵一旧城,名黑太沁,即汉人城之义。距沙乌勒克约5公里。城墙已倾圮,墙基犹存,高约2米,周约424米,略作圆形。城门向西,城中已成碱地,无一遗物可检。黑太也拉克在其北,渭干河流其南,以渠坝及城之名称言之,确为汉人之遗迹。时代虽不能确定,但必与河渠有关联。复由旧城向北转沿黑太也拉克东北行,约5公里,抵一土墩,其旁废木料甚多,并有斧凿痕迹,必为古时建筑材料,旁散布铁块及烽渣甚多,则此地必为古时烽燧亭遗址,守护渠道者也。渠旁红泥滩上,间露红陶片,是当时渠旁必有众多居民经营农耕。仍沿渠北行,约2.5公里,抵于什格提。即三道城之义,实无城,盖为三组房屋遗址相连耳。面积周围约300米,地面散布红烧砖及泥残件甚多,或为当时房屋建筑材料。观察完后,仍沿旧渠西南行。又在渠旁发现古房址二处,皆为土坯所砌。据说此处曾发现磨盘石一方,后遗失。据此,是此地为古代垦殖区域。由于房屋为土坯所砌,时代疑稍晚,可能相当于唐。23日仍继续考察,沿昨日旧道,渡河东北行,抵一古地,名爱定克尔;在此地附近有一盆形地,类似池塘,疑为当时蓄水池。寸草不生,水清澈,故称为爱定克尔,爱定即"清水"之义。此一带有土堆数处。余初掘一土堆,发现房屋墙壁。墙为土筑,中夹用木栅,内外以红泥涂之。又有木栅尚直立于墙中,以纵横木料排比,宛然若新。上盖草搭,类似现新疆居宅所用之屋顶。并有木料遗弃于地面。掘深至 1 米许,均为浮沙,不见遗物。仅拾得一半面五铢钱,则此地似为汉代遗址。又有一地,发现红烧砖甚多,本地人曾运至巴杂出售。此遗址皆附于古渠之旁,北距古渠不过 35 米,显为渠旁居民住宅,与于什格提之旧房址相距 2.5 公里许,但此地时代较于什格提为早,可能是早期居民垦殖区域。24日,继续掘渠旁土堆,又现出房屋墙壁。掘深约 2 米,现出一毛炉,炉前有二小土台,炉中灰烬尚存,炉形与本地之毛炉极似。现本地居民每一住宅,房内均为土坑,在墙壁之北或西,必有一毛炉,由墙中透出屋顶,终日燃木柴其中,室内均暖,是现在之毛炉,溯源于古昔。又出现房顶亦与现在房顶近似,系胡桐、木柴纵横作架,再铺草涂泥。以现出陶片证之,决非近代之物。然究系何时之遗址,现虽不能有确定之答语,但出现五铢钱,似为汉代所遗。又其墙壁建筑形式,以木材为墙,在于田喀拉墩遗址中,其情形亦如此,而皆为公元第 1 世纪之遗址也。余在罗布泊土垠所发现之房顶,亦用草搭,同时出观汉简,确为汉代遗址。则此处遗址可能亦为纪元前后故物。但此遗址附于古渠旁,在渠旁遗址,据余所已探查者,除阿克沁城作方形为土砖所砌、时代可能稍晚外,若满玛克沁、黑太沁、穷沁、克子尔沁、羊达克沁城之形式,均作圆形,墙亦为土筑。以许多遗址证之,凡此类建筑均较早,可能是汉代遗址。因此,则干渠亦当为汉代渠,此一带可能为汉代屯田所在。但于什格提亦在渠旁而建筑为土坯,以他处唐代建筑证之,则此地可能为唐代遗址。阿克沁古城亦为土坯所筑,因此,此一带当原为汉代屯田区,至唐代仍在此地垦殖,而渠旁之城堡及住宅,疑皆屯卒所居。他处再无此类似之遗址也。根据以上所述,综合渭干河两岸之古址,则知渭干河流域,将来地力之开发仍未可量也。

在此地工作完后,24日下午1时,全队出发。向西偏北行,经行一绵长红柳滩,在红柳滩中露出一古河床。两岸胡桐骈列,沙窝累累,即干涸已久之渭干河支河与托卜沁之干河同为一河,均自哈拉黑炭西之干河分出者。初沿干河行约10公里,乃转西北行,过鄂根河,此河为新河,亦自库木土拉渭干河分出,东流于鄂根庄,又流于长兴巴杂之北,土尤包第之西,水大时可至爱墨提草湖。又渡小河二,皆鄂根河支流,自西至东,皆自库木土拉千佛洞分出,皆属于《水经注》所述之西川水支派系统。关于新旧渭干河及其支派即沙雅东部之考察工作,至此已告一段落。乃急驰至梯母沁,已晚10时半矣。

2. 库车东部之古址

我以上所考察者皆属渭干河支流。库车有两条大河:东为铜厂河,西为渭干河,即《水经注》所称之东川水与西川水。沿途古址亦多傍此两河分布。关于渭干河支流古址已如上述。其次将述铜厂河沿岸古址。铜厂河出自亮果尔山口后,分为三支河:一河西流至库车城旁,称为城上河,亦称库车河。徐松《西域水道记》称为密尔特彦河(卷二,页十六),现无此名。城上河自库车西南流,折东流,据说水大时可至木鸡克草湖(在库车之东,轮台之西),水小时流至土尤包第之北即止。但据《水经注》"东川水枝水右出,西南入龟兹城,故延城矣。……又东南流,迳于轮台之东也,……又东南流,右会西川枝水。……又东南迳乌垒国南,治乌垒城。……又东南注大河。"(卷二,页十)按枝水右出,即今城上河,西南入龟兹城,即今之库车城。右会西川枝水,是古时城上河流于轮台之东,右会渭干河,即古西川水,直至野云沟之南入塔里木河。现在流至轮台之东，入塔里木河为渭干河，城上河流至库车与轮台间草湖即止，此古今易势也。此外东流者有两河：一为叶苏巴什色依，自出山口后，东流至克内什灌地后，南流入城上河。中间尚有一小河，不知名（疑即《西域水道记》之乌恰尔萨依河），东南流，亦入城上河。

10月26日，发自梯母沁。北偏西行，经过土尤包第，渡城上河。河宽180、深1米许，又过叶苏巴什色依至色列当住。此地距克内什约15公里，而白雪皑皑之天山已远望若接矣。27日继续向东北行，连过数土墩，上轮台至库车大道而抵托和乃。在大道之南，树木林立，田野相续；而大道之北，则为一片戈壁，冈峦陂陀，盖已近于天山南麓矣。上大道转北行，经行戈壁，旋入山曲折进行于沟中，约5公里而抵克内什庄，作考古之调查矣。

（1）克内什佛洞之工作

10月28日上午9时，由乡约领导，往查看司密司玛里之千佛洞。此地距克内什庄西北约5公里。所有佛洞均在山中，隔一溪沟，两旁岩石壁立，佛洞或在岩下，或在半壁间，河东岸有佛洞计13处，由南而北稀疏的散布。河西有土阜隆起如舌，横亘中间，在土阜两边均有佛洞及废庙约10余处，散布在沟的东西，与河东岸佛洞相对。在沟东者有佛洞五，废庙址二及大墩一；沟西者有佛洞八。第四洞特别高大，吾人称为大庙。综记此处佛洞，除庙不计外，大约有佛洞28处。因山设计，形势颇为散漫。我等于10月29日开始发掘，初用12人从事工作，分为两组：以6人发掘河西沟东半塞之洞；6人发掘庙基旁之大墩。工作半日，半塞之洞，即第三、四、五洞，或下为灰土，或为湿沙，显系一空洞，无一遗物。第二组惟在庙基旁大墩下，掘出石杵一件，石环一件，当时或为一磨房。乃移发掘佛洞之人，发掘大庙。发现泥壁佛像残件甚多。此庙原有发掘痕迹,据说为德国人勒柯克所盗掘,因无所获,半途而废。我等又掘出"建中通宝"一枚(公元780年铸),知此一带废庙在8世纪至9世纪间尚在活动。30日,继续发掘大庙。大庙有前后二殿:前殿有甬道通后殿,前殿宽8.35米,东西壁长8米。有五层,下二层约4米,通高10米,每层凿石为槽,为搁置横梁之用。第五层中有圆顶方形洞窟,然无法去看。前殿通后殿两弄门宽1.8米,高3.7米。后殿深3.5米,宽9.2米,高5.2米。半为积土所塞,积土高1.2米,上层生土为0.4米,次为红灰土0.8米。吾人发掘后殿,在红灰土中出现泥塑佛像残身,但完整者甚少。此庙亦被火焚毁,与焉耆明屋相同。但此庙焚毁未净,泥塑尚存有木棍及草料。盖当时壁像先作胎,以木为架,裹以草,再涂泥,明屋所出木草已毁尽,此则犹存原胎型,塑像制造过程,由此可知也。然今日发现一残身坐像着衣,足不外露。外刷红色,与明屋异。又此地佛像,面皆装金,为焉耆明屋所无也。又在大庙西侧,掘现一排佛洞。均作圆顶方形,其中壁画多毁,存者彩色如新。但为土塞,几堆积及顶,完全掘出,非时间所能允许,故终被放弃。31日仍掘大庙后殿。发现一残腿残身,抵后壁,出现一土台,高0.6米,宽1.4米。东西行,上有彩绘,但已倾圮。旁另有一小土台,南北行,宽0.5米,高0.45米,疑为墙壁脚下之装饰,并非供佛像者,敦煌佛洞类多如此。东北隅出现一石台,或为供佛像之用。余等发掘此庙完后,即停止工作,而作苏巴什古城之游矣。

(2)苏巴什古城之工作

11月1日,在克内什工作完后,向苏巴什旧城出发。古城距克内什约15公里。城在北山南麓,有铜厂河流贯其间。铜厂河出自北山,经铜厂西南流,故名铜厂河。经亮果尔庄南流,贯古城而过,古城遗址散布于河之两岸,东西对峙,形同肺叶。河东古城墙,断断续续间有存者。东临河岸,城内房屋建筑,塔庙遗址,井里稠密,岿然若新建焉。城墙及房址,皆为土砖所砌,故此城时代,约当于唐。城中内外皆有高塔,颇宏伟。临河一段城墙为复墙。又作"T"字形,疑皆为佛塔建筑之围墙,亦有依城作洞窟者,则为居民依城而居,凿墙为室所致也。余等在城中拾小铜钱若干,盖为龟兹所通行之钱币。又拾银钱一枚,无孔、圆形,一面为王者半身像,一面为火袄教祭坛及二祭司像,两面均镌钵罗婆文字。据夏鼐先生考订:"此币为翁米亚王朝时,在波斯的阿剌伯总督所铸,所谓库思老二世样式银币(公元651—703年间铸),在陀拔斯单使用,然后传入新疆的。"西古城在河西岸。南城中有一小城,东有高塔一,城中又有大小房址若干。门向南,门前有一墙壁,表示为城门所在地。城西、城北均有高塔。城北塔右侧有一排佛洞,洞中墙壁上有用木具或金属具刻划民族古文字。亦有刻人像者,总戴幞帽,即《西域记》所谓巾帽,鼻梁高耸,所绘或为一西域人形貌。城北大道东有若干小屋,汪木多等在依河边一小屋旁发掘。发现半身佛像模型一件。存头部及胸部,姿态美丽,两目无珠,衣纹紧束,表现出犍陀罗派艺术作风。11月3日,开始作清理工作。先掘河西岸古城北废洞。在古城北有一废塔,在废塔南面大道之东,有一排佛洞,南临干沟。在此一排洞中间,一洞内作长方形。有小房数间,鳞次栉比若街市。中有一长甬道通墓室,两旁洞窟颇隘小,疑为僧侣静修之所。墙上有用金属或木具划的文字,因剥离过甚,仅识汉文"惠宝题记"、"僧进"等字,疑此为过往僧侣巡礼之所,此字亦为彼等所题也。在此排佛洞之西首有一洞,原为山石所掩,不现洞形,及掘出山石而洞现。洞颇宽阔,中间堆积碎石渣殆满。清理之后,在洞壁东部露出二陶罐及尸骨与衣巾之类。中有尸骨二具,头东足西,横陈洞中。在尸骨上用白蓝色绸巾缠裹,项部有围巾打结,类今之西服。骨骼颇粗壮,外为男身,里为女身。又出现木板甚多,已腐,盖以陈尸体。西域葬法,不用棺木,多数是在洞中堆砌一土台,四周以木板作栏围之,而置尸体于其上,此墓亦然。在女人头部,寻出金星石一粒,如心状,疑为女人帽上之装饰品。陶罐在死者头旁,有大小二件:大陶罐作粉红色,有一耳,大腹细颈,口部微残,发现时陶罐外面满缠丝织残巾;另有一小罐,上刻水波纹,罐中皆无物。殉葬品除此外无其他遗物,洞深2、宽2.6、高2.5、洞口宽1、口径深2.1米,墙壁以黄土泥涂之,无粉画。凡墓室皆素净且狭隘,库木土拉亦如此,盖以别于住室也。但此墓中死者为男女二人,与一般墓葬无异,或非僧侣之墓,但为何与佛洞并列,是一问题也。干沟东有墓室一排,略与此同,但无题记。11月4日继续清理河西废洞。在城北山麓滨河,有两道低脊沙梁。在沙梁上,均有已倾圮之建筑物。在南沙梁中,有洞室十余,对比如市,外有深约6.6米之墓道,原为山石所掩,后经欧人掘出。在南沙梁北,另有一沙梁,形式与南沙梁同,全为山石,不现墓道。但沙梁上有墙壁一段,疑山中有洞室,乃用三十人发掘,作一横断沙梁之探沟,至2米深、3米长之沟内,出现洞壁。次日仍继续发掘,至3米深,抵墓室。其形式与南沙梁之墓室大抵相同,仍为一长甬道。两旁有若干小洞,骈列对比,掘现依南一小洞,墙壁粉刷白色若新。上刻绘一小人像,但因山石下坠,洞中填满沙石,掘至半腰时,山石不断倾圮,当时幸无人在此工作,不然将被山石所堙埋矣。因土质疏松,发掘困难,且工程浩大,乃停止工作。至南沙梁洞中,其形为一长甬道,甬道两旁,各有小洞五,鳞次对峙如街巷。此类洞窟均凿山石为之,土质为碎石及沙土所构成,甚易倾圮。故此处洞皆用木料作架,面涂黄泥及草茎外，又用黄泥涂之，极光平，再涂白石灰，在此墙壁上，并无粉绘。在小洞中无佛像，有用木具或金属具刻划文字，大部分已剥离残缺，或为素壁，并无题字。但此洞中墙壁被烟熏黑，地下灰土深6厘米，间有牛羊粪，可证明洞中原有人住，或为僧侣之习静处也。11月7日，继续发掘古城，分两组：一组掘河西小城；一组掘河东废寺。小城中有房屋遗址两排，余等掘最后一排，依东房址，出小铜钱数枚，又出木简一支，上书龟兹文字，内容尚待译出，但可证明此城为龟兹国之宗教中心区。又掘下2米深，依壁露出一土台，宽厚约33厘米。又在房西掘出小铜钱及铜残件。河东组在一大庙中，亦掘出铜钱若干，并拾有带花纹陶片少许，无大发现。8日，仍继续分两组发掘。河西组仍在小城中E地即出木简处，继续发掘。又出"开元通宝"钱一枚（公元621年铸），可证木简为唐代之物，而所书之字，亦为当时龟兹国通行之文字。又在房侧，掘出一瓦灯，高约20厘米，上有窝，疑搁灯盏之用。余均为陶片，绿磁上有莲花瓣式花纹，或受佛教影响所致。河东组改掘城墙房址。河东城有城墙一道，似为复墙，里墙附有小房若干，每间宽约1、高约1.2米。墙壁刷红色，颜色颇鲜。墙壁凿有空格，与现在维族住房相同，掘至底亦无遗物。城墙皆为土坯所砌，现存者高约5、宽约1米余。城中大房墙壁，高者达10余米，有重楼。城中有三座高塔。依南一塔，边城者高约9米余，上为圆形，下为方形；其余二塔，皆作方形。河东城依山而造，由山麓至山腰，均有建筑。最北之一塔建于山腰，地势最高，俯瞰山麓古城，败墙颓壁，形如蜂窝，亦奇观也。总之，此城虽所出古物不多，由于此城中之一切建筑雄伟富丽，必为龟兹古时之重要遗址。住房刷红色，必为龟兹贵族或国王府署。《新唐书·龟兹传》云："伊逻卢城北倚阿羯田山，亦曰白山。常有火"，据此记载，对比此城形式，此城正建筑在北山麓,由此入山往北约50余公里,有哈玛木山,出铁、硫磺、卤砂,有一井穴,常喷烟,与《新唐书》所记相合。故此城疑即伊逻卢城,为唐时龟兹国之都城也。余等于11月1日来苏巴什,已工作8日,至此告一结束,9日全队回库车。此地距库车22.5公里①。

3. 库车城附近之古址

11月15日,又查看库车城附近古址。在库车之东北城上河旁,地名皮郎,亦名哈拉墩。有大土墩一,四周均为居民住宅,土墩高约12、宽约60余米,全为土筑,上有古房址,间有红陶片,在墩上远见有城墙一线,南北行,据说有2公里多长,附近墙基及土墩尚存痕迹。其遗存墙基,高约3、宽约1.7米,全为土筑。本地居民曾在城旁掘出石磨盘及铜件,又有"乾元钱",知唐时此城还有居民。由大墩西行,据居民言,原有一城墙,被农民耕地取土掘挖已净,现存者惟东城墙长约2公里,北城墙断断续续间有存者,西城墙,已无城墙痕迹。传说为汉代在此屯田处。在大墩东北约10公里许,有一小城,周约0.5公里余,现为维族坟院。但小城尚保存有已倾

---

① 关于苏巴什古城(又称阿萨他木)是否即龟兹都城问题,我在原文中据《新唐书·西域传》"王居伊逻卢城北倚阿羯田山"之语,认为苏巴什古城,即伊逻卢城,以其形势相合故也。此次再来苏巴什工作,觉前说不确。《大唐西域记》称"屈支国大,都城周十七、八里",现苏巴什古城并无完整城墙,仅河东有一段南北墙,长78米,并不表现城之周围。而它的整个面积,河西南北685米,东西170米临河;河东南北535米,东西146米。虽然东西临河,可能有建筑遗址倾圮河中,但就河两岸的南北长均不及0.5公里,与《大唐西域记》中所说"都城周十七、八里"不符合。又古城中建筑,经此次重查,他是以塔庙为中心。河东三塔,河西三塔,高耸云霄,周围环境若干庙宇及佛洞,显然是一宗教——佛教中心区,而不是政治中心区。如认为是国都,显然不确。但龟兹国是佛教兴盛的国家,据《大唐西域记》所述:"国王大臣谋议国事,访及高僧,然后宣布。"是龟兹当时政治与宗教相结合,国王所居之地,可能与宗教中心地在一起。现苏巴什古城河西岸有一小城,虽然亦有塔庙,但也有住宅,可能是国王来此受经听法时所居之地,但是否即是伊逻卢城,现尚无确切之证明也。

圮之圆顶下方之建筑。门两旁有两大圆柱竖立如牌坊,与现新疆麻札建筑形式相同,当仿中亚式建筑,显然为伊斯兰教入新疆后所建。又拾一兽头形陶器柄,上带绿釉,时代或较晚。在此城东约2.5公里地,有一古寺庙遗址,现仅存三大土堆。在土堆旁一佛洞半露,据本地居民云,曾出现壁画,已毁。又一庙基,圆顶部尚可窥见,其形式与克内什相同,或为唐代建筑。又在土墩北0.5公里许,有麻札一,相传为维族西来之始祖。安集占据库车时,始修建祠宇,颇壮丽。院西廊下有匾一方,中书"天方列圣"四大字。两旁题记云:"古龟兹国在宋理宗时,有圣人默拉纳额什丁,由西域祖国万里来传以天方圣道,化革土胡鲁库木部数十万众,教之时义大矣哉。藩转饷于斯,幸获谒其祠墓,爰题四字用志景仰云。蓝钠直隶州用同知衔河南候补班前任知县李藩题。大清光绪七年孟秋月。"据本地毛拉云:"默拉纳"即圣人子孙之义,"额什丁"即麻札人名。"土胡鲁"地方名称,"库木"义为沙。义即土胡鲁沙漠。现称麻札巴哈,即坟院之义。麻札称为默拉纳和卓。据说此麻札距今七百余年,死者原住此小城中。据此,则小城中圆顶方形建筑为额什丁之遗迹,而其时代亦可确定矣。由此而知伊斯兰教传入龟兹,当在宋理宗时(公元1225—1264年),而当时之库车城或亦在此。现观破城内坟院、破房,均作中亚形式建筑,不事彩画,与现今维族麻札形式相同。至于城外废庙及佛洞均有壁画,与苏巴什库木土拉佛洞形式相同。当在宋以前,是龟兹佛、回两教之消长,由于此地遗址可以得到证验。至皮郎之旧城遗址,建筑当较早。前、后《汉书》均称:"龟兹国都延城。"又据《水经注》云:"东川水出龟兹东北,历赤沙积黎南流。枝水右出,西南入龟兹城,故延城矣。"东川水即今铜厂河。由铜厂河分出西南流之城上河,即《水经注》之东川水枝水。现城上河由苏巴什西南流入库车城,与《水经注》所称枝水右出入龟兹城完全相合。是现在之库车城即两汉时之延城也。但《水经注》作于北魏,《水经注》中之延城称故,是在北魏时,龟兹已不都延城矣①。

---

① 关于库车县城东约3公里皮郎附近城墙问题,我在第一次来库车考查时,曾看到一段城墙,未及细查。此次重来库车,拟重往访问。在1958年2月15日,即阴历除夕前一日,我同许景元、赵信及当地同志五人,由诺仔毛拉引导,从县署往东过库车河往东约1公里,通过郊区田园,达到一段城墙,高高低低向东蜿蜒而去。在城墙北面约百余步有一已倾圮建筑遗址,名小路巴克,与城墙南面兰海墩对直,相距约100余米。在库车通焉耆公路的北面3公里左右,城墙由此起往东,弯弯曲曲至玛札普坦东北面,共长2000米,为城的北墙。这段城墙为夯土所筑,高约2.4米,但下层为红土所筑,土质细而坚实,每版厚6厘米,上层沙土所筑,中杂石子,厚约9厘米,宽约13.6—18.6米。在此墙东段微偏北,突然中断,约100米,城墙又直转往南。由玛札普坦北面到皮郎东面,全长约1446米,为城的东墙。墙亦为夯土所筑,高约7.6米,宽约15米,墙外每隔40米,有突出城垛,宽、长4.80米,沙土所筑,土质粗松,中杂石子,与北墙上层同,厚约20—30厘米。由皮郎土墩往西亦有城墙,虽多为田园房屋所残毁,但墙址断断续续间有存者。直西至萨尔巴克土拉,长约1809米,是为南墙。往西即不见。假若西墙与东墙等长是此城周围有7公里左右,约合华里十四五里。但此是现所见到城墙痕迹而言,原城墙长度,当不止此,与《大唐西域记》所载"屈支国都周十七、八里"之说,有暗合之处。斯坦因亦在此处有所考察,据他所写的《亚洲腹部考古记》中所述(806、807页)亦曾见到库车附近皮郎旧城,所见者亦为北、东、南三面,与我们此次所踏查者大致相同。他断定此城是唐代古龟兹国都城。由于此城位置,与苏巴什遗址距离,与《大唐西域记》中所述"荒城北四十余里之伽蓝昭怙釐"相合,因断定皮郎旧城是唐龟兹国都,结论虽偶尔相合,但证论错误。按《西域记》所述昭怙釐是在荒城北四十余里,此城据他同时所写是唐代龟兹国都,正是兴盛时期,并非荒城。关于这些疵谬,伯希和已在《吐货逻语与库车语考》中(见《亚洲报》1934年第1册23—106页,冯承钧转译,载《吐火罗语考》117页)有所纠正,兹不重述。其次谈到延城问题,我在原文中曾据《水经注》所述,"东川水枝水右出西南入龟兹城故延城矣"之语,断定此城为古延城。若以河流形势论之,现城上河流于此城西面,乌恰色依流于此城中间,库车河即《水经注》之东川水,分三支流,乌恰色依同沁色依,皆南偏西流的支水,疑乌恰色依为老河,沁色依为新河,与《水经注》所述暗合。又北墙和南墙墙基用极细夯土所筑,厚仅6厘米,而东墙厚达20—30厘米,土质颇粗,中夹石子是北墙墙基的建筑,早于东墙,可以决定。又夯中灰土层达2.5—3米厚,可见此城历时甚久。但是否为两汉时代延城,还需要地下古物作证明,现我们正工作中,将来自有结论介绍出来。

五、库车拜城山中之古迹

1. 可可沙之古矿区

我等在库车南部考察经过,已见上述。现再将库车拜城山中之探查简述于下。吾人在库车休息数日后,于11月19日出发作山中之行。下午3时沿库车河即城上河东北行,过苏巴什古城,土垣败壁,屹立岩上,可想见当时城中之繁荣。9时抵亮果尔庄住。次日,由亮果尔庄北行,进山,两山夹峙,铜厂河流贯其中,过铜厂庄,河两岸有居民数家,辟草莱为田。据说此地山中出石油及白盐。余欲先至可可沙,故此处未往调查。仍前行,草滩中时有羊户牧羊,5时住卡哈马克垓(图二)。21日复北偏西行,至铜厂,为近代地方人掘铜处。有井穴三,据说民国初年,有一维族人开采,初出铜甚旺,其人死,开采遂停。庄旁有河,自北大山南流,至可可沙东南流,绕红山西流,至新铜厂转南流,故名铜厂河。红山本地名克子尔塔格,亦即红山之义。东自克内什,西至克衣,绵延数里,土石皆作红色故名。《水经注》称为赤沙山,或赤沙积梨,实为一山,皆指克子尔塔格也。克子尔河迳其西麓,铜厂河绕其东南,《水经注》称:"龟兹川水有二源:西源出北大山南流,……径赤沙山;……东川水出龟兹东北,历赤沙积梨南流。"由现形势言之,克子尔河即龟兹川水之西源,铜厂河即龟兹东川水也。沿沟东北行,在红土层中,有白盐方如枕块,显露于外。自沟口至大坂,皆为产盐区域,绵延约3.5公里,过婆婆大坂,即至可可沙。有庄户数家,在此种地。山中出硫磺、白矾。又过一小沟,循铜厂河往北,有一旧城。城在

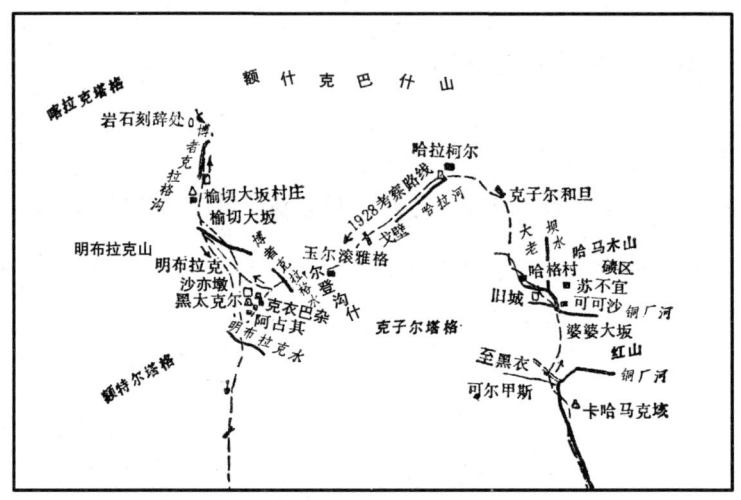

图二 塔里木盆地考察路线图(哈拉柯尔)

河西岸山坡,城墙全存,高约 3、城周 330 米,城门东向。门前有炭渣及铁汁甚多。城东北隅有一炉灶遗址,口径宽约 0.5、长约 0.33、深 1.6 米,下圆,周约 2.6 米。灶壁为烟熏黑,旁另有一穴口通炉中,出纳柴草之用,疑旧时炼铁之所。城中西南堆积煤渣,城北煤渣铁汁堆积成阜,排列若一小城。其中遗存熔铁小陶罐甚多,铁汁溢溜满罐,盖为冶铁之用,现本地土法尚如此。盖此一带山脉自可可沙,往北往西,直至哈拉柯尔,横亘数十里,山中皆出煤出铁,故本地人名此山为梯木康,即"出铁处"之义也。现山上有旧时井穴三,皆斜行,宽约 1.8、高 1.3 米,即矿床,为前人取铁之所。在井穴附近,瓦砾甚多,且有古代房屋基址。陶片作红色,上有压花纹,带粉白釉,类似唐代陶片,与苏巴什古城所出陶片相同。据苏巴什水利云:"据老人传说,可可沙之古城与苏巴什之古城,皆为一人所作。"苏巴什之古城,已证明为第 8 世纪所筑。如水利之言可信,则此处铁厂活动或亦在此时也。由可可沙循铜厂河北行,旋转东行,为苏不宜村庄。有土房数家,凿岩为室。有坑井甚多,为居民制白矾之所。因此山出白矾,居民掘取后,即在此处制炼,烧石灰亦在村后,遗渣堆积如山。有四五处断岩,露出煤渣及瓦砾,疑为古代熔铁之所。炉灶及房屋虽已崩圮,但尚可辨视遗迹,范围周约2.5公里,较可可沙之铁厂为大。陶片作红色,且有压纹,以各地古物为例证,则此类陶片在唐或唐以前也。《水经注》引释氏《西域记》曰:"屈茨北二百里有山,夜则火光,昼日但烟,人取此山石炭冶此山铁,恒充三十六国用。"此一带之山,名哈马木塔格,均出铁及硫磺,石炭、白矾则遍地皆是。由此可见龟兹山中蕴藏之富,冶铁业之发达,自古已然矣。由村庄东北行,进一山沟转北行,攀缘而上至山腰,发现甚多井穴,为本地人掘硫磺及白矾之所,有一井口外呈黄色霜沫,热气甚大。迤西有一井口喷烟,井口宽1.3米,喷烟处如漏斗状,口呈黄白霜沫。此井北又有一井,类窑洞,颇宽,可容五六人。洞内热气蒸腾,出黄白霜沫甚多,浒浒作声,传说有病人来坐少许即愈。每至冬天,库车、沙雅、轮台之人,咸来此治病。我在洞中曾坐片时,热气熏蒸,满头大汗,相信如有患感冒者,来此坐洞中,汗出病即愈矣。现本地人称此山为哈马木塔格。"哈马木",澡堂之义,盖因洞中热气蒸腾,类似澡堂也。碱砂亦出洞中,有黄白二种,本地人尝于冬天来掘取焉。山上土石作红色或灰色,亦有类似硫磺色者。当喷烟井穴附近,红色碎石及类似炭渣,堆积周围约2—3公里皆是。在此以下,山中岩石每夹一层木炭,疑原为树木被毁者。再往下半公里,岩石上并有水冲刷痕迹。在此山喷烟处之东,约3公里地,亦有一处喷烟,但无声响,皆属哈马木山。自苏不宜往北,至克子尔和旦,绵延约15公里,山皆出硫磺、铁及白矾等。在苏不宜西北哈格村庄以西之山，有一处亦喷烟甚浓。可远见之，但不作声响。往北再无喷烟或发光之山。《新疆图志》称："额什克巴什山，尝有火，多硫磺、铜、铁"，即指此处也。《讯鲜录》作碱砂山。在城北百余里，山皆培塿，多石洞，碱砂产洞中，形如钟乳，皆指哈马木山也。《新疆图志》称额什克巴什山者，因"额什克巴什山为绵延库车、拜城一带山脉之总名。哈马木山乃随各地而异名之偏名也。"《水经注》引释氏《西域记》曰："屈茨北二百里有山，夜则火光，昼日但烟。"《唐书·西域传》："伊逻罗城，北倚阿羯田山，亦曰白山，尝有火。"按《水经注》及《唐书·西域传》所称有火之山，即指哈马木山之喷烟处。现本地居民仍传说夜间发火光，昼日喷烟，或因石炭在山中燃烧所致。但哈马木山距库车城仅50余公里，而释氏《西域记》称："屈茨北二百里"，是在北魏时，屈茨都城尚在今库车之南50余公里。

2. 博者克拉格沟口刻石

我等在可可沙考察完后，11月23日出发，向西偏北行，绕道哈拉柯尔，转西偏南行，24日至克衣巴杂，属于拜城山中之一市镇。余等抵此镇后，即拟前往访问为我国学者所艳称之乌累碑，洵知碑在博者克拉格沟口，距巴杂约30公里。12月25日上午9时，由克衣巴杂向西北出发，经行戈壁转入博者克拉格河滩，沿河北偏西行，下午1时至榆切大坂，住一维民大拐提马木家。渠曾看守石碑数十年，据说此碑在沟内刻于一岩石上。次日携带拓字器具，由住处前往，向北行，渡博者克拉格河，入戈壁，小山阜起伏不绝，约10公里抵博者克拉格沟口，刻石即在沟西一岩石上。刻字处距地面尺许，随岩石之隆洼曲折凿刻。有二处：南为诵文，有字处，宽约40厘米，长约48.3厘米。字为汉隶体，极工，每字约11平方厘米。共八行,每行约十三字至十五字不等,惜字多剥蚀,不尽可辨。以北为作诵辞人题名,与诵文相距约1米余。长约18、宽约16厘米;隶体,每字约3.7厘米见方。共三行,每行四或三字不等。题名云:"京兆长□淳于伯□作此诵。"按淳于伯□(隗)为作诵文之人,京兆当为地名,而王树枏《新疆访古录》释为"乌累"二字,实与事实不符。诵文第一行作"龟兹左将军刘平国□七月二十九日发家";第六行为"□□永寿四年八月甲戌朔十二日";第七行为"□酉直建纪此东乌累关城□"。按永寿为汉桓帝年号。永寿只三年,四年改为延熹(公元158年),而西域不知也。刘平国当为治关城之人。此碑宜正名为"刘平国治关城诵",后人以为有"乌累"二字,遂以"乌累碑"呼之。并疑为汉都护治所之乌垒国在此建关,实则因此关之东有以石累砌之营垒,因其色黑,故名乌垒,皆为刘平国同时所作,与乌垒国非一事也。此碑原文,在遗物说明内另有考证,此不具述。关设在沟口,两旁岩石耸立若双阙。在沟东半山岩石上,凿有两孔,下堆积有许多碎石块,必为当时凿孔遗渣。疑当时建关塞在岩石上,凿孔以置木闩或栅栏,日开夜闭,以稽行人。诵文第四行云:"八月一日始断岩作孔……"正说明此事。又西岩下有石巢一道,上有石孔一,口径圆周约1.5、深约1.2米,下距刻字处约1.5米许。传说为近代所凿,但必渊源于古。此地为古龟兹国东境,建关处,即在博者克拉格沟口。据说循此沟北行六站,可至伊犁。即古乌孙国地。汉使至乌孙必通过龟兹,故《汉书·西域传》有龟兹截留乌孙公主之事。则此地为当时南北通往要津,故在此设关,以稽查行人,亦意中事也。其次说到城堡。在诵文中第七、八行,有"此东、乌垒,关城皆将军所作也"之句,是刘平国建关时,同时尚建城与垒,但此地山石崎岖,非建城之地,亦无城垣遗址，是建城必另为一地。据本地人说，距此地东南约30公里之克衣巴杂附近，有古城古墩遗迹。乃于11月27日，由榆切大坂住处南行，沿途并发现石垒和土墩三处：一在额克尔大坂沙梁上，有破石垒，圆形，旁有土墩，为石累砌而成，是在沟东。复渡河南行，至明布拉克庄，在东南里许，又有以石累砌之土墩，本地人呼为沙亦墩，亦即石墩之义。周约162米，墙已倾圮，地面满布黑色碎石块，略有红陶片。后转东南行，滨博者克拉格沟边沙梁上，地名阿占其，亦有一不完整之石垒，并有以石累砌之房屋基址，其形式与阿拉癸沟口之石垒相同，中无遗物，周约162米，与沙亦墩同，疑皆由城至关塞途中所设之守望站也。在克衣巴杂之西偏北里余有一古城，名黑太克尔（黑太义指汉人）。城墙已圮，只余东北基址，其余皆泯灭。城周约360米，城墙为土筑，城中隆洼不一，皆为古时房屋建筑之遗迹。城中满布红陶片，颇粗厚，且有压纹青陶片，以此证明此城时代当较早。又有磨石等遗物，证明此城古时必为垦殖区域。城东南隅有土墩一座，南亦有一土墩，与轮台、沙雅旧城形式相同，是此城与石垒及关城均旁博者克拉格沟，相距约30公里，因山地不便建城，故建关于沟口，而建城于此也。此地已属平滩，兼可种植，故在此建城，以便屯驻戍卒。如然，则诵文中之乌垒、关城，可得一明确之解释，即沟口为关，而此地为关城矣。

　　余等考察乌垒及关城完后，即向克孜尔首途。11月28日上午9时半发自榆切大坂住处，向东南行，渡博者克拉格水，至明布拉克庄，1点40分，抵明布拉额梗。此为泉水，出明布拉克山，山在明布拉克庄西北，为一小山，距刻字处约25公里，《新疆访古录》谓："乌垒碑出明布拉山"，非是，刻字处在喀拉克山东麓也。"明布拉克"，千泉之义，沿河两岸泉眼棋布，据说尚不止千泉也。渡河即为额特尔塔格,横亘于明布拉庄与特特尔庄之间。山北为明布拉庄,山南为特特尔庄,冈峦起伏约25公里。2时,进额特尔山口,经行奇克里克额梗沟中南行,6时过可干,有旧时铜厂,转西南行,冈峦戈壁,奇石嶙立,出山口转西行,晚8时,抵特特尔村庄,住一维族家中。在特特尔村庄之北,距村里许,在额特尔塔格南麓,有佛洞十余。29日曾骑马往视。佛洞多在山腰,绵延约0.5公里。中有一洞颇大,壁画大尊佛像尚完好,其余大半为小洞,或已倾圮,或墙壁尚残存,或为沙土所掩。余等因急须赴克孜尔,故在此处未有工作。下午1时15分,发自特特尔庄,沿克孜尔河西南行,旋转南行,2时20分进克孜尔庄。庄户栉比,田亩相续。地为红土质,房屋墙壁皆用红土所筑,故呈红色,克孜尔亦即红色之义,盖为庄名所自出。博者克拉格水经行克孜尔庄东南,以经行之地名水,故名克孜尔河。水极清澈,并非红水,与喀什之克孜尔河以水色红,故名克孜尔河异。由村中转东南行,抵克孜尔河畔。河宽0.5公里许,水流颇激,底为顽石,河上架桥以渡行人。过桥转东南行,过克孜尔巴杂,转南偏东行,穿行明屋塔格,下山即克孜尔河与木扎提河汇流处。复沿河东行,8时20分抵维族梯米尔家中住焉。此地有居民四家,垦地种殖,惟梯米尔曾随莱柯克到吐鲁番工作,与汗木多利熟识,余住其家中,亦由汗木多利之介绍也。

六、克孜尔明屋之工作

克孜尔明屋(《新疆图志》称为赫色勒千佛洞)为新疆有名之佛教遗址,属拜城县。在克孜尔巴杂之南约10余公里,滨木扎提河北岸。有克孜尔河，经行克孜尔巴杂，南流至麻札和卓，与自西来之木扎提河汇流东逝，约10公里，经行于千佛洞之南，至亦狭克沟，转南流，穿行确尔克塔格山中，约20公里，出库木土拉山口为沙雅河，即渭干河也。在木扎提河北岸，有一低脊山脉，本地人称为明屋塔格，义谓千佛洞山。山自克孜尔巴杂北滨河东行，岩岸壁立，山峰耸峙，与确尔克塔格遥遥相对，木扎提河流贯其间，所有佛洞，均凿于河北岸之岩壁上，或在岩下，或在半山，洞窟枇比，自东至西，约200余所分布在苏格特沟东西两岩，形如古磬。沟西者西南东北行，沟东者东西行，中出平滩，有庄户数家，开垦种地，余之房东梯米尔亦住此处。

  余于1928年11月30日来此调查。由梯米尔导引，大略巡视一遍。在沟东者，我分为三组，第一组在山后，二、三两组均在山前临河。自东至西，大约有60余洞。在沟西者，我分为两组；自西至东大约有80余洞。据我的不完全的记录，约共140余洞。因有许多已倾圮；或有过高无法前往探查者；以及尚未发现者，当不在少数。据本地人传说，有200洞，现新疆文化厅调查数目亦如此，则我之所遗漏者多矣。大部分佛洞除在后山子里克沟有佛洞十个外，余均分布在苏格特沟两岩岸，及西岩南头，我的工作亦多在此一带。先言沟西工作。在沟西岩壁，紧靠沟有佛洞十余，分上下两层，坐西向东，上层九窟，下层四窟。由下层有石阶作梯，可达上层。在上排九洞中，除第三洞已残，第一洞为圆顶方形洞外，余二、四、五、六均为大洞。中间有一壁龛，分前后室，此为龟兹佛洞普遍形式。但第五洞顶为平顶式，四周突出双线条，加绘彩色图案。墙壁凿有小型壁龛三排，每排三龛，每一龛中均有圆光及通身光痕迹，必是当时龛中有石雕佛像或泥塑佛像，但像已遗失，仅存空龛耳。在中间石壁龛四面均凿有佛龛各一，其形与壁龛同。第六洞亦为平顶,但上突出,石椽斜行,成三角状,较为特殊。前室墙壁,亦凿有小型壁龛,分上下两层,每层五龛,龛内圆光痕迹,皆与第五洞同。疑皆原有佛像,以后遗失耳。第七洞在大洞旁,有一甬道,侧通正洞,洞前壁凿一窗牖,亦有在墙壁角附凿一火炉,为当时生火取暖之用,与现在本地房屋建筑相同。此类洞室,大概均无壁画,或者为僧侣住持之所。现在此洞均为土半塞。12月8日嘱蓝福苟等着手清理,在上排一至四洞中,出现残纸及木版画之类,残纸多为民族古文字及汉文。在第一洞中,出一汉文文书残纸,上书"贞元七年西行牛二十一头",按贞元为唐德宗年号(贞元七年系公元791年),是此地在8世纪末尚在活动。此纸疑为往来人员过此之签证。同地又发现一汉文文书云:"□□节度押牙特进太常卿"等字,节度上疑为"碛西"二字,节上按其笔画痕迹,亦类西字。按《资治通鉴》:"碛西节度使,为开元十二年三月起杜暹为安西副大都护,碛西节度使。为有碛西节度使之始。"押牙为碛西节度属官。是此纸为开元间所写。在另一佛洞中亦掘拾一残纸,上写"碛西行军押官",必为同时所书。又在第二洞中,发现一木版,长23、宽11、厚0.6厘米,彩绘一佛立像,现仅存右边一部分佛的通身光圈及右手下垂尚可见,面部及身躯均已残失,在正反两面,均有民族古文字题识。又在第四洞中发现陶制模型及泥塑像之类。五、六、七洞均未出任何遗物。下层四洞除有两洞已残破外,有两洞均堆积浮沙,掘下30厘米许,即为干草、蒲苇与木柴,再下层为灶灰土,厚约30厘米左右,灰土甚坚结,并掺杂牛羊粪及草茎,形同茶砖,掘至底除牛羊粪外,无任何遗物出现。余初疑洞内牛粪为后人牧饲牛羊于洞中所致,但《大唐西域记》称述印度之俗云:"壁以石灰为饰,地涂牛粪为净",或是当时原有此习俗。除此外,我们又在西岩滨河佛洞工作,我编为第五组。在岩之极西头南端,转角过一小沟,东北行,有佛洞数十。分上、中、下三层,下层三洞滨河已残破;中层三洞,我编为十八、十九、二十,均在半山腰,悬岩陡壁无路可达。我是由山上下行,经行陡岩,以手拊壁,足踏岩边徐徐移动。或系绳于腰,以一人曳之,余以手捉绳而足踏岩,徐下约120米之陡岩方达最高第一层洞窟处。再用前法而达到中层,即吾人所工作处。在十九、二十两洞中未掘出任何物。次掘第十八洞,系一僧侣所住之寮房。旁有甬道通正室,在正室后侧仍有一复室,从正室凿一甬道通之。洞中满积浮沙,厚约1米。在通复室甬道口,掘现民族古文字及汉文残纸与器物多件。有一汉文残纸上书:"碛行军押官杨思礼请取……阗镇军库讫被问依……"我在遗物说明中已考出碛上为"西"字,阗上为"于"字,盖碛西行军押官杨思礼到于阗镇军库押取军械之文书。我在遗物说明中曾推论为唐开元间与突骑施相攻战时所写。同时又发现板状木具数件,长60余厘米,中有长方孔,疑为纺织机残件。其他尚有衣饰残件,由于与残纸同出土,可能为8世纪遗物。又在最上层填以朱色,颇秀隽,疑为唐人手笔。在西壁有用木具或金属具所划之牧民走马图,满壁皆是。同时又刻有"惠灯坚行"、"法兴"等题识,与库木土拉C洞题识同名,必为一人同时所题。由此洞东行约数十步为三十六洞。系一大庙,高约40米,分六层,亦有前后殿。据说欧洲人在前殿中掘出写经残纸甚多,但我则无所获。在依东一洞即第三十六洞中(D),为圆顶方形,洞半塞土。吾人于12月9日在此洞中掘现一木马足,及汉文铜钱二枚,一为"大□元宝","大"下当为"历"字,"大历元宝"为唐代宗大历四年所铸(公元769年)。一枚字不明。10日仍继续发掘。又出现有民族古文字之木片二枚,破乱绸巾一卷。我们整理后,大多数是衣巾或围幔残片,由各色绸补缀而成。在此洞之东北约百余步,有四洞,上下排列,皆半塞土。先掘下层,未出何物,因下层地湿不易保存,乃掘上层两洞。以树作梯,攀绳而上,在第四洞中(E)掘出木简数枚,两面均书民族古文字,每简长短、宽窄不一。有一简版心有一圆孔,或为系绳之用。其形式与法人伯希和1907年在盐水沟佛洞中所掘出木简大致相同,彼简经法人烈维译出为商队出入关津之通行证(《龟兹语考》,《亚洲报》1913年9、10月刊,冯承钧译载《史地丛考》)。此简性质,可能与之相同。惜原物毁于兵燹,今仅将照片付印以供专家之研究。以上均属于沟西工作。至于沟东,我们所作不多,仅在二组十九洞,及另一洞中略采拾残块壁画,及在子里克沟第二洞中发现天宝十三载题记,可作审定此地时代之参考。我等在此地之收获,仅此而已。因时间所限,即离此他去。

七、往返拜城阿克苏途中之古址

我在克孜尔千佛洞考查完后,即按原订计划赴阿克苏转和田考查。12月16日,由千佛洞出发西行,至克孜尔土拉村庄。克孜尔河经行克孜尔巴杂南流,经克孜尔土拉至麻札和卓,入木扎提河。居民均居于克孜尔河滩中。河宽0.5公里,两岸岩壁甚高,中悉辟为田地,细水流灌其中,渡河而北,即为克孜尔土拉旧城。城滨河西岸,东墙已倾圮于河中,仅有西、南、北三面墙基,周约258米,盖亦龟兹小城也。由旧城西行,转西北行,至赛里木巴杂。赛里木为拜城一大镇市。在赛里木村边有土墩一座,高约3米。此处有小道，通裕勒都司巴克，现已无人行走。次日，即循库车至拜城大道，西经亮果尔腰店子，至拜城。途中经过若干土墩，皆近代之物，为里程碑标识，并非古代之守望台也。

　　拜城为一盆地，在库车之西北。南北有大山，东西为山岭，北为喀拉克塔格，东西行，与库车之额什克巴什山相接，皆自汗腾格里山分支，绵延于拜城北境，为县之屏蔽，与额什克巴什山以博者克拉格沟为分界线，以东属库车，以西属拜城。其南为确尔克塔格，由库车北之盐山口至阿克苏北之盐山口，即东西两大坂，亦即两托和拉旦，与喀拉克塔格相接，中间山势展开为一盆地，拜城县适居于盆地之中央。境内冈峦陂陀，戈壁漫延，但因有克孜尔河及木扎提河两大河流经其中，故民多沿河而居。又因气候早寒，土地瘠薄，故物产不如库车之丰盈也。由拜城赴阿克苏有二道：一为北道，至和约伙罗，与阿克苏至伊犁驿道相合；一为南道，由拜城至温巴什至察尔齐，或由黑米仔地至察尔齐。北道为余1930年返乌鲁木齐时所行之道。余此次去阿克苏，系走南道，即经察尔齐至阿克苏也（图三）。

　　12月20日正午，由拜城出发西行，过哈布萨浪河。河出北山特勒克山口南流，分为四水，均名哈布萨浪水，至东南可赖里，入木扎提河。过河转西南行，下午5时抵木扎提河。河出于木扎提山，即木素尔岭（译言冰岭），东南流至察尔齐，折东流。因察尔齐有铜厂，故又有铜厂河之名。河东流会哈布萨浪河后，东至麻札和卓与克孜尔河会。经千沸洞，东至吴宗土垓入确尔克塔格南流，约20公里至库木土拉。出山口为沙雅河，即渭干河，河宽0.5公里，深处过马腹，现有木桥以渡行人。渡河，沿河西行，渐有树木田舍，5时半至温巴什巴杂，附近有旧时铜厂，因天晚，不及往查，7时抵鄂衣斯堂西村庄中住。此村庄名吉克地里克，已逼近山边。在村庄西南约 4 公里有小沟,为吉克地里克沟。沟中有佛洞六七处,位于沟之两岸,均在山腰或山麓,但已倾圮,亦无壁画。依南一洞有壁画,亦已剥蚀。洞之形式与克孜尔佛洞相同,或属同一系统。沟中有土阜,横亘沟中,瓦砾甚多,或为古庙宇遗址。余等在此拾残铜件及小铜钱,与库车境内相同,是亦为古龟兹国之遗物。余在此视察完后,即返驻次。下午 3 时继续出发向西行,仍沿木扎提河行,后转入戈壁。7 时 30 分至卡克其庄,过察尔齐河,9 时半至察尔齐巴杂住。22 日出发向西南行,经行戈壁,约 5 公里余入山口,此即喀拉克塔格与确尔克塔格两山相接处。进沟往西为滴水岩,为拜城有名铜矿区。居民三四家,铜厂在其北土阜上,依岩凿洞,形如石室,门向南者二处,向东者一处,疑为工人住室。在洞穴前面,堆积炭渣及尘土甚多,在土阜上有石灰残块及陶片,为旧时房屋遗址,本地名为穿康,义谓大铜厂。又有小铜厂在南山中,现均停闭。过滴水岩,向西南行入戈壁,20 公里入沟,至托和拉旦。此为拜城县属之西托和拉旦,与库车所属之东托和拉旦,遥遥相对,形成拜城盆地之东西两缺口。23 日由西托和拉旦西南行,经一大坂,《新疆图志》称为求里黑塔达坂,抵喀拉玉尔滚腰店子住。玉尔滚义谓红柳,即载记所称柽柳,为沙漠中特产,高不过 1.7 米,红茎绿叶,枝条茂密。此地由玉尔滚西至托木台为一湖滩,遍生红柳苇草,有红柳为黑色,特异他处,故称喀拉玉尔滚。《新疆图志·道路志》谓:"回语玉尔滚谓垂柳,柳荫深黑故名",非其实也。12 月 24 日,继续出发向西行,过一干河川,又连过二小河,即抵扎木台巴杂。扎木台为阿克苏一大镇,北通伊犁,东至拜城,均由此分途,故此地为交通要道。余等住扎木台西 15 公里之克子尔鄂依斯塘,距阿克苏 45 公里。12 月 25 日,余等遂遵循大道至阿克苏。

以上是余于1928年去阿克苏路线。在1929年返乌鲁木齐时，亦经过此地。但当时系走北道，傍北山边行，现将回程附带叙述如下：我于1929年9月23日，由阿克苏出东行20公里至四十里栏干。往北约7.5公里，有一旧营垒，名喀拉克沁，周108米，有城墙一段，高2.6米，土筑。地面散布红陶片及铁块甚多，城东并有房屋遗址，城北红泥起伏，亦散布红陶片，尚有一瓦缸半掩土中。据说此城东约5公里沙碛中，亦有一古址，其名相同。传说北山口有一石城，又有白石，上刻字，我于24日雇一引导前去查看。由栏干旁之麻札出发，沿阿克该鄂斯塘北偏东行，经石戈壁，20公里至达郎山口，达郎河从山口流出，有若干小石堆散布河两岸。据说此处原为一石城，名喀拉马克沁，义谓"蒙古城"，后为敌人所毁，故已失其原形。余疑为古人驻兵之地，并非城。余等在达郎山口察看石堆后，入口北行，经石戈壁至阿克打什，确有白石高33米多，屹立戈壁上，类似房屋，检视并无刻字。然在此石堆附近，有古道遗迹，竖石为记，或即古时北通伊犁之支路也。9月26日，复由扎木台北行，转北偏东行，经石戈壁，约30公里进山口，即盐山口。出盐，方如枕块，坚硬如石。山上土石作红色，有阿瓦提对里雅河从山口流出，《新疆图志》称为阿尔巴特河。源出汗腾格里山，东南流至铁干可洛克庄，转南流出山口，转东南流，至喀拉玉尔滚灌地。进山口北约2.5公里，驻阿瓦提腰站。《新疆图志·道路志》称为阿尔巴特驿。此地为赴伊犁驿道，有客店一，但余等驻于一草滩中。传说在阿瓦提北约10余公里，地名那格拉哈那，为从前一蒙古王子所居，上有居住遗址。余曾前往勘查，那格拉哈那山在河西岸，孤峰耸峙，其形如柱，四面皆深沟不得上，亦无住人遗迹，或传言之妄也。乃转北偏西行，至铁干可洛克庄。28日，复由铁干可洛克出

发,初向北行,次转北偏东行,又经一胡桐林,密布河沟之两岸。过此至麻札阿拉的,转东北行,入哈拉样大坂。从此上岭入一草原,村舍棋布,树林葱翠,约5公里,下草原转东行,至克子尔不拉克驿住。《新疆图志·道路志》称为黑不拉村。北10公里和约伙罗驿,一名可力峡,有卡伦(《新疆图志·道路志》三,一九)。我于29日前往勘查,卡伦设在山口,有旧城墙,称为可干旧城。城墙完整,南北开门跨沟中,内设驻卡兵士以稽行人,凡往来于伊犁者必须经过此地,疑此为清光绪初年所建,为由阿克苏至伊犁通过冰达坂必由之道。现我等系至拜城,故转沿木扎提河东行,至鄂斯堂不一,有克尔克仔人在此牧羊,由渠指引渡河至哈拉巴克。滨河有一古城,周330米,地名柯尔塘。旧城名喀拉玛克沁,意谓蒙古城,以石累砌而成。惟城墙现已无存,城中有大石堆数处,必为古代建筑遗迹。城内散布红陶片及红底黑花陶片甚多,与阿拉癸沟口石城内之情形相同,疑此亦为公元前后之遗址,但亦有粉红色陶片,则又为唐代遗物。在城之西北约100余米,有一土墩,堆积烽渣甚多,当为古时烽火遗渣,则此地又设有防守工事。沿河西行约百余步,有古冢数座,中间隆起土阜,周围以石。又北约5公里,河东岸哈拉姑洗,土阜陂陀,散布红陶片,皆为古时有居民之证。由于此一带所散布之陶片,可证此地自汉至唐皆属活动中心。因此,我疑此城为汉姑墨石城,唐拨换城旧址。徐松《西域水道记》谓:"汉姑墨国在拜城滴水岩一带。"《新疆图志·道路志》谓:"哈拉玉尔滚唐拨换城也。"按滴水岩及哈拉玉尔滚一带均属戈壁,并无古代遗址,但此地与哈拉玉尔滚南北对峙,如所推论不误,则汉姑墨石城及唐拨换城应在此山边。徐松所言,方位或是,地点则非也,但因未作发掘,无实物之证验,不能决定必然耳。30日继续自哈拉巴克向东行入岭,步步升高,田舍相望,树木林立,一片荫绿。转东偏北行,过一草山,本地名为牙依列克塔格。下午4时至柯洗克阿达麻札。旁有小沙岭一道,东西绵延,此沙岭东自强博洛克,西至喀拉克土垃,与喀拉克塔格相接,平原亦尽于此。此大平原疑即突骑施之沙雁州,宋欧阳忞《舆地广记》称:"由千佛洞逾岭至突骑施沙雁州,西至拨换城。"(见《新疆图志·道路志》三引,查不见原书)以今地考之,由克孜尔明屋西行,只有此一道沙岭,则逾岭者必逾此岭也。此岭之西即为平原,或为突骑施之沙雁州。在柯洗克阿达麻札东北10公里许,有一麻札及古城,均在喀拉克土拉山口。麻札名鄂力伯克,在河西岸,古城在河东岸,中隔喀拉克土拉河,沿沟中行,可至雪山牧场。城周270米,无墙,北跨小土阜临河。西面临河,东南两面为平地。城内掘痕甚多,陶片小石亦不少,皆为朱红及粉红色陶片,与哈拉巴克之古城相同,或为同一时期之遗址。此城本地人亦称为喀拉玛克沁,义谓蒙古城,但决非蒙古时代所筑也。10月1日继续由喀拉克土拉向东偏北行,旋转东行,入沙岭,屈行岭中二小时,出口处名阿子干布拉克。仍东行过哈布萨浪河,抵强博洛克庄。河出北山,东南流,经强博洛克庄,转东流至拜城县,转西南流,入木扎提河。时天大风,甚冷,余等均改穿皮衣,继续前进,至拜城已晚11时矣。休息二日,乃由大道至库车,复沿大道返乌鲁木齐。我在南疆考察至此遂告一段落。

(原载《塔里木盆地考古记》)

若羌考古调查

若羌是新疆东南隅的一个县,县治设在卡尔克里克。其位置在库鲁克山南边,阿尔金山北麓,北与尉犁接壤,西邻且末,有且末河迄流于北,塔里木河流于其西,东隔罗布泊而通敦煌。地斥卤多沙漠,在历史上为楼兰鄯善国地。因其国境及汉地相接,汉通西域常以为导引,负水担粮,迎送汉使,由是楼兰鄯善与内地发生密切关系,在中西交通线上和文化线上显出他的转输作用。至 9 世纪以后,因历史的进程与交通的变迁,罗布全区沦于沙漠,所以楼兰鄯善久已不为世人所闻问。元代虽一度设罗布城,未久亦废,直至清代末叶在此置县,方复青春。

从 19 世纪末至 20 世纪 30 年代,世界列强怀着不可告人的政治目的,纷纷往新疆派遣所谓探险队,大肆劫掠,破坏新疆的文物古迹。自 1900 年瑞典人斯文赫定发现古楼兰国遗址以后,英国人斯坦因相续前往,并在若羌米兰一带盗走不少文物,而楼兰鄯善之名亦藉此复显于世界学林。

我于 1930、1933 年两次访问罗布泊,发现西汉通西域台站及水复故道等遗迹①。此次我们在若羌共待六天,调查了古城两座,遗址两处,古寺庙区二处,并访问了一些古迹。兹简述于下。

---

① 参见黄文弼:《罗布淖尔考古记》。

一、若羌古城和遗址

1. 且尔乞都克古城

城在若羌县城南稍偏东戈壁滩上,距县城6.4公里。城作长方形,有内外两重。外城周720、城墙宽1.5、残高1米,用卵石垒砌。内城基址周220米,墙用土坯垒砌,宽1.6—2、残高0.5米左右。在内城的西北角有一残土墩,顶部已毁,底部尚存,是用宽厚土坯垒砌的。土墩面积81(9×9)平方米,残高3.15米。土墩可能是一座残塔,其前面已被盗宝人掘了一个缺口。在内城两侧还有些房屋建筑,基址尚可看出。西侧约有三排房址,共十余间,相互毗连,门径相通,中间有一庭院。庭院长9.2、宽7.3米,较四周稍低。东侧亦有房屋基址五六间。在北城墙中间有一缺口,宽2米,可能是门道。在内城城墙靠近外城的西边和北边,有若干石砌基址,横直界划作长方形,类似田埂,面铺一层黑石块,可能是古代村落或街道的残迹。又由于内外城的建筑术不同,布置也不匀称,所以可能为前后两个时期所筑。

我们在内城试掘两处,一处在内城的西北隅(定为A点),一处是内城的东南隅(定为B点)。A点面积9.8米×3.2米,可能是一个寺庙的大殿。除去地面上的砾石和表土,即露出房屋的墙壁。靠墙开了一条不到1米宽的探沟,掘下约50厘米就到底了。堆积全是黄褐色粘土、苇草,并杂有土坯碎块,地层已被扰乱。在堆积中发现有贝叶及纸片上写的梵文,经鉴定为4世纪前后所写,内容尚未译出,可能是佛教经典。此外还发现有泥塑像、壁画残块以及谷穗、黍穗等。

B点清理了几间房址,露出几段残墙。在堆积中发现有泥质灰陶和红陶片;也有少量黑紫色硬陶,中含砂粒。以陶片论之,可能是3—4世纪遗物。因此内城建筑可能在4世纪前后,与米兰庙区属同一时期。外城为以后重建,疑是7世纪中叶康艳典为镇使时所重建之石城镇。

据《新唐书》卷四三下引贾耽《四夷道里记》云:"又一路……自蒲昌海南岸西经七屯城,汉伊循城也。又西八十里至石城镇,汉楼兰国也,亦名鄯善;在蒲昌海南三百里,康艳典为镇使以通西域者。"按敦煌发现之《沙州图经》七屯城作屯城,西八十里作一百八十里,当据改正。若以米兰东7公里之古城和遗址为汉之伊循城,则若羌之卡尔乞都克古城应即石城镇,以距离言之亦颇相当。现若羌到米兰古城为83公里,与《图经》之一百八十里适相吻合。《图经》又云石城镇"本汉楼兰国……。汉立其地更名鄯善国。置鄯善镇,隋乱其城遂废。贞观中康国大首领康艳典东来居此城,胡人随之,因成聚落,亦曰典合城。其城四面皆沙漠,上元二年改为石城镇,隶沙州"。按《图经》所记比唐地志为详,必为唐地志所以出。如《图经》所述石城镇,勘以现且尔乞都克地形,亦复相合。现古城外城为卵石垒砌,基址尚存,必为取名石城所由来。古城周围都是戈壁,亦与镇城四面都是沙碛的记载一致。如我所推论不误,则现且尔乞都克外城即为康艳典所筑之石城镇。

2. 孔路克阿坦遗址

遗址在县城南偏西20°左右,距县城约10公里,位于一个不高的红土岗上。土岗东临一条小河,有20米深的岩岸,余是漫平的戈壁。遗址的范围不大,南北84、东西26.4米,现只剩几堵残墙,完整建筑已不可见。其中一座可能是寺庙大殿,现仅存一面残墙,用土坯垒砌，残高2.5米，墙上还有柱槽。在殿的西侧有一方形残塔，面积5.8米×5.8米，残高不到1.8米。塔身抹泥并粉面，外有围墙。其它建筑物为房舍等，都已破坏，无一完整者。在地面发现有残木屑、壁画残块、无文字小铜钱（与库车所出者同），并有少许夹砂红陶、灰陶及紫黑色硬陶片等。由于所见遗物与建筑上使用的土坯与且尔乞都克古城完全一致，因此也可能是4世纪前后之遗址。

3. 土台

在县城西北约3公里，台周180、残高10米左右，土坯垒砌。台顶平，但不见建筑痕迹。在土台四周有较大的卵石，以及红烧土、灰土、陶片、骨片等。

二、米兰古城和遗址

1. 米兰古城

米兰古城在若羌县米兰乡东7公里，位于通敦煌大路的旁边。城作不规则方形，周308米。城墙夯筑，西与南墙个别部分是后用土坯垒砌的。墙厚6—9米不等，其中东北墙角高达8.5米。城的四隅都有突出的墩台，在东、北、西三面城墙中部各有一个马面。墙的顶部有的是用树枝和草泥垒叠而成，一般是每隔35厘米左右即夹叠一层树枝和泥草，类似草搭。久经风沙剥蚀，草搭露出约10厘米。在西墙北头有一缺口，宽3.3米左右，可能是西门门道，门口有木柱二，半露地面，半埋土中。南墙西头也有一缺口，可能是南门门道，但较西门为小。北墙中间有用土坯垒砌的痕迹，疑原来为北城门门道,后复被堵塞。在城门内的房屋建筑正对着城外土台,土台分作两行东西并列,在中间有2.4米宽的甬道,疑为古时北城门的瓮城,后因城门堵塞,而瓮城残墙独存。南墙突出一小城,高达9米,作不规则圆形,南北直径16.2、东西10.2米。小城下为土台(用土坯夹树枝构筑),上起围墙,高5.6米。围墙向外的三面有堞雉,想是后来加筑,作军事守望之用。城内中央形成洼地,但靠墙根都有很厚的堆积层,在北墙及东墙根还可看出用土坯建筑房屋的残墙,必为当时住宅区。在南城外有些高地,疑为建筑遗存。在距城西南隅约50米,有一剥蚀土丘,其上残存墙壁高达10米,用土坯垒砌,疑为晚期建筑。综上所述,此城结构和建筑技术显然有两个时期,即古城荒废后又经过了一个时期,重加修筑作为驻军之用。斯坦因在城内垃圾堆中掘出了不少关于军事的藏文文件及军用皮革等[①],据此,该城改建可能是在8世纪吐蕃入侵之时。

2. 塔庙遗址

遗址有两处。一在米兰古城西0.5公里左右,散布在通敦煌公路两旁,大都是古代塔庙废墟。在公路北者有废塔二座,房屋残墙一处,都用土坯垒砌。塔顶作圆拱形,周45.5米。在其东约40米左右又有一废塔,形式与前者相同。在这些建筑遗迹中间夹杂一些沙丘,其下是否埋有古建筑无从得知。在塔的南边有房屋遗址,现仅存两堵墙壁,屹立于公路两侧,周73.2米,中间用70厘米见方土坯铺地。在该遗址之南,距公路约30米,有一残塔屹立在2.5米高之土台上。塔作圆拱形,周33.6米。塔周围壁画已被斯坦因剥

---

① 斯坦因:《西域考古记》第七章《磨朗的遗址》,向达译本,中华书局,1936年。

去,有翼天使壁画即原存此塔之护墙壁上①。此外,在距塔身2米左右有一道围墙,在附近堆积中采集了一残断绢片,书有佉卢文。在路南还有两处房屋遗址,均建筑在不高的方形土台上,现仅存几段残墙。其中土台较大的周144米,台上的残墙土坯垒砌,被火烧得通红。附近有两个直径约1米的圆形窖穴。该建筑可能原是一座庙宇。以上所述均在米兰古城之西。

另外,在米兰古城东偏北亦有遗址一处,距古城约2公里左右。该遗址原是一座废寺,斯坦因于1907年在残塔的堆积中,盗去了许多精美的佛像头部、婆罗谜文写的残纸和贝叶经,均见于《斯坦因西域考古记》第七章《磨朗的遗址》中,今不重述。

综上所述,此地自古城西到古城东,遗址绵延约4公里左右,虽经历年风沙摧毁,找不出一完整的寺庙结构,又经帝国主义分子多方破坏,残存的壁画和雕刻及其遗物又被盗掠一空,但根据现有的情况和盗去的遗物看,可以说这里当初是一个国家的佛教中心区,同时也是一个政治中心区。从出土文字和佛教艺术作风来看,其时代可能在3世纪和4世纪之间,这时正是鄯善国最隆盛时期。当4世纪末叶,法显过鄯善时称鄯善国王奉法,有四千余僧,悉小乘学②。当时西域各国是政教合一的,鄯善既以佛教为国教,佛教的兴盛必有赖于政治力量的支援,因此该地既为鄯善佛教中心区,亦必为政治中心区,或是国都所在地。至于此处是否为鄯善伊循城问题,我在《罗布淖尔考古记》论鄯善国都问题时,根据《新唐书·地理志》所载,认为米兰即鄯善伊循城旧址。盖因米兰到若羌

---

① 参见黄文弼:《罗布淖尔考古记》。
② 法显:《佛国记》。

的距离与伊循城到石城镇的里程相当,且又有海水南迁作依据也。当然,现在尚缺乏直接的证明资料,但在未寻出其它可依据的遗址之前,我仍持旧说。此外,斯坦因等认为米兰是扜泥城,若羌是伊循城①,显然不确。关于这个问题已另文论述,兹不赘及。

三、若羌、米兰出土遗物

1. 梵文写本断片

若羌县北且尔乞都克古城中出土。共发现二片:一为贝叶写,长8.7、宽1.3厘米;一为残纸写,长10、宽2.5厘米。一端残断,都是两面写。经请北京大学季羡林教授初步鉴定,认为是用婆罗谜字体写的梵文,"是笈多北派,与新疆出土的大庄严经论字体相类似,但有八个字母不大一样。时代是笈多王朝"。按笈多王朝兴自4世纪初期,亡于7世纪末叶。新疆不产贝叶,必自印度传来。但何时传来,尚无确切证据。不过晋释法显赴天竺求佛经,路过鄯善时称"国国胡话不同,然出家人皆习天竺书天竺语"②。法显是在隆安三年发迹长安,过鄯善时当在隆安四年秋季,此时梵文佛经必已传入鄯善。

2. 丝织残幡

在古东城塔庙区公路南废塔围墙中出土。在乱土堆中拾出一根残纽带,上有结头,解结后展开为二块三角状残片。一片上写民

---

① 斯坦因:《西域考古记》。
② 参见黄文弼:《罗布淖尔考古记》。

族古文字一行，长15.7、宽13.7厘米；另一块无字，长11、宽10.7厘米。两块均有一边是原来边缘，尚存针眼，原件当很长，可能是幡帜残余。斯坦因于1907年在废塔中亦发现有残幡，上写佉卢文字，长约22吋，宽约6—8吋，被认为是幡帜①。此件或为彼盗走之残余，后经人结成一纽带，当作束缚之工具。上书文字与斯坦因在尼雅所盗掘之木简及羊皮所书文字相同②，可能同样是佉卢文字，时代亦当在3世纪至4世纪之间。

3. 铜、木件

铜钗

米兰古城附近土台上采集。系由一根铜丝曲卷为两足，长12厘米，两足相距1厘米，一足略残。楼兰3至4世纪遗址中亦出类似铜钗③，此件或与楼兰所出为同一时期。

木梳

米兰古城附近采集。宽7.6、残高6.5、厚0.8厘米，计32齿，俗以齿密者为篦，齿疏者为梳，皆用以栉发。此件齿密当为篦也，我于1930年在罗布泊北部曾发现4件，有的出于古烽亭遗址中，与汉简同出；有的出于古坟中，与漆器同出，皆为汉代物④。此件形式与我在罗布泊北部所发现者相同，或亦为同一时期之遗物。贝格曼在米兰古坟中亦寻得木梳1件，形式与阿德克古坟中所出者相同⑤，时代相当于汉。此件是在古城附近采集，或是由古坟中散出

---

① 斯坦因：《西域考古记》。
② 参见黄文弼：《罗布淖尔考古记》。
③ 斯坦因：《西域》Ⅳ卷图版ⅩⅩⅩⅥ，牛津，1921年。
④ 《罗布淖尔考古记》，第158页，图版一八。
⑤ 贝格曼：《新疆考古报告》图版38，第18图，1939年。

者,时代或亦相同。

4. 毛织鞋

米兰古城出土。用粗毛索编织而成。鞋长25、底宽9厘米;鞋面中隆起,长14厘米,鞋口径长12厘米。形状类旧式棉鞋,底与帮同样编织,厚薄相同,均为15毫米左右,但底已残破。另一件已破乱,有毡补痕迹。另有残断粗毛索,当时必为束系鞋足之用,在鞋帮口上尚有具索痕迹可证。遗物时代不详。但由于以毛线索编织,必为游牧民族所习用,疑是8世纪吐蕃入侵时士兵所遗。

5. 刻字陶片

共二片,米兰古城附近采集。均为灰陶,面光平。一件上有类似"关"字,或是一种民族古文字。另一件上刻很细的刻纹。贝格曼在凹石峡亦采拾有划字的陶片,彼断为藏文字母,是8世纪遗物①。此次采集的刻字陶片与彼颇类似,可能也是藏文字母。如然,则亦为8世纪的遗物,此时西藏人正占据古城。

6. 谷物

我们在若羌且尔乞都克古城中清理积土时,发现有谷子、黍子等。我们各采集一二作标本,以明本地的农作物。

谷穗

其一,谷穗作金黄色,穗长5.5厘米,穗下残茎长8.5厘米。

其二,谷粒小而饱满,但较内地穗小多芒。

其三,为残谷茎,残长12厘米。

黍子穗

呈金黄色。穗直长。一穗颗粒已落,仅存枝、茎,长13—15厘

---

① 贝格曼:《新疆考古报告》图版36第9、10图。

米不等,已为农民改作扫帚之用。一穗长 8—10 厘米,颗粒尚存。另一为黍茎,残长 3.5 厘米,根长 3 厘米。

以上两种在沙卤地区普遍生长,牧民取以为食品。此与写经残片同出,则亦系纪元 4 世纪前后遗物。有人谓沙卤地区不生五谷,得此可不攻自破矣。

附:麦粒

据说出自凹石峡古城中。又当地有关人员介绍,将出土之麦粒再种土中仍可生长。凹石峡古城为 8 世纪前后遗址,千余年后谷物还能再生,亦可见新疆地区之干燥。

(原载《新疆考古发掘报告》1957—1958)

罗布淖尔考古简记

一、罗布淖尔石器遗址与石器文化

余赴罗布淖尔考察,前后共二次。第一次在1930年春季。余等在吐鲁番工作完后,于4月8日发自鲁克沁南之得格尔,穿经库鲁克山,6日程抵达罗布淖尔海边(图一)。工作20余日,5月6日,返鲁克沁。往返共计一月。第二次为1934年,亦为春季。赴新疆考察教育及文化。阻于兵事,乃南行,入罗布淖尔考察。5月初,仍出发自得格尔,至库鲁克山中之英都尔库什,改依西一道而至库鲁克河畔。往返共月余。余两次旅行,时间均甚短促,踏查未周。但吾人亦感幸运,时间虽短,而收获尚佳。尤其在汉代烽火台遗址中之发现,为吾人意外之收获;至于古冢及石器,犹其次也。

英都尔库什

此地在库鲁克山中,北距得格尔约100公里,南距阿提米西布拉克约75公里,当得格尔与罗布淖尔中间。凡由鲁克沁直穿库鲁克山而至罗布淖尔，必经过此地。盖以南以北，均无良好水草，此地泉水虽咸尚可为驼马饮料也。在英都尔库什山沟之南口，突起平原，沙碛弥漫，柽柳丛生，猎户以此地为休憩之所；并叠石块及柽柳为室，以避风雨。有井一，位于芦苇丛中，胡桐交槎，风景颇优，同人誉为荒山乐园。而远古人类之遗址，亦分布于附近，盖求安居之念，古今人相差不甚远也。

余等于 1930 年 4 月 8 日，由得格尔南行，穿库鲁克山，10 日抵英都尔库什，时已下午 7 时矣。次早巡视有沙碛之区，在沙阜附近，检拾石刃片数十件，石核数件，多以石英碧玉为质，要皆取材于附近山中岩石也。停留一日。第二次旅行新疆时（1934 年春）复经此地，停留二日，又在沟旁拾石刃片数十片。两次共拾 120 余件。并在沙阜旁拾打制不规则之石斧两件，一横形，均为石英质，与石刃片同出土，其为一时代之产物无疑。石斧口部两角略圆，形成弧线，而左边复打制一缺口，以便手握，其形制甚为精巧。又在此数十刃片中，亦有制作甚精之品，刃部均加细工修凿。有两器顶巅打制成肩状尖器，以为钻孔之用。同时尚拾有蛤壳饰物，半圆形，上刻小环圈，象征鱼目，必为当时人民之装饰品，而当时人民生活状况，亦由此可见也。

罗布淖尔北岸

罗布淖尔为海之名称，在库鲁克山南麓，《史记》称为盐泽，《汉书》称为蒲昌海，皆指今之罗布淖尔也。古时海水在北岸，后向南移，以此沿库鲁克山麓，留存古海岸之遗迹，其坚则如石之泥层，皆为古海中之沉淀物也。沿岸土阜重叠，鳞次栉比，如沟渠状，率西

南向,要皆为东北风之剥蚀所致。吾人试立于库鲁克山南麓阿提米西布拉克南望,则见累累高阜,如城阙崇楼,漂浮海面。实皆此剥蚀之土丘也。在库鲁克山南麓,有一河,名库鲁克达里雅,维语"干河"之义,中国旧图称为孔雀河、宽柴河或浣溪河,实为一河。古时河沿山南麓,由西而东入罗布淖尔。后因河水改道南流,河水干涸,故称旧孔雀河,河东为干河。河水既改道,故海水亦向南移,旧罗布淖尔遂成为涸海。由近来考古之发现可知也①。1921年,河水复故道,海水亦北移。当余之赴罗布淖尔考察也,已大水横溢矣。

余于4月14日,由库鲁克山南麓阿提米西布拉克出发南行,经过冈峦戈壁地带而抵碱滩。被风水剥蚀之土阜骈立于碱滩中,高约30余米,宽广不一,碱滩泥层,坚结如石,驼行甚苦。复西南行,即遇孔雀河溢水,形成小池,方圆大小不一,红柳丛生,枯胡桐倒置水中,盖孔雀河末流之所汇也。转西南行,驻于水旁。

当余等第一次之抵罗布湖畔也,意在南行访楼兰故墟。而溢水四出,终无得达。乃舍弃渡河计划,而转从事考古工作。在18日之中午,余等方工作河北岸之古坟,仆人毛拉由向西之土阜上拾二石器归;一为玉斧,一为玉刀,均白玉质,磨制甚光。余因在此工作完后,即移棚帐于L勿地,傍河边而驻,毛拉复在此一带之土阜上

---

① 按焉耆河,本名海都河,自由博斯腾湖溢出后,曲流经尉犁之南,东南流,又名共奇达里雅(Conche-darya)。据《辛卯侍行记》卷六称:"回语共奇,古墓也。达里雅,河也。"中国旧图又译为孔雀河、浣溪河、宽柴河等名称,实皆一河,即指海都河下游。民国十年前,孔雀河水东南流,至铁干里克入塔里木河,南流入海。但孔雀河旧河道是沿库鲁克山南麓东行,直达涸海,土人名此旧河床曰库鲁克达里雅(Kuruk-darya),维语"干河"之义。但中国地图多仍用孔雀河,或浣溪河、宽柴河诸名称。本书中亦常提及孔雀河,实皆指库鲁克河也。又柏格曼《楼兰》称库鲁克河为"Kum-darya",维语意为"沙河",询之本地人无是名。中央大学《河西新疆地图》又有"孔达里雅"或"孔河"之名,译音不确,均不可从。特并志于此。

下,拾石矢镞数件,修凿极细。同时尚有红陶片,中含黑沙质,又有三棱铜矢镞,杂布其间。在河之南岸土阜上,及附近鱼鳞地带,又拾石矢镞数枚,打制极精,亦为三棱状石镞,与北岸所出形式相同,作风亦相似。同时亦拾有三棱铜镞及铜件之类。由是知库鲁克河两岸Lク与Lㅿ之石器,为同一时代之产物。又西一平滩上,拾石核及大泉五铢等件,同时尚有汉铜镜碎片,及绳纹陶片等物。在此金石陶杂陈现象中,固无地层之根据,确实年代,颇难断定。不过暗示吾人一事,即罗布淖尔及库鲁克河沿岸,铜器时代文化冲入以后,而本地新石器时代之遗物尚与铜器并存也。

余第二次赴罗布淖尔,系由英都尔库什转西南行,过图和拉克布拉克,出鲁戈斯特而直抵孔雀河边。转向东北行,土阜迤逦。散布于盐壳覆盖之平滩上,吾人即在此拾石核十余件,并石刃片数枚。复东北行。5月8日暮,抵一草滩,即在阿提米西之南,余第一次所驻Lㄎ之东也。土阜骈比如城郭,石核石块,散布四周。最可异者,土阜上有一古代遗址,叠碱块以为墙,苇草为衿被。吾人掘之,出草绳、泥杯各一件,及长方石剑等件,又在土阜上拾绿玉刀一枚,磨制光平,无疑皆为先史人类所遗留。土阜下,复有捶石、砺石等物,与石核杂陈地表。其土器为手抟法所制,尚未经烘烧之土胚。其时代吾人虽不能确定,然由磨制玉刀观之,其时代与Lク地之白玉刀相差当不甚远也。次日即到达目的地之古烽燧亭。工作完后,14日复返西行,循古道前进,时行于山旁之戈壁滩上。17日午,过一三角形之涸海湾,土阜重叠。仍西行,略有黑沙,散布地表。一土阜屹立碱滩上,余在其附近拾石核二十余枚,并刃片数枚。此17日下午2时也。自北而西,余所拾石器不多,而余在罗布区域关于远古文化之探查,亦因此终止也。

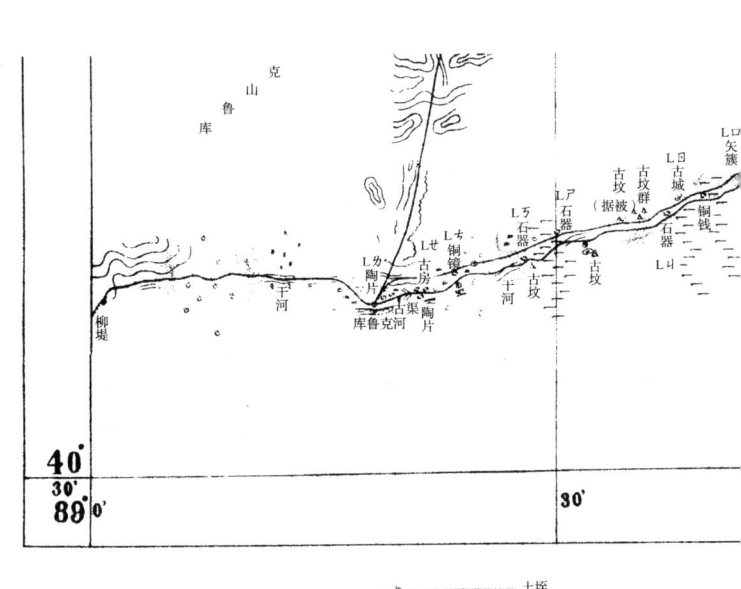

图二 B 罗布淖尔

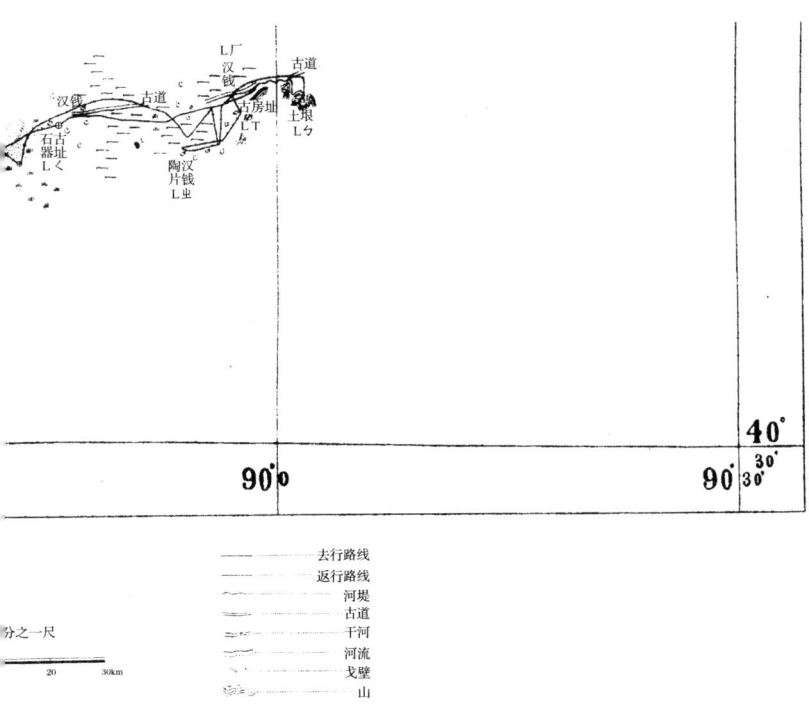

第二次考察路线图(局部)

吾人在此尚须连带叙述一事，即吾人第一次来此时，库鲁克河水返故道未久，由西向东流至阿提米西布拉克之南，水即分散横溢以入海。故吾人初抵此，颇感水患。时余未有舟楫之准备，乃编洋铁筒为舟，系绳牵引，相为递渡。所采河南之石器，即用此方法取得者也。相信由此而南，必能多得石陶诸器，但以阻于积水，无法前进。第二次到此，水已归道，枯草发荣，前之沙堆亦已渐溶解，而河旁之枯胡桐尚复倒置河旁，再无生殖之望。又吾人所采集之石器，其种类虽不一致。但有一同点，即所有石器遗址，必在淡水边，必为沙碛或鱼鳞地带。同时必有许多剥蚀土丘，骈比重叠，如沟渠状。或上为土层，而下为盐壳覆盖之沙堆，但在上在下，必有石器与古冢。因此吾人甚疑罗布北岸之剥蚀土丘，与古代人民居宅或有关系，而为吾人研究远古人类居住之启示。因以现在地形观之，决非人类所能居。则当远古人类之定居时，其地形若何，是否与现在吾人所见相同，为一问题矣。

次述石器遗址在文化上之地位：当余之由蒙古草地自东而西也，沿驼路按次西进，每站均有石器之发现，详细研究固有俟于异日。但其发现情形，有为吾人所应引以作参考者，即在蒙古地所拾石器，自贝勒庙以西至额济纳河，其发现地形势均有同一现象，即或在山坡，或在河旁；在山坡者必向阳，在河旁者必在河之两岸，或平原，或在旧时河床之旁。无河流之处，绝少石器，此其一。凡有石器之地，必为柔土或沙碛，若戈壁或不毛之地，吾人亦绝少觅得，此其二。又吾人所采集之石器，除阴山南部及包头一带不计外，若蒙古西部，则所发现之石器咸为一通类，即均属打制。以石刃片、石核或石块为最多，石斧亦采集少许，要皆属打制。至磨制石器，则余尚未发现。故蒙古石器文化，据余所采集者，可云以打制细石器为中心，此则由于当时人民之生活状况与环境所造成者，无可惊异也，此其三。反之蒙古一带石器，无陶片及金属附品出现；虽贝勒庙间有红陶片或红底黑花陶片，然亦为少数，由此往西即绝迹矣，此其四。因此，吾人感觉蒙古石器，即蒙古西部石器之文化，似已自构成一系统，与磨制石器时代，不相混合。虽吾人未作发掘工作，在地层上之证据，颇感不足，但由吾人踏查之路线与石器之分布，亦可推其仿佛。即在某一时期中，蒙古石器时代文化大抵相同，即均属打制石器也。

次述新疆石器文化：新疆在历史时代，处东西文化交通之枢纽，对于此点研究者颇多，但对于石器时代文化，一般人颇少注意，英国斯坦因在楼兰附近，亦曾觅得若干石器，但斯氏多注意关于历史与地理上之考察，对于石器未曾尽量工作。及吾人之至新疆也，亦多为历史文化工作之时间所占有，未能充分尽力于远古石器之探查。但为欲与蒙古石器文化作比较，故对石器亦略有搜集。最感幸运者，余在库鲁克山中英都尔库什觅得一石器区域，此地在余前旅行新疆之探险家、考古家均未发现。虽吾人觅得之石器数量不多，但在文化之传播上，为一极有价值之成绩。盖吾人如欲由北部或吐鲁番至罗布淖尔，必须经过库鲁克山，故库鲁克山为吐鲁番盆地及罗布淖尔盆地中间之界山。而库鲁克山为一著名不毛之干山，现已无居民痕迹。吾人在此觅得远古石器，且其石器与蒙古及罗布淖尔之细石器，即石刃之类，其形制作法相同。是不啻为蒙古与新疆及南至罗布淖尔，觅得一交通线之联系。而古时文化传播之路线，由此可以证明也。又库鲁克山中之石器，虽吾人踏查未周，未能表明其一般现象，但就余所采集部分言，所有石器，除石刃及少数石核及打制之类似石斧外，再无他物；即与石器时代有关之陶器，毫无一见，此其一；又无磨制石器及打制极精之矢镞等类。

但其石刃之作法，与蒙古西部相同。因此，余疑库鲁克山之石器与蒙古西部石器为同一系统，其时代之先后或亦相连续也。虽石刃由中石器时代至新石器时代之延长，乃至金石并用时期，均曾沿用。但蒙古西部及库鲁克山均无陶片及磨制品。故可云与罗布淖尔前期石器文化相同。盖罗布淖尔石器时代，吾人拟分为两期，例如 Lㄅ、Lㄕ石器，近山坡，以刀片及石核为最多，磨制石器及铜陶件未获一见；反之 Lㄌ、Lㄜ、Lㄩ等地石器，均沿河岸，磨制打制杂陈。且有铜陶件出土。显然为先后两时期之产物。吾人虽无地层上之根据，但由其分布线观之，吾人不能不认后者较前者为进步也。因此，吾人称打制细石器及无铜陶件附品者为前期，反之金属物与石器件并存者为后期；前期与英都尔库什相同，而后期则为英都尔库什所无矣。故吾人可说罗布淖尔石器，自新石器时代，或云英都尔库什时代，直延长至金石并用时期，犹为沿用也。又吾人检查罗布淖尔及库鲁克山两地之石器，种类极为简单，要以石核、石刀、石镞为大宗；小型石斧及石捶、磨石，亦略有一二，而具椭圆形之大型石碌及石皿、石棒，均未一见。是可证当时人民生活之简单，除渔猎牧畜所必需之用具外，而对于农田耕作，毫无注意。由此可知罗布居民在新石器时代之生活，完全为渔猎或牧畜生活，及至最近，有一部居民仍旧未改。据此，是铜件或陶片必系来之他方，非本地人民自身的产物。反之，则其邻国人民已入于农耕时期，其铜器时代文化已杂入罗布石器文化中，而成为罗布后期之金石并用文化也。又在蒙古石器中，有石核、石刃同于罗布淖尔，而打制矢镞中，除一件三角形者外，而扁圆桂叶状之石器，则为蒙古所无也。因此，吾人对于蒙古新疆石器文化，可得一结论：即蒙古西部之石器文化与英都尔库什之石器文化，在罗布淖尔初期石器文化时，为同一层次，且属于同一系统。盖由库鲁克山为桥梁，而司蒙古与罗布交通之责也。但以后因罗布淖尔交通线之变更,冲入新兴之文明,即金属文明,与罗布前期遗留之石器并行,且时加改良,而进入后期之金石并用时期矣。

　　余写至此,并提及一事:即斯坦因氏在楼兰LT古堡斜坡上及高岗附近一带,曾拾许多铜件和石器,其碧玉制之磨制石斧,与余在L夕所拾者形式作法相同。但斯氏曾根据彼所检查之区域,而推论由楼兰遗址及喀拉库顺中间一带之宽阔地面,由西到东,在史前时代,有一长久时间为游牧民族所占据云云①。但余所拾,则越过库鲁克河北而至涸海海湾之盐层地带,亦有同样发现,反之过涸海以东则无有。是当时人民完全居在涸海西岸,分布库鲁克河之南北平原,其分布路线,北与英都尔库什相接连。因此,余认为罗布石器文化路线,系由东北向西南,并非由西向东也。但斯坦因氏又根据石铜杂陈之现象,谓楼兰地带的新石器时代,和中国通西域时期,相距并不太长,此则为吾人所赞同;不过东方所传播至西域之金属时期文化,系由东向西,与西域本土之新石器文化交杂并存,而成一金石混合之现象,即为罗布淖尔后期石器文化所昭示者尔。

二、罗布淖尔古冢与罗布里克人

(一) L夕古冢

　　当余之赴罗布考察也,意在南行访楼兰故墟,阻于水,不得达。

---

① A. Stein: Innermost Asia, p. 197.

而余之随从早舍其渡河计划,转从事于探古之工作矣。在4月15日之暮,小侯拾一美丽之蓝黄色残袊归。称距此西北约3.5公里土阜上有一古冢。试掘之,出女人头骨,髻发尚存,额前乱纸覆之,旁陈残绢帛及毛绳麻布之类,似为死者头部之饰物也。余于17日复偕小侯往视其遗址,抵土阜旁,阜高30多米,宽约相当,长90多米。阜中倾陷若沟渠,宽3米多,深亦3米多,长30多米。死者即藏于此倾陷处,覆以芦苇,以未经修凿之木料支持之。土阜上层为黄土,厚约2米,或3米多,下为干沙,凝结坚固,死者即埋藏于沙土层内,衣袊骨络,几与干沙胶结为一。掘现木把杯二,在头部旁。又有羊骨2枚,以木板承之,木板形如芭蕉叶,说者谓蒙古风俗如此,然不必仅蒙古人始然也。死者衣服,均为丝织,约有五袭,衫、襌、绣、犷均备。袖口宽约0.3米,指骨外露,其颜色有谷黄及紫绛等色,惜迎风而碎,未能取出以飨读者为憾耳。又死者右手第四指,戴有戒子一,以薄铝为质,上刻环圈五,状类梅花。衣袊中,藏铁刀一,柄已碎断。综合观察,极类似一贵妇人之墓,惜无文字以为佐证耳。又左侧亦有古冢一,掘现木把杯及几各一件,形式略同于前。在此阜南半里许戈壁上,有木橛一行,环栽土中,露出地面尺许,说者亦指此为古时冢墓之故居也。在其西南约4公里,枯胡桐林中,时露古时陶片,则为当时居民居住之所,而埋其死者于山边耳。

(二) L亡古冢

在余等方工作L丂古坟时,余之毛拉等则四出探巡古迹。据称:在东约5公里处,有古房及古冢遗址,乃决计东往。当日晚大风,次日仍未息,尘沙弥漫,白昼昏黑,石子飞扬如雨,不能张目。

故决定休息一日。据余之猎户云,此地多大风,风多作西南向,每五日或十日必有一次。据此,是沙碛之迁移与海水之变迁,与风沙不无因果关系。4月20日,虽风力稍杀,而酷冷如严冬。吾人均衣老羊皮袍,犹不足以保温暖,沙漠天气转换之剧烈如此。余等于上午7时出发,向东北行,遵来时旧道。9时转东行,时有溢水。11时东行微偏南,抵河岸。河宽约百余步,两岸枯胡桐横陈。沿河而进,溢水载道,时阻予之行程。12时转东偏北行,抵古房遗址。在一大土阜上,顶颇平整,长约五六十步,宽约二三十步不等,遗址即在土阜之洼陷处。叠碱块为墙,芦草覆之,方径丈许,有房十余间,羊粪骨角,散布地表。检亦无他物。余等即驻于其南傍水之平滩上,并在其附近作古物之探寻也。

在余住处西北有一土阜,前后宽广,中腰颇狭,形同葫芦。阜上坦平,面覆枯胡桐树6株,即为古坟井口所在。循迹发掘,深4尺许,发现尸骨4具,重叠而葬,衣服已腐朽矣。头部有漆木桶状杯,及木把杯,圆底木俎之类。又有残块铜镜,及耳饰等,由铜镜之边缘,可决定其为汉物无疑也。是此冢亦为两千年前后之遗址矣。又在土阜附近,拾铜3棱镞,及石矢镞之类,及土阜上红陶片内含灰陶,想与此墓中人之时代相距或不甚远。但四尸骨重叠于一穴为可异耳。

(三) L万古冢

在余住处之南约里许,四周积水,有风化层之土阜一座,屹立中洲,上栽立木杆为标帜。发掘其下,有石柱作长方形,长约1米许,直立穴中,或用以支持土块为墓室之架梁者。尸骨均已搅乱,同时墓中发现草篓一具，以藤为经，再以劲草编织之。两旁有耳，系绳之痕犹存。圆底豁口，形状椭圆。疑为死者生时盛食物之具，死后即以此殉葬焉。又有漆木桶状把杯一件，外涂朱漆，但彩色已毁，形式与LE冢中把杯相同。又有骨器六件，均作锥形，有四件一端尖锐，疑为古人搔发之簪。有一件一端作柄状，疑为女人头上饰物。疑冢中死者，或为一女人也。又有玉、石、骨等件，与之同时出土。其中有玉耳饰二枚，作椭圆形，中空。又有方形者，有圆粒形者，有薄叶状者，无疑皆为耳上之饰物。又骨粒一串，形同冠缨。又一长方石块，三面磨制甚光，一面为天然石状，底凿一横槽，用意不明。但亦疑为装饰之具也。

（四）L⊓古冢

当余之工作L丂古冢也，余随从毛拉告余云：在此地之西土阜上，有一古冢，尸骨尚未腐化，采归草篓二枚为证，余甚异之。及余移驻于L丂也，急使导余往观。累越高仰层之土阜，至一三面有水之三角洲。其高阜，四周风化，显露其泥层绉折之迹。在沙土岩处，有木桩一，犹以为偶置之也。审视其沙土倾陷处，露毛织品之一角。余乃大异，去其沙土，即露以木钉钉合之木板，形如扁叶，以黑牛皮覆之。木板刨制甚光，显为长久工作水中者。长1.65米，宽1米，缺处另以木片补之，疑为死者之舟。旁树立之木杆，盖为拨船之具也；一端颇尖，形类今之撑篙，死后其亲族即以其具殉焉。次揭去木板，即显露以毛织物包裹之腊尸。头戴毡帽，高25.4厘米，上形尖锐，帽系骨粒帽缨六七股，垂络唇颚。毡帽内，尚有红毛索编成之里帽，冠戴不正。头发截断，下披两肩。额部及两眉间，有红绿色所绘之横纹三道,极类本地女人之画眉。两耳穿孔,尚有毛索遗痕,以备系耳珠之用。两眼微陷,两颧耸起,鼻陷而唇斜,似负痛苦以死,而表现忧戚之容者。在其头部,有草篓二个,一外涂朱漆,死时即以此殉葬焉。次除去其包裹之毛织品,即呈露其身体,经盐硝之浸炙,皮肉坚结,尚保存其原形,毫未腐化。两手下垂,下围以棕黑色毛线织成之长带,带绥下垂至足,足履皮靴,毛里而皮外。身作绛色,骨骼坚结为僵质,击之作木声,直立转侧皆可如意。头长25厘米,额宽10厘米,面宽11厘米,下腮突出,显现尖削之状,通高1.6米。据医学家言,凡腊尸皆由盐水之浸炙,积久遂成腊形,永久不坏。然非两千年之浸炙,不能成功也。据其所述,参合此处有水之时代,及同时发现之遗物,当亦在两千年前后。盖以后海水南徙,当无此腊尸之造成。头部之草篓与L万冢中之草篓形式质料相同,当为同一时代之产物。而L万同时发现之骨器、漆、木器,余已订为两千年前后之故物,彼此互证,则此腊尸有两千年历史之说益可信也。

其次言及死者种型问题。余对于人种学,毫无研究。且亦未加科学测量。但以由死者埋葬之方式,及其殉葬物品,推测死者确为本地人,与汉通西域时之楼兰国人,或为一致。盖其所表现,全为游牧人及渔猎人之生活,与内地人久孕育于东方文明者,绝然不同。故吾人在另编中,已略有论述。但为引起读者兴趣起见,再补述末意,以备参考。斯坦因氏在L F4古冢中,发现死者头畔衣襟中,系二小口袋,中盛小麦粒,及其他细枝①。纳恩德博士(Dr. A.

---

① 向达译斯坦因《西域考古记》110页,又插图66、67。又 A. Stein: *Innermost Asia*, Figs, 172, 173。

B. Rendle)认此细枝为在西藏至波斯一带繁殖的胡麻,据柏格曼君称印度跂希人(Parsees)现仍用麻黄细枝代替能产生浩玛或所玛(Haoma or Soma)之某种植物。(所谓浩玛或所玛在古印度伊兰人祭祀中,曾占重要地位。)①余在LC古冢中,发现纻麻质口袋一,亦有同样盛物,但当时不注意,遂致遗失。在此地僵尸中则未之见也。但以麻黄细枝为殉葬品,确可代表此一带一部分墓葬之习俗。换言之,即为本地人墓葬之习俗。若然,则楼兰人,或即与印度跂希人,有密切之关系也。至此,余当另引中国记载所述一事,以助研究之兴趣。按斯坦因氏所述之跂希,与中国记载所述之白题西音相近似。杜氏《通典·西戎传》云:"且末国,汉时通焉。北接尉犁丁零。东与白题西接波斯精绝,南至小宛可三日行。地有葡萄诸果。人皆剪发。着毡帽。小袖衣。为衫,则开颈而缝前。"按《通典》所述与《梁书·末国传》字句微异。如云:"末国北与丁零,东与白题,西与波斯接。……"按此处均有脱误。其云"东与白题西接波斯精绝"义意不可通。波斯在葱岭西,如何可接。故此处当云:"东与白题西接,西接精绝。"波斯疑为白题西之小注,表明其为波斯人。后人遂将小注录为正文,而又删去,西接二字,义意遂不明了。《太平寰宇记》,引作"东接白题,西接波斯精绝",错落同上。盖波斯仍当为白题西下之小注也。设余之解释不误,则且末东为白题西人,即波斯种人所占据也。又据中国史书所记,且末在三国时,已为鄯善所并。故《通典》所云且末人,当即汉时之鄯善人。所述之且末人之习俗,亦当即鄯善国人之习俗。剪发着毡帽,小袖衣,开颈而缝前,且末人既如此,则汉时鄯善国人亦当如此。

---

① 柏格曼的《罗布淖尔沙漠中新发现之坟群》图五 D1。

由余等所发现僵尸之形态,即其剪发戴毡帽事,更可证明其然也。彼此互证,则汉时楼兰人种型不难推知,或即属于印度伊兰人种型也。现昆仑山中,有操伊兰语之噶尔喀族人(Galca),或为其遗种欤。

以上皆为余第一次所考察湖畔古冢之经过也。第二次之赴罗布淖尔考察也,适值战乱,且准备未充实,不能尽量考察。但亦略有所见,兹略述如次。

当余等于5月初间,由鲁戈斯特南抵孔雀河畔也,由余一驼病足,放置于此。即率其余驼东行,沿一干河岔,枯桐红柳,迤逦如带,时有土阜间之,阻余行程。傍晚驻一碱滩中,一面派毛拉赴辛吉尔购办米面,余等则作古坟之探查。在余等驻地旁有一风蚀土阜,上竖枯胡桐三株,作交叉状。以余等第一次探查之经验,凡类此者上必有古人墓室,即攀登察看:上颇平坦作椭圆形,有井穴二,南北对峙,穴口有枯胡桐六株,长3米多,骈比横陈,二穴相同。余等掘其南穴,深至1米,发现木棺一,作长方形,四围板壁已遗失,仅存底部。冢中土层搅乱殊甚,出木几二,已腐朽倒置其中,又几足四,作屈腿状,显系早为他人盗掘,而留其遗弃物于冢中。故余亦不欲尽取之。8日转东行,在戈壁上见一地室,屋架犹存,以枯胡桐作檩条,覆以芦苇,涂以泥浆。据本地人称述,在室中曾发现古棺木数具,现已无存。复东行戈壁上,时见以木桩栽立之椭圆形建筑,数冢相联,组合为群,据猎户云,此亦为死者之居室。其栽立之木桩,长约0.66米,一端尖锐,入土不深。因余忙于行路,未加工作,殊可惜耳。

(五) L日古冢

当余等于古烽燧亭工作完后,5月14日复返西行,路遇毛拉于途,并携米面而归。庆幸之余,复谈及往西约5公里土阜上,有一古冢,衣巾外露,乃使导之前往。试作发掘,出小头骨一,黄发尚存,作黄金色,审视为七八岁之姣童,所谓黄发小儿是也。冢中绸绢衣巾,尚未腐朽,有枕头一,四方形,头枕之迹犹存。手帕一,亦为长方块,一端具带,疑为缀系于衣巾之用。袖口缥骧,均崭然如新。一袖口黄绢为底,绿绸为边缘。虽属小儿,亦满身文明副戴,供吾人之鉴赏,与裸体葬者,有文野之别矣。

综上一二两次所获,由其埋葬方式,及装殓物,显有两种不同之现象:前者为赤身葬,后者为衣冠葬。在中国通西域以前,楼兰人民之生活如何,吾人在《汉书·西域传》中不难窥其一二。《西域传》云:"鄯善地沙卤少田,寄田仰谷旁国,民随畜牧逐水草,有驴马,多橐驼,能作兵,与婼羌同俗。"又云:"自且末以西,皆种五谷,土地草木畜产。能作兵,略与汉同。"是楼兰本为行国,不事耕作,至为显然。及楼兰迁都伊循,改国号为鄯善,汉遣司马一人,吏士四十人,屯田伊循以镇抚之,楼兰至是始有田作。然皆在汉通西域以后,田作者亦多为汉人,非本地人也。据此,楼兰文化,可分两阶段。即汉未通西域,在公元前1世纪以前,为前期,完全为本地土著文化。自公元前1世纪以后为后期,盖受东方文化之影响,渐变其习俗也。在石器遗址篇中,已略有阐述。今据湖滨古冢,其情形亦大抵相同。由余之LΠ冢言之,露体埋葬,断发文面,革履、裹毡,皆非东方之习俗。而东方文明,以丝绸为大宗。凡在西域之被汉化者,莫不锦绣珠玉。而此冢除毛革二种外,不着衣裳,十足表现为畜牧,或渔猎生活状况。其殉葬物品,除草篓外,再无他物。而此物质料,又大概为本地所出,亦显未受东方文明之影响也,惜余所工作只此一冢,而斯坦因在楼兰附近,柏格曼在阿德克一带,所工作之古冢，其情形与此近似者甚多。阿德克之 DI 冢，与余 L∏尤为接近。其殉葬之物品，不外毛织、皮革、树枝、木条之类，与余所拾大致相同。而余 L∏冢中不见树枝，毡帽上不盘红索，及饰鼬鼠皮，较为稍异耳。但此为繁简之别，而于人民生活状况初无有异也。又其埋葬之俗，露体裹毡，凿木为棺，复以牛皮，冢后树一木杆，则所有古冢皆同。此与较进化之埋葬法，已大异矣，此可注意者也。其次说到后者，柏格曼在阿德克另一区域，发现三座小坟地，在 EI 冢中发现之僵尸，为一年高富人，白须面窄，确为典型长头种人。衣黄绢外衣，边缘镶以红绸。CI 冢中为一妇女骨骸，衣绸外衣，镶棕红绿三色边缘，袖长过手，袖绣各色条纹。并副带铁镜一，复以红绸。又有皮质及丝织小口袋。又铁剪一把，挂在腰际。颈上再挂有白色骨质佩饰一串。复次，再北行，将近库鲁克河南岸，又发现 A 冢，内尚保存颇完整的黄绢外衣，缘领露胸，系结于内，袖长而小，还有毡袜、高靴、皮裤之类①。凡此诸冢，虽各个微有差异，但有一共相，即均用丝织物装殓，全幅带着东方文明，则此类古冢，必在汉通西域以后，无可疑也。至是否为汉人，则有待于人种学之研究矣。又此项小坟群，均在库鲁克河以南，及渐近于库鲁克河一带，与余发现之文明冢，相距虽有数十公里之遥，但均在库鲁克河流域也。例如余之 L3、L匚、L3 冢，其埋葬方式，与柏格曼 E、C 等冢，大致相同，即同具衣冠葬者。不过余冢中所发现之殉葬物品，较为丰富，而表现文明，更为明确耳。尤其 L3、L匚 之铜镜碎

---

① 柏格曼君与余于 1933 年，又同赴新疆考察。余工作罗布海之北岸，柏格曼工作库鲁克河南岸，发掘古坟十余。1934 年著《罗布淖尔新发现之坟群》报告工作状况，在瑞典发表。所得古物交还中国教育部，余因得观览一二。后又借给柏格曼作研究，观此报告已于 1939 年在瑞典出版矣。

片,及漆木把杯与簪栉之类,与L∏之殉葬物品,确为两个不同的来源。无疑的,一为土著,一已接受外来文明,生活遂有优劣之别耳。但余所发现之冢,均在库鲁克河北岸,正当汉通西域路线孔道。据鱼豢《魏略》所述,西汉通西域路线中道,经居庐仓,西北行,过龙堆,到故楼兰,即余所发现之古烽燧亭遗址地。再西行,沿库鲁克河,直诣龟兹,此为径道。而余所检查之文明冢,完全在大道两旁,其受汉文明影响,毫无可疑。虽L∏亦在大道附近,犹留着本地土著之风尚,然余所发现仅此一冢,且亦不如阿德克古坟中之纯土著化。由此吾人所述汉通西域后,本地人已他徙,或渐被同化。因此一带已被汉人视为军事政治之重要区域,其柔土处或为屯田之地带,本地游牧生活已无可用其力也。反之阿德克在库鲁克河南约35公里,不当西行孔道。故本地土著人民,尚仍然保存其旧生活,游牧渔猎。如现今之罗布里克人,在生活上甚少改变,可为证也。

三、罗布淖尔古代遗址的考察

(一) 汉烽燧亭遗址

方余在L万地之工作古冢也,复派两组人四周探寻古迹,悬赏以待。一组毛拉等三人,向西南行,期以两日。一组猎户拉亦木东行,亦期以二日。余与脚户则在驻地工作。诸人于4月23日上午出发,下午大风忽起,尘沙弥漫,如同黑夜,当地人名此为黑风。余

第 一 编

棚帐几被摧拆,至晚未息。想念出发诸人,均未带皮衣,现憩息何所,闻风声之怒嚎,远处诸人辛苦,不胜烦闷。次日上午,猎户之子归,告诸人无恙。未久,而毛拉等亦归,略拾铜矢镞之类,余心稍安。时大风虽息,而尘沙未减,遍地作黄色,寒冷异常。将晚忽瞥一骑马人,身披大裘,戴皮帽,猎枪横陈马脊,左手执缰,右手秉枊,踏蹀徐行,掠余帐而过。余异之,揭帐而视,非他,即余之英勇之猎户拉亦木得着胜利消息而归,欣喜之余,慰勉有加。而余在罗布淖尔最有名之发现,古烽燧亭遗址,随拉亦木英勇之姿而出现于世矣。

汉烽燧亭遗址,即在土垠平滩上(第一次、第二次路线图Lㄅ)。北距得格尔约175公里,位于北纬40°50′、东经90°处(此据同团陈宗器君所测),傍于海岸之三角洲,三面环水,惟北路通陆,形同肺叶。而此址即在其末端。四周土阜骈峙,如岛屿,如城郭。行人由西至东,或由东至西,至此城时,必须沿湖环行,越过土阜数重,方达到此址,盖已至湖泊之中洲矣。遥望海中土阜重叠,迤逦若断若续,似无数战舰,为避风涛之袭击而停泊于海隅者。风起沙飞,类同烟雾,白鹤翱翔于天空,鱼凫游戏于水上,洵为海中奇观。此处为孔雀河末流所汇,故为淡水。水极清澈,可饮可灌,过此皆为咸水,旅行家之往东西者,咸憩息于此,为通过艰险长途作准备也。此地适当汉通西域北道之冲,凡出入玉门关而至西域者,必须经此。以今揆古,其情实同。故当时在此设烽燧亭以护行人,乃必然之势也。

当余于4月25日之至遗址也,已近黄昏,不及视察。次晨兴起,尚未及盥洗,而余从人汗木多利、毛拉等,即以所捡古物至,铜矢镞、铜钱,各盈一握。余甚喜,即往检视遗址。在余帐棚之西,有城墙遗址一段,高0.60米,余三面均被冲刷。在南有长方形土台,高约2.5米,长5.8米,宽1.65米。上竖立木竿五,南北直列,高约3.7米。每竿相距约3.7米。木竿上端凿一方孔,疑为穿桔槔之用。尚有若干废弃木料横陈其旁,木上均有斧凿痕迹,或中凿一圆孔,或方木而中凿一槽,均长不及丈,疑皆为支持烽竿之用,类今之取水井架也。在竿之四周,尚有许多四方井穴,用柳条渗以木屑,编织为褡,复于井口,约1.3米建方,彼此相通为甬道。就其构造方面言,显然为古时烽火台遗迹。《汉书·贾谊传》注云:"边方备胡寇作高橹,橹上工作桔槔,头悬兜零,以薪草置其中,常低之。"按所谓橹,疑即木竿。桔槔即竿头所悬者。桔槔失,而竿头之方孔尚存耳。又《墨子·号令篇》云:"望见寇,举一垂,入境举二垂,狎郭举三垂,入郭举四垂,狎城举五垂。"按垂为附竿之横木,每有一竿,必有一垂,此处木竿五,即所谓五垂也。举垂必有兵卒,疑竿旁之井穴,皆兵卒避藏之地,如敌人来侵,避匿其中,免受敌人之攻击也,余在竿之两旁,曾掘二井,内满储沙子,无一他物。余于1934年第二次前往时,复掘其旁之其他井穴,有类似高粱之谷粒,已腐化结为干饼,或井中兼储食粮,亦未可知也。在台上南北部,各有房址一座。北房现已倾圮,墙基尚存,高约1.3米,重叠不规则之土块与碱块为墙。土块长约38厘米,宽约20.3厘米,厚10.2厘米,略作长方形,间以苇草。碱块长约40.6厘米,宽约25.4厘米等,形状极不规则,盖随意取诸碱滩中也。南房上复以柳条与木屑编成之屋顶,顶已倾塌,内满储沙子。余曾清理其遗址,捡残断木简一枚,现存"从事人姓名"等字。北面之房亦存墙基,上无覆顶,中无何物。又台之南北两端,略作斜坡形,疑为房址。掘其南端,至与台齐。悉沙灰土,别无他物,或因台土下倾所致也。在烽火台之东约百余步,有古房址一所。在一宽广平滩上,周里许,略作椭圆形。地为硝卤。在滩南枯木横陈,类似古时建筑遗构。东边似有墙壁遗迹,西边已被风水剥蚀,而作沟渠状矣。在此平滩之北,略与烽火台北端东西对值,有围墙遗址。叠碱块为墙,旁集苇草,长3米多,高约2米,形成弧状。中积沙成阜,高与墙齐。余发掘其下,出汉木简数十枚。墨书隶字,完整者,长八寸,宽三分,残整不一。一简有"黄龙元年"字样。黄龙为汉宣帝年号,距今已一千九百六十余年矣。又有"左部后曲候""右部后曲候"等简,疑此地为"左部曲候"所在地也。又在此苇草中,发现漆杯一件,椭圆形,长三寸五分,宽二十八分,高一寸。内为朱漆,外涂黑漆,里画几何花纹。又有木匣漆木杆之类,西汉之漆器,由此可见一斑。尤能使余满意者,即在苇草堆集中,发现古代之炬,长1米多,以苇草束之。炬,《说文》本字作苣,束苇烧也。盖见寇则燔炬为号,每举一垂,即燔炬一通,以燔炬之多少,示敌人之远近也。唐《兵部烽式》云:"寇贼不满五百放烽一炬,得蕃界事宜,知欲南入放三炬,蕃贼五百骑以上,放三炬,千人放四炬,余寇万人亦四炬。"(《白氏六帖》引)此以烽炬之多少,示敌人之多寡,与《墨子·号令篇》所述微别。要之此束苇为燔燧之炬,则无可疑也。又在烽燧亭之北,约数十步,有土阜一所。阜之倾斜处,苇草外露,似为古房遗址。余命小侯掘之,上层浮沙土,中层灰土,下层干沙土。木简皆在中下两层,在中层出"元延五年"木简一枚,元延为汉成帝年号,已至西汉之末期,而亦为余所获木简中最后之年代也。干沙倚阜处,岩壁屹立,中留灰土痕一线。知古时凿阜为墙壁,倚岩构屋而居。此处除发现木简数枚外,余无他物。由此而东,直抵海岸,地面因水冲刷,上阜鳞次栉比,在其不平齐之地面上,似有凿壁构屋遗迹,但大半已被风水剥刷净尽。除高岸处渐露修凿遗痕外,余已淹灭无迹矣。余第二次复赴罗布淖尔考察,在5月9日,到达余第一次所发现之古烽燧亭遗址。除采拾木简十数支外,又在烽燧台之南北两端,在高低不平之地面上发现东西相承之凿痕一线,其凿削处以在C处之土阜旁,最为显著。余在此掘拾《论语》残简一枚。其余凿土或浅或深,因土阜高低参差,以为凿削之标准。然必一线相承,底下平齐,宽度相同,显然为当时士兵屯驻之所。又知古时凿地为营垒时,其地平面必不如现在之不平齐也。由此,知当时屯戍兵士,栖息一孤零海岛,伏处壁中,北瞰匈奴,南防土寇,以维护东西过往之行旅。其坚苦英勇之精神,二千年来,犹历历如画,无任神往。

余在此前后两次所得之古物,除木简约七十余枚不计外,尚有铜件四百九十二件,铁器一十五件,漆、木器,及漆麻布计三十七件,丝麻织衣履残巾之属计三十九件,木竹杂器二十二件,料珠十二件,草具二件,以及骨、石、陶、玻璃等项,共计六百余件,皆为余一、二两次所获得者。均因时间促迫,未能尽量工作。或仍有埋藏地下,未经发现,留待吾人第三次工作者。然就此所获,于学术上贡献亦不无少补。尤其汉简,其数虽不多,而于汉代在西域之军事与政治情形,藉此可以窥见一二,而此地自汉宣帝黄龙元年,至汉成帝元延五年,共四十二年。在此四十二年之间,正值匈奴日逐王降汉之后,汉都护权力正盛之时。中国政治军事之威力,表现于西域,亦以此时为最著。由所发现汉简年代之指示,则此地在此四十二年之间,甚为兴旺,而汉文化之输入亦以此时为最盛。余在此所发现之其他古物,其年代亦由此可以确定也。在余所发现古物之中,以铜件为最多,大概皆散布地表,随手捡拾,非由发掘而得。但其三棱、实体矢镞及五铢钱,均作紫铜色,皆可表示为西汉遗物。尤其在烽火台附近,拾铜印一方,文曰:"韩产私印。"疑为一汉人名章，或即护守此烽火台之曲候亦未可知也。余若带钩弩机，及其他零铜残件，未可一一俱举。然由其所发现之兵器，可证此地在汉通西域线上，为一军事重地也。次及漆器：余在苇草堆中，发现漆杯一件，椭圆形，有两耳，以纻布为胎。内髹朱漆，外涂黑漆，形如小舟。古时称为羽觞。《事物纪原》云："束皙对晋武帝问曲水事曰：'周公卜城洛邑，因流水以泛酒，故《逸诗》曰：羽觞随流'，晋以来三月三日曲水流杯，即其始。"是羽觞之名，因在流水行觞，故称为羽觞。其形状亦象征小舟。在周时即已有此物。现在西北一带，及中原本部，发现类此之形制甚多，要皆以瓦为之，或以铜溜金为之，漆器尚不常见。日本人在朝鲜发掘乐浪郡王盱之墓，发现漆器甚多，漆杯形式与此正同①。但内为木胎，外髹漆，与余器为纯纻麻胎者有异。此器形样完整，颜色鲜明，如同新作。汉代文明遗留于东西边陲者，当以此为最精矣。其次为漆木匣，以木为质，夹纻髹漆，形式颇为坚固，但用途不明。又漆木杆一根，上有"卅六"二字。其次若漆木片、漆麻布，皆足以表现汉代已知髹漆为坚固防腐之良剂，应用于许多器物矣。

  其次则为织品，及珠玉杂品。或则散布地表，或则埋藏于苇草之中，随余清理古遗址而出现。但此地为汉人在此设立之烽火台所遗，衣履当为汉人服用之物。检查其遗物之中，吾人可得一总观念，即所有织品，以毛麻为大宗，丝织品次之，棉布则不一见。由此可证汉时中国尚无棉织品也。《南史·高昌传》，称高昌有草实如茧，茧中丝如细纩，名曰白叠子，国人取织以为布，布甚软白，交市用焉。观其所述形态，极类棉布。但中国之有棉，自魏晋以后，或

---

① 原田淑人：《乐浪》图版四三至五二，又说明36页，插图十三。

自西域传来也,至于丝麻,则中国发明独早。汉王逸《机赋》云:"帝轩龙跃,桑叶是创。仰揽三光,悟彼织女,爰制布帛。"《易》曰:"黄帝尧舜垂衣裳而天下治,盖取诸乾坤。"是中国以丝麻制为衣裳,传说始于黄帝。至汉时已臻精巧。随汉国力所及,流播远方。余写至此,须连类述及汉与西域之交通。《汉书·西域传》云:"乌弋地暑热莽平,其草木、畜产、五谷、果菜、食饮、宫室、市列、钱货、兵器、金珠之属,皆与罽宾同。"又罽宾条云:"国出封牛、水牛、象、大狗、沐猴、孔爵、珠玑、珊瑚、琥珀、璧流离,它畜与诸国同。"又云:"自玉门关出南道,历鄯善南行,至乌弋山离,南道极矣。转北而东,得安息。"《汉书·西域传》又云:"安息东与乌弋山离(东当从《后汉书》作南)接,西与条支接,国临妫水,商贾车船行旁国。武帝始遣使至安息。过数十城,人民相属。因发使随汉使者来观汉地。"据上所述,是中国与安息在汉时交通已臻繁密。而安息多商贾,则中国货物,因安息以运至西方各国,而条支罽宾之货物,亦因安息以运至东方,此为极可能之事。但汉时通西域之路,在西汉时多行径道及南道,后汉则辟南北二道,而径道转湮,故罗布淖尔为东西通往所必经之地。此烽火台又当径道之冲,则安息贩运财货亦必须经过此地,而东西货物之遗留于此地者,乃为当然之事实。吾人据上所述,中国货物则以丝麻为大宗,西域则以珠珀为商品。由是言之,则此地所遗留丝织残件,及珠珀杂件,无疑的皆为古时东西各国所遗留之文明结晶品也。现欧洲人称古时罗马人常贩丝于中国①,经行中国通西域古道,因称此道为罗马贩丝之道。但此路由张骞首

---

① 向达译斯坦因《西域考古记》18 页。又97—99 页。

凿,武帝随通,故东西人民,由此交往,安息不过藉其通衢以行商贾耳,无可惊异之处也。

(二)汉代古道及住宅

当余等第二次旅新时,在古烽燧亭工作完毕后,猎户称由此往北约近2公里,有大道遗迹,类似古道。两旁常有铜钱散布。于5月14日下午3时,使猎户导之前往,向北偏东20°行,4点,遭遇古道于坚刚盐层开处,中显白色泥痕,宛若辘轳,刮磨光平,显为往来人迹所遗。由西南向东北,蜿蜒屈行,或在山坡,或在平地。吾人遵道而行,一若二千年前,发自玉门西诣龟兹之故态。盖舍此道外,再无他路可行也。道两旁时有五铢钱,及零铜件,与玛瑙之属,必为当时行人所遗。然由此亦可证明此道为二千年前往来之人所经过之大道也。天晚仍南行,驻于积水之旁。

15日,仍驻此地,余单骑偕汗木多寻觅古迹,在大老坝北岸之土阜上,觅得古址一所(第二次路线图LГ、LT)。在一倾圮土坯中,显出苇草。即发掘其下,出骨器五件,草具五件,有一骨片作椭圆形,上端磨光,似经长久之使用者。因上端略尖,疑为割切之用。有二片为长方形,系取鸟之腿骨,下端削尖,用法不明。或头上之饰物也。有一牛角,想为当时人陈液体之物。又有针状物,或为穿孔之具。其他草具,类皆以芦草编之。最可异者一以芦草为茎,下附椭圆形之泥搥。一以芦草编为蓑衣。一束芦草为綮,缠以藤绳。又有泥杯及纺车等。凡诸此类,皆表现初民生活之形态。由其取鸟兽骨为器具一点观之,其人民必尚为渔猎生活无疑也。复北行,又与古道会。沿道西偏南20°行,在土阜之旁,五铢钱散布地表,俯拾即是。归而数之,得六百余枚。但无居住遗迹,其为行人所遗无疑也。16日,全队出发,仍沿古道行。满地均为盐壳所覆盖,惟波浪开处,时显古道,平坦砥直,实不觉若何困难。然古道时隐时现,几令人目眩不可捉摸。及至库鲁克河之末流,又拾五铢钱及铜矢镞之类,则当时沿大道往来之人,已极臻其繁密矣。再西沿河畔行,时有陶片铜件,但不见古道,疑此后为居民聚住之区,古道渗入村中,遂湮其痕迹耳。

当余第二次抵孔雀河边也,因黄驼病足,牧放于此。而孔雀河边之青草馥郁,红柳丛生,足以饱余驼而无待他求。及余之返也,余驼无恙,且健壮焉。乃巡视四周遗迹,流沙开处,时露黑红陶片。此地古时必有居民麋聚于此。由余放驼处东行,果觅得古渠旧迹(参考罗布淖尔第二次考察路线图L《)。宽3米余,高者约0.7米,直通于河,则当时引河水灌地情形,至为明显。渠畔布陈黑沙陶片,显为当时居民所遗。在北有沙碛堆二区,周里许,胡桐丛立,虽已枯槁,犹能表现当时人烟之稠密,社会之繁荣。一沙堆上,有古房二所,编芦草为裆,中夹胡桐叶,覆盖其上。下有木梁及柱以支持之。均取天然之胡桐,略加斧凿而成。形式虽极简陋,但当时人民居住之痕迹,由此可见一斑。在此一带,黑沙陶片极多,有一陶器残底,凿七孔,类古陶甑,或为花盆底部。然无论其用法若何,必为先民日用之器无疑也。再由此西行,在河边拾铜镜碎片,及陶片。约行20余公里,抵河之北岸,有一柳堤,即余毛拉所觅得者。由余毛拉夜露宿于此,得一神秘之幻觉,疑此为一有名古城,即本地人所常称之喀达克沁,归以告余也。余次晨巡视一周,乃一长形之柳堤。西南东北行,长九百五十双步。下为土埂,上覆柳条,旁栽柳条一线。宽1.9米,高0.8米。每隔1.7米,竖植胡桐一根,高5.4米。其附近即有一四方土台,不知当时何用。其旁有枯胡桐倒地横陈,上有斧凿痕迹,似为当时建筑之用者。西属平原,东临干河。河岸高30余米,干河川中,青草馥郁,距有水之河约2公里,水大时,尚浸润及此。盖库鲁克河之东流也。自此往西约2公里地,转生支流,一支屈向东南流,即现有水之河是也;一支东北流,即沿山之干河,即余等来时所行之干河岔是也。疑当时东北支水势甚大,而东南地势平坦,可以种地。故筑堤障水,使水东南流灌地。现在东南旧河川甚多,而东北支则久已干涸无水矣。现水复故道,亦入东南支。由其堤障之遗迹,可以明了也。吾人抵此欲在此寻觅古地及古物,终不可得,但在此堤之东南约3至7公里地,时觅得零铜件及玉器之属,则当时居民必麇聚于此堤之东南,及大河两旁垦殖地无疑也。而此堤则为大河之龙头耳。又西2.5公里许河北岸枯树鳞比,在河之分岔处,亦显露以芦草编制之房顶作圆形,而河对岸似筑有类似之柳堤。但因余无舟,未能渡河一观,然度此地必为当时垦殖重地无疑也。余写至此,引《水经注》述楼兰故事二则,以资参考。《水经注》叙注宾河时,述其屯田之事云:"敦煌索劢将酒泉、敦煌兵千人至楼兰屯田,起白屋,召鄯善、焉耆、龟兹三国兵各千人,横断注宾河。河断之日,水势奋激,波陵冒堤。劢厉声曰:王尊建节,河堤不溢。王霸精诚,呼沱不流,水德神明,古今一也。劢躬祷祀,水犹未减,乃列阵被杖,鼓噪欢叫,且刺且射,大战三日,水乃回减,灌浸沃衍,胡人称神。大田三年,积粟百万,威服外国。"[①]按此记虽近神话,但屯田伊循城,亦见《汉书》所记,不为无因。不过伊循今之密远,其屯田地当在此处之南。此言

---

① 郦道元:《水经注》卷二,7页,又12页。

屯田楼兰,当在其北,决非一地。然筑堤断流,引水灌地,为当时屯田之遗法,至今犹复沿用。是此地河旁之柳堤,为汉屯田时所筑,固无可疑也。《水经注》又云:"河水又东迳注宾城南,(按南当为北,因上下文而误,注宾城当因注宾河得名,注宾河为南河之末流,北河不得反出其南。)又东迳楼兰城南而东注,盖垅田土所屯,故城禅国名耳。河水又东注于泑泽。"董祐诚《水经注释地》曰:"楼兰田土屯此,非楼兰治所也。"是汉在北河北岸,有屯田士卒,或因楼兰南迁,而汉袭据其地以屯田,故云城禅国名。以地望言之,屯田地应在库鲁克河北岸,当河水入罗布泊之西。按库鲁克河北岸,除此地有宽广柔土可耕殖外,余均非屯田之所。故余疑当时屯田地,当在此堤之南。则此处柳堤,亦必为当时田卒所筑,断河流引水以灌地者。现余等在此南所拾之玉器及铜杂件可为当时有居民之证,惜其遗迹湮没耳。总之,汉通西域,其政治军事上之组织,以屯田为惟一政策。据《汉书》所记,除轮台、渠犁有田卒数百人外,又车师、莎车均有田卒。今余又发现楼兰之屯田地,则当时西域三十六国所有柔土之区,类多有汉人田卒。则因屯田而发生之文明,例如货币及小工艺之纺绩木陶诸业,当亦同时发展。由现南路各地所散布之遗物,可以证明其然也。故汉通西域,在西域文明史上另划一时期,当无人能否认也。

(原载《罗布淖尔考古记》)

伊犁考古调查简记

伊犁之名首见《唐书·突厥传》，称为"伊丽"，实为"伊犁"之异名，在我国极西北部，属新疆维吾尔自治区哈萨克自治州。民族复杂，以哈萨克族、维吾尔族为最多数。解放后建立以哈萨克为首的自治州专署统12县，人口约40万左右。除精河、温泉、博乐在博尔塔拉河流域外，新源、特克斯、绥定、尼勒克、察布查尔、伊宁、霍城、昭苏、巩留9县均在伊犁河流域。南北有大山，伊犁河流贯其间，水草丰盈，花果满地，故古有果园之称，为历来游牧民族争逐之地。首见于史籍记载者为塞种、大月氏。塞种自西来；大月氏由东往，匈奴、乌孙接踵而前，莫不以此地为乐土，繁殖生息其间而留其残迹。前者以乌孙据此时间较长，与内地关系亦多；稍后者，则为突厥、突骑施、契丹、蒙古，在政治、经济、文化各方面与内地皆有不可分割的历史关系。故我们研究中国西北少数民族历史，伊犁是一个重要区域。

我们到伊犁考察是在1958年7月初，同行者有赵信、阿克尼牙子、努尔毛拉三位同志。于7月8日由乌鲁木齐市出发，在石河子逗留了五天，考察了莫索湾的古迹，再西行经乌苏、精河，12日到达伊犁，开始工作。共调查了伊宁、绥定、霍城、特克斯、察布查尔、昭苏6县，至8月11日返回乌市。经历共一个月零五天，旅行了3856公里。发现古城十余座，玛札寺庙数处及古冢石雕人像等若干处。兹择要分述如下。

（一）古城

我们此次调查所发现的古城除沿途不计外,属于伊犁区者共11座。除清代所建或情况不明者外,比较重要的约有4座,今分述于下:

1. 吐鲁番圩子旧城

在伊宁市东北约26.2公里处有两个旧城,一名"阿脱诺克",译为大金场;一名"克其克阿脱诺克",译为小金场。因在1936年盛世才统治新疆时,设金矿局,到处掘挖古城寻觅金子,故名金场,并非古城原名。

大金场旧城在吐鲁番圩子村旁,被附近的园林房屋所包围。城中蔓草丛生,中间有一大道横贯城中,辟城为两半。城墙已不可见,现仅存墙基,略作方形,周约1400、高约1—5、宽约2米左右。现城中因被矿局破坏满呈沟渠状,所有建筑已无一存。城中散布有夹砂红陶片,也有上划水波纹的灰陶片。据本地人说:城中曾出现过陶缸;1953年新疆文物调查组曾在城中发现一件陶灯,据说是唐代的;还发现过阿拉伯文铜钱。我们在城中也发现同样的两个半边铜钱,也许是回鹘或蒙古统治时期所通用的一种钱币。根据这些铜钱和陶片,此城在8世纪前后可能又有了居民,直至13世纪还继续存在。

小金场旧城在大金场旧城东北,相距不及半公里。但我们在勘察时,因限于水,遂分两段观察。城在一高原上,北紧靠北山有吉尔格郎河南流于旧城的东面,靠旧城有一深沟,宽50、深约6米左右,据本地人说是农民取土及山水冲刷所成。但在断崖间露出板筑痕迹，可能是古时建筑遗存淹埋于地下者。古城遗址即建筑在断崖上面。城墙已倾圮，步其基址，周约840、宽约2米。城中陶片大部分为夹砂红陶，与大金场旧城同，但也有红底黑花彩陶片，我们采集了两片。因此，我们认为此城出现或较大金场旧城为早，它的最晚年代可能在公元前3—2世纪。但我们在这两个旧城都没有作较细的发掘工作，地下情形怎样，我们不知道。是否为先后所筑，或同时所筑而有先后两期，均有待于将来的发掘来作答复。现仅就这些极少数彩陶片的分布路线来说，东自哈密、吐鲁番、焉耆，西达库车、拜城、伊犁，东西形成一线，对于研究彩陶的来源问题，提供了极有价值的线索。

2．磨河旧城

在绥定西北7.5公里有两座旧城：一名"塔基"，即清初所建伊犁九城之一的塔勒奇城。南距伊宁约55公里，城墙遗址尚保存完好。周约1564米，合1.5公里余，与《西域图志》称在伊宁北120里建一小城塔勒奇城周3里之说吻合。一名阿脱洛克，在塔勒奇城北2.5公里。北依塔勒奇山，南临伊犁河，隔一沙岭到伊宁，中起平原，城即建立于平原上。东南两面有一较深河床，宽约100余米，深约60米左右。青草葱绿，沟中有一小河流，建独木桥以济行人。《西域水道记》称为磨河，即乌里雅苏图水之东支，城即建筑在河岸上。城略作方形，周约2282米。城墙为夯土所筑，间有存者，高约3.4、宽约2.5米。东西开门，门宽约4米。在城的西门外有土埂一道，疑是城的外围，但其他三面不显。城内外散布有许多红陶片。因城中被矿局破坏，满是沟渠，城中建筑已残毁无遗；陶片亦被堆集，失去了原来分布形势。多数陶片均为轮制，亦有红陶片上刻水波纹，亦有器口沿部作隆起三角纹或卷草纹。根据陶片纹样和制作似为8世纪前后遗物,相当于唐代。《西域水道记》卷四亦记载此城,谓剧地者多得明珠瑟瑟之属,残瓷断瓦,五色玻璃,布散径路,有得碎玛瑙者,上镌细字近于回部书,文献无征,莫知其由。我们在阿力麻里城亦得此玛瑙,上刻阿拉伯文字,认为是伊斯兰教入新后,人民所用之装饰品。如此城所出与阿力麻里城相同,则应是13世纪前后遗物。因此,我们认为此城活动时间较长,可能自8世纪至13世纪,此城仍有居民,与吐鲁番吁子旧城情形相同。

3. 阿力麻里城

这是一个古城的名称。现本地哈萨克称此城为"阿勒泰",维族称之为"阿脱诺克",皆是出金子之义。由于盛世才时期设金矿局在古城中挖金子而得名,与吐鲁番吁子旧城塔勒奇北旧城情形相同。

城在霍城县东北10.7公里,北依克干山南麓,有克干河流于城东转南。现无城墙,但城的范围甚大。据本地人说:北抵克干山,南到克干色依,东至吐呼鲁克马札,西至卡纳威,东西5公里,南北未量,当不止此数。据本地人说:周约25公里左右,城中已开垦成地,麦穗栩栩。城中建筑,已不可见,但有不少高高低低土丘,测其一,周约3.1、高约1米左右。城中间有一条石铺路,据说是盛世才时代的公路。城中间有红陶片,但不多,曾出土无孔金银钱及石刻、陶器等。我们曾采集石刻3块,有的上刻十字架及叙利亚文字。又购入无孔银钱4枚,上刻阿拉伯文字。又在阿勒泰村一农民家中见一小口鼓腹陶缸,红胎外涂白灰面。我们又觅得一玛瑙饰品,上镌阿拉伯文字。根据银钱上所铸的年号,经专家鉴定为回历727年即公元1327年,显然是蒙古人统治新疆时代所通用之货币。因此则遗址在 14 世纪时亦必还继续有人居住。

上述石刻三枚,均刻有十字架及叙利亚文字。以各地出土带十字架古物为例,石刻应是基督教传教士所遗留的纪念物。据意大利人巴拖罗谋在 14 世纪末叶著《圣徒传》,详载西班牙传教士巴斯喀尔受命往察合台汗国阿力麻里城宣道,被回教徒所杀的事迹(张星烺:《中西交通史料汇编》第二册,第 252 页)。现石刻上文字尚未译出,不能证明是否即是巴斯喀尔等所遗留。但此城中在 14 世纪中叶有基督教徒在城中传教是一事实;而此城即元之阿力麻里城亦可得一证明。一说这是 12—13 世纪时乃蛮部落中景教徒墓石。但在 14 世纪蒙古人占据此地时,亦有景教徒在此宣教。现此城无城墙遗址,由于 13—14 世纪时战乱相寻,又经历年农民取土破坏,城墙早已不存了。

4. 海努克古城

旧城在察布查尔县海努克乡北偏东 6.6 公里,在伊犁河南岸草滩中,距伊犁河约 5 公里左右。城墙遗址尚存。现本地人称为阿脱诺克,名称来源与上述数城相同。原名当作海努克,或作喀亦诺克,现地名海努克乡,盖由古城原名而来也。

城为内外两重。内城作长方形,城墙尚存断续残壁,南墙与北墙等长,每面约 431 米,东西墙每面为 390 米,墙高约 2.05 米。夯土所筑,版厚约 12 厘米。城北隅略存建筑遗迹,他处全被破毁,满呈沟渠状。外城城墙无存,现仅存一土埂,周约 2275 米。在北西两面有一小河,绕城而过,疑为当时护城河。东面也有一小河东南流,惟城的南面不见有河流。城中陶片及铜、铁件甚多,皆被矿局搅乱成堆聚状。略加检查,以红胎面涂青色陶衣的陶片为最多,亦有红胎面划水波纹或弧线纹，大抵皆为轮制。又采拾有上镌阿拉伯文字的无孔铜钱及铜件等。在城内外还有少许元、明磁片。又农民在城中拾一玉石印章，上镌篆文"公生明"三字，这是用《荀子·不苟篇》语，今出现在新疆古城中诚为难得，但时代恐不甚早，或是明、清间遗物。据说，另有一印章已遗失了。

我们根据这些遗物，虽无直接证明此城年代的遗物，但就阿拉伯文铜钱与陶片作推论，可能与霍城阿力麻里大城时代相同，而为13世纪前后之遗址，直至清初又恢复它的活动。据昭苏一喇嘛云：此城原名喀亦诺克（按即海努克之译音），原为蒙古人所居，以后，准噶尔人来伊犁亦居此地。按蒙古喇嘛所说蒙古人疑是指察合台汗国后王阿鲁忽领地，多桑《蒙古史》云：阿速台率第二军继至，渡伊犁河取阿力麻里并及阿鲁忽本人之领地（多桑《蒙古史》第三卷第一章，第306页），海努克正在伊犁河南，为阿鲁忽本人领地，故阿速台渡伊犁河往取之。至清代，准噶尔亦以此地为政治及宗教中心区。《西域水道记》引《西藏总传》云："初厄鲁特崇黄教，噶尔丹策凌建都纲于伊犁河滨，北曰固尔札，南曰海努克。都纲者，大寺也。谚称固尔札为金顶寺，海努克为银顶寺。"现银顶寺虽不存，而其遗址可能即在此城中也。

以上，仅就踏查现状作一简略报告，至关于各城的历史问题，拟另文论述。除此外，我们在昭苏尚见了两个古城：一名木札尔布拉格，在木扎提河旁，北距特克斯台（即下台）19.2公里，以时间过晚，不及细查。一名努哈托罗盖古城，在特克斯台西南，距特克斯台约42.2公里。城墙无存，现仅存墙基周约1430米。城作方形，外有城壕，城中建筑无存，所分布陶片亦不多，仅拾到几块红陶片，时代不详，本文从略。

（二）寺庙

我们在伊犁发现寺庙数处，今举较大的两处言之。

1. 金顶寺废址

此是汉名，维族称为"孔塔巳"。在伊宁市东北郊 3.6 公里，位于高岗上。麦穗栩栩，建筑遗迹已不可见。但隐约可见一方形土台，周约 700 米左右，高约 3 米余，残砖、瓦颇多。我们采集了一绿色琉璃砖残块，上刻一怪兽面。又拾一佛坐像，头部残缺，细腰袒胸，盖为喇嘛寺中常见之塑像供品。因此，亦可决定其为喇嘛教寺庙废墟。《新疆图志·建置志》云："伊犁旧有佛寺噶尔丹策凌兴建固尔札寺，俱为喇嘛坐床之地，后毁于火。乾隆二十七年建小堡于其地，曰固尔札，在伊犁郭勒北廿里。乾隆廿七年筑宁远城于东冈上。"（《图志·建置志》二，第 34 页小注）

按现伊宁市维族仍呼为固尔札，则伊宁市东郊之遗址，必为噶尔丹策凌所建之固勒札寺。今所见之方形土台必为乾隆二十七年（公元 1762 年）所建之小堡。在遗址北面尚有一范围较大之遗址，名托卜墩。地面亦有陶片及残砖瓦散布，或为固勒札寺初建之遗址也。汉人呼为金顶寺，传说寺庙屋顶以黄金装饰，故名。

与金顶寺对峙亦准准噶尔所建者曰银顶寺。《西域水道记》引《西藏总传》云："初厄鲁特崇黄教噶勒丹策凌建都纲于伊犁河滨，北曰固勒札，南曰海努克。……都纲者，大寺也。谚称固勒札曰金顶寺；海努克曰银顶寺。固勒札都纲为阿睦尔撒纳所毁。余宿海努克军台搜访遗纵，台南里许，小阜隆起，残刹数椽，颓垣断壁，丹青藻井黯淡犹存……"（《西域水道记》卷四，第 20 页）按海努克现属察布察尔县一区海努克乡,为区政府所在地。在海努克乡北偏东约6.5公里,有古城一座,维名阿脱诺克,即上文所述之海努克古城。在古城南约2公里左右有一小城,作正方形,土坯所砌,周约240米左右,墙宽约3米,高约80厘米。城中光平,已无房屋建筑遗存,疑为古时庙基。但曾在小城中拾一半边镌阿拉伯文无孔铜钱,显然非清代遗址。又无如徐松所说的"颓垣败壁,丹青犹存"现象,显然非准噶尔所建之银顶寺。一说银顶寺即建筑在海努克古城中,城中尚有明、清磁片可证。因盛世才时代金矿局在城中挖金子,建筑悉被破坏,致失其痕迹,也许可信。

2. 大西沟中石窟寺

大西沟在霍城县东属四区二乡,距霍城52.5公里。石窟有三座,均在沟中,阿赫苏山腰。洞口向西南,原为已崩圮石洞,后人在洞中续有所修建。

第一窟(西洞)中间宽约24.5米,深17.5米。中间有一方形六级土台,高2.48米,疑为佛座。洞壁崩圮,在半壁间有后人建一所围墙,或是驻兵防卫之所。土台西有土房一间,土坯所砌,亦为后人所筑。

第二窟中间宽35米,深21米。洞西有土房三间,土坯所砌,草泥抹平,白灰粉饰,墨绘人物花草鸟兽。洞东壁有一土台,上有佛塑像腿部七具,台南有一佛龛,旁绘人物花草,已模糊不清,中间泥塑,亦已脱落。

第三窟(东窟)宽约14米,深约6.3米。在护墙壁东头墨绘龙云等物;西壁有墨笔题识云:"鬼伏神欣正果成,猿熟马训真如见"十四个大字,不具人名及年月日。

以上三窟倾圮过甚,就中窟东壁残存塑像腿部七具来说,可能是佛教寺庙中所塑之七佛像,因而也是佛寺。但它的时代决不很早。徐松作《西域水道记》叙大西沟水,尚未提到有佛寺,可证寺庙修建尚在清道光以后。中窟、东窟均有墨绘人物花草龙云等,或是近人所绘,就寺庙修建为避暑胜地。一说为道观,但亦无确据。

(三)古冢

伊犁昭苏、察布查尔两县草原上散布有若干土冢,排成行列,大小高度不等,俱作梯形。表铺鹅卵石,极类似陕西汉、唐陵墓,兹将已勘查者略举于下。

1. 昭苏土冢

共有三处:下台乡(柯尔克孜族乡)距下台沟口3.2公里,在附近草原上有土冢,大者12个,小者甚多。我量了二个,一大一小,大冢下脚周约253.4米,高7.1米,坡度29—16米,顶平,周约11.2米。小冢周约11.2米,高3.20米,平顶,周4.2米。在下台沟口有大冢三座,量其一,下脚周约245米,高约5.75米,坡度23米,顶平,周约56米。每冢均为梯形,外面均铺有鹅卵石,顶有建筑痕迹。在昭苏三区二乡萨克阿甫附近有若干土冢,南北排,一排5个,一排3个,外有方沟绕之。在西北又有两排,一排11个,一排8个,冢外围有圆沟绕之。每冢均铺鹅卵石,与下台沟口同,此是新疆博物馆李遇春同志所述。

2. 察布查尔土冢

共有二处:索腾布拉格土冢在二区区政府所在地西4.8公里,有土冢12个,中间为一大冢,周约84米,坡度12米,高约90厘米,面铺鹅卵石。周围另有11个小土冢,量其一冢,周约45.5米,高约

40厘米。在土冢之北约7公里处，又有土冢10余，分两行排列，大小不一，上铺鹅卵石。康乡土冢在康乡西3公里处，又有土冢6座，南北排列，在草原上，顶平，表铺鹅卵石与下台同。我测其二：大冢周约126米。顶平，周约70米，高约2.5米。坡度9.6米。冢周围有双线立石群环绕，周约196米，宽3.5米。距冢约15米左右，在立石群南边有大立石数方，疑表示墓道也。小者形式与大冢同，周约84.7米。顶平，周约50米。外围立石，周约112米。高度及坡度未量。

以上各冢，虽大小不一，但有一共同点，即均作梯形，顶平，周围铺鹅卵石，冢与冢之间作有意义排列。尤其萨里阿甫附近，每冢外围有圆沟或方沟，康乡土冢外围有双线立石群，皆是有意义的做法。我们根据有些古冢，例如吐鲁番三堡和雅尔湖古冢，每每上面堆砌石块及冢外有围墙，认为这也是古冢。又据《隋书·突厥传》称突厥有在墓前立石以记杀人多寡之习俗，因此我认为这土冢，周围立石群即死者纪功的标志。又因其每冢均作梯形、顶平，与陕西汉、唐陵墓极相类似，以古代在此地活动的民族来观察，认为这些土冢也许是乌孙或突厥族贵族陵墓。当然，确实的判断，仍有待于将来的发掘。

同时尚有二处疑非古冢，一在布拉克巴什，属昭苏阿赫苏乡，有土冢三个，亦作梯形，量其一，周约175米，高约2米，顶未量，四周下铺鹅卵石，散布在草原上。据引导人云，这土冢曾掘开一个，出现许多烧砖。我们曾查勘了一已掘土冢，全为沙土堆集，坑中有木架梁及苇草搭，疑是后来羊户所做，以避风雨者，冢中不见任何遗物。一在昭苏阿克牙嘴沟口外往北约5.4公里草原上，有一土冢，周约80米。在土冢前面约20步左右，两旁有土堆，内有红烧砖平铺地,一砖作弧形,一砖上溜黄色流汁,显系被火烧过者。

　　以上二者,前者我认为是沙阜,外表不铺石,堆集又不规则,疑为后来风沙所组成;后者我认为是古建筑遗存。又据新疆博物馆李遇春同志谈:在阿克牙嘴沟口内有红烧砖及三角砖累砌的遗迹,我疑也是建筑残迹。沟口内之三角形烧砖,沟口外弧形砖,或均是建筑圆形物或半圆形物所用,但是否与古冢有关,及其真确时代均有待于将来的发掘。但我们根据弧形砖及三角砖与城固张骞墓厚薄砖比较,两者疑系同一用途,而为纪元前后遗物。

(四) 石雕像

　　我们在伊犁共觅出石雕像四处,其中在昭苏有二处是石雕人像;在霍城有二处,一是人像,一是动物像,大都是在原石上用极简单线条刻划而成。兹分举于下。

1. 科达和尔石雕像

　　在阿赫苏四区区政府向下台公路上,距区政府7.4公里,在一个山沟口上,地名科达和尔,为蒙族牧地。在丛草中有石雕人像二,面向东,南北行列,相距约500米左右,一直立着,一稍歪,俱用一长方条石在石上端刻划人像头部。在北的石雕像高130、宽30厘米,上雕刻人像头部,眼耳口鼻俱甚明晰,无须,唇厚,口方,据说为女像。在南的石雕像高38、宽36、厚25厘米,上刻划人像头部,面目甚清楚,有八字唇须,口作合字形,据说为男像。以上两像,均在大路左畔,面向东。据说由此进沟,过冰大坂可达南疆阿克苏、拜城等地。

2. 阿克牙嘴石雕人像

此地名斯木塔石，属阿赫苏四区，距四区区政府26.6公里，北距昭苏县城60.8公里，石雕像在阿克牙嘴沟口，南北行列，直立草地上。在北的石雕像利用长方石条浮雕全身人像，高140、宽47厘米。原头身断为二，我们摄影时结合起来。头高56、厚34、鼻长23厘米，横眉，三角眼，长鼻，合字口，唇须作八字形。身衣缘领开颈小袖衣，右手抚刀，刀鞘脱落在地，左手曲置胸前，手执一杯形物，雕刻颇细。由此像往南约700米左右为在南的石雕像，高110、宽28、厚26厘米，仅用线条刻划头部，高44、宽26厘米，面目尚可见，身部被剥蚀无法知其全像。时大雨不止，未及摄影，殊为可惜。后李遇春同志在沟口内拾一石雕人像，一手执刀，一手执物，与我在口外所见者同，唯我所见石像面作长形，彼处石像头作宽面为异耳。关于此类石刻，除伊犁区我们所见者外，在伊斯色库尔沿岸也有类此石刻。据《西域水道记》云："扣肯巴克水东近淖尔岸，有城堡遗址，石翁仲一，偃仆草中，著巾佩剑，右手抚剑，左手当胸，若捧物状。石已残泐，莫知年祀。"又云："西行四十里乃海北岸。其处翁仲无虑数十，嘉庆十七年索伦营领队福勒洪阿行边至此，作诗……盖古勃律君长葬地，或有陪葬如唐昭陵制欤？"(《水道记》卷五，第8页)后者虽未言翁仲形貌，但既称翁仲，必与前同。由于着巾佩剑左手捧物姿态，完全与阿克牙嘴沟口相同。由此而知此类石刻之分布，除伊犁外并及依斯色库尔一带也。又此类石像又见于蒙古及阿勒泰等地，其全身人像与伊犁石像大致相同，是此类石像分布至为广泛，而为古代游牧民族在墓前所常用之标志也。

其次关于年代问题，因为石像本身没有题记表示它的真确年代，今仅就它的形貌佩带及雕刻作风作相对的推论。此类石像不仅见于新疆境内,在西伯利亚、阿尔泰、蒙古均有类此石雕像的发现。据苏联学者叶甫琴赫娃研究阿尔泰山区石雕像结果,肯定它们的年代是在7—10世纪,并指出是出自阿尔泰的鄂尔浑突厥人(Л.波塔波夫《南阿尔泰人族源概述》,《民族史译文集》,科学出版社1959年版,第100页)。我们又看到了他所发表的石雕像图片(《苏联考古学资料和研究》第24号72—120)与伊犁所出石雕像大致相同。他们根据发掘品并参合中国史书《突厥传》作了推论。但所引文字与原文稍有出入。《隋书·突厥传》云:"有死者停尸帐中,家人亲属多杀牛马而祭之,……于是择日置尸马上而焚之,取灰而葬,表木为茔,立屋其中,图画死者形仪及其生时所经战阵之状。"但波塔波夫引作《唐书》,查新、旧《唐书》均无此文;又作"富人葬仪,在死者墓前立死者形仪",与原书"立屋其中,图画死者形仪"意义完全两样。不过可能"屋"是一个错字,按汉语法"屋"不能言立,且当时游牧民族尚住毡帐,由于上文"停尸帐中"可证,此处言屋显然是史书作者不知实际情形妄改。但原来是一个什么字呢?波塔波夫在他的《南阿尔泰人族源概述》一文里引鲁布洛克的话说:"钦察将死去的人埋在地下,上面堆成一个大土堆,对着坟堆修起一个木像,面向东,手里拿着碗。"他接着说:"上述7至8世纪阿尔泰突厥人之石雕像,就是阿尔泰钦察人在8世纪仿照画像做的。"(《民族史译文集》,第100页)又据新疆文物调查组1953年材料:"在昭苏叶森培孜儿草原上发现许多用卵石排成的方阵,石人就在方阵的东边,面向东,无题记,在石人后边还有用卵石堆起的石堆,形如墓丘。在叶森培孜儿东8公里也有类似石人和墓葬。"我们根据上述材料推测,可能最初在死者墓前是用木雕像,8世纪才改为石雕像。《隋书》作于唐初,书中叙述的突厥是6世纪后半期和 7 世纪初期的历史,可能还是用木料图画死者形仪,因此《隋书》"屋"字应是"木"字之误。而伊犁这些石雕像手中所持杯及其形仪完全同于阿尔泰石像,可能也是 7 至 10 世纪遗物。同时突厥民族在 8 世纪前后分布在伊犁及依斯色库尔湖一带,伊犁为其政治中心之一。因而留其残迹,极为可能。故我们判断这些石像是 8 世纪前后突厥民族所遗留,不能谓为不真确。

(五) 霍城

1. 霍城石翁仲

此石现存霍城县署。据说石像原在小玛札东北昆带山大石头正北,地名库鲁斯,后农民搬移至小玛札,后又由小玛札移置县署。原有二石,此石是女像;另有一男像,送乌鲁木齐博物馆保存。石高 85 厘米,宽 40 厘米,厚 30 厘米,两手合捧一物置脐下,两乳突出,面部眉眼鼻口颇清晰,无须,据说是女像。从石刻作风来说,与内地墓前普通石翁仲相同。面圆眉目口鼻均表示为东方人形貌。因此,它的时期较苏昭石像为晚,相当于宋、元之间产物。据说在附近还有土墩及蒙古人兵营遗迹,如然,则此石像或相当于元代也。但两乳突出,不具盔甲,仍保持着西域本土风格,时代或许要早。

2. 昆带山岩石刻画

昆带山距霍城县 17.5 公里,石在半山腰,地名塔木达什,俗称大石头。在一岩石上凿成似字非字,似画非画形象,例如 ⅢⅢⅡⅢⅡ 等等,形同牛、山羊、马之类,必为游牧民族所刻绘原始图画,象征他们的牧群。西北考查组在特克斯东约 16 公里处唐木洛克塔石亦发现岩石上刻画,有山羊、鹿、狼等物,同时,尚刻有蒙古文字,可能是蒙古时代所刻。但此类岩石刻画,新疆境内如昆仑山中及天山山中亦有之,不必均有题识。如是唐木洛克岩石所刻蒙古文或系以后所刻,与原刻画非同一时期所为。总之,我们关于此类材料很少,将来俟有更多的发现再作较详评定。

(原载《考古》1960年第2期,篇名《新疆考古的发现——伊犁的调查》)

1957—1958年新疆考古调查简记

这一次的新疆考古队是由中国科学院考古研究所组成,到新疆后承自治区文化厅、中国科学院新疆分院派了六位干部参加工作(有五位是少数民族),于1957年9月开始至1958年8月止,共调查了5个专区、2个自治州、24个县、2个市。调查了古城、遗址及寺庙约127处(内包括古城58座),并在焉耆、库车作了一些发掘工作,采集实物颇为丰富。现将工作概况分区说明于下。

一、焉耆专区的调查与发掘

焉耆专区现改为巴音郭楞蒙古自治州,包括和硕及和靖、焉耆自治县。四面皆山,北、西为天山,南、东为库鲁克山;中为博斯腾湖;西、北两面隆起大平原,海都河流贯其间。古代的危须、尉犁、焉耆三国分布在海都河沿岸及博斯腾湖的西北边。其初都是小国,到魏、晋以后,危须、尉犁并于焉耆,而焉耆始为大国,东与高昌接,西与龟兹接,南与鄯善接,北界天山,而与匈奴、乌孙为邻。

(一) 调查

我们到达焉耆后,共调查了古城11座,土墩、寺庙、古坟等9

处。古城及遗址,大都在开都河两岸及博斯腾湖西北部平原上,举其重要者如下:

1. 曲惠旧城

此地属和硕县曲惠乡,西去焉耆58公里。城墙还存,周约427米,高3—5米不等,宽约9.5米;夯土筑。城中现已种地,看不出任何建筑痕迹,间有粗厚红陶片散布。据老乡说:此城曾出有"大泉五十"、"开元通宝"等铜钱及磨石等。

2. 萨尔墩旧城

城在六十户西北2公里,属一区一乡,六十户距焉耆14公里。城的面积很大,据当地人说有四百亩。内外两重,内城周约388.5米,外城未测,内城中原有夯土筑的高大建筑物,已残破不堪。在有些遗址中有许多圆形坑穴,直径大小不一,小者约1米左右。坑穴内均是粮食,有的已腐朽,变成土块,可以很清楚地看到黄米、高粱等农作物。据说,城中还出现有石磨盘、磨刀石等,当地人说是粮仓,为古时存储粮食之地,同时城中散布有粗厚红陶片。

以上二城一在开都河的北面,一在开都河的东面,及博斯腾湖的北面,根据《水经注》所述敦薨水入海的形势,可能是古代焉耆、危须二国地。

3. 四十里城子旧城

四十里城子属焉耆自治县第四区,在开都河南岸,距焉耆18公里。有小巴杂,在巴杂附近有三个旧城,一在巴杂东约3公里,现蒙古人称为喀拉马克沁(义谓蒙古城),城墙为夯土筑,断断续续尚有存在,高约1.5—2米,宽约2—3米不等,周约2856米。城中建筑已无存,中间变成淖泥洼地,靠西南一隅地形稍高,但看不出建筑痕迹。城中散布有红陶片及灰陶片。据说,此城常出铁锅、铜钱、金饰、手镯等，但均已散失。我在1928年过此时，曾在城中拾一半边"开元"钱，可以证明此城在唐时还在活动。在此城东南半公里多地有一小城，四周仅存墙基，中间有一土堆，大概是倾圮了的建筑物，陶片散布颇多，与大城相同。在大城西北约半公里另有一古城，为此次新发现的一个大城。分内外两重，外城城墙无存，现仅有墙基，周约2332.4米。内城周约445.2米，东边有一长形土台，长约94.5米，宽15米，夯土筑成。城中间又有方形土台，南北30.1米，东西23.8米，或是当时城中建筑，但建筑痕迹现已无存。四周都是低地，常有积水，城中不见遗物，间有红陶片亦不多，因此这城的年代无法推定。但此城与喀拉玛克沁旧城相连，大小亦相若，两城必有关系，或同时所筑，或先后相承，但必同属于一个国家的政治中心区。由于我们在哈满沟中塔石店及南3公里的西岸曾发现古铁门关的遗址，距喀拉玛克沁旧城约23公里，与贾耽《道里记》所述"焉耆西五十里过铁门关"之语暗合。因此我在《塔里木盆地考古记》补注中曾推论焉耆在魏、晋以后迁都于此，为焉耆新都，不是汉之员渠城。我现仍保持此说。

4. 锡科沁旧城

旧城有二，一在锡科沁北约2.5公里，名唐王城，我们作了发掘工作。一在锡科沁南1公里；城有内外两重，内城周约56米，外城周约716.1米，城墙已圮，现仅存墙基，城中青草丛生，不见任何遗物。但这些旧城均在紫泥泉子西北约10公里左右，在紫泥泉子以北以东，阿什土拉以南，地势低洼，沙包棋布，本地人称为土子诺克，译为盐池，疑即《水经注》之西海。《水经注》有："西海过尉犁国，国治尉犁城"之语，推论锡科沁一带原为尉犁国地，焉耆并有尉犁后，尉犁改为焉耆之一县，唐王城疑即焉耆之尉犁县也。

历来学者对于焉耆、尉犁、危须三国的位置模糊不清,焉耆都城何在,亦无定说。今据实地查勘有关系的几个旧城,配合文献,作一说明,以供参考。其他尚有北哈拉木登之阿拉致格旧城,南哈拉木登之阿拉尔旧城及克列木托罗盖旧城均为此次觅出,不及一一俱举。

(二)发掘

我们在焉耆发掘有二处,一为明屋,二为唐王城,兹将两地工作分述于下:

1. 明屋

在焉耆县西南30公里,四十里城子西南12公里,在霍拉山东麓有一道东西行沙梁,山上山下废寺排列成行。我在1928年6月间路过此地曾在此处工作十天,发现泥塑像及木件等遗物。此次重来,根据杨州长的意见,在明屋发掘。分沟北、沟南两处清理。

(1)沟南

是在一大殿的后侧和右侧,依墙壁的积土很厚,高约3—4米,先清理后侧积土,因为土层经过后人扰乱,工作了两天,无重要遗物发现,乃停止后侧工作。转在大庙右侧靠墙清理积土,随时均有小型佛头、佛身和佛饰件等出土。又靠墙开了3米宽的一个深沟,深及地面约3米,发现骨灰罐2个,同时也发现些佛头和佛身的饰件,总计在右侧出现佛头约80余件,佛饰若干。

(2)沟北

在大庙右侧工作完成后,乃移掘沟北,发掘A、B、C三个地点。A地是一个小庙,墙壁尚存,房中积土颇厚。乃沿墙壁开了一个探沟，长3.4、宽1.25米，在深30厘米处发现一些木框，或系墙壁上的窗子。乃继续在东墙发掘，发现一土台，台的附近有倒塌的泥塑残片。在台的北头空隙中，发现墨书木版二枚，上书古维文，还有木雕残件。焉耆发现古维文还是第一次，可以证明在回鹘人入新疆，到达焉耆后，佛教仍是兴盛的。B地在A地右侧，积土厚约2.5米，发现佛头一个，未经火烧。继续往下挖，出现泥塑像及模型等，又掘到1.5米时，发现一佛龛，壁画颜色甚鲜，同时又发现一较大菩萨头，面带彩画，颜色如新。C地在A地后面，B地左面，清理积土深至1米，出现铺地砖，有一砖上墨画一人像颇简陋，有些白灰质泥塑残片。又发现一陶罐，高50厘米，其中满盛泥塑残块，间有贴金者，想系以后重修庙宇时，收拾前残塑像于罐中窖藏在地下的。

总计这次发现，沟南的佛头80余件及佛身、佛饰、木件等；沟北的有壁画七八块，墨写古维文木简2件、大型佛头3件（内有带彩佛头1件）、模型4件、陶罐2件及残木件等。

我们通过这次发现遗物，证明明屋佛教艺术有两个时期；沟南较早，例如沟南所发现之佛头及佛身，犍陀罗风格较浓厚，细眉高鼻、面庞圆好，时代约在6世纪至7世纪之间。沟北出现的也有佛头壁画模型等，但同时出现有墨写古维文木简及彩绘佛头，时代可能要晚些。古维文在新疆通行是在9世纪后半期；回鹘在9世纪中叶，自北庭到吐鲁番，并信仰佛教，通用维文，势力向西方扩展，焉耆及龟兹，同受其影响，古维文木简就是在这时遗留下来的，故沟北的遗物年代约在8世纪至9世纪。再以作风来说，沟北的面带彩画，两颊及额彩绘纹饰，眉用墨笔勾勒，作柳叶形，两目点珠，面庞方正，完全表现了东方艺术的特征，与沟南所出的佛头来比，不特时代有先后，而来源也不同。因此，我们相信焉耆佛教艺术，早期是接近西方艺术,而后期的则又受了东方艺术的感染,彼此交流融化,丰富了焉耆的民族艺术。

2. 唐王城

位于锡科沁西北约2.5公里,城作方形,墙为夯土所筑,断断续续间有存者,高约5米,周约450米。在发掘中清理出房屋基址及粮仓等遗迹。出土物有铁斧、铁铧及陶器、陶纺轮等件,时代可能相当于唐(见《考古通讯》1958年第5期第37页《新疆考古三个月》)。最特别的是与陶器同地层出土的,发现有谷物如小麦、谷子、高粱、胡麻等和一些极细的面粉。谷物有的还很完整,这对于研究焉耆农作物的发展,提供了很好资料。

二、库车的调查和发掘

我们在12月21日结束明屋工作后,一部分人仍留在焉耆发掘唐王城,我同另一部分同志前往库车、沙雅、新和作初步探查,共调查古城和遗址16处,内有古城4座。又西行到喀什、和田,发现古城5座,遗址5处。例如喀什的霍纳古城,和田的麦里格洼提古城,都是较有意义的发现,对于研究古代喀什和于阗的历史是有帮助的。详情我已写入《塔里木盆地考古记》附注中,兹不再述。现仅将在库车一带工作作一说明。

库车为古龟兹国地,它在西域诸国中是一个大国。据《大唐西域记》所述,"东西千余里,南北六百余里"。东起库尔勒以西,接焉耆,西抵巴楚,南隔一大沙漠与于田相对,居于东西交通之中心。汉、唐都护府均设在龟兹境内,在政治与文化方面二千年来内地即与龟兹建立了密切关系。因此探寻古代龟兹国的政治和文化遗迹，成了我们这次中心工作。1957年11月间，我们发掘、调查两组先后到达库车，直到1958年4月底离开库车返乌鲁木齐，四个月的时间，均集中在库车工作。以发掘为主，兼作些调查，兹将主要工作简述于下。

（一）苏巴什古城的发掘

这个古城在库车县西北偏东23公里，确尔克山南麓、伊苏巴什河（即铜厂河）出山口处，当时建筑遗址分布于河的两岸，尤其是河东、河西的几座高塔，特别引人注目。我们工作集中在河西岸小城中，发掘出土物颇丰富，有铜器、铁器、陶器、木器、壁画、泥塑等，单铜钱就有500多个，又发现写古民族文字的木简2枚（《考古通讯》1958年第5期第38页图3、4、5）及残纸等，有一纸墨书"一十人于田兵"七字，颇为珍贵，此纸或系写在唐设安西都护府于龟兹之后，记录从于田调来士兵的数目（见《考古通讯》1958年第5期第37页《新疆考古三个月》）。

（二）龟兹古城的调查

在1958年3月初我队在库车休息过冬期间，当地农民取土肥田，偶尔在麻札普坦城墙脚下发现了陶器和人骨架。我们跟着多次调查，又发现东、北墙同南墙；西墙未觅着。它的规模很大，倘西墙与南墙等长，周围当有7公里左右。在城的西部有一条干河，名乌恰河，从苏巴什大龙口分出依西一枝水，向南偏西流，直贯古城中间。苏巴什河即《水经注》之龟兹东川水，乌恰河即东川水枝水。

第 一 编

《水经注》云:"枝水右出西南入龟兹城故延城矣。"(《水经注·河水篇》)又《汉书·西域传》称龟兹国都延城,因此根据现在河流的情形配合文献初步推定,这个古城即古代龟兹国的延城。《水经注》称故延城,是此城在北魏时已荒废了。根据北墙和东墙建筑方式有先后补修的痕迹,则此城在北魏时已荒废,可能在唐时又恢复了。

在这个旧城内,有不少土墩及遗址。举其较大者,例如靠近北城墙的南海墩,在乌恰河的西岸,高9.4、周150米,南、东两面尚可见夯土所筑的建筑痕迹。又如在乌恰河与库车河中间的萨克萨克土拉,原来很高大,现被盖上楼房(即本队所住处)。据说此处曾发现石础、石臼、陶器等。又如皮郎土拉在乌恰河东,靠近古城东城墙的南端,南城墙东端的城隅,夯土筑的高台,高约1.5米,周约120米,顶平,有建筑痕迹,出现有绳纹灰砖,可能是一个残塔。其次如乌库土拉、毕占土拉,由于农民取土,现已灭迹。哈拉墩也是其中若干土墩之一,为我们工作区,留在下面讲。此外在南海墩附近一个土台上,据说曾发现些金器,又挨近北城墙土城里,还出现三方石础。据说原来是庙宇,在附近还可以看出三间房屋痕迹,白灰抹面的残墙,尚可辨识。在城内农民住宅里或果园中不断出现陶器和小铜钱、铁锅等。此外还有很深的灰坑,则到处可见。至于城外附近建筑和遗址,就不一一列举了。这些都说明这个旧城昔日是很繁荣的。它的历史也是很悠久的。我们判断它是古代龟兹国的一个重要城市想不会错误吧。

(三) 哈拉墩的发掘

哈拉墩是龟兹古城中若干土墩之一。在库车县东约3公里。

在龟兹古城的中间,乌恰河东岸乌库公路北面约240米,北临百材艾力克村,是一个残破不完整的土墩。南北长约25米,东西宽约15米,高出地面3.2米。我们曾在中间开了一个探沟,未发现任何遗物。在墩子的南、北、西三面,农民取土发现4个大灰坑,从断面来看灰土堆积相当的厚,层次也很分明,在附近散布各种各样的陶片和兽骨,在墩北以西一灰坑中,还有3个陶缸半露于外。经过发掘后,发现陶缸33个及遗物许多。兹将遗迹和遗物分述于下:

1. 遗迹

主要的是我们在发掘过程中发现了33个大陶缸,今分为三组叙述。

(1) A组

7个陶缸,稍完整者5个,分布在3个探方中,编号为A、B、F、E、D,约占12平方米,面积彼此相距40—80厘米,距耕地面积约50—85厘米,均为夹砂粗红陶,面涂青色陶衣,面不光平。A缸颇完整,口部呈椭圆形,底呈尖状向外突出,身高90厘米,壁厚15厘米,外表有耳形柄4个。B缸形如仰盂现已破碎。F、E、D三缸均在T6发现。F缸口径1.26米,底径约30厘米,高约85厘米,质色同于A、B缸,惟F缸具有40只耳朵为特异。E、D大体同于F缸,惟不具多耳为异。以上五缸质色大抵相同,每缸都有40—60厘米厚的浮沙包围着,不过缸的造型微有差别。但以距地表高度相差不远,都在1.2—1.3米左右同一地层(即均在第二灰土层上面),质色又相同,可能是同一时代所埋藏。至缸中原盛何物,根据缸中积土及破损的情形,知此地经过长时间的荒废和堆积,由于缸中积土有石子及草根树根渗杂与缸外土层相同,故缸中原盛何物,现已无法知晓了。

(2)B组

这组缸共18个,分布在T10、T11、T12中,排列颇整齐,若南北数,则为3排,每排6个,若东西数,每排3个则为6排,约占面积为48平方米。缸与缸之间的距离以肩距计算,20—80厘米不等,每缸外面均有10厘米厚的胶泥保护着。每缸大小相等,细红泥质,外涂淡青色陶衣,平底卷口,外面光平,口部多有残缺。今就K6、K7完整缸来计,口径50、底径45、高150、胎厚20厘米。其它各缸底径、胎厚、质色均同,唯口径有20—75厘米不等。口部距耕土面约40—50厘米,缸底距耕地面约3米左右。这些缸均埋葬在第一层黄褐色土层中,土质硬且粘,厚约1.9米,所以我疑埋缸也是黄土层人所为。再下为灰土层,因缸未取出,故未施工,可能与其旁探方灰土层相同。缸中出土物经稍掏了一下,缸满盛灰土,包含铁块、铜片、青灰方砖、筒瓦等,缸中出一陶片上墨书汉文"章"(?)字,缸底出现一五铢钱,同时也有残砖块、筒瓦等,并有少数骨器。由于缸中有方砖、筒瓦,可能是房屋倒塌倾入缸中者,有一方砖背面还带柴灰木炭及黄土泥,可为后人倾入缸中之证。至缸中原盛何物,须俟化验积土后,方可得出结论。在缸群左侧距地表约70厘米处,出现南北排灰砖5块累叠两层,在砖下距地表2米左右出现石础两方,南北排列,相距1.3米,右侧也有同样的石础与东侧石础成平行,相隔约4.3米。这些遗迹均在黄土层内,可能是埋缸以后,同时有一种建筑来保护它。但石础不全,只有3块,且残破成半,石的正面向下,是又经过后人扰乱,非复当时建筑的原样了。

(3)C组

这组陶缸共8个。分布在T14内,在距地表20厘米黄土层下发现10—13厘米夯土,这8个缸就是埋在这夯土层下。缸的上部距地表20—25厘米左右,缸的质色与B组相同。口部多残破,径约90—100厘米,底径均为45厘米,高约90—120厘米。在缸组的周围,距耕地面约1.8米又发现若干柱洞,口径约10厘米,深约40—50厘米,朽木灰尚存,在竖木柱之间有的还有横卧的朽木,这些柱洞可能是当时缸周围的建筑。在缸内掏出填土深宽约50厘米时,出现大量的兽骨及陶片,无其它遗物,缸中原盛何物,仍是一个谜。有一部分人推测B组缸可能是当时盛酒用的酒库。但从其有秩序的同时埋藏同样的许多大缸,必是一种有意义的用途,不过现无法知道。至于何时埋藏,由于缸中所堆积的东西,例如B组缸中所出的方砖、筒瓦等时间不会很早,根据我们在B组两缸之间深1.5米处,发现了"开元通宝"铜钱,又在深0.5米处发现一"大历元宝",同时还有筒瓦及印纹陶片与缸中所出现的相同,又在深1米处发现"中"字钱及"建中通宝",或深或浅,都是在埋缸的黄土层中发现。虽然出现五铢钱,但背无内郭,疑是梁武帝时女钱,为后人抛入的。C组八缸情形也是如此。至于A组七缸由于与上二组群缸的质色形制都有显著的不同,决不是同一时期的产物。在缸中及周围所出现的是残断石器、骨器及彩陶片和粗砂红陶片等,因此我认为A组群缸的埋藏当在B、C两组缸之前,即在唐前。但真确年代,仍有待于将来进一步之研究。

2. 遗物

我们在哈拉墩工作,除T10、T11、T14及T13因要保存缸的原有位置,不便取出施工,缸底下灰土层中的包含物无从得知外,但我们在缸群的周围,开了8个探方,均挖到底。T2、T6、T8出土的7个缸,除缸F留一缸座外,余均同全部坑穴同时揭露了。他们的出土物连同墩西T5、T3所出,共编了千余号,遗物种类约为石器、骨器、陶片及铜钱、铜片、铁片、象牙等器,而以石器、骨器、彩陶片为较多,今分别说明于下。

(1)石器

以石镰刀为较多,大部分是断残的,有完整的,一部分均作扁豆形,中宽、背稍厚略曲,长17、中高6厘米不等,刃口有的磨制很锋利,有的略加打制,无特置柄部,背也不钻孔,当时或系作为裁割之用。除石镰刀外,还有磨石、石捶、石杵、石钻、石纺轮等,还有装饰品,例如耳坠、耳环等,有一耳坠系取一直径32厘米、宽20厘米椭圆形天然石子作成,在石的上端凿一径0.4厘米的孔为穿线之用,还有中间凿0.3厘米之槽为系线之用。这些都是小型的器物,大型石锛、石斧,尚未发现。

(2)骨器

骨器中有骨锥、骨针、骨簪、骨箭头、骨玩具、骨装饰品等,以骨锥为最多数。骨锥系取家禽胫骨破成一部分,一端磨尖,长短不一,有长9、宽0.15厘米的,有的长2、宽0.9、厚0.1厘米。骨针大部分取鱼鳍骨来作头磨尖,但不钻孔,有的骨镞作扁叶形,两端锋利,长0.28、宽0.7、厚0.6厘米。有作三棱形,长0.22、宽0.18、厚0.8厘米。有些玩具,取动物距骨两面磨平,有的上刻枞树叶纹饰,现新疆本地人仍用作玩具称为"毕洗"。其他骨器有作筒状的,中空,疑作手把之用;有作柱状的,一端磨制很光,表现是长期使用的痕迹;有作管状的,我疑是刻划陶器上环圈花纹的工具;有的或是乐器上用的;此外还有些骨料,未成器,有火烧过的焦骨,及人脑骨。

(3)陶片

我们此次在哈拉墩所得,除T3中一圆底陶罐外,大部分都是陶片,可分为三种:

一种彩陶片,数量最多,大概都是与骨器、石器同出。有的是器口部分,有的是器壁,但其共同点都是在粗砂红陶上涂一层白粉面,用紫色笔涂画简单纹饰或作三角纹,有作平行条纹,很少涡纹或方格纹。与仰韶彩陶不同,可能是另一系统。新疆有彩陶的地方除哈拉墩外,如焉耆的阿希土拉、白土墩子,哈密的焉不拉村,新和的于什格提,拜城的赛里木旧城,伊犁的阿脱洛克旧城,皆出现彩陶而形制花纹大致相同。这对于我们研究新疆地区历史和文化的发展提供了很好的资料。一种粗红陶片中含砂子,面涂一层朱红陶衣,或面隆起旋纹,或三角纹,或刻环圈纹,如用管状骨器刻划陶器上环圈大小适合,故我疑管状骨器为制陶的用具即由于此。与此同出的也有骨器、石器等。另有一种细泥红陶片,厚约1厘米,皆是轮制,上刻以点纹为中心纹饰,或以三角纹与环纹合组纹饰,或作水纹波,或为素面红陶,最特别在T1中出现一块细泥红陶片,在口沿部分墨写不同型的两种民族古文字,内一种是古维文。与此同出的有铜片、铜钱等。其他尚有筒瓦、板瓦、残砖块等,很少有石器、骨器同出。

  如上所述遗物,根据它的形制花纹,为不同的两时期的人们所遗留。再就土层的关系来说,也可以说明这些遗物有早晚的分别。我根据各个探方记录,石器、骨器和彩陶、粗红陶等,大概均在第二或第三地层中出土,厚达2—3米左右;又在生土面还出现灰坑及柱洞,如T5、T6、T12、T7的生土面皆有大小不同的灰坑或柱洞,时代当较早。至于细红陶、筒瓦、方砖及铜钱等,大部分在第一层出土,距耕地面大约在1—1.5米左右,时代当较晚。至晚到甚么时候,我们根据第一层中出土的唐钱为"大历元宝""建中通宝"及有民族古文字的陶片,它的时代相当于唐,也就是在8世纪前后。至于石器、骨器、彩陶，它的时代问题，我们尚未获得足够的证据，很难判断其确实的年代。但我们不妨作一个假设。我于1928年在吐鲁番雅尔湖曾觅得一彩陶罐及彩陶片，在《高昌陶集》中，根据沟北出土的圆地红陶，面带朱红陶衣，曾推论它的时代为公元前3世纪至1世纪。此处虽未获得完整陶器，整个陶器形体无由获知。但就陶器残破的底部仍作圆形，口部稍削，均与吐鲁番所出同。粗红陶朱红陶衣亦与雅尔湖相同。因此它们时代可能与雅尔湖沟北期约略相当，可能也是纪元前3至1世纪的遗物。确切年代仍有待于将来之发现。

（原载《考古》1959年第2期，篇名《新疆考古的发现》）

第 二 编

新疆地形古今谈

一、山系

1. 帕米尔高原

在中国极西部有一大子午山脉,向西毗连一广阔高原,通称为帕米尔高原。北接天山,南连兴都库什山,为塔里木河及阿姆河两大水系之分水岭。最高处海拔7700余米。中国古时称之为葱岭。《汉书·西域传》序:"西则限以葱岭",即谓此也。据《水经注》引《西河旧事》云:"葱岭在敦煌西八千里,其山高大,上生葱,故曰葱岭也。郭义恭《广志》亦曰:'休循国居葱岭,其山多大葱。'"欧洲地理书,称之为伊摩斯,据称古时有内外两伊摩人居于葱岭东西,以此为界岭云云。

2. 昆仑山脉

由帕米尔向东,为喀喇昆仑山,绵延于塔里木盆地之南,印度河发源于其西,西南流;叶尔羌河及其支流,发源于其北,东流,为塔里木河之主干。《水经注》称昆仑山为阿耨达大山,印度河为新头河,按《释氏西域记》云:"阿耨达大山,其上有大渊水,宫殿楼观甚大焉。阿耨达山即昆仑山也。其山出六大水,山西有大水名新头河,西南流,屈而东南流,经中天竺国,至南天竺国而入南海。"按新头,印度一音之转也。又《水经注·河水篇》云:"昆仑墟,在西北,其山高五万里,地之中也。其高万一千里,河水出其东北陬。"按古时以塔里木河为黄河上源,叶尔羌河为塔里木河主流,故亦称为黄河也。在海拔约5550米之山道中,为由新疆至拉达克及印度河上源之通途。晋释法显尝经此道,以入印度。如云:"罽宾之境,有盘石隥道,狭尺余,行者骑步相持,絙桥相引,二十许里,方到悬度,险阻危害,不可胜言。"即此道也。唐玄奘由印度回程,亦经行于此,亦为现在由新疆至印度唯一之交通路线。再向东,昆仑山脉愈高,实际阻绝任何交通。和田河上源之喀喇喀什河、玉珑喀什河,即发源于其山脉之最北部,高度几达海拔6100米。《水经注》云:"河水又东与于田河合,南源导于田南山,俗谓之仇摩置",盖印此也。当西汉之初,以于田河为黄河源。《史记·大宛传》曰:"汉使穷河源,河源出于田。天子按古图籍,名河所出曰昆仑云。"山脉至和田,分为二支。南支主脉向东南绵延,接冈底斯山,为喜玛拉雅山北支,东南行,围绕柴达木盆地。转东北,为巴颜喀喇山,为黄河及长江上源之分水岭。一支向东行,耸立于塔里木盆地南部,为昆仑山外坂,东趋,转东北,为阿尔金山脉。车尔成河发源于其北,东北流入罗布泊。《水经注》引《释氏西域记》曰"阿耨达山,西北有大水北流,注牢兰海者"此也。转东趋,山势下降,没入若羌沙漠田。由若羌至拉萨约2260里,为隋、唐时西藏人进出新疆之通途,亦为现在由青海通新疆之孔道也。

3. 天山山脉

与昆仑山平行,中隔一大沙漠者,为天山山脉。耸立于大沙漠之北边,东西行。山脉起自帕米尔高原北纬 36.5°之乌斯伯尔,北行至喀什,西为喀苏拉特,为费尔干盆地与塔里木盆地之分水岭。喀什噶尔河发源于其东,东流入塔里木河,为汉时北道之所经行也。山脉又北转东行,绕依斯色库尔之东,有多数冰河,起而为汗腾格里山,为天山山脉之主峰,高 6995 米。《唐书》称为凌山,《三藏法师传》云:"凌山,即葱岭北隅也。其山险峭,峻极于天。自开辟以来,冰雪所聚,积而为凌,春夏不解,凝沍汗漫,与云连续,仰之皑然,莫睹其际。"即此山也,阿克苏河发源于其西,焉耆河及伊犁河发源于其北,木扎提河即库车河发源于其南。河谷中为库车至伊犁通途。张骞使乌孙,玄奘由龟兹至西突厥可汗庭,均经行此路。自汗腾格里山向东,有平行山脉多条,围绕于伊犁之东或北,东行集合于东经 85°。东行为博格达山,海拔 5445 米。东北走,没入于哈密东之戈壁中。天山为塔里木盆地及准噶尔盆地之界山,因天山之阻隔,故山南山北,气候物产相差颇大。山北气候湿润,多雨雪,水草丰盈。山南气候干燥,终年少雨,沙漠居其大半。山北自古为游牧民族所居之地,往往侵入山南城郭诸国,而山南诸国每为其役属。

4. 库鲁克山脉

在天山东部之南,与天山平行之山脉,起吐鲁番之西,向东走,为克仔尔山。其南更有库鲁克塔格岭,蜿蜒于吐鲁番与罗布泊之间,形如张弓,北与天山对峙,成吐鲁番小盆地。南与阿尔金山对峙,成罗布泊洼地。又向东绵延于疏勒河床之北,与阿尔金山蜿蜒于疏勒河床之南,东西骈行,形成东西走廊,为汉通西域要道。自汉以来通往西域,皆取道于此,所谓阳关大道也。

5. 阿尔泰山脉

发源于俄境，向西东南三面漫延。其西南行者，包围于准噶尔盆地之东北两面；其东南行者，经科布多向南发展，而没于贺兰山之北；其东支，为唐努乌拉山，经唐努乌梁海入外蒙，为杭爱山。鄂尔浑河、色楞格河、土拉河，均发源于其岭。为古来游牧民族建庭之所。自匈奴以至蒙古，皆以鄂尔浑河畔为一大都会也。

二、水系

1. 塔里木河

《汉书·西域传》曰："南北有大山，中央有河。其河有两源，一出葱岭，一出于田。于田在南山下，其河北流，与葱岭河合，东注蒲昌海，一名盐泽者也。"按《汉书》所称之南北大山，当即昆仑山与天山。故中央之河，即指今塔里木河。惟谓河有两源，一出葱岭，一出于田，是指今之喀叶噶尔河及和田河也。今按地形，塔里木河源，殊不止此。盖自喀叶噶尔河，发源于帕米尔高原之北喀苏拉特山，东流，入疏勒境，旧图称葱岭北河，东流有叶尔羌河自西南来会，旧图称为葱岭南河，会流东行，经阿克苏之南，有阿克苏河由北来会，和田河亦自南来会，合流东逝，称为塔里木河。又东流，经库车之南，有木扎提河，即库车河，自北来会，《水经注》称为龟兹水。又东流会焉耆河，发源于天山，西南流于焉耆之西，屈而东南流，入博斯腾湖，《山海经》称为敦薨水。如云："敦薨之山，敦薨之水出焉，而西流注于泑泽，出于昆仑之东北隅，实为河源者也。"是天山亦有昆仑之目矣。焉耆河复自博斯腾湖溢出为共奇河，亦称孔雀河,南流入塔里木河。又有车尔臣河,发源于阿尔金山,东北流,来入之。会流东逝,初入罗布泊之南,积为两湖,东曰库顺淖尔,西曰喀拉布朗库尔。现因河水改道,塔里木河会孔雀河后,直东行,流于库鲁克山之南,称为库鲁克河,入罗布泊之北。旧图称为孔雀河,即《汉书》所称之蒲昌海亦名盐泽是也。

附论:塔里木盆地沙漠

在塔里木河所经流之地,普通称为塔里木盆地。盆地东端称为罗布洼地。自地图上观之,此一大片沙漠地,构成了阻隔古代交通和文明发展的壁障。盆地自东至西,直径约1450公里左右,最宽处,有530公里左右。罗布洼地东西直径约260公里。《汉书·西域传》称东西六千余里,南北千余里。汉时计里小,且指西极葱岭东至敦煌数也。面积如此广阔,而为生物可以生存者,仅限于边缘沙漠田。除有较大河流之区域,绿草葱绮称为小绿洲外,皆一望无际之沙漠。此沙漠无论散布在高峻山脉之上,或流沙推动之平原,几乎任何一处,滴水俱无,草木不生,飞鸟不至。斯坦因称此为真沙漠,所以别于熟沙漠也。地理书上称之为塔克拉玛干沙漠。《新唐书·地理志》称之为图伦碛,"唐贞观九年李靖、侯君集率六总管讨吐谷浑,伏允西走图伦碛,自杀",即此沙漠也。又发源于昆仑山之无数河流,除叶尔羌河、和田河外,凡离开沙漠田,及植物生长地带外,即沦入沙海之中。即和田河,仅夏季有水,亦不常至。但在有史时期,有些河流似乎北流较远,由塔克拉玛干大沙漠中尚保存许多古代遗址可以证明。但古时河流何以较长,现在河流何以缩短,其缩短原因如何?据某些地理学家探查之结论,谓因冰河时代末期,化石冰河之遗存,若干年来,逐渐削减。冰河为河水水量之源,冰河削减,故河水水量减少。而昆仑山上盖掩各冰河之岩层的堆积，又与冰河缩减有关。而山谷中之岩坡，日渐风化，沙漠又时阻水源之畅行。因此河流遂日渐短少，或改道。故以前之柔土，现已变为一片荒丘也。此在塔克拉玛干大沙漠中，可以找出不少之证据。

至于沙漠之结构，大概出柔地后，过丛林地带，即入圆锥形之红柳冢，每冢高约15米以上。再进，则入红柳林，枯桐狼藉，而堆积成岭者，高约90米。过此则为纯沙漠，一物不生矣。

因此盆地面积虽大，而可灌溉之地甚少，故在二千年前后，占领斜坡上之游牧民族，如乌孙、塞种、月氏、匈奴、突厥以及蒙古民族，常为寇抄，迫其臣属，而不放牧于岭以南也。

罗布泊，在塔里木盆地东头，与南流之孔雀河为界。西属塔里木盆地，东为罗布洼地。据斯坦因考察，自西南至东北，约260公里，最宽在45公里左右。其中低洼，均盐壳堆积之古海床，盖史前为一盐水海，故《汉书》称为盐泽也。当气候尚未干燥时，塔里木诸河流，均汇入于此，现在之塔里木河、孔雀河亦溢入于此。但大部仍为沙漠及盐壳所覆盖。尤其在河之东北隅，盐层坚结，诚如《水经注》所述龙城之语，当知今不减昔也。《水经注》云：

> 龙城姜赖之墟，胡之大国也，地广千里，皆为盐而刚坚者也。行人所经，畜产，皆布毡卧之，掘发其下，有大盐方如枕块，以次相累，类雾起云浮，寡见星日，少禽多鬼怪。西接鄯善，东连三沙，为海之北溢矣，故蒲昌海亦有盐泽之称也。

按《水经注》所称罗布地形，词多夸饰，但由吾人实地考察结果，反足以证明《水经注》所述之真实。龙城位置，以吾人考察，似在洼地东北一隅,即古海之低地,至于西南方面,据法显《佛国记》云:"沙河中有恶鬼,热风,遇则皆死,无一全者,上无飞鸟,下无走兽,遍望极目,莫知所拟,惟以死人枯骨为标识耳。计可千五百里,得至鄯善国",又《三藏法师传》云:"令敦煌官司于流沙迎接",是隋、唐以前,沙漠均集于南部,至元时则沙漠移于东北。《马可波罗行纪》云:"罗布是一大城,在沙漠之边境处,东方及东北间。此沙漠甚长,骑行垂一年,尚不能自此端达彼端。狭窄之处,须时一月方能渡过,沿途尽是沙山沙谷,无食可觅。若骑行一日一夜,则见有甘水,足供五十人或百人,暨其牲畜之需。甘水为数虽不多,然全沙漠可见此类之水,至少有二十八处。"罗布村今若羌县北,据此,是元以前之沙漠,又移于东及东北方矣。是两汉时之蒲昌海,至元已变为沙漠矣。沧海桑田,不其然欤。

2. 伊犁河

北路诸水,多发源于天山北麓,北流,灌地而没。如:一、昌吉河,流经昌吉,没入沙中。二、呼图壁河,北流入苇湖。三、玛纳斯河,流灌绥来,西北入阿雅尔淖尔,现亦干涸。四、奎屯河,北流经乌苏城入库尔喀拉乌苏河,西流,入博乐塔拉淖尔(今艾比湖)。五、精河,北流入博罗塔拉淖尔,以上皆发源天山,北流入淖尔。六、博尔塔拉河,上为萨尔巴克图河,发源于伊犁境之阿拉套山,东北流。博尔塔拉河,沿岸草木葱翠,土地肥沃,现为游牧之地。河旁南山,东流入淖尔。以上诸水,皆流入境内,或没入沙,或入内海。其次水量较长,流入境外者,惟额尔齐斯河及伊犁河二者而已。伊犁河有二源,西南源为特克斯河,发源于汗腾格里山,东流经额鲁特旗,有空吉斯河来会;该河发源于喀拉沙尔西北鄂敦库尔岭西麓,西北流,凡300余公里,与特克斯河会。二水合流,是为伊犁河。西北流过雅玛图岭北,又西,喀什河从北来注之;始出天山,入伊犁境,酾为锡伯渠;又西,过惠远(今伊宁西)城南,又西过塔勒奇城南,乌里雅苏图水注之;又西,过拱宸城(今霍城西)南,霍尔果斯河北来注之;拱宸城,即《元史》之阿力麻里城,《长春真人西游记》云"九月二十七日,至阿里马城"即此城也。又西出境,西北流,察林河自南来入之;会流入巴尔喀什湖。当空吉斯河、喀什河之东流也,自天山支脉塔尔奇依楞山、阿拉套山西北迤逦于伊犁河之北,与天山对峙,形成伊犁盆地,亦称伊犁河谷。为汉乌孙故地,为蒙古、索伦、锡伯、塔兰奇、维吾尔之牧地也。

附论:依斯色库尔

当伊犁西南300余公里,巴尔喀什湖正南750余公里,有一湖,中国名特穆尔图泊,今图名依斯色库尔。东西长200余公里,南北宽处60余公里,狭处40余公里,唐名大清池,或名热海。玄奘《大唐西域记》云:"自凌山西行四百余里,至大清池,周千余里,东西长,南北狭,四面负山,泉流交凑,色带青黑,味兼咸苦,洪涛浩瀚,惊波汩隐,龙鱼杂处,灵怪间起……"长春真人西游,皆经行于湖东南,以达霍占没辇,今纳林河也。还时,自湖西以至吹没辇。在湖北岸有翁仲无虑十数。嘉庆十七年(公元1812年),索伦营领队,福勒洪阿行边至此作诗曰:"久戍边城客似家,而今雁爪更天涯。殷勤说与残翁仲,不是前朝旧鼓笳。"徐松疑此为古勃律君长葬地,或有陪葬,如唐昭陵制也。又云:"淖尔南岸山中,有旧碑,前伊犁统帅松筠遣队德么访之,摹其可辨者数字。曰:'进鸿钧于七五,远华西以八千,南接火藏,北抵大宛。'本地人名之曰张迁碑。而拓本不可得,德么年八十余,不能举其地名,余三度访之,亦未获也。"(并见徐松:《西域水道记》)

按由伊犁通南疆至疏勒,径路原取道依斯色库尔,经纳林河,行布鲁特境,凡 1100 余公里而至喀什。路转平坦,水草不乏。乾隆二十二年(公元 1757 年)兆文襄(兆惠)征大小和卓木,由此进兵。至光绪中,划归俄有。而南疆至伊犁之路,乃改由冰岭,虽经光绪二十二年(公元 1896 年)之修筑,然终不如西路之平坦也。

3. 额尔齐斯河

河有两源。一为华额尔齐斯河,一为喀喇额尔齐斯河。华额尔齐斯河,发源于阿尔泰山,西南流百余里,喀喇额尔齐斯河自西北来会,为额尔齐斯河。元时置驿站于河畔,元太祖西征,整军于此。长春真人西游,出金山口,憩息于此。其《西游记》云:"辛巳仲秋日,抵金山东北少驻,复南行,山高大,深谷长坂,车不可行,三太子出军,始辟其路。乃命百骑挽绳县辕以上,缚轮以下,约行四程,连度五岭,南出山前,临河止泊。从官连幕为营。"又西北流,过布尔津,有布尔津河北来注之。过哈巴河,有哈巴河自北来注之。又西北流出境,入宰桑淖尔。淖尔椭圆形,周 200 余公里,准噶尔时,有二十四鄂拓克,各置宰桑领其众。凡六十二宰桑,宰桑蒙古大臣之名也,故因以名其淖尔。

自阿尔泰山以西,塔尔巴哈台山以南,天山以北,通称准噶尔盆地,为清时准噶尔人居住之所。实则盆地中,惟阿雅尔淖尔、博尔塔拉淖尔地势较低,余则为高岭。雨水丰盈,草木畅茂,为历来游牧民族盘踞之所,与南路之干燥,多沙碛,情形迥殊,故《汉书·西域传》云:"地莽平,多雨寒,山多松柏",可谓道其实也。近数十年来,汉、维吾尔、锡伯及蒙古人,率来此垦殖,昔时之牛羊牧场,现已禾麦满野矣。实则北路荒地尚多,如博尔塔拉河沿岸、额敏河沿岸,青草馥郁,绵延数百里,如开垦成地,亦不失为沃壤。

额尔齐斯河,与伊犁河水大而深,均可通行汽船。伊犁河流入巴尔喀什湖。

4. 巴尔库勒淖尔

在天山之北,北路之极东头,与哈密南北对直,在众山围绕之中,中显平川,广轮400余公里。其间诸水潴为巴尔库勒淖尔,今俗名巴里坤,即汉时之蒲类海,匈奴呼衍王所治之地也。其南山有关壮缪祠,祠东三十余步,有石室,皮裴岑纪功碑。雍正七年(公元1729年),岳锺琪于石人子获得,移置于此。文云:"唯汉永和二年八月,敦煌太守云中裴岑,将郡兵三千人,诛呼衍王等,斩馘部众,克启全师。除西域之疢,蠲四郡之害。边郡艾安,振威到此。立海祠以表万世。"又有姜行本纪功碑。《唐书·姜行本传》云:"其处有班超纪功碑,行本磨去其文,更刻颂陈国威德而去。"今碑之左侧,犹存隶迹。南山汉谓之白山。《班超传》:"命将帅击匈奴右地,破白山,临蒲类海",即此处也。南行62.5公里,即至哈密,接南道之冲。故哈密为通南疆之冲,巴里坤即镇西为大北道之冲,均为我国西北之咽喉也。

(原载《边政公论》第11、12期合刊,
1942年,篇名《新疆地形概述》)

汉西域诸国之分布及种族问题

一、西域诸国之分布

《汉书·西域传》云:"西域以孝武时始通,本三十六国,其后稍分至五十余,皆在匈奴之西,乌孙之南。"

按计数列入《西域传》之国家,连乌孙共五十三国。据《西域传》叙论,皆根据宣、元以后材料,则所立之五十三国,本分割后而言。然则汉武时之三十六国为何？说者不一。荀悦《汉纪》载西域三十六国为：婼羌、沮末、精绝、戎卢、渠勒、皮山、乌秅、西夜、蒲犁、依耐、无雷、捐毒、桃槐、休循、疏勒、尉头、乌贪、卑陵、渠类谷、隋立师、单桓、蒲类、西沮弥、劫国、狐胡、山国、车师,凡二十七国,小国也。扜弥、于阗、难兜、莎车、温宿、龟兹、尉犁、危须、焉耆九国,次大国也。按《汉纪》所列之三十六国,核与《汉书》所载多不合,如卑陵国,《汉书》作卑陆国,犹可云因字形相近而讹。又如渠类谷国,为卑陆后国所治之地,不当分为二国。又乌贪訾离国,在宣帝时都护分车师后王之地以处匈奴降王兹力支。又汉武时有姑师而无车师,至宣帝时郑吉破姑师,分以为车师前后王及山北六国;《后汉书》以前后部及东且弥、卑陆、蒲类、移支为车师六国。据此,是荀悦所述汉武时之三十六国中,乌贪、卑陵、渠类谷、蒲类四国,皆武帝后所立,车师当作姑师。故徐松《汉书西域传补注》以为孝武时之三十六国应为:婼羌、楼兰、且末、小宛、精绝、戎卢、扜弥、渠勒、于阗、皮山、乌秅、西夜、子合、蒲犁、依耐、无雷、难兜、大宛、桃槐、休循、捐毒、莎车、疏勒、尉头、姑墨、温宿、龟兹、尉犁、危须、焉耆、姑师、墨山、劫国、狐胡、渠犁、乌垒,共三十六国。是徐松考订荀悦所记孝武时之三十二国,再加楼兰、子合、姑墨、乌垒四国,适合三十六国之数。按《汉书》云:西夜国王号子合王,是西夜子合为一国。《后汉书》云:今各自有王,是分为二国乃后汉之事,徐松据后汉时国名增入子合,实为不合。又大宛在葱岭西,又在乌孙西,与叙传所述,皆在匈奴之西,乌孙之南者不合。故孝武三十六国,不当数大宛。故实只三十四国。又按据《史记·大宛传》,乌孙、仑头常苦汉使,是仑头在汉初亦为强国,及武帝太初三年(公元前102年)李广利攻大宛乃屠仑台;则仑台之灭在武帝太初三年以后,故数孝武时三十六国,当加入仑头也。又荀悦《汉纪》有隋立师,当从《汉书·西域传》作郁立师,在武帝时为强国,李广利为其所败,虽一度并入车师,仍复立国,故应加入,适合三十六国之数。今述各国之分布如下。

按《汉书·西域传》叙传称述西域情形,称:"南北有大山,中央有河,东西六千余里,南北千余里。东则接汉,阨以玉门、阳关,西则限以葱岭。"按《汉书》所称之南北大山,北即天山,南即昆仑山;中央之河,即今之塔里木河,葱岭即今之帕米尔高原也。据《西域传》所述,是自玉门、阳关以西,葱岭以东,天山以南,昆仑山以北,皆为汉时三十六国分布之地。今本地形,分为五组,述之如下。

（一）塔里木盆地组

按位于塔里木盆地之南部者有七国，自东向西数：

1. 楼兰

后改名鄯善，即今罗布泊一带。王治扜泥城。民随畜牧逐水草，最在东头，与汉关相接。西通且末七百二十里。

2. 且末国

即今车尔臣一带。王治且末城。今车尔臣有其遗址。西通精绝二千里。

3. 精绝国

即今克里雅之东，尼雅北沙碛中。后汉时为鄯善所并。西通扜弥四百六十里。

4. 扜弥国

《史记》作扜采，《后汉书》作拘弥，在今克里雅一带。宁弥故城在今克里雅河旁。西通于阗三百九十里。

5. 于阗国

即今和田、洛浦、墨玉三县地。王治西城，今洛浦北阿克斯比尔一带。西通皮山三百八十里。

6. 皮山国

即今皮山县境。王治皮山城。西北通莎车三百八十里。

7. 莎车国

即今叶尔羌、莎车、叶城一带，为南道之终点。

以上七国皆在塔里木盆地之南部，当汉通西域之南道。《汉书·西域传》云："从鄯善傍南山北，波河西行至莎车，为南道。"即此也。

次述位于塔里木盆地北部者,自西向东数:

8. 疏勒国

今喀什、伽师一带。王治疏勒城。《新唐书》作"王住迦师城",今伽师有其遗址。南至莎车五百六十里。有列市。西当大月氏、大宛、康居道。

9. 温宿国

今温宿、乌什县境。北至乌孙赤谷六百一十里,东通姑墨二百七十里。

10. 姑墨国

今阿克苏至哈拉玉尔滚一带。王治南城,在温宿东南。东通龟兹六百七十里。

11. 龟兹国

今库车、拜城县境。王治延城,今库车城。东至都护治所乌垒城三百五十里。

12. 仑头国

今轮台县南约25公里地有故城遗址。汉太初三年(公元前102年)为李广利所灭。汉屯田于此。

13. 乌垒国

都护治所。今轮台县策特尔南沙碛中。

14. 渠犁国

今尉犁县西境沙碛中。亦为汉之屯垦区,有田官。东通尉犁六百五十里。

15. 尉犁国

今阿满沟至紫泥泉子一带。王治尉犁城,今紫泥泉子一带。

16．危须国

今哈拉沙尔之东曲惠附近有其遗址。西至焉耆百里。

17．焉耆国

今哈拉沙尔一带,旁博斯腾湖。王治员渠城,在今哈拉沙尔北六十户一带。南至尉犁百里。

以上十国,皆在塔里木盆地之北,当北道之冲。《汉书·西域传》云:"自车师前王庭随北山,波河西行至疏勒,为北道。"即此也。以上十七国,皆在塔里木盆地绿洲地带,营田畜,有城郭之居,所谓城郭之国是也。

（二）昆仑山谷组

按昆仑山西起葱岭,东南行,位于塔里木盆地南边,为西藏与新疆之界山。散布于昆仑山谷中者,自东起为:

1．婼羌

今青海达布逊湖一带。随畜逐水草,不田作。辟在西南,不当孔道。

2．小宛

今且末南山中。王治扜零城。东与婼羌接。辟南不当孔道。

3．戎卢

在今克里雅南山谷中。王治卑品城。东与小宛接,西与渠勒接。辟南不当孔道。

4．渠勒国

今策勒县南山谷中。王治鞬都城。东与戎卢接,辟南不当孔道。

5. 西夜国

今叶城南山谷中，棋盘山一带。王治呼犍谷。西与蒲犁接。《汉书·西域传》云："蒲犁、依耐、无雷国皆西夜类也。西夜与胡异，其种类羌氏行国，随畜逐水草往来。"

6. 蒲犁国

今叶城西南。王治蒲犁谷，南与子合接。种俗与同。西至无雷五百四十里。

7. 依耐国

今英吉沙南山谷中。南与子合接，俗与相同。西至无雷五百四十里，较蒲犁偏南。

8. 无雷国

今疏勒西南山谷中。王治卢城，今塔什库尔干。南与乌秅接。衣服类乌孙。俗与子合同。

9. 乌秅国

《皇清通考》云：在今巴达克山地。王治乌秅城。西与难兜接。山居田石间，其西有悬度，石山也。

10. 难兜国

《西域图考》云：今巴达克山西境，北与休循，西与大月氏接。种五谷及葡萄诸果。

以上十国，皆散布昆仑山谷中，除难兜外，皆随畜逐水草，所谓行国也。

（三）葱岭山谷组

按我国西边以帕米尔为中心，有一子午山脉，我国地理书称为葱岭。分布于葱岭山谷中诸国，据《汉书》所载有四，自近至远数：

1. 捐毒国

在疏勒之西,克子尔河上源依克斯塔木一带。王治衍敦谷。东至疏勒,南属葱岭,西上葱岭则休循也。西北至大宛,北与乌孙接。衣服类乌孙。随水草,本塞种也。

2. 休循国

在今阿赖高原一带。王治鸟飞谷。民俗衣服类乌孙,因畜随水草,本故塞种也。西至大月氏千六百一十里。

3. 桃槐国

地无可考,疑今阿姆河上源小帕米尔一带。在休循之南。

以上三国皆依葱岭,随畜逐水草。休循、捐毒本故塞种。民俗衣服类乌孙。桃槐国虽不言民俗与种姓,但与休循相接,其俗可能相同。依葱岭者尚有大宛国,在葱岭之西,故不数,仅举其三。

(四) 天山山谷组

天山西起葱岭,蜿蜒东行于塔里木盆地之北。东止于哈密北戈壁中。分布于天山山谷之间有十八国,自西数:

1. 尉头国

今乌什吐鲁番西境,伽师之北。王治尉头谷。西通捐毒,径道马行二日。田畜随水草,衣服类乌孙。

2. 乌孙国

今伊犁河谷特克斯川一带。王治赤谷城。南距温宿六百一十里。随畜逐水草,与匈奴同俗。

3. 乌贪訾离国

初为单桓国地,属车师。后为都护所分置。王治于娄谷,在今昌吉南山谷中。东与单桓、南与且弥、西与乌孙接。

4. 劫国

按劫国东接卑陆,当在今孚远山谷中,王治天山东丹渠谷。疑在今阿拉癸沟中。

5. 单桓国

《西域图考》云,在今乌鲁木齐一带。王治单桓城,不在山中。

6. 卑陆国

《西域图考》云,今阜康县南山谷中。王治天山东乾当谷。疑在今博格达山一带。

7. 卑陆后国

王治番渠类谷,疑在今阜康西三台一带。东与郁立师接,西接劫国,南接车师,北接匈奴。

8. 郁立师国

疑在今奇台县南山谷中。王治内咄谷。东与车师后城长接,西与卑陆、北与匈奴接。

9. 蒲类国

在今哈密北巴里坤一带。王治天山西疏榆谷。后汉时有移支国,居蒲类故地。

10. 蒲类后国

后国在蒲类海(今巴里坤湖)之北。《汉书》缺王治所。

11. 西且弥国

王治天山东于大谷。按西且弥国,疑在今焉耆北山,察汗通格一带。

12. 东且弥国

王治天山东兑虚谷。

13. 狐胡国

当从《后汉书》作孤胡国。王治车师柳谷。徐松曰："《唐书·地理志》：交河县北入谷百三十里,经柳谷,渡金沙岭。是孤胡在前部北。"当在今吐鲁番北白杨河、达坂城一带。

14. 车师前国

今吐鲁番地。王治交河城。在今吐鲁番广安城西 10 公里雅尔湖有古城遗址。

15. 车师都尉国

汉置都尉住此,故名。亦名高昌壁。后汉设戊己校尉于此。以后为高昌国都城。今哈拉和卓地有旧城遗址。

16. 车师后王国

治务涂谷,今吉木萨尔南山中。

17. 车师后城长国

疑即今孚远北护堡子唐北庭县地。现尚有故城遗址。

18. 山国

按当从《水经注》作墨山国。在今吐鲁番南库鲁克山中。现营盘尚有古城遗址,疑为墨山国故址。

以上十八国。车师四国皆为姑师所分。东西且弥、卑陆前后国、蒲类前后国,及乌贪訾离国皆为都护所分立。在孝武以前天山山谷中仅尉头、单桓、劫、卑陆、且弥、郁立师、孤胡、姑师、墨山九国而已。皆牧畜逐水草。

（五）葱岭以西组

葱岭为子午山脉,阻隔东西。葱岭以东各国,概如上述。次当

述葱岭以西之国。据《汉书·西域传》所述葱岭以西之国凡六,除大宛外,皆不属都护。自近者始,略述于下:

1. 罽宾

大国也。今阿富汗境。王治循鲜城。西北与大月氏、西南与乌弋山离接。

2. 乌弋山离国

据《后汉书》,后汉时改名排持。《西域图考》云,在今波斯国南境,给尔满、法尔斯等部地。自玉门、阳关出南道,历鄯善西南行,至乌弋山离,南道极矣。转北而东得安息。

3. 安息国

今伊朗北境。王治番兜城。今盘杜瓦一带。在里海南部,西与条支接,东则大月氏。

4. 大月氏国

今巴克特里亚地。王治蓝氏城,今巴尔克地。北与康居接。

5. 康居国

今锡尔河与阿姆河之间。王治卑阗城,疑今塔什干地。

6. 大宛国

今费尔干盆地。王治贵山城。北至康居千五百一十里,西南至大月氏六百九十里。

以上六国,除大宛外,皆在葱岭西,不属于都护,故不在三十六国之内。共五十四国,《汉书》不著录轮台,实五十三国。《汉书·西域传》所称,其后稍分至五十余国。颜师古引司马彪《续汉书》称,至于哀、平间,有五十五国。其所指为何,虽不可知;据《后汉书》称西夜、子合各自有王,是西夜国又分子合国。又据《后汉书》子合下又有德若。故总共《汉书》和《后汉书》所著录者共五十五国,与司马彪《续汉书》相合。至《后汉书》所补葱岭西之国,如条支、大秦、天竺、高附、东离、栗弋、奄蔡,皆后汉时始通中国,不在数内也。若孝武时之三十六国,乃就未分前本葱岭以东之国而言也。

二、西域各国之种族

若欲研究西域各国之种族,乃一极困难之问题。一因关于古时居于当地人民之记载很不完全;且民族之更迭,过于繁复。故欲对于西域种族作出确切答案,目前还不可能。近五十年以来,经东西人士探检和研究,虽于古民族之言语文字方面有所收获,从而作出一些推测,然片面性很大。盖研究西域种族对于体质特征的考察十分重要,但此项工作材料太少,尚不能作出确切的判断。有些学者就现有材料加以推断;因地下所发现之古代语言文字属于印度欧罗巴语系,遂谓西域住民为雅利安人,或即属于伊朗人系统(羽田亨:《西域文明史概论》,第7页)。自国外东方学者立此说后,我国人亦有主张此说的,如吕思勉《中国民族史》,主张西域人为白种说,林惠祥亦因袭之。此种推论,实属武断。虽吾人不能说西域无雅利安人参杂其间;但在汉代西域人从其体质及分布区域,主要不是雅利安人,而为东方种族。下面略予申述。

《汉书·西域传》大宛条云:"自宛以西至安息国,虽颇异言,然大同,自相知晓也。其人皆深目,多须髯。"深目多须髯是突厥种型的显著特征。突厥种型的出现决不是突然的,而有其历史渊源。《汉书》所记为西汉时事,可以推知,是在西汉时自大宛以西至安息,皆属突厥人种。换言之,葱岭以西为突厥人种型,以东而言,则非尽突厥人种可知。又查《魏书·西域传》于阗条云:"自高昌以西,诸国人多深目高鼻,唯此一国,貌不甚胡,颇类华夏。"《魏书》为北齐魏收所作,所记者为北魏时事,始于公元386,迄于534年。则所记西域人情形除于阗外,高昌(即今吐鲁番)以西,皆有突厥人种;换言之,即葱岭以东,亦有突厥人种参杂其间。从表面看,《魏书》与《汉书》所记显有出入,若就时代立言,则《汉书》所记者为西汉时情形,《魏书》所记者为南北朝时情形。在后汉顺帝阳嘉以后,大月氏、安息、印度东来传播佛教。晋、宋以后,突厥自北来伸张其势力。在此民族文化极端动荡之中,人类种型岂有不受影响之理。下面分地域略加讨论。

(一) 塔里木盆地南部

就上面诸国分布为例,是位于塔里木盆地南部者为鄯善、且末、精绝、于阗、莎车及疏勒诸国,而以于阗为中心。但于阗人的特征据《魏书》所记,已有此国貌不甚胡,颇类华夏之语。说明于阗在南北朝时,已非突厥种族,而与汉族接近。但在北魏以前,种族如何,固为问题。但就言语上论之,最近地下所发见之古文字文书显非伊朗语系,而属西藏语系。据此,是和田既留有古代通行西藏语形迹,则与古和田人种族必有相当关系。又据格拉得所研究称和田之东,相当克里雅地,为唐代媲摩城,为西藏语 Bye-ma 之对音。其义为沙。又汉代且末,《西域记》作折摩驮那,在其国语中亦含意为沙。而驮那为 tong 之讹,西藏语指城市而言(*Missronde Dutrenil de Rhine* Ⅱ, p.54)。据上所述,由语言学上观察,则古和田一带必有西藏人散布。其次,再就其民俗言之,据晋释法显《佛国记》,自山以东,俗人被服,粗类秦土,亦以毡褐为异。按法显取经路程,径行南道。由鄯善至于阗,转竭义国,即今疏勒,则所述自山以东,当就葱岭而言。《佛国记》述鄯善国俗云:"俗人衣服,粗与汉地同,但以毡褐为异。"由此观之,在法显时,自疏勒至鄯善,俗人服被皆同于汉。按法显向天竺取经,发迹长安在东晋隆安三年(公元399年),所述南道诸国之风俗,可以说明东晋或晋以前情况。又《宋云行纪》云:"于阗国王头著金冠,似雉帻,头后垂二尺生绢,广五寸以为饰。其俗妇人袴衫束带,乘马驰走,与丈夫无异。死者以火焚烧,收骨葬之,上起浮图。居丧者剪发劈面,以为哀戚,发长四寸,即就平常。唯王死不烧,置之棺中,远葬于野,立庙祭祀,以时思之。"又记朱驹波国之风俗,语音与于阗相似,文字与婆罗门同。又记左末国云:"城旁花果似洛阳,唯土屋平头为异也。"按宋云取经在北魏熙平元年(公元516年),其径行亦取道南路,则所述诸国风俗可代表北魏以前。由上所述,在公元4世纪及5世纪初期,于阗诸国风俗虽不能决其完全与中土相同,但决非西方人风俗,而为东方人风俗,则可断言也。又按《新唐书·吐蕃传》称,吐蕃人"衣率毡韦,以赭涂面。妇人辫发而萦之。屋皆平上,高至数丈。"与宋云所记于阗、且末情形大致相同。按吐蕃入据新疆,在唐高宗永隆间,约7世纪之末,而以上所述情况皆在7世纪以前。然则在此以前占据塔里木盆地者究为何族,以我之推断,疑为古大夏族,即吐火罗族也。

我在《重论古代大夏之位置与移徙》一文中略云,当秦以前,大夏人原在甘肃西南部河州一带。后为秦人所迫,西迁至青海,《汉书》中之婼羌即其遗迹。又出阿尔金山入罗布泊,建立楼兰国。后西至安得悦附近,建立吐火罗国。再至于阗,作一长时期之停留。故和田至今尚有吐火罗地名之遗存。例如塔克拉玛干大沙碛,即由吐火罗人居住而得名。经与印度人战争之结果,又西迁而散布于葱岭山谷中,后夺取巴克特里亚,建立吐火罗王国者,疑即此族。我至今仍保持旧说。如果我所推论的不误,则和田及塔里木南部,有古大夏国遗民,为极可能之事。且于阗建国之传说,为由印度及中国两方面所来部族会合而成,其事见于《大唐西域记》于阗传,及西藏文于阗传,其中所述之中国部族,疑即吐火罗人,即在大夏西迁之时也。

(二) 昆仑山谷组

分布于昆仑山谷间,如上文所述为婼羌以下十国。据《汉书·西域传》已标举其种族者,有下列诸国:

1. 婼羌

按婼为部落之名,羌以示种族。《御览》引《说文》:"羌,西婼羌戎牧羊人,从人从羊。"今本作"羌,西戎牧羊人,从人从羊。"盖有删削。西戎而曰婼羌,则婼羌为西戎部族之一可知。又单称婼。《汉书·赵充国传》云:"婼,月氏。"《论衡》云:"方今哀牢、鄯善、婼,降附归德也。"则婼为部族名,羌为种族名,可以推知。又按《汉书·西域传》之婼。孟康曰:婼,音儿。师古曰:音而遮反。与《说文》"婼丑略切,不顺也,从女若声",迥然二义,可证《汉书》中之婼,为译自夷名,不同汉语。据近今东西学者之研究西藏语称盐为Tswa、Tsha、Chha,与颜注译音极为相近。又西藏语称铁为Chhya,亦与婼为对音。因此国产铁,故以名其国;又因地居盐泽之地,故取名曰婼。是称婼羌者,犹言盐地之羌也。今柴达木盆地西北阿尔金山谷一带古为羌藏人所居,似可无疑。

2. 西夜、蒲犁、依耐、无雷四国

据《汉书》所指亦为羌藏种族。《汉书·西域传》西夜国条云:"蒲犁及依耐、无雷皆西夜类也。西夜与胡异,其种类羌氏行国,随畜逐水草往来。"按西夜即《魏书》之朱驹波;《唐书》之朱俱波;玄奘《大唐西域记》之斫句迦。历来学者多以库车雅尔当之。近西人沙畹、斯坦因二氏考证以为即今之卡格里克(Karghalik),即叶城。按叶城在现南大道上,由《汉书·西域传》"西夜国,王号子合王,治呼犍谷"一语观之,似在叶城南山谷中棋盘山一带。西夜与子合是否各为一国虽不能定;但必与相连,而子合当在其西北,或即在阿子干沙尔一带。西夜子合既定,则无雷、蒲犁、依耐三国亦必在西夜子合之西,而分布于瓦克及阿子干沙尔河之间之一块高地。现已确定者,蒲犁即今塔什库尔干,今蒲犁县。无雷在蒲犁之东北,当在今英吉沙山谷中。依耐当在无雷之东北。四国方位既定,则乌秅、难兜必在蒲犁之西南。乌秅今之乌杂提,难兜在其西,疑今达吉斯坦一带。今据《汉书·西域传》所述难兜南与婼羌接。同时南山溪谷诸国称与婼羌相接者,尚有于阗南与婼羌接;渠勒西与婼羌接;戎卢南与婼羌接;小宛东与婼羌接。婼羌为小国,仅居达布逊湖一带,而云与难兜、于阗相接者,盖就其种族分布而言。《魏略》云,从婼羌西至葱岭数千里,有月氏余种,葱芘羌、白马羌、黄牛羌,各有酋豪,北与诸国接,皆不知其道里广狭。《十三洲志》云:"婼羌国带南山,西有葱岭,或庐或羌,户口甚多,强则分种为豪酋,更相钞暴。"据此是自南山以西及葱岭,皆有羌族分布,因皆由婼羌本土而来,故均以婼羌目之。据此是自南山山谷至葱岭之西,皆有古代羌藏人分布之地。塔里木盆地南部城郭诸国亦必混杂此种族。

(三) 塔里木盆地北部及葱岭西诸国

以上所述南部及昆仑山谷诸国，皆在塔克拉玛干大沙漠之南，与塔里木盆地北部中隔大沙漠，交通相隔，在文化方面既已差异，在民族方面亦显示区分，以近今发现之古代语言文字已可证明。但一部分学者对于盆地南北诸国统称为西胡，或均以雅利安种目之，无所区别。实则南北盆地国家，不特历史文化迥然不同，即种族亦有歧异；换言之，即南部诸国以羌藏种族为主体，而混入印度的雅利安种；北部诸国则以突厥种为主体，而混入蒙古种也。试先就语言考之。北部诸国以疏勒、温宿、姑墨、龟兹、焉耆诸国为最大。按疏勒今称喀什，汉代名疏勒，突厥语称水为"苏"，有水为苏勒克(Suluk)，喀什水草优美，故得此名。又今日之乌什吐鲁番，《汉书》称为温宿，《唐书》记为于祝，突厥语谓之为"乌什"(Utch)，"温宿"、"于祝"为其对音也。又阿克苏，《汉书》称为"姑墨"，玄奘《大唐西域记》称为跋禄迦，即梵语 Baluka 之译音，其义为沙丘。突厥语谓沙为 Kum 与跋禄迦同义，皆为姑墨之对音(白鸟库吉：《西域史的新研究》，第126页)。又今之喀拉沙尔，汉代称为焉耆，玄奘《大唐西域记》称为阿耆尼，语音有增损，又作乌耆，当为同名异译。耆亦读为"支"，《汉书·匈奴传》："失我焉耆山，使我妇女无颜色。"沈钦韩曰：耆与支同。是焉耆、焉支、烟脂皆为一音之异译。藤田丰八云：焉耆、燕脂，俱系突厥语 es 或 ys 及 asy 之对音，有染色之义。与《古今注》以染粉为面色，称为燕支粉；习凿齿与燕王书称

"采取其英鲜者作烟支,妇人粉时用为颜色"之义相符合。如焉耆或阿耆尼同于《匈奴传》中之焉支,则皆自突厥语中转译而来也。按焉耆以东地接匈奴,匈奴尝置僮仆都尉于焉耆、危须间,则焉耆为匈奴语极有可能。故西域中焉耆国之命名与匈奴焉支山或同一取义也。库车汉代名为龟兹,《唐书》一曰丘兹,《大唐西域记》曰屈支,《元史》作苦义,今曰库车,皆自龟兹转变而来,突厥语有鸳井之义。又《魏书》云:龟兹国南三百里有大河东流,号计戍水,一名计式水,亦为突厥语 Kas 之对音。Kas,"玉"也(《西域史的新研究》,第129页)。据上所述,是古代塔里木盆地北部即天山南麓诸国名称多可用突厥语解释,可以证明此地原为突厥人所居。再自其形貌与习俗言之,史书中记西域诸国之形貌甚不完备,唯《汉书·大宛传》称,自宛以西至安息国虽颇异言,然大同,自相睦知也。其人皆深目多须顿,善贾市。此明显示自大宛以西人种皆深目高鼻;换言之,葱岭以西皆如此,而葱岭以东则《汉书》未尝言及,或非深目高鼻亦未可知。但《魏书·西域传》于鄯条云,自高昌以西诸国人多深目高鼻,唯此一国,貌不甚胡,颇类华夏。据《魏书》所云,是塔里木盆地北部各国多深目高鼻,同于大宛以西。不过《魏书》成于北齐魏收,而所记者为北魏之事,是否可通用于两汉,为一问题。但两汉人多称西域城郭诸国为胡,如《汉书·西域传》云,西夜与胡异,其种类羌氏行国。其所谓胡,乃指西域城郭诸国。《后汉书·西域传赞》云,逖矣西胡天之奥区。又《说文》邑部,鄯善西胡国也,皆在葱岭以东。汉人称胡皆以其深目多须之故,故胡概指容貌言也。据此是西域各国人容貌,自西汉至南北朝未尝异也。又自其习俗言之,《通典·边裔典》称焉耆国其俗丈夫剪发,妇人衣襦,著大袴(《通典》一九二·一)。《新唐书·西域传》同。又称,龟兹国俗断发齐项,唯君不剪发(《新唐书》二二一上·十二)。疏勒国,仅言貌言如于阗,不言有断发事。但生子夹头取褊,与龟兹同。其他葱岭以西各国大多数皆断发,如康居、安息、波斯、月氏、嚈哒、越底延等国,丈夫皆剪发(俱见《通典》一九三)。是葱岭东西诸国民俗皆剪发,与昆仑山脉诸民族之被发者不同。《大唐西域记》序言云:"宝主之乡无礼义,重财贿,短制左衽,断发长髭,有城郭之居,务货殖之利。"又言:"自黑岭已来莫非胡俗……死则焚骸,丧期无数,剺面截耳,断发裂裳。吉乃素服,凶则皂衣。"按黑岭当指葱岭;所谓宝主之乡,当指葱岭东西诸国而言。是在唐时,葱岭内外诸国断发长髭,其俗大概相同,故汉、唐典籍概以胡人称之。然此种胡人果自何方而来乎,抑自古即为土著乎,诚一问题也。

吾人写至此,当臆及大月氏西迁之事。据《史记·大宛传》及《汉书·西域传》皆称月氏本居敦煌、祁连间,为匈奴冒顿单于所破,西徙过大宛,西击大夏而臣之。都妫水北为王庭。其事在西汉文帝时,由《汉书·匈奴传》冒顿遗文帝书,可以证明其西徙遵何路线。据《汉书·乌孙传》乌孙"本塞地也,大月氏西破走塞王,塞王南越悬度,大月氏居其地。后乌孙昆莫击破大月氏,大月氏西徙臣大夏,而乌孙昆莫居之。"按乌孙在龟兹、温宿之北,焉耆之西北,是月氏西至乌孙,必经焉耆、龟兹。又据《汉书》本传称,乌孙民有塞种、大月氏种。按大月氏经乌孙,而乌孙即有月氏种;则经焉耆、龟兹,而焉耆、龟兹亦留有大月氏种,极为可能。《后汉书·西羌传》云:"湟中月氏胡,其先大月氏之别也,旧在张掖、酒泉地。月氏王为匈奴所杀,余种分散,西逾葱岭。其羸弱者南入山阻,依诸羌居止。"由是言之,是月氏西徙时分散于诸国,并包括葱岭以西。按葱岭西诸国以康国为宗主国。《北史》谓康国本康居之后。又谓其王本月氏人,旧居祁连山北昭武城,因被匈奴所破,西逾葱岭,遂有其国,支庶各分王。是康居左右诸国皆有月氏族人可以断言。根据考古学的研究,大月氏人为隆鼻多须髯之种型,与古籍中所述胡人形貌大抵相同。故后汉时月氏亦蒙胡名。则葱岭东西所指为隆鼻多须者,很可能为大月氏余种。而焉耆、龟兹读音近于月氏,更可为月氏余种之旁证。不过月氏西徙后,习染于当地文化,如风俗语言等,与初居敦煌、祁连者有别。及至魏、晋以后,转以其文化输入葱岭以东之宗国。大月氏人可以说起了东西文化交往的枢机之任。

(四)天山山谷诸国

据前述分布于天山山谷者共十八国。除乌孙居于葱岭与天山之间不计外,余十六国皆在天山东部。又车师四国及乌贪訾离皆为都护分割自姑师,实仅九国,而以车师为其宗主。《汉书》对于车师民族无所记载,不能考见汉时车师之情况。唯车师国在晋以后为高昌,据《通典》所记高昌国人之形貌云,其人面貌类高丽,辫发施之于背,女子头发辫而垂。又云,服饰丈夫从胡法,妇女略同华夏。按《通典》所记或本之《北史》,由所举丈夫从胡法,妇女同华夏一语观之,则高昌男女辫发是否为其本俗殊为疑问。由其从胡法一语,必高昌改从胡法,非其本俗。但胡法为何族之法殊欠明了。史书中所指之胡有二解,一指北方游牧民族,如匈奴;一指西方城郭诸国,称为西胡,如上文所述。西胡为断发,与此不同,故我疑此指突厥族。按突厥风俗,据玄奘所记丈夫皆辫发。《三藏法师传》云:"可汗身着绿绫袍,露发,以一丈许帛练裹额后垂。达官二百余人皆锦袍,编发,围绕左右。"但突厥风俗何时传入高昌呢？按高昌附属突厥之年,我据麹斌造寺碑考证,高昌与突厥交好和亲在高昌和平元年,即西魏废帝元年(公元552年)。是岁突厥土门大破柔然,始称可汗。高昌初依柔然,及柔然破,故改属突厥,署突厥官号,其风俗多改从突厥。例如《北史·高昌传》称伯雅大母本突厥可汗女。其父死,突厥令依俗,伯雅不从,突厥逼之,不得已,乃从。可证高昌自服属突厥后,有改俗之事,则男子辫发亦必其一。观高昌延和十二年即隋大业九年(公元613年)下解辫发令可以知矣。《隋书·高昌传》云,伯雅下令国中曰:"先者以国处边荒,境连猛狄,国人无咎,被发左衽。今大隋统御,宇宙平一,……孤既沐浴和风,庶均大化,其庶人以上皆宜改辫削衽。"炀帝闻而善之。《隋书》又云,伯雅虽有此令取悦中华,然竟畏铁勒而不敢改也。按铁勒初附属于突厥,俗与突厥同。高昌附铁勒在隋大业初,后铁勒仍附突厥。故辫发疑非因袭于铁勒也。按高昌本地人,据《魏书·高昌传》孝明帝诏云:"彼之甿庶,是汉、魏遗黎,自晋氏不纲,因难播越,成家立国,世积已久。"是高昌国人多为汉族,受邻族影响而改从胡法。又据《隋书·西域传》云,高昌国者汉车师前王庭,汉武帝遣兵西讨,师旅顿弊,其中尤困者,因住焉。汉时有高昌垒。是高昌汉人自汉武时即移居于此。但自魏、晋后东西交通大辟,佛教东来,而安息、大月氏之传教僧侣,及康居、罗马之商人亦东来贸易。高昌为往来之冲途,当然有葱岭以西之胡人。高昌国文字,据《北史》所记同于华夏,而又兼用胡书者因此也。由是言之,是高昌国人自汉、魏以来主要为来自内地的汉族,其渗杂突厥人者乃在南北朝以后事也。

其次谈天山东部山谷中诸国。以上所举高昌人乃指居住吐鲁番盆地者而言。若在天山山谷中,即西汉初年车师遗民,其种族不与高昌同。据《汉书·西域传》,车师自郑吉为都护时分裂车师为四国,又尽徙车师民于渠犁,事实上吐鲁番盆地自汉宣帝以后,已为汉人屯田之所,自汉至唐很少变化,故上文称高昌国人为汉族略渗杂胡人者此也。但在武帝以前其车师土著民族为何?我疑北魏时之敕勒,即铁勒,即古车师之遗种也。按《魏书·高车传》云,高车古赤狄之余种也,初号为狄历,北方以为敕勒,诸夏以为高车、丁零。其语与匈奴同,而时有小异。按车师《史记·大宛传》作姑师,姑师与高车为一声之转。据《魏书》所云,高车乃汉人所命名,而其本名则为敕勒。敕勒与车师又为对音也。《隋书·四夷传》云:"铁勒之先,匈奴之苗裔也,种类最多。自西海之东,依山据谷,往往不绝。伊吾以西,焉耆之北,傍白山,则有契弊、薄洛职、乙咥、苏婆、那曷、乌护、纥骨、也咥、於尼护等,胜兵可二万。"今按《隋书》敕勒分布于天山诸部落,可考其为汉时天山东部山谷诸国者;例如契弊,《新唐书》作契苾,疑即《汉书》之且弥国。且弥、契苾一声之转也。薄洛职疑即《汉书》之卑陆国。本传云,卑陆后国王治番渠类谷,番渠类即卑陆之异译,以所治地名其国。薄洛职与卑陆为对音,疑为一名演变而来。乙咥即《后汉书》之移支国。《后汉书·西域传》云,又有移支国,居蒲类故地。蒲类今巴里坤地,为《汉书》之蒲类国。乌护疑即《汉书》之孤胡(今本作狐胡,据《御览》引改)。纥骨疑即《汉书》之劫国。于民护疑即《汉书》之郁立师国。音译相近,且其分布地相同,皆在天山之东部,所谓伊吾以西,焉耆之北,傍白山而居者是也。白山即《汉书》之天山。由是言之,是分布在天山山谷诸部,即隋、唐时之敕勒或为可信。敕勒据《隋书》、《唐书》均言为匈奴之苗裔。《魏书》云,其先匈奴之甥也。无论如何铁勒必与匈奴血统有关。匈奴为蒙古、突厥混合种已为一般人所承认,则天山山谷诸国密迩于匈奴右部,则其种族即使非匈奴嫡系,亦必渗杂匈奴血统。如此,则天山山谷诸国,亦可推断其为蒙古种而混入突厥种者也。又按《隋书·高昌传》云,伯雅下令国中改辫削衽。"然伯雅先臣铁勒,而铁勒恒遣重臣在高昌国,有商胡往来者,则税之送于铁勒。虽有此令取悦中华,然竟畏铁勒而不敢改也。"据此是铁勒风俗为辫发左衽。则汉时之天山山谷诸国风俗当亦为辫发左衽矣。按辫发为蒙古种人之特征。多桑《蒙古史》鞑靼人之容貌云,眼褐色,斜向鼻,而颊大颧高,鼻平唇厚,头面圆,带橄榄色。颐下少须,是其特征也。剃发作马蹄铁形,脑后发亦剃去,其余发听之生长,辫之垂于后。就风俗言之,则天山诸国人种为鞑靼种,与匈奴同式。与焉耆以西之为断发者固迥然不同矣。

(五) 葱岭山谷诸国

如上文所述分布在葱岭山谷者为休循、捐毒、桃槐三国。乌孙虽居天山溪谷,但在种族问题上互有关系,今合并讨论。关于乌孙及休循、捐毒种族在《汉书·西域传》中已有显明之记载,《西域传》乌孙条云:乌孙"本塞地也,大月氏西破走塞王,塞王南越悬度,大月氏居其地。后乌孙昆莫击破大月氏,大月氏西徙臣大夏,而乌孙昆莫居之,故乌孙民有塞种、大月氏种云。"又《汉书·西域传》罽宾条所载"昔匈奴破大月氏,大月氏西君大夏,而塞王南君罽宾。塞种分散,往往为数国。自疏勒以西北,休循、捐毒之属,皆故塞种也。"据上所述,是乌孙、休循、捐毒等地皆原为塞种人所居。塞种人之种族为何诚一问题。东西学者对于塞之族属众说纷纭,有斯拉夫种、伊兰种、突厥种等。有的仅根据个别语汇相同而立论。我以为推测一民族之人种,徒持言语之有相同点,论证仍嫌不足,盖各族相互接触,即会产生语言的混杂,故言语之相似者不必种族相同。故欲推论种族问题,形貌仍居重要部分。吾人试于塞种故地国家人民之形貌,根据古籍所载作一些推测。颜师古《汉书》注云:乌孙于西域诸戎其形最异,今之胡人青眼赤发状类弥猴者本其种也。又查玄奘《大唐西域记》,达摩悉铁帝国在两山间,人性犷暴,形貌鄙陋,衣服毡氎,眼多碧绿,异于诸国。又佉沙国条云:人性犷暴,容貌粗鄙,文身绿睛。按佉沙即汉之疏勒;达摩悉铁帝国即魏时之护密,今小帕米尔一带,汉之休循国地。据《汉书·西域传》疏勒以西北休循、捐毒之属皆故塞种也。今按唐时乌孙、疏勒、护密诸国之民族是否已有变迁,虽很难说,但其民族最少必有一部分自汉时遗留而来。《汉书》已明记乌孙有塞种人、大月氏人。休循、捐毒皆故塞种。大月氏为突厥人种已为一般人所承认,则大月氏人眼非碧绿已可证明。则颜师古所指乌孙人之赤发绿眼,系指乌孙中之塞种人似无可疑。由是而推测疏勒、护密人之绿睛皆为塞种人之特征。据此是塞种可能为雅利安种。但塞种人其种类不一,散布于黑海及药杀河一带,漫延于天山山谷者,杂斯拉夫种。唐时之黠戛斯尚有其遗种渗入。故《唐书·黠戛斯传》称其人长大赤发晳面绿瞳,与乌孙之塞种人相同,其散布于阿姆河及印度河之上源葱岭山谷者,则杂伊朗种。即今塔吉克人为其遗族。要之皆以雅利安种为其主要成分也。至乌孙本族之人种为何为一问题,就其与大月氏居于祁连山者言之,则除白鸟库吉所论者外,我尚无新颖见解。白氏在其《乌孙考》中谓乌孙国王名昆莫,贵人之名又多称靡,例如难兜靡、猎桥靡、泥靡、翁归靡、元贵靡、星靡、雌栗靡、安犁靡等，即突厥语 bi，犹言君长也。又此国始祖昆莫有受狼抚育之传说，与后世突厥民族狼之传说最为类似。且乌孙名称为突厥语 Usan 之对音，其意义为长，亦可为乌孙为突厥民族之一证。我对此尚无他见。乌孙原与大月氏居祁连山一带，后大月氏与乌孙又先后移徙于天山山谷。现大月氏为突厥种族已为一部分学者所共认，则与大月氏相邻之乌孙推测其为突厥民族未始没有可能；不过白鸟库吉氏忘记乌孙中之塞种人为别一民族，而否认唐颜师古之说则过矣。

总之西域为各民族交凑之地，古代即有汉人、羌藏人、突厥人、蒙古人、雅利安人、印度人迭居其地。大略言之，羌藏人居于昆仑山脉一带，而塔里木盆地南部诸国即杂羌藏人；突厥人居于天山西北吉里吉思原野，故塔里木盆地北部诸国杂突厥种；蒙古人居于天山东北阿尔泰山一带，故天山东部山谷诸族杂蒙古种；葱岭山谷邻于印度，故杂印欧种；吐鲁番盆地则汉人较多。

整理者按：此文为《汉西域诸国之分布》及《西域诸国之种族问题》两篇文章组合而成。前一篇文章曾在 1944 年发表于《边政公论》第三卷第八期；后一篇文章未发表过，按原稿整理。根据作者生前编排合为一文。又婼羌位置据《汉书·西域传》应在阳关以西，今新疆东南昆仑山、阿尔金山一带。作者在文中云在今青海达布逊湖一带，似系指婼羌族人的原根据地。婼羌人的分布似有由东而西的迹象。

（原载《西北史地论丛》，上海人民出版社，1981 年）

张骞使西域路线考

张骞使西域,前后共二次,第一次为汉武帝建元二年(公元前139年),使大月氏,元朔三年(公元前126年)还,居外凡十三年;第二次为武帝元狩四年(公元前119年),使乌孙,元鼎二年(公元前115年)还,去来凡五年。

第一次经行路线,据《史记·大宛传》所述,骞与堂邑父俱出陇西,经匈奴,留十余岁,亡乡月氏,西走数十日至大宛。按是时,甘肃西部及天山北部,均属匈奴,自冒顿单于攻走大月氏,匈奴西部南与羌接,西接乌孙,而康居安息俱近匈奴,为其役属。时骞既为匈奴所得,传诣单于,时单于庭治外蒙古鄂尔浑河一带,如由此西走,必西南出阿尔泰山,经准噶尔盆地,过乌孙国北境,西南行至大宛。一说骞出陇西,必为浑邪王所得,浑邪王领地,即今酒泉、敦煌一带。北为呼衍王领地,今天山东部哈密、镇西一带。骞虽传诣单于,然史称居匈奴中益宽,故其逃亡之地,不必发自单于庭,必游荡于浑邪、呼衍之间,乘隙沿天山北麓,出乌孙国南境而至大宛。按《史记》称汉使至乌孙,或出其南,抵大宛、大月氏可证。今从后说。

又史称骞至大宛后,大宛为发导译抵康居,康居传至大月氏,时大月氏已臣大夏,而居妫水北为王庭,骞又从月氏至大夏。按康居在大宛西北,大月氏在大宛西,骞至月氏,何故绕道康居,是不可不求之当时各国形势。按大宛国以今费尔干盆地为中心,南阻大山,王治贵山城,即今纳林河北岸之喀山,喀山、贵山,一声之转。康居在今锡尔河北岸,以塔什干为中心,即康居王冬日游牧之越匿。卑田城在其北,为康居王都,实不常住。一说康居国境西南拓展至撒马尔干一带,为康居小王附墨苏薤领地,南与大月氏之都密翎侯领地相接。大月氏以阿姆河为中心,击臣大夏而居蓝氏城。故骞欲自大宛至大月氏,西南阻于丛山,路不可通,必沿纳林河西行,经康居越匿境,而至撒马尔干,又南行经康居小王苏薤领地而至大月氏之都密,达蓝氏城。一说张骞使西域时,康居国境尚小,仅以锡尔河北岸为限。大月氏过大宛西行,初未尽南迁,一部分尚游牧于撒马尔干一带,康居为其役属。及大月氏南臣大夏,徙都蓝氏城,康居国境西南遂拓展至撒马尔干,此是后事。故骞从大宛径西行,经康居境,即直抵大月氏。时大夏在其南,故骞又从月氏至大夏,此为路线所必经,并非绕道苏薤也。按《史记·大宛传》,称康居在大宛西北可二千里,大月氏在大宛西可二三千里。若如前说,则大月氏在大宛西南,与《史记》不合。故从后说。

次述归途。据《史记·大宛传》所述,骞留月氏岁余,还并南山,欲从羌中归,复为匈奴所得,留岁余,单于死,与胡妻堂邑父俱亡归汉。按《汉书·西域传》,从鄯善傍南山北,波河西行至莎车,为南道,南道西逾葱岭,则出大月氏安息。时骞已至大夏。由大夏东归,必遵循南道,过帕米尔,出莎车,傍昆仑山北麓,经和阗、于阗、鄯善。羌今青海地;盖骞欲自鄯善,过阿尔金山至青海归,后为匈奴所得。观张骞为武帝言扞罙、于阗事可证。如云:"于阗之西,水皆西流注西海。其东,水东流注盐泽。"若非身至其地,不克详明如此。故从之。

第二次使乌孙路线,史无明文。但出使在元狩四年(公元前

119年),史称元狩二年(公元前121年),浑邪王降汉,金城、河西(西)并南山,空无匈奴。其后二年,汉击走单于于幕北,于是河西之地,始属于汉,无复为行旅之患。故骞使乌孙,必由敦煌西行,过盐泽而至楼兰,沿孔雀河及塔里木河西北行,而至龟兹,即今库车。一说由库车西行至乌什,西北过木素尔岭之西,即《新唐书·地理志》之拔达岭,而至乌孙,乌孙治赤谷城,即在今依斯色库尔之南岸。一说乌孙故牧地,当以今伊犁河谷为中心,赤谷城当在今特克斯川或伊犁一带。骞至乌孙,即由龟兹西北行绕木素尔岭之东,西至伊犁河谷,并不绕道乌什。按据《汉书》所述,汉遣常惠使乌孙,合五万人攻龟兹。又乌孙公主遣女来京师,过龟兹。是汉时通乌孙道,以龟兹为中心。故从之。《魏书》云:乌孙治赤谷城,后西徙葱岭中。则由乌什出拔达岭至乌孙道,或为汉以后之道也。今不从。

(原载《西北史地论丛》)

两汉通西域路线之变迁

按两汉通西域道路,原有南北二道。《汉书·西域传》云:"自玉门、阳关出西域有两道。从鄯善傍南山北,波河西行至莎车,为南道;南道西逾葱岭则出大月氏、安息。自车师前王廷随北山,波河西行至疏勒,为北道;北道西逾葱岭则出大宛、康居、奄蔡。"言词甚为简约。以我研究的结果,疑《汉书》所述为后汉通西域路线。与西汉通西域之路线,则有差异。按《魏略·西戎传》云:"从敦煌玉门关入西域,前有二道,今有三道。从玉门关西出,经婼羌,转西,越葱岭,经悬度,入大月氏,为南道。从玉门关西出,发都护井,回三陇沙北头,经居庐仓,从沙西井转西北,过龙堆,到故楼兰,转西诣龟兹,至葱岭,为中道。从玉门关西北出,经横坑,辟三陇沙及龙堆,出五船北,到车师界戊己校尉所治高昌,转西与中道合,至龟兹为新道。"(《魏志》卷三十注引《魏略》)由《魏略》所述,以校《汉书》,除南道以婼羌易鄯善外,余均同。惟所述之新道,实即《汉书》之北道。而中道转为《汉书》所不记。今以考察所得,参合《史记》、《汉书》所记,知《魏略》之中道,即西汉时之北道。后汉时之北道,即《魏略》之新道。班固以后汉之道路,系之于前汉,误矣。论述如下。

《史记·大宛传》:"宛国饶汉财物,相与谋曰:'汉去我远,而盐水中数败,出其北,有胡寇,出其南,乏水草。又且往往而绝邑,乏食者多。'"（颜师古注《汉书》曰，绝邑，言近道之处，无城郭之居也）又云："贰师将军既西过盐水，当道小国恐，各坚城守，不肯给食。"又云："西至盐水，往往有亭，而仑头有田卒数百人。因置使者护田积粟，以给使外国者。"按《史记》之盐水，即《汉书》之盐泽。时楼兰在泽之西，匈奴在泽之北，数为行旅之患。故《汉书·西域传》称："贰师将军击大宛，匈奴欲遮之。贰师兵盛不敢当，即遣骑因楼兰候汉使后过者，路绝无通。"故云北有胡寇，盖指匈奴。在盐泽之东，玉门关以西，为白龙堆沙地，地无水草居民。由今罗布泊东北盐壳地带，可以证明其然。故《汉书·西域传》称楼兰国最在东垂近汉，当白龙堆，乏水草，与《史记》"出其南，乏水草""绝邑乏食"正同。由此言之，是李广利伐大宛所行之路，即由玉门关西北行，过龙堆，经罗布泊北岸，直西经楼兰，至龟兹，与《魏略》所述之中道相合。李广利伐大宛，为汉武帝太初元年（公元前104年），太初四年（公元前101年）还京师，皆西汉时事也。

再以我所考察者证之：我在1930年春赴罗布泊考察，在湖北岸之一三角洲中，觅得古烽燧亭遗址一区。墙基犹存，亭上有竿五，南北骈列，盖为当时举烽火之具。亭东北隅，有房屋遗址，疑为官长所居，以芦苇为墙，间以咸块。发掘其下，发现木简漆器、服履之属甚多。木简长八寸，宽三分。墨书隶字，有黄龙、永和、元延诸年号，洵为西汉故物，器物时代亦颇相当。自元延以后，即不见有何文字。故疑此遗址，在西汉时为最活跃时期。自王莽以后，势力浸微矣。

我第二次去新疆，复至罗布泊古烽燧亭工作，又发现木简数枚，有记行人来往之词。在亭北五里许，有古道一；东西向行，盐层开处，中现通途，蜿蜒湖畔，有若游龙。在道两旁，时拾得五铢钱，及碎铜件之类，想必为行人所遗。以遗物证之，当与烽火亭有关系，且为同一时代所遗留也。

时楼兰与龟兹、仑头为直线。李广利出师大宛，虽分南北两道，而其北道必由此路行，故有屠仑头之举。且须经过此地。盖由此往东为盐水，有白龙堆沙碛；由此往西，有库鲁克河，为淡水，可溯河而西。故武帝诏书，有"从溯河山，涉流沙"之语，盖为此也。自李广利破大宛后，"西至盐水，往往有亭。而仑头有田卒数百人，因置使者护田积粟，以给使外国者。"（见《史记·大宛传》）是此亭或即为武帝破大宛后所设，亦未可知也。据此，则汉初之北道，即《魏略》由玉门关西北过龙堆，到楼兰，直诣龟兹之径道。时车师在北，与匈奴为邻，不当孔道。虽宣帝时日逐王降汉，郑吉攻破车师，兼护北道；然由玉门关出五船北，至车师之新道，仍未通行。《西域传》云："元始中车师后王国，有新道出五船北，通玉门关，往来差近。戊己校尉徐普，欲开以省道里半，避白龙堆之厄。车师后王姑句，以道当为拄置，心不便也。"按《太平寰宇记》述元始中之三道，其述新道云："从玉门关西北出，经横坑，辟三陇沙及龙堆，出五船北，到车师界，戊己校尉所理高昌，转西与中道合，至龟兹，为新道。"与《魏略》所载之新道同。其述中南两道，亦复一致。是《魏略》中之三道，乃元始中之三道。但其新道终厄于车师后王姑句之阻，未见通行。及王莽之乱，西域复绝。故终西汉之世，其通西域只有南中两道也。及后汉永平十六年（公元73年），明帝命将北征，取伊吾卢地，置宜禾都尉以屯田。后复为匈奴所据。至和帝永元元年（公元89年），大将军窦宪大破匈奴。三年，班超遂因之以定西域。和帝死，西域又叛。延光四年（公元125年），安帝命班勇为西域长史，屯田柳中，如永元故事。置伊吾司马一人以静守伊吾,而西域之道复通。但此道为《魏略》中所述之新道,即由伊吾以至车师者,与西汉之径道有异也。《后汉书·西域传》云:"自敦煌西出玉门、阳关,涉鄯善,北通伊吾千余里。自伊吾北通车师前部高昌壁千二百里。自高昌壁北通后部金满城五百里,此西域之门户也。伊吾地宜五谷、桑、麻、葡萄,其北又有柳中,皆膏腴之地。故汉常与匈奴争车师、伊吾,以制西域焉。"据其所述,与《魏略》所载出五船北之新道相合。伊吾即今之哈密地,五船虽不详其地址所在,但必在伊吾附近,即今哈密一带也。是后汉通西域之路,只有南北二道。而北道即《魏略》中所述之新道,中道在后汉已渐近衰微矣。虽安帝元初中,班勇请遣西域长史,将五百人屯楼兰。西当焉耆、龟兹经路,南强鄯善、于阗心胆,北扞匈奴,东近敦煌。但终不见用于安帝,而于延光中出屯柳中矣。柳中即由伊吾至高昌所必经之地,亦即玉门关西北出五船至车师所必经之地也。据上所述,则后汉之北道,即《魏略》之新道,而西汉之北道,即《魏略》之中道,无可疑也。至斯文赫定所发现楼兰遗址,所得木简为晋太始以后事,与汉通西域道路无涉。斯坦因以此为汉通西域古道所必经之地,误矣。

次所欲论者,西汉初何以择此险道,后汉又何以改道?欲答此问题,须先明匈奴在当时之形势。

匈奴自冒顿为单于后,势渐强大,尽灭北方诸胡,与汉接壤。置左右贤王,以左王居东方,直上谷;右王居西方,直上郡。右贤王地又与氐羌相通往,氐羌在长安之西,即今甘肃、青海等地。故汉初西北两面,均被迫于匈奴与氐羌。匈奴屡为边境之患,致高祖被困于平城。武帝之初,虽屡遣大将军攻击匈奴,匈奴渐次西北徙;然西域诸国,亦与匈奴接壤,服属匈奴,如乌孙、车师,是其例也。

故武帝欲保汉土之安全，必须行下二策：即一、隔绝羌、胡交通；二、通西域以断匈奴右臂。及汉元狩中，骠骑将军霍去病击破匈奴右地，降浑邪、休屠王，空其地，以置酒泉、武威、张掖、敦煌四郡，匈奴益西北徙。羌、胡交通，自是断绝。故武帝第一策，已完全达到。再说第二策。初张骞奉使西域，还言联络乌孙、大宛之利，武帝从其言。元封中，遣使与乌孙和亲，以公主妻乌孙王，俾与乌孙夹击匈奴。又派贰师将军击大宛，围车师，以威西国。西域诸国，亦遣使来贡献。轮台、渠犁，置田卒数百人，置使者校尉领护。是皆为武帝第二策之表观。然汉由白龙堆过楼兰至乌孙、大宛，必须经过极长之险道。时匈奴虽已西北徙，然与西域诸国相接，车师服事匈奴，共为寇钞。又匈奴西边日逐王置僮仆都尉使领西域，尝居焉耆、危须、尉犁间。汉使至西域，必经过车师、尉犁、焉耆之南境，即沿塔里木河旁之沙地，过龟兹以至乌孙。楼兰与车师南北相值，当汉道冲。设车师与楼兰联络为一，以阻汉道，则汉与西域交通立时断绝。故保障通道安全，当为汉代之急务，楼兰即其重要之地也。又西域诸国，虽一时服属于汉，而又被迫于匈奴，时离时合。故汉代欲通西域，非取得楼兰为据点不可。武帝死后，昭帝因楼兰王为匈奴反间，即立遣傅介子刺杀之，并屯田于伊循城。而以故楼兰为军事与运输之重地。例如宣、元之际，设都护，置军候，开井渠，积食谷。由盐泽以至渠犁，亭燧相望，皆为布置军事与运输之重要政策。而汉亦得以安稳渡过艰险之长廊沙地，无复后顾之忧。武帝之第二策即通西域以断匈奴右臂，至是乃完全成功。《水经注》称楼兰王迁伊循城，乃尉屠耆惧为前王子所害，自请于天子者，并非真实原因。

及前汉之末，哀、平年间，内政不修，中原和西域交通断绝，西域诸国自相分裂为五十五国。及王莽篡立，贬易诸侯王，西域怨叛，与汉绝，而役属于匈奴。光武初定，亦不遑远事。时西域诸国，复自相攻伐，匈奴复胁诸国，共寇河西诸郡县，边境骚然。汉为巩固边防起见，不得不重振旗鼓，恢复交通西域政策。然西汉通西域之路线，取直线，经过荒寂不毛的沙碛地带，复沿塔里木河前进，供给困难。且鄯善已南迁，而楼兰故墟又时为风沙所侵袭，究非屯军之良地。故后汉不得不在由敦煌通西域路中间，另觅一安全之道，藉以为屯军之地。故注意及伊吾。伊吾居天山之东麓，为西域诸国门户，匈奴尝资之以为暴钞。又由伊吾至高昌（即今吐鲁番），沿天山南麓经焉耆、龟兹至疏勒，为地理条件比较优越的道路。故明帝永平十六年（公元 73 年），命窦固出兵攻取伊吾，取之为北路据点。一面派班超慑服鄯善，收之为南路据点。然伊吾为军事要区，匈奴在所必争。而车师、焉耆、龟兹，又时与都护为敌。明帝虽取之，而章帝终不能长久保守，卒退出吐鲁番、哈密二地，致班超时陷于孤立地位。及和帝之初，窦宪再破匈奴，取伊吾，屯田车师。班超又藉之以破焉耆，西域五十余国又悉附汉，南北两路之天赋良道，遂完全为汉有矣。而经龙堆至故楼兰之径道，遂不复为汉人所注意也。

（本文约作于 1937 年，原载《西北史地季刊》第 1 卷第 1 期，1938 年 2 月）

谈古代塔里木河及其变迁

我于1928—1929年赴新疆南部围绕塔里木盆地诸绿洲考查。在1929年曾由沙雅横穿大沙漠到达于田,对于塔里木河及其支流作过了一些探查。1933年又到罗布泊考察,发现海水复故道,找到了东西交通大道与台站。但当时仅到北岸,故我写《罗布淖尔考古记》时,对于海水移徙叙述较详,而不及河流。写《塔里木盆地考古记》时,对于河流变迁亦尝提及,但未作有系统的叙述①。解放后于1958年,我又到南疆作过一次考察,看了一下尉犁、若羌及塔里木河下游一带。此次踏查距初次考查已有三十多年了,在这些年中间,新疆起了非常大的变化。尤其在解放后的十余年间,由于社会主义建设突飞猛进,昔日戈壁沙漠人迹罕到之区,现已建筑成群,禾苗遍野,显出一派繁荣昌盛景象。

塔里木河的变迁,从一个侧面反映了塔里木地区的历史;因此对古代塔里木河的变迁作一番研究,对理解新疆的一些历史现象是很有意义的。

一、现在塔里木河的情况

塔里木河是新疆塔里木盆地唯一的一条大河,全长1400余公

---

① 《塔里木盆地考古记》第五章,科学出版社1958年版。

里,上源由和田河、叶尔羌河、喀什噶尔河、阿克苏河四河交汇而成,因流经沙雅塔里木牧地,故名塔里木河。现喀什噶尔河流至巴楚即断流,无余水入塔里木河,和田河亦变为季节河,在6、7月间山洪暴发时方有余水入大河,故和田河经常是一条干河。现塔里木河河流全持叶尔羌河水及阿克苏河水补给,而阿克苏河水在上游灌地后,余水亦不多。现塔里木河水主要是以叶尔羌河为主体,故本地人称塔里木河为叶尔羌河,盖指河水而言也。塔里木河在阿克苏南会合诸水后,东流至沙雅南,渭干河支河自北来入之。渭干河上源为木扎提河,发源于汗腾格里山,东南流,出库木土拉为渭干河,东流有铜厂河即库车河自北来入之,复东流,在轮台境又分数枝河骈比东趋;主要有两河,一为卡阳河,下游称英气克河,一为乌卡特河,或称乌根达里雅。卡阳河东流至尉犁境入罗平洛克湖、郡克尔湖、阿克要洛斯湖。解放前,由郡克尔湖水溢出,循卡阳河旧道入孔雀河。乌卡特河自轮台某地分出,东流至尉犁县境米拉木汗,距尉犁24公里处与由西来之塔里木河会合,转南流至阿拉干附近与孔雀河会,南流入罗布泊。尉犁另有一大河为孔雀河,即海都河。海都河自入博斯腾湖后,复自湖溢出为孔雀河,流于库尔勒西转南,流入尉犁境,转东南流至的力帕,卡阳河水入之。又东偏南流至铁曼坡,循一支河东南流至阿拉干附近,而与塔里木河会。又南流会车尔臣河,转东流入罗布泊。而孔雀河正身为一干河,河床东至罗布泊北岸,旧地图称为孔雀海,实无水,此清末民初的情形。故当时地图在北岸绘一小海子,在南部即在若羌北绘两个湖,即喀拉布郎库尔、喀拉库顺,其原因在此。

近四十年来,渭干河水除在沙雅奇满有一支河入塔里木河外,余水止于库车草湖乡灌田即止,并不能到轮台草湖,更无余水入塔里木河。故现在卡阳河水为塔里木河水。三十年前,塔里木河在沙雅轮台间,有一支河直向东北伸展入渭干河故道,并凝集成若干小湖泊。我于1928年在轮台考察时,曾在轮台县南30公里乌斯托乎拉克庄观察溢水,当时水势浩瀚,河身宽里许,可以行舟,溢水正向北转,侵入村庄,牧民搭水阁而居。一居民告我云,近年塔里木河北转,入渭干河故道,这是北边一条河(卡阳河),南边还有一条河(乌卡特河),塔里木河还在南边,现已没有水了。又据另一人谈,约在四十年前,尉犁校堂、塔是吐克附近塔里木河有一缺口,分出若干支河东流入孔雀河;故当时不特塔里木河故道没水,而渭干河南支即乌卡特河亦为干河。在1921年,本地人在铁曼坡打坝,阻塞孔雀河水南流以后,卡阳河水、塔里木河水均东流,循库鲁克河旧道入罗布泊。故当时罗布泊在北边。若羌北之两湖,喀拉库顺、喀拉布郎库尔亦干竭无水。我在1930、1933年所见之情况如此(见《罗布淖尔考古记》第一章),亦即二十年前世界地图所绘罗布泊之情况也。解放后生产建设兵团在轮台东南筑了一个大坝,称为塔里木大坝,堵截塔里木河水北转,迫使水入渭干河故道,又在尉犁和郡克尔一带,阻塞了卡阳河入孔雀河若干缺口,迫使卡阳河溢水南流于公路东侧,形成若干小湖泊,余水入塔里木河。而乌卡特河东流至尉犁东南米拉木汗入塔里木河故道南流,米拉木汗以西之旧塔里木河故道仍为干河。农民又在铁曼坡掘开旧堤坝,迫使孔雀河水到铁曼坡循支河东南流至阿拉干附近,与塔里木河会合,南流至七克里克与车尔臣河会东流汇集于阿不旦附近,形成一个新海。故现在铁曼坡以东库鲁克河又成干河,而在北之罗布泊也缩小了,有逐渐干竭现象。现据航空观察孔雀河(库鲁克河)东段已无水,而罗布泊已缩小了。是现在又恢复了清末现象,形成南北两个湖。塔里木河转南流以后,由于沿途消耗,河水已弱小,南流至英柯尔、铁干里克,又凝集为若干泄水湖,较大的为巴西湖、大西海水。现兵团引泄水湖水开辟了若干农场。塔里木河水流至阿拉干时,更为细小,宽约20米左右。及与孔雀河会合南流至七克里克,又与车尔臣河会流,水仅集于七克里克东边低地阿不旦附近。而喀拉库顺现仍干竭无水,此1958年4、5月所见之情形也。

二、古代塔里木盆地中之河流

由上所述塔里木河经行地点,就其在塔里木盆地位置言之,是偏盆地北部,且只有一条河;但我们结合文献来观察,似乎南边当另有一河已消失了。《汉书·西域传》云:"自玉门、阳关出西域有两道。从鄯善傍南山北,波河西行至莎车,为南道;南道西逾葱岭则出大月氏、安息。自车师前王庭随北山,波河西行至疏勒,为北道;北道西逾葱岭则出大宛、康居、奄蔡焉。"又据《汉书·西域传》南道当道之国为鄯善、且末、精绝、扜弥、于阗、皮山、莎车。北道当道之国为疏勒、姑墨、温宿、龟兹、尉犁、危须、焉耆、山国、车师。既云南北两道都是波河西行,则必有南北两河随道并行。现塔里木河所经之地,如上面所述,都是在北道线上;然则南道线上所波之河,到何处去了呢?稍后北魏郦道元注《水经》,详述南北两河河流,穷源竟委,昭然若揭。但据郦注所述,校以现在塔里木河经流情况,也只有北河,没有南河,是否为道元虚构,抑另有一条河已消失了。这个问题,现以《水经注》为中心,结合考察所见,述说如下。

《水经注·河水篇》云:

北河自歧沙东分南河,……又东北流分为二水枝流出焉。北河自疏勒径流南河之北,……暨于温宿之南,左合枝水。上承北河,于疏勒之西东北流(原作东西北流),径疏勒国南,又北东疏勒北山水合,……径疏勒城下。枝河又东径莎车国北(原作南)。又东径温宿国南,于此枝河右入北河。北河又东径姑墨国南,姑墨川水注之。……北河又东径龟兹国南,又东左合龟兹川水。……大河又东右会敦薨之水。……河水又东径墨山国南,又东径注宾城南,又东径楼兰城南而东注。河水又东注于泑泽,即经所谓蒲昌海也。水积鄯善之东北,龙城之西南。……

按北河当即今之克孜勒河,源于帕米尔山区东侧,东流入乌恰县境丛山中,出山口东流于喀什市南艾萨克萨乡旧城之北,东北流,至伽师与喀什噶尔河合,故克孜勒河下游,称喀什噶尔河。因帕米尔古称葱岭,故又称葱岭北河。又据《水经注》有一支河上承北河,流于疏勒国南,现克孜勒河自出山口后,分出一支河即喀什噶尔河,流于艾萨克萨乡旧城之南。我疑艾萨克萨乡之旧城,为古疏勒城,如然则流于疏勒南之喀什噶尔河,为《水经注》中之枝河也。但此河东北流至伽师即入克孜勒河,不到温宿,可能古时流长,现缩短了。喀什另有一大河为盖孜河,亦发源于葱岭,东流于喀什市区之南,东流灌溉岳普湖后即入沙①。道元似未叙入;但徐松说雅马亚河(盖孜河上源)入克孜勒河,与现河流不同,或系河流有变化。注文又云:"北河又东径莎车国南",南为北字之误。下文明云:"疏勒南去莎车五百六十里",是莎车不能在北河之北也。"北河又东径

---

① 徐松:《西域水道记》卷一。

姑墨国南,姑墨川水注之。"按姑墨即今之阿克苏,姑墨川亦即今之阿克苏河。现克孜勒河流至巴楚附近即已断流,无余水东流,但在古时是与阿克苏河会合后东流的。我于1929年在图木舒克发现托和沙赖古城,克孜勒河旧河床经古城之南,东北流,沿途还有古渠古道遗迹①。《新唐书·地理志》引贾耽《道里记》云:"据史德城龟兹境也,一曰郁头州,在赤河北岸孤石山。"又云:"赤河来自疏勒西葛罗岭,至城西分流,合于城东北入据史德界。"按赤河即今克孜勒河,克孜勒突厥语红义,凡克孜勒河所经流之地,皆作红色,沿途古城古址,均用红色土坯累砌。托和沙赖古城,即在克孜勒河北岸,是托和沙赖古城即龟兹据史德城,一曰郁头州城。而城旁之河,亦即唐之赤河,今之克孜勒河。复沿红泥滩东北行,沿途时见古河道、古渠、古大道,及道旁之烽燧,直到修理呼图克以北,方不见红泥滩。而古时之建筑物皆为白土所筑,可能已进入阿克苏河区域也。因此而知古时喀什噶尔河与阿克苏河会流之地,必在修理呼图克以南一带(详见《塔里木盆地考古记》,科学出版社1958年版,第59—63页)。会流后,据《水经注》所述仍流径龟兹国南,龟兹川水注之。龟兹即今库车,龟兹川即今渭干河。再往东,如敦薨水,即今焉耆河,下游即孔雀河。墨山国,疑在今库鲁克山中。注宾城疑在孔雀河北岸线上。楼兰城即今楼兰遗址。综上所述,是北河由疏勒经姑墨(阿克苏)、龟兹(库车)、轮台、焉耆,一直向东,沿天山及库鲁克山南麓而至罗布泊,与现在塔里木河经行之地,除东段外,几乎完全相当。北河的存在是不成问题的。不过现塔里木河较北河故道已北移了。我在1929年春由沙雅取道大漠

---

① 《塔里木盆地考古记》第六章,科学出版社1958年版,第59—61页。

赴于田考察时,在塔里木河南约50公里左右,即在阿克对雅南约10公里,发现向东而行的一大干河床。河宽约200米左右,两岸高约1米,河中心洼陷,沙细色白如银,与和田河同。在干河旁还有古道,若隐若现,在道旁拾有红陶片、铜片、珠子及烽燧,可能在道旁还有守护的建筑,惜未觅得。这些遗物,经鉴定是8世纪前后,可能要早些。由是知此干河有水时,东西大道亦必沿此河而行。据引导云,如沿此干河西南行可达和田河。同时我沿阿克对雅西行入子里河干河西南行,到和田时,在子里河南约30公里左右,其东岸有一缺口,称渡口,往东约5公里左右,又见一干河床,东偏北行,河宽与阿克对雅南之大干河相等,两岸枯胡桐及沙丘,骈比东趋,则此河必即阿克对雅南所见之干河①。据引导云,沿此干河可以到和田河,则阿克对雅南之干河必与渡口东之干河为一河。即古塔里木河。现由渡口到托和沙赖古址,适东西成一平行线,则在古时托和沙赖南之克孜勒河,即喀什噶尔河,与阿克对雅南之干河,合渡口东之干河必联接成为一河,即古北河,而河旁之古道同时亦必为东西通行之大道,称为北道。但现河流已北移50余公里矣。由上所述,北河是一直向东流入罗布泊,但现在塔里木河的东段,东流至尉犁境内,即转南流,而孔雀河亦向东南流,海水亦有渐次移到南方趋势。如问何时塔里木河在东段与孔雀河直东流入罗布泊?何时又南流呢?是值得我们思索的一个问题。我于1930年发现土垠台站,及孔雀河水复故道;同时在土垠中又发现西汉黄龙元年(公元前49年)木简,并在孔雀河沿岸采拾西汉五铢钱及铜矢镞等,是在西汉时孔雀河是有水之河,而罗布泊也在北岸。东汉

---

① 《塔里木盆地考古记》第五章,第44—45页。

时情形不知。但在安帝延光中,班勇建议屯田楼兰,是当时楼兰情形未变。至1900年斯文赫定在罗布北区发现楼兰遗址,探获文书中有咸熙、泰始、永嘉各年号①。按咸熙为曹魏陈留王奂年号,泰始为晋武帝、永嘉为晋怀帝年号,是此地在公元265—310约四十余年之间,均属魏、晋屯戍之地。斯坦因于1906年也在此地获得一文书,为建武十四年,即咸和五年(公元330年)。在遗址中有一文书"溉北河田一顷"之语,又有"水大波深必泛"②等语句。日人橘瑞超氏又在此地发现有"海头"字样文书③,综合所见,是北河东段即孔雀河下游,在公元4世纪中叶以前,为有水之河,而海水亦聚在楼兰附近。5世纪以后,此地遂不见于史册,而内地与西域交往,转移至鄯善与车师。宋元嘉十八年(公元441年)沮渠无讳渡流沙进据鄯善,战不胜退保东城,《水经注》称为故东城,我疑即楼兰遗址东南50公里之默得克沁。东城称故,则已荒废了。而塔里木河同孔雀河必已改变了方向,向南移动,在喀拉库顺汇为一个新湖,如清末地图所绘,及目前塔里木河南流的情形也。综上所述,是现在的塔里木河即北河,在5世纪前塔里木河孔雀河直入罗布泊,5世纪以后塔里木河孔雀河转南流,所谓南河北河在东段均已消失,而湖水亦易其方位矣。

其次,我们要谈南河的问题。上文所述《水经注》北河所入的支河,与现在的塔里木河所受之水,有两条主要河流,即叶尔羌河、和田河未有叙及,是郦道元漏遗了呢?还是另成了一条河?根据《水经注》所述,是另成了一条河,而称为南河,与北河骈比东流入

---

① 孔拉第:《斯文赫定发现的楼兰》第Ⅱ章。
② 同上。
③ 王国维:《观堂集林》卷十七。

罗布泊。其说云：

> 河水径歧沙谷出谷分为二水，一水东流，……径蒲犁国北，河水又东径皮山国北。……河水又东与于田河合。……南河又东径于田国北，《释氏西域记》曰："河水东流三千里，至于田屈东北流者也。"……南河又东北径扜弥国北。南河又东径精绝国北，南河又东径且末国北，又东右会阿耨达大水。……会流东逝，通为注宾河，又东径鄯善国北，其水东注泽，泽在楼兰国北扜泥城，故彼俗谓是泽为牢兰海也。

按如《水经注》所述，是塔里木河盆地南边，有一条大河东西流，称为南河，从蒲犁（塔什库尔干），经皮山（库马）、于田（和田）、扜弥（克里雅）、精绝（尼雅）、且末（车尔臣）、鄯善（若羌、密远）的北边，东流会车尔臣河，东流入牢兰海，即罗布泊。但现在与车尔臣河相会的塔里木河、孔雀河，均由北来，并非由西来，是否古时有大河从西来，穿行沙漠与北河骈行而入楼兰海呢？当然现在的地图是没有这一条完整的河流，因为两千年来，经过长期的自然变化与人为影响，在广阔的沙漠中，不可能有一完整的故道，这是可以理解的。但根据现存的断断续续河床痕迹，以及当时沿河居民的遗存，结合文献，也不难推想当时曾经有河流的存在。我于1929年在和田、叶尔羌考察时，曾就和田河的流向作了一次探查。在和田北30公里左右有一大干河，从吉牙庄和田河分出一支河，向东北流。据本地人说，此河直到旦当乌利克。在吉牙庄附近有一旧城，名阿克斯比尔，我曾著文认为这是古于田都城所在。干河曾流于其西，附近有许多重要遗址，都在干河两岸，绵延50公里都是瓦砾场；本地人也说从前和田人都沿这条河居住,因以后没水,均迁走了。如沿此干河可到旦当,再东北可到沙雅草湖,又说到罗布泊①。又我于1930年横穿大漠到于田时,在托瓦克东约10公里左右,见一大干河床东北向②。据引导人言,此河即是从吉牙庄分出干河的中段,直通旦当,是《汉书·西域传》称"于阗已东水皆东流",似可相信。1929年我们曾到克里雅河考察喀拉墩古址③,我们认为是扜弥国遗址。房址排列形势均是向东北伸展,可能是沿着古道方位修建。同时在遗址附近也有一条干河床,向东北伸展,跨克里雅河而过。再往东,还有尼雅河末流的古迹,可能是精绝国遗址。现在我们如果把旦当、哈拉墩、尼雅联结起来,划一横线,恰恰与《水经注》所说南河所经行的路线相合。如再由尼雅故址向东北方向伸展,恰到阿拉干南边。在中国旧地图上,在托和莽西绘一干河名肯时(特)车尔臣达里雅,向东北流,与由北来之克特克塔里木会;又在和尔罕东又绘一干沟直东北行,名什尔夏查普坎干沟,意味着现车尔臣河已向南移了。德国赫尔曼教授主张"南河在阿拉干南与车尔臣河会合为注宾河,附近默得克遗址(现订为梯木沁)即注宾城。"④但我同意前说而不同意以附近遗址为注宾城。因注宾城在北河线上,注宾河必因注宾城而得名。可能当时北河即孔雀河,在注宾城有一支河南流至阿拉干附近,与南河即车尔臣河会合东流,至默得克沁即喀拉库顺旧城入海。南河因与注宾河会流,故亦名注宾河,在默得克沁旁有一干河床自西来,斯坦因说是孔雀河最后的支河,

---

① 《塔里木盆地考古记》第五章,第40页。
② 同上书,第54页。
③ 同上书,第50—51页。
④ 赫尔曼:《楼兰》。

但本地人说是叶尔羌河,皆指注宾河也。在遗址附近有许多沟渠遗迹。在楼兰遗址中,所获得文书,有"溉北河田一顷"①之语。楼兰遗址在默得克沁北偏东相距约50公里,楼兰遗址附近之河既称为北河,则其南默得克沁当称为南河。根据上述种种迹象,南河的中段与东段存在是可以推想到的。问题在西段,南河主流即初源。根据《水经注》所述河水曾经蒲犁、皮山之北,我们必须在皮山、和田北面觅出古河床或遗址,方可征信。当然,明显的遗迹,我们未觅着,不过求之文献记录及吾人所见,亦有线索可寻。《通典》边防典于阗条注云:"(于田河)名首拔河,亦名树拔河,或云即黄河也。北流(原误海,今改)七百里入计戍水,即葱岭南河,同入盐泽。"②《通典》为唐杜佑所著,关于西域记载多引杜环《经行记》,杜环随高仙芝在西域颇久,所记必较真实。据《通典》所述,是和田北有一大河名计戍水,即葱岭南河,和田河北流入之。又按斯坦因在旦当所得之文书中,有"杰谢镇"的名称(斯坦因:《古代和阗》,第524页),另一文书有"大历三年"年号,傑当即杰之俗体字,杰谢与计戍为一音之转,可能计戍河因过杰谢镇而得名,犹塔里木河过塔里木牧场而得名同一例也。但杰谢镇究在何地,必须有确定的地点,方可证明计戍水之径流。据文书杰谢镇是驻扎戍兵之区,它的知镇官是一个将军名杨晋卿,故我认为玛扎他哈遗址可能即是杰谢镇所在地。遗址在和田河旁,为交通中枢,附近有山临河,旧城即在山上。城有三重,为红土坯所砌,附近烽燧甚多,可能为守望之所。旁有古道,东西行,可能是南道线上由于田到莎车之沙漠道遗迹。

---

① 赫尔曼:《楼兰》,第四、五两节。
② 杜佑:《通典》卷一九二。

我在遗址中掘出乾元钱一枚,及民族文字的木简。在石壁上有颇多之汉人题名,也有用民族文字写的题名。可能是戍兵所为(《塔里木盆地考古记》,科学出版社1958年版,第45页)。因此我疑此地即是唐朝在于阗驻兵之地,或守捉城故址。在玛扎东岸,有一大草滩,宽广里许,向东北伸展,两岸沙山绵延一线,中显低洼,现出旧河床痕迹。我疑此草滩为南河经行之迹,东流于旦当之北,西与莎车东与哈拉墩成一平行线。是否可以这样理解,在8世纪中叶,南河仍由莎车东流至玛扎他哈之南,称为计戍水,东流于旦当之北,与于田河会合,至哈拉墩东北流入罗布泊。与《通典》所述适相吻合。《通典》所记西域事止于天宝,则所述和田河入计戍河当是8世纪中叶以前事也。但计戍水是否即是指南河,《通典》解释计戍水之语,非常明确。如云:"计戍水一名首拔河即葱岭南河,同入盐泽。"按《水经注》南河、北河均发源于葱岭,北河当为喀什噶尔河,又称为葱岭北河。南河即指叶尔羌河,虽叶尔羌河发源于喀喇昆仑山北侧,与喀什噶尔河源不同一地,但叶尔羌河发源之地亦称为葱岭,故历来地理学家如徐松辈,均以叶尔羌河为葱岭南河[①]。现计戍水既即葱岭南河,则叶尔羌河流入玛扎他哈以东,和田以北者,亦当为南河,即计戍水也。因此,西段南河在8世纪中叶以前存在,是可以理解的。然则何时放弃,下文当谈这个问题。

三、河道变化

由于上面所述古代叶尔羌河和田河的东流,说明了南河的存

---

① 徐松:《西域水道记》卷一。

在。但现此二河是入塔里木河,何时改变了流向转北流呢?当然河流的改道与人为的影响,及自然的变化,都是有关联的。我们从有关地区的历史及交通方面的变化,可以找到一些古河流演变的线索。据上面所述及沿线遗址,在1世纪至5世纪期间两河的存在不成问题,已见上述。但自5世纪以后,鄯善为吐谷浑人所占据,政治中心和交通线亦必南移至婼羌一带,北道亦北移经由高昌。整个罗布区域,即古楼兰地,几乎全为沙漠所占领。北道由高昌起到8世纪都还存在,而北河即塔里木河同时也是通畅的。南道则起了变化。由于鄯善沦亡,交通与河流的管理亦随之被放弃,势必影响到河流畅通。尼雅(即精绝)、且末在后汉时统属于鄯善者,至是亦被放弃而为沙漠淹没。哈拉墩(扜弥)在后汉即已并入于阗。是南河东段和中段在5世纪至8世纪初期,已全沦入沙漠。5世纪初,晋释法显从焉耆西南行,穿沙漠到于阗,说"路中无人,沙行艰难,所径之苦,人理莫比。"①法显必是过北河,涉沙漠到南河线,沿和田河而到于阗。但为何不从鄯善沿南河到于阗,而绕道北行呢?必南河已干竭而南道已不通行也。6世纪初期,宋云由鄯善到于阗,是边山一道,时鄯善已为吐谷浑王子所据②。至7世纪中叶,玄奘回程由于阗东返,自尼壤东行,称:"从此入流沙,风动沙流,无径路,行人往返望人畜遗骸以为标帜。"东经睹货逻故国(即今安得悦)、折摩驮那故国(即今且末)、纳缚波故国即楼兰地(今罗布泊)展转到达唐境③。是当时尼雅以东已完全变为沙漠。故楼兰、且末、睹货逻均称故国,是南河东段必早已断流,而北河东段亦变易

---

① 法显:《佛国记》。
② 宋云:《求经记》。
③ 玄奘:《大唐西域记》。

其位置矣。但南河自尼雅以西,若旦当、玛扎他哈据其出土遗物皆在8世纪前后,则南河西段水并不是完全干竭,而交通犹复继续活跃。尤其在7世纪中叶,西州收入唐代版图以后,于唐高宗显庆三年(公元658年),徙安西都护府于龟兹,统四镇及十六府七十二州之地,当时于阗、龟兹、疏勒、焉耆均置戍兵,设镇守使以统御之。塔里木盆地北部及西部尤其于阗、龟兹都是繁荣昌盛之地。自天宝十年(公元751年)高仙芝于怛逻斯一役大败于大食,唐代在葱岭以西政治势力全部失掉,而葱岭以东犹能维持一个短时期。但在天宝末年,安史叛乱,西北戍兵调入中原,在唐德宗贞元六年(公元790年),吐蕃乘唐兵撤走,进攻西域诸国,陷安西、北庭。在玛扎他哈发现藏文文书,及山上城堡系为火所焚毁①,则玛扎他哈遗址即杰谢镇,可能是吐蕃由和田河进兵攻安西时所摧毁,旦当可能不久亦被放弃。因旦当自大历建中以后,玛扎他哈自乾元以后,再无遗物出现,可证这遗址到8世纪末期即失去其生命力。9世纪初期,回鹘人西进占有北庭,9世纪中叶(公元866年,咸通七年),进取西州。新疆南部必均统属于回鹘。但与此同时回教势力亦东进,喀拉汗朝占据疏勒,沙得克不古尔汗首先信奉回教,因此与于阗佛教战争亘百年之久。《宋史》称乾德四年(公元966年),于阗破疏勒,得舞象一欲以为献,是在10世纪中叶,疏勒于阗战争尚未结束。十室九空,路无行人,必肇成此一地带之荒芜,叶尔羌河亦必受其影响,凝集为若干小湖泊或改道,再不复东流了。直至11世纪初期,据回教史家记载,称于瑟甫库德尔在公元1006年为于阗王,战争方告结束。在此以后,叶城以西,如叶尔羌、莎车、巴楚

---

① 王国维译稿。

等地，必早已统属于喀什。由于喀什汗国人民之努力经营，而得到繁荣兴盛。尤其叶尔羌、喀什成为南疆巨镇。在拉一普所拾之无孔钱，亦必为喀什汗国所造。由于此一带之兴盛，而叶尔羌河亦必因人民之移徙，开塞启淤，导水北流，为新兴之城镇服务，遂形成了南北一线之新河流，即今之叶尔羌河也。河流前进不已，必与东流之喀什噶尔河接触是不难理解的。我于1929年赴巴楚考察时，叶尔羌河溢水与喀什噶尔旧河道相隔仅一堤坝，当喀什噶尔河断流以后，它的河床很自然为叶尔羌河所占据，东流与和田河、阿克苏河会合而成了塔里木河，即《水经注》中之北河的主流。而南河遂不见于记载矣。此古代塔里木盆地南北两河由兴起至转变之过程如此。

（原载《西北史地论丛》）

汉通西域后对西域之影响

自汉通西域以后,西域之情形有何变化,为吾人所论及之问题。自公元前 138 年,张骞奉使大月氏还,言通西域之利;武帝从之,甘心欲通大宛诸国,先之以军事,次之以政治,而汉文化亦随军事与政治以俱入。兹就《史记》、《汉书》所记,及实地考察所得,概略言之:自张骞第一次联结大月氏失败后,因乌孙与匈奴接壤,复献联乌孙以制匈奴之策。元狩中,骞复奉使乌孙,图结为昆弟,使之东迁;又分遣副使使大宛、康居、大月氏、大夏、安息、身毒、于阗、扜采(《史记索隐》:"扜采音汙弥",按《汉纪》作"拘弥",疑拘当作扜,扜、拘一声之转也)及诸旁国。骞还,拜为大行,列于九卿。后岁余,骞卒;骞所遣副使通大夏之属者,皆颇与其人以俱来,于是西北诸国始通于汉矣;此武帝元鼎二年(公元前 115 年)事也;汉亦置酒泉郡以统之。然是时张骞已死,但开通西域之迹者,自张骞始也。自张骞死后,益发使抵安息、奄蔡、黎轩、条枝、身毒诸国,使者相望于道。一辈大者数百,少者百余,人人所赍操,大放博望侯时。使者既多,而外国亦厌汉币,不贵其财物;而楼兰、姑师当汉道之冲,负水担粮,迎送汉使,颇以为苦;常劫掠汉使王恢等。时匈奴日逐王盘据天山东麓,即今哈密、镇西一带,中无高山间隔,匈奴骑兵出入为寇,设楼兰与匈奴相结,即可阻汉使之通行。故汉为防御匈奴,保障通道之安全,不能不对楼兰加以注意。元封三年(公元前

108年），平西南夷后，遣从票侯赵破奴率属国骑及郡兵数万击姑师。王恢以轻骑七百人先至，虏楼兰王，遂破姑师。因举兵以困乌孙、大宛之属，汉遂得由酒泉列亭障至玉门矣。此汉通西域后，对于西域之初次军事行动也。自此以后，汉与乌孙联合，以宗女江都翁主妻乌孙王，而收夹击匈奴之效。初汉使之使安息者，安息亦发使随与俱来，观汉广大，及宛西小国欢潜、大益，宛东姑师、扜采、苏薤之属，皆随汉使东来。葱岭以东各国，均服属于汉。所谓通西域以断匈奴之右臂者此也。太初元年（公元前104年），因大宛之攻杀汉使，掠取财物，即拜李广利为贰师将军，发属国六千骑及郡国恶少年数万人以攻大宛。适以兵少饥疲，为郁成王所败。太初二年，复出兵攻宛，益发恶少年及边骑，出敦煌者六万人，负私从者不与。益发戍卒十八万筑居延、休屠以卫酒泉。又发天下七科谪，载糒给贰师，转车人徒相连属至敦煌。于是贰师得以破宛城、擒杀郁成王。汉复发使十余辈，至宛西各国。于是西域多遣使来贡献。汉遂自敦煌西至盐泽，往往起亭，而仑台、渠犁皆有田卒数百人，置使者校尉领护。此汉第二次出兵西域之经过也。

　　凡上所述，有为吾人不可不注意者，即每有一次之军事，即有一次边防之建设。例如第一次之攻楼兰，即筑亭障至玉门；第二次之伐宛，即起亭至盐泽。至亭障与军事之关系若何，记文简略。今据东西考古学者赴西北实地考察、测量之结果，知汉时国防之严密，规模之雄伟，有为吾人惊叹不置者。试思自肃州以北，北抵外蒙，西至天山之东麓，皆为寸草不生之冈峦戈壁。自敦煌以西，经龙堆咸地，达孔雀河末流而至楼兰，北穿噶顺戈壁而至哈密，亦皆为干山沙岭。时匈奴正盘踞于阿尔泰山及天山一带，游骑南下，则至肃州；出噶顺戈壁，则至敦煌；偏西，则及楼兰。时汉通西域孔道,自敦煌西行,经盐层地带而至楼兰,转西诣龟兹,为唯一之径道。宛贵人所言:"汉去我远,而盐水中数败。出其北,有胡寇;出其南,乏水草。"并无大误。则汉为克服此自然之困难,防御敌人之奇袭,以保汉道之安全,为汉时军略家所必须考虑之问题。自元狩二年(公元前121年),浑邪王降汉,金城、河西,西并南山,空无匈奴。元狩四年,汉复击匈奴,走之于幕北。汉始筑令居以西,初置酒泉郡,以通西北国。盖酒泉为西北之门户,为内地北通外蒙、西达哈密与罗布泊所必经之地。又肃州境内有二大河伸入戈壁:一为额济纳河,经张掖、酒泉,北流经毛目额济纳旗而入苏古诺尔、嘎顺诺尔,即古居延海;一为疏勒河,经玉门、安西、敦煌之北,西入哈拉湖。汉之军略家视此为天然之防御线。故汉既得酒泉为长城线之据点后,因王恢等之破楼兰王,遂立展长城线至玉门,即今之安西,李广利伐大宛,又展至敦煌以西之古玉门关,即今之西湖附近矣。我在1928年赴西北考察,始自居延海,沿额济纳河(今弱水)南行,至毛目之北,沿途烽墩林立。当时虽未作地形测量,但大概多耸立于额济纳河之西岸。每隔约5公里或15公里距离,即有墩或堡垒(参考斯坦因《东土耳其斯坦与甘肃考古图》)。凡堡垒附近之处,必有一小城遗址,以为居人之所。其旁高地,炭渣遍地,为当时烽火之余烬无疑;间能得少许铜矢镞。南至天仓附近之古堡中,掘拾汉木简数枚;惜无年号,不能确定其时代,但决为两汉之故物。1934年1月,复往踏勘,在居延海附近,又发见规模较大之堡垒群约80余座,包含二小城,我疑此地为居延都尉所治之地。附近车行辙迹,宛然如新;上覆浮土,约三尺许。若非目睹,难以置信。沿额济纳河旁烽墩林立,复联以双墙,自居延至天仓皆如此,疑史书所称之居延塞城即指此。此一带城址,右临深河,间以沙碛,则所以防御匈奴之马蹄者，可谓至矣。据《汉书·武帝纪》，太初三年（公元前102年），遣路博德筑居延泽上，则此一带堡垒及烽墩必建筑于此时，正值李广利第二次伐大宛之岁也。故《史记·大宛传》称："北置居延、休屠以卫酒泉。"盖以此也。1930年，柏格曼君在额济纳河古堡中，发见汉木简甚多，有太初、征和等年号。则路博德筑城之岁，与李广利伐大宛同时。则此一带塞城建筑，为护卫李广利之伐大宛，益可信矣。又斯坦因于1907年赴西北考察，在敦煌以东以西，发见古塞城遗址。据斯坦因地图，由东而西，与我所见之毛目北之塞城相接。西经金塔至玉门，沿疏勒河河床，至安西及敦煌之北，西至哈拉湖之小盐湖即巴什托乎拉克而止①。其建筑形式，如斯坦因报告所述，与毛目北之居延塞城大致相同。斯坦因在此一带，掘拾汉简千余只，已由沙畹考释影印；复经王国维、罗振玉二氏重加考释，影印出版。其烽燧之次第，关城之方位，皆有精密之研究，无容吾人置喙。唯斯坦因氏所发现之木简，时代最古者，首推天汉三年（公元前98年），距李广利伐大宛之岁，不过数年耳。则敦煌塞之建筑亦在李广利伐大宛之时或稍后，由此亦可以确定。且据斯坦因报告：在塞城之旁，有一古道，人行足迹，交错如

---

① 王静安先生《流沙坠简后序》，关于玉门关之迁徙有所考证，详见本文。略谓沙畹氏以九十三度三十分托乎拉克布拉克之塞城，为太初以后之玉门关，九十四度为太初以前之玉门关。王氏则以"九十四度为太初以后之玉门关，太初以前之玉门关在今玉门县，即汉之酒泉郡玉门县也。唯九十三度三十分之塞城，无可稽指。据《汉书·西域传》'往往起亭至盐泽'之语，则以为后修筑至盐泽者。"我按九十三度之塞城与九十四度之塞城相差仅百余里，当为同时所筑，九十四度为关城所在，即玉门都尉所居之地；以西之塞城，乃烽候所在之地，皆为太初以后，或即天汉年间所置。由于《汉书·西域传》"敦煌以西起亭至盐泽"一语可证也。至敦煌以东之塞城，则疑在元封四年（公元前107年）后。由《史记·大宛传》叙"酒泉列亭鄣至玉门"于封恢为浩候之下，可证也。

新。又在托呼拉克布拉克其古道上之车迹,印泥甚深①。凡此种种,均与我在额济纳河旁所见相同,由此可证边城与古道相互之关系。而《史记·大宛传》中所称:"转车人徒相连属至敦煌",益信而有征矣。至托乎拉克布拉克以西,始不见烽墩之迹;直至罗布泊北岸孔雀河末流,又见烽墩,如我所发见者。然据其文献,似建筑子宣帝设都护之后,无武帝时事。故《史记》、《汉书》所记,自伐宛之役后,"起亭至盐泽",为追述武帝之后事也。

以上所述,皆就汉初军事行动,略为叙述。昭帝因楼兰王不恭于汉,迁其国都于伊循城。楼兰故地,汉人用为军事及运输之根据地。西域门户,遂全握于汉人之手。及宣帝遣卫司马郑吉使护鄯善以西数国,复破姑师,降日逐,匈奴远遁,西域南北两道诸国,全属于汉,此神爵三年(公元前59年)事也。自此后,汉之于西域,主要在于政治之联系。至后汉之时,虽明、和两帝,时向天山东麓进兵,其目的在攻匈奴,非为西域。但班超运用政治手段次第收服西域诸国,使其内向。兹就宣帝以后,关于政治之设施,略述于下。

按据《汉书·西域传》所记,汉初在西域政治组织,分为二类:一为汉官,为汉朝直接所派遣者,大抵皆为汉人;一为西域汉官,皆西域人而佩带汉印绶者。请先述西域汉官。据《汉书·西域传》云:

> 最凡国五十。自译长、城长、君、监、吏、大禄、百长、千长、都尉、且渠、当户、将、相,至侯、王,皆佩汉印绶,凡三百七十六人。

但细查《西域传》中所录各名,实不及此数。徐松《补注》称二百四

---

① 《亚洲腹部历史及其在地理上之影响》,孙守先译,载《地学杂志》第十七卷第二期。

十七人，我统计，人数与之相同（详《西域各国汉官表》）。盖《汉书》列其总数而言也。例如《汉书》所举之"百长"，传记中不录；则西域各国佩汉印绶而不录列于传中者，尚有一百二十七人。至于各国国王及夫人印绶，尚不在数中，至所置官员，以"侯"、"都尉"、"将"、"当户"各官长为最普通，或各国皆具，盖专为征发士兵及粮茭之助也。亦有"特设侯"、"击车师都尉"，则因事命官，不必各国皆同。试以鄯善一国为例，"君"及"译"制，有"辅国侯"、"却胡侯"、"鄯善都尉"、"击车师都尉"（"击"者，如"击胡车师君"）、"左右且渠"、"译长"各官，除"辅国侯"、"译长"与各国同为普通官制外，若"鄯善都尉"、"左右且渠"则因鄯善所固有，而加印绶外；若"击车师都尉"、"击车师君"则因助军而受汉朝之官号者。试查《西域传》中，设"击车师都尉"者二国：鄯善与龟兹；"击车师君"二国：鄯善与焉耆。按鄯善、焉耆，均与车师为邻。汉尝与匈奴争车师，每征邻国之兵为助。《西域传》后城长国云：

> 武帝天汉二年，以匈奴降者介和王为开陵侯，将楼兰国兵始击车师。征和四年，遣重合侯马通将四万骑击匈奴，道过车师北，复遣开陵侯将楼兰、尉犁、危须，凡六国兵，别击车师……。诸国兵围车师，车师王降服，臣属汉。

此虽不言焉耆，但焉耆与危须、尉犁均为近邻，必参与是役无疑。故鄯善之"击车师都尉"及"击车师君"，疑设于武帝征和四年（公元前89年）或天汉二年（公元前99年）击车师之时。时楼兰尚未改国号，故传记中仍用楼兰国名号。以后虽不击车师，而官名仍存，故班固著录之。至龟兹之"击车师都尉"，疑设于宣帝以后。

《车师传》中称：地节二年（公元前68年），吉、熹发城郭诸国兵万余人，自与所将田士千五百人共击车师，攻交河城，破之。时龟兹已属汉，必参与是役。则龟兹"击车师都尉"之设，当在宣帝以后。至于"却胡侯"亦疑设于汉宣帝元康间，与焉耆之"却胡侯"及龟兹、危须、焉耆、车师后王之"击胡侯"同置，皆因争车师与击匈奴而设也。由是言之，西域诸国之兵士受汉朝之调遣，统兵之军官受汉朝之命令与官号，则西域诸国之军权，完全集中于汉官之手矣；不特鄯善一国为然也。故自汉武帝伐大宛之役以后，历昭、宣、元、成，从未派遣大军至西域，皆用西域之兵也。其次则为汉派遣之汉官。在武帝时，仅置一"使者校尉"领护田卒。及宣帝神爵三年（公元前59年），因匈奴日逐王降汉，设置都护。据《汉书·西域传》所述："都护督察乌孙、康居诸外国动静，有变以闻，可安辑，安辑之；可击，击之。"是都护职权专制一方，为西域诸国之军政最高首领。《西域传》又称"屯田校尉"始属都护，是又兼摄屯垦事务。是不啻西域之军、政、财三大权，均集中于都护之手矣。据《汉书·百官公卿表序》云：

  西域都护……有副校尉，秩比二千石，丞一人，司马、候、千人各二人。

据《百官表》：戊己校尉之丞、司马、候秩比六百石，则都护之丞、司马、候、千人秩禄当与相同。是都护之秩禄等于汉之郡太守。故西域都护治乌垒，立幕府。《郑吉传》云："吉于是中西域而立幕府"，可证。汉制唯大将军有幕府；今郑吉于乌垒立幕府，是权侔大将军矣。故能征发兵马，征讨不服。而西域将、相、王、侯，亦统受其节制也。至元帝时，复置戊己校尉，屯田车师前王庭。我考证戊己校尉直属中央，专理车师屯田，非有朝命，不得调遣。故其权仅次于都护也。现乌垒故址，迄今尚未发现，难以考古学上之助，说明当时都护所在地之情形。但我在1930年春在孔雀河末流罗布泊北岸，发见古烽燧亭遗址，获得汉木简数十只。最早者为黄龙元年（公元前49年），汉宣帝年号，距设都护之岁已十一年；故此地之设烽燧亭，当为西域设都护以后事。在我所获简中，有一简上书："右部后曲候丞陈殷十月壬辰为乌孙寇所杀。"（《罗布淖尔考古记·木简考释》第三简）又一简云："永光五年七月癸卯朔壬子左郑左曲候（下缺）。"（同上第二简）我在《罗布淖尔考古记·木简考释》中已解释右部后曲候屯姑墨，右部右曲候屯龟兹。然则左部左曲候屯驻何地耶？今当论及。我第二次在烽燧遗址中复发现前后兵营，及烽火台下所遗留之粮食，如胡麻之类，干结成饼状；在土台之上面为烽竿。是当时建筑，上为烽竿，而下为积谷之仓库，形迹至为显然。又在其西孔雀河北岸，有屯田沟渠、堤防遗迹及草屋聚落，可为当时在罗布泊即古楼兰故址屯田之证。汉为保护田卒起见，故在其东部设置烽燧亭以防敌寇之钞掠，且兼营护卫行旅之事；则此处必有一候官，或部校尉以统理之。故我据木简所写，疑此地为"左部左曲候"所驻者也。因在乌垒之东，故称左部，以别于乌垒西右部屯田之所也。又按左部左曲候既屯楼兰，则左部后曲候必屯交河，由我所获木简中有"交河曲仓"及"交河壁"等字样可证。及哀、平以后，中原多故，西域隔绝，楼兰屯地遂被放弃。后汉和帝永元中，复置都护，居龟兹；又置戊己校尉居车师前部"高昌壁"，置"戊部候"居车师后部候城。终后汉之世，楼兰故地不设官守，与前汉异也。

以上所述，汉代经营，皆就军事政治两面申述。次即述汉文明之输入。试查《史记》、《汉书》所记，自玉门关以西，皆为沙漠地带。楼兰、姑师为游牧民族，本不事田作。汉使所过，及军事行动，每因乏食绝邑，不能达到目的。故汉自通西域后，欲求军事之顺利进行，及政治势力之巩固，唯一急要，则为施行屯田政策。自李广利伐大宛后，轮台、渠犁均有田卒数百人。昭帝时，南迁楼兰于伊循城，置司马吏士，屯田积谷。自匈奴日逐王降汉后，车师、莎车亦为汉人屯田之地。其他如楼兰、龟兹、姑墨，亦无不有屯地；此皆有记载之可凭者。试思新疆南部，沙漠大半，其可耕之地，亦属有限，而均有汉人垦区，则由屯田所发生之文明，亦必影响于本地人之生活而为之改善，此理之所必然也。兹举其要者言之。

1. 井渠及农作法

《汉书·李广利传》云："宛城中无井，汲城外流水。"又云："贰师闻宛城中新得秦人，知穿井法，而积食尚多。"据此，是大宛之知穿井法，由汉人所传。大宛在西域称大国，与康居、安息相接；而穿井之法，乃得之于汉人，则葱岭以东之国，更无论矣。今吐鲁番、托克逊有以坎井灌地者，斯坦因、伯希和均以为出于伊朗；王国维氏则以为此中国旧法。据孟康注《汉书·乌孙传》云："卑鞮侯井，大井六通渠也。下流涌出，在白龙堆东土山下。"井名通渠，则确是井渠①。据此，则凿井之法，出于汉人，而非出于伊朗人，可确信也。其次如开渠筑堤之法：新疆气候干燥，终年少雨，故引河水灌地，为农作必要之措施。然西域人初不知之。及汉通西域，推行屯田政策，而农作之法，遂输入于西域。例如《水经注》所记楼兰筑堤之故事，及我在罗布泊孔雀河北岸所发见之柳堤及古渠，可以为证。鄯善王尉屠耆归国时，请汉遣将屯田伊循，汉为之遣司马一人、吏士

---

① 《观堂集林》卷十七：《西域井渠考》。

四十人前往。据《汉书·西域传》鄯善原为游牧民族,随逐水草,寄田仰谷旁国。尉屠耆居汉最久,必深知农作之利,故其归国欲藉汉力推行农作以开发其土地。据此,则鄯善及楼兰由游牧生活而进入农业社会矣。其次如车师、轮台亦然。车师原亦为游牧民族,汉为屯田其地,累与匈奴战争。元康二年(公元前64年),乃尽徙车师国民令居渠犁,以车师故地给匈奴。《汉书》称车师王得近汉田官,与匈奴绝,亦安乐亲汉。时车师国民必已参加渠犁田作而转入农民生活,故以为安乐也。又《西域传》云:李广利征大宛还,以扜弥太子赖丹入京师。昭帝时,以赖丹为校尉,田轮台。轮台与渠犁,地皆相连也。后为龟兹贵人所杀。按校尉为田官之首领,赖丹为扜弥太子,亦可以为田官,则汉在西域屯田,不必尽为汉人,本地人亦可参加屯田工作。不特此也,《汉书·西域传》温宿国条下,唐颜师古注云:"今雍州醴泉县北有山名温宿岭者,本因汉时得温宿国人,令居此地田牧,因以为名。"若师古之言可信,则汉时温宿国人且至内地营田牧生活,同化于汉人也。又如《汉书·地理志》:安定郡有月氏道,上郡有龟兹县,皆因居西域国人而得名。则西域人移居内地田牧,又非仅温宿一国也。由此可见汉之屯田政策,已伸入西域各地,由于屯田而改变本地人之生活状况,又事理之所必然。至于所应用之农具及与耕作有关之什物,必与内地为一系统也。

2. 陶器及漆木器

在汉通西域以前,日常之用具为何?尚乏实地之材料。就吾人在罗布泊古坟中所见,本地人所应用者,为骨器、草编品及未烧炼之泥具而已。无疑的,皆为未受汉化之土俗用品也。反之,吾人踏查其他陶片散布地,间有汉铜小件及五铢钱为证明者,其陶片多作红色与青色两种,花纹多作水波纹、绳纹及回纹,显与内地之传统纹样相同,形式亦多趋一致。无论其为车旋法或手抟法所制造,要皆为中原之作风,而与西来者迥殊。凡此种种,我在《高昌陶集》中已详加申述,在此不容再述。若轮台、库车、和田瓦砾之散布及完整之陶器,其花纹形样,皆不出于上举之范围。尤其在天山北麓古坟中所出之黑陶壶,与内地所出形式纹样均同,是可证自汉通西域以后,陶工艺术之输入,极为广泛,竟遍及天山南北两路。盖西域各地因受汉朝屯田之影响,农业大为改进后,第一为人民所需用者即为陶器;盖制陶与农业有密切之关系。虽和田之约特干、莎车之图木舒克,时有彩绘及带兽形之陶器及木具,非自内地来,但以同时出土之其他物件为证,皆为隋、唐时之产品,又属佛教入新疆以后之事也。其他西域人所用陶器,均属于中原作风。楼兰最在东陲,与汉为近,其什物受汉文化之影响,更为深切,当无可疑,就吾人踏查所及,陶片分为二类:一为沙质,一为泥质。其泥质者,疑来自内地;花纹形式,均与内地相同。其沙质者,疑本地所造。盖罗布泊地多沙卤,不便作细陶;然为应用起见,故以本地沙土为质,加以烧炼,极不光平;然其式样,则属内地之作风。此项陶片,多散布于孔雀河末流北岸古渠附近之古代村落遗址间,可证其为真正民间之用品矣。唯有孔雀河末流觅得陶片二:一朱绘纠绳纹,红泥质,中含石子;一刻绳纹,表面青灰色,里刷红色,虽为手抟法所制,然制作甚精。疑直接来自内地,或出于甘肃;因泥质中均含石子,与甘肃北部及内蒙古长城附近之古陶片为一致也。其次为漆木器:我在罗布泊古坟中,得漆桶状杯二件,又在古烽燧亭遗址得漆两耳杯、漆木具之类。《史记·大宛传》称:"自大宛至安息,其地皆无漆";则葱岭以东诸国,更无漆器,可以推知。今罗布泊古墓及遗址中,发现漆器,则必来自内地,毫无可疑。其漆两耳杯,式样又见于陕西、河南出土之陶质与铜质。故是项用具,皆为中原所普遍通行之用具。尤其遗址中之漆木具,在木板上涂生漆,而用于器物及建筑上,则汉代工艺之进化,实使人欣佩不已。而我所获之两耳杯,中无木质,完全由干漆及纻麻布作成,元时名曰脱空。其后佛教东来,和田、库车又用夹纻法以造佛像,见于《大唐西域记》卷十二所记。虽夹纻造像始于梁简文帝,但夹纻之法,实始于汉,由汉传入西域也。至若木器,我在古坟中发见有木碗及木几之类。据我之工作经过,皆为衣冠冢所出。同时出土者,尚有漆器,则必来自中土无疑。此就我所见者为言。其他关于日常用具,除含宗教性者外,疑多受汉人影响,不及备举。且有至今尚存汉时遗制者,如食具中之栖枸是也。是皆由农业之进展,而器物遂随之输入故也。

3. 钱币

农业发展促进了货物交换和货币的使用。西域诸国之钱币为何,亦可窥见其文明之所从来矣。试据《汉书·西域传》所述:安息之钱币,以银为质,文独为王面,幕为夫人面;条支之钱币,文为人头,幕为骑马;罽宾、乌弋山离均同。大氐月货币,虽《汉书》无记载,但以近今出土者为例,其式样颇与安息诸国相似;皆以金银为质,中无孔,唯文幕各异耳。又观现新疆故址所散布之钱币,类皆为五铢钱,为汉时中原所通用之钱币。但据史籍载记称,龟兹国亦铸五铢钱①。但由我发见者,其钱较小,圆廓方孔,上不铸字,散布极广,随手可拾;则为当时人民所通用之钱币无疑也。其次,高昌铸有"高昌吉利"钱,见于日人《西域考古图谱》。我亦采获其一,类皆方孔圆廓,取式于汉之五铢钱无疑。又我在莎车拾方孔钱一

---

① 《晋书·食货志》。

枚,上有西域文字,幕有一蛇;然皆近于汉之钱式,与安息、大月氏之货币非一系统。吾人虽在疏勒、莎车、高昌偶拾无孔钱,但皆为宋以后之钱币。疏勒、莎车在宋初已被回教徒所占据,则其无孔钱必为当时回教徒所通行之货币。高昌在宋、元以后,亦属于畏兀儿,其所用之银币,上铸畏兀儿文,疑亦为当时人所用。但此地以银为质,疏勒、莎车以铜为质为异耳。至于罗布泊本地用何种钱币,由今考古上之踏查,大多数皆为汉五铢钱,已详于各家考古报告中,无容再述。我在1934年,在孔雀河沿岸,曾在一地方圆不及半公里,拾五铢钱约六百余枚。其散布之广,由此可见。但此项钱币,皆为汉人所输入;楼兰本国是否铸有同样钱币,今尚无所发现,但亦不见无孔钱,是安息以西之货币,尚不达于此土也。

4. 丝织品

中国以产丝著闻于世界,初见记载于希腊历史家。希罗多德(Herodotus)《上古史》,称中国为 Seres,希腊语"绢"之义。又公元前150年,托拉美(Ptolemy)《地理书》中,亦记希腊商人实到过"绢国之都"①,此地据一般学者解释,相当于今日疏勒,为中国古时极西部之国际市场。《汉书·西域传》称疏勒有列市,亦指此地也。据此,是内地丝绢早已运至新疆之疏勒,再转运至欧洲。及汉武通西域,交通大开;汉使臣尝以财物赠予西域各国,而西域各国亦以汉财物丝绢之类为交易之媒介物。例如《后汉书·大秦传》云:"安息欲以汉缯彩与之交市,故遮闭汉使,不得自达。"则中国丝织品,由安息输入于罗马,益可信也。但当时贩丝之道,必经塔里木盆地,而楼兰扼其咽喉。斯坦因尝于楼兰遗址中发见一捆绢彩,为当时贩运所遗②,或楼兰人亦作贩丝之业也。我在楼兰虽未发见绢

---

① 向达译斯坦因:《西域考古记》,第18页;又第208页。
② 同上书,第45页插图30、31。

彩,但在孔雀河沿岸之衣冠冢中,死者衣文绮绢彩,甚为都丽;虽黄发小儿,亦皆披服锦绣。则楼兰必早已接受汉丝织文明,毫无可疑。《大唐西域记》中,曾记和田桑蚕故事称:"于阗以国无蚕桑,向东国求婚,遂由东国女秘密运桑蚕至于阗。"此故事亦见于西藏文学中。后斯坦因在和田旦当乌利克寺院板壁上,发见一故事画,即描写此事①。据西藏文学称:"东国指中国一地方。"如然,是于阗蚕桑,直接由内地传入。但又据 Sten Konow《于阗研究》,称:"据藏文《于阗历史》,娶中国公主输入蚕桑者为尉迟舍耶(Vijaya-jaya),在公元后220年以前。"②据其所述,是相当于东汉末季,此时汉朝无与于阗结婚之事。疑东国之君为鄯善王;盖鄯善西与于阗为邻,鄯善王尤还又为汉朝外甥,先有蚕桑,极为可能。又观斯坦因在旦当乌利克所获之故事画片,男女皆作西域人种型可证也。若然,是汉朝蚕桑传至鄯善,再由鄯善传至于阗;在传播路线上,亦复相合。故与其谓东国君指汉皇帝,不如指为鄯善王较为合理也。至今和田蚕桑业甚盛,丝绸亦甚有名,而鄯善则久已废弃矣。

5. 兵器

按《汉书·西域传》婼羌条云:"山有铁,自作兵。兵有弓、矛、服刀、剑、甲。"鄯善条云:"能作兵,与婼羌同。"是鄯善、婼羌原有兵器,不过弓、矛、刀、剑,以铁为质而已。其他各国兵器,亦不出婼羌所能之范围。《史记·大宛传》云:"大宛不知铸钱(铁)器,乃汉使亡卒降,教铸作其他兵器,得汉黄白金,辄以为器,不用为币。"按大宛为西域大国,其兵器且用汉法,其他各国,可以推知。盖汉朝兵

---

① 见方壮猷译 Sten Konow:《于阗研究》,载北平女子师范大学《学术季刊》第一卷第四期:《所谓东伊兰语即于阗国语考》。
② 同上。

器,以铜为质,再杂以锡。《考工记》云:

> 金有六齐:六分其金,而锡居一,谓之钟、鼎之齐;五分其金,而锡居一,谓之斧、斤之齐;四分其金,而锡居一,谓之戈、戟之齐;三分其金,而锡居一,谓之刀、刃之齐;五分其金,而锡居二,谓之削、矢之齐。

《考工记》为先秦人所记,载入于《周礼》中,必为可信。现罗布泊出土之遗物,如铜镜、矢镞及小铜器,颜色淡黄,中皆杂锡,可以验其然也。今婼羌、鄯善,以铁为兵,不唯不知用铜,且不知杂锡;故以本土兵器与汉兵器较利钝,则远不如也。汉兵器,以弩弓为最强;汉初十石以上弩,皆禁止出关可证。《史记·大宛传》称:"李广利伐大宛,兵弩盛设。及至宛城,宛兵迎击,汉兵射败之。"是汉之破宛,恃弩兵之力也。婼羌、鄯善,仅有弓矛之用,器不锋利。及汉通西域后,弓弩之法传至西域,西域人改进兵器,然犹不及汉。由《汉书·陈汤传》中所言,可以明其然也。

以上五者,就西域受汉文化影响较大者而言。由此五者所发生之连带影响,当更较繁复。例如由内地丝织品之输入,则服御之制,必随之变更。例如晋隆安间,法显至鄯善,称:"俗人衣服,粗与汉同。"《汉书·西域传》称"龟兹王绛宾乐汉衣服制度"可证也。服御既如此,则其他如由钱币及田作法之输入,而影响其权衡度量;由兵器之改进,而影响其战争之法,攻守之具;此皆可比推而知也。

(原载《西北史地论丛》)

附表

西域各国汉官表

国名	官级				人数
鄯善	辅国侯	却胡侯	鄯善都尉、击车师都尉	击车师君	译长二人	余各一人,共九人
且末	辅国侯			左右将	译长	各一人,共四人
小宛	辅国侯		左右都尉			各一人,共三人
精绝	辅国侯		精绝都尉	左右将	译长	各一人,共四人
扜弥	辅国侯		左右都尉	左右骑君	译长二人	余各一人,共九人
于阗	辅国侯		左右都尉	左右骑君		各一人,共八人
皮山	辅国侯		左右都尉	骑君	东城长、西城长、译长	各一人,共六人
蒲犁		侯	都尉		译长	各一人,共三人
莎车	辅国侯		都尉二人	左骑君、备西夜君	译长四人	余各一人,共十二人
疏勒	辅国侯	疏勒侯、击胡侯	都尉	左右骑君	左右译长	各一人,共十人

续表

国名	辅国侯	侯	都尉	将	君	译长	人数
尉头			左右都尉		左右骑君		各一人,共四人
姑墨	辅国侯	姑墨侯	都尉		左右骑君	译长二人	余各一人,共九人
温宿	辅国侯		左右都尉	左右将	左右骑君	译长	各二人,共十人
龟兹	辅国侯	安国侯 击胡侯	大都尉丞 却胡都尉 击胡车师都尉 左右都尉	左右将	左右骑君 左右力辅君 却胡君三人	东、西、南、北部千长各二人,译长四人	余各一人,共二十九人
乌垒			城都尉			译长	各一人,共二人
渠犁			城都尉				一人
尉犁		尉犁侯 安世侯	左右都尉	左右将	击胡君	译长二人	余各一人,共九人
危须		击胡侯	击胡都尉 左右都尉	左右将	左右骑君 击胡君	译长	各一人,共十人

续表

国名	辅国侯	击胡侯 却胡侯	左右都尉 击胡都尉二人	左右将	击胡君 左右君 击车师君 归义车师君 击胡君二人	译长三人	余各一人,共十八人
焉耆	辅国侯	击胡侯 却胡侯	左右都尉 击胡都尉二人	左右将	击胡君 左右君 击车师君 归义车师君 击胡君二人	译长三人	余各一人,共十八人
乌贪訾离	辅国侯		左右都尉				各一人,共三人
卑陆	辅国侯		左右都尉	左右将		左译长 右译长	各一人,共七人
卑陆后国	辅国侯		都尉	将二人		译长	余各一人,共五人
郁立师	辅国侯		左右都尉			译长	各一人,共四人
单桓	辅国侯		左右都尉	将		译长	各一人,共五人
蒲类	辅国侯		左右都尉	左右将			各一人,共五人
蒲类后国	辅国侯		左右都尉	将		译长	各一人,共五人
西且弥		西且弥侯		左右将	左右骑君		各一人,共五人

续表

国名						
东且弥		东且弥侯	左右都尉			各一人,共三人
劫国	辅国侯		都尉		译长	各一人,共三人
孤胡	辅国侯		左右都尉			各一人,共三人
山国	辅国侯		左右都尉	左右将	译长	各一人,共六人
车师前国	辅国侯	安国侯	都尉 归汉都尉 左右都尉	车师君 通善君 乡善君	译长二人	余各一人,共十一人
车师后国		击胡侯	左右都尉	民君 道四人	译长	各一人,共七人
合 计	二十三人	十六人	五十八人	四十四人	五十人	总共二百三十一人
乌孙	相大禄 左大将 右大将	侯三人	大将都尉二人 大监二人	大吏 舍中大吏二人	骑君	余各一人,共十四人
大宛	副王 辅国王					各一人,共二人
						连上总共二百四十七人

大月氏故地及西徙

1. 大月氏故地

《汉书·西域传》大月氏条云："大月氏本行国也，随畜移徙，与匈奴同俗。控弦十余万，故强轻匈奴。本居敦煌、祁连间。"与《史记·大宛传》所述相同。《汉书》盖抄袭《史记》之文。《史记正义》云："初月氏居敦煌以东，祁连山以西。敦煌郡今沙州，祁连山在甘州西南。"《汉书·西域传》乌孙条云："乌孙本与大月氏共在敦煌间，今乌孙虽强大，可厚赂招，令东居故地。"《张骞传》云："（骞）曰：'臣居匈奴中，闻乌孙王号昆莫。昆莫父难兜靡，本与大月氏俱在祁连、敦煌间，小国也。大月氏攻杀难兜靡，夺其地，人民亡走匈奴。'"

按据《汉书·西域传》，是自甘州以西，敦煌以东皆为月氏、乌孙所居。又据《西域传》乌孙条"东居故地"之语，《史记》作"东居故浑邪之地"。按浑邪分地，据《汉书·武帝纪》元狩二年（公元前121年），浑邪王杀休屠王来降汉，以其地为武威、酒泉郡。是浑邪地在今之肃州，休屠地在今之凉州；汉招乌孙居浑邪故地，是在今肃州一带，原为乌孙故地。据此，是乌孙与月氏分地，乌孙在肃州以西至敦煌，月氏在肃州以东至张掖。《后汉书·梁慬传》注："昭武故城，在张掖西北。"丁谦云："今高台县地。"据此是大月氏据地，以张掖为中心。《隋书·四夷传》云："康国王本姓温，月氏人也，旧居祁连山北昭武城。"按《汉书·地理志》："昭武县属张掖郡。"与

《后汉书·梁慬传》注相合。则大月氏东居肃州以东可无疑也。但乌孙与月氏何时共居,史无明文。据《匈奴传》汉文帝前元三年(公元前177年),匈奴已灭月氏。又据《张骞传》月氏攻乌孙,昆莫尚在襁褓,及大月氏西迁,昆莫复破月氏,时昆莫必已壮年,至少当在二十至三十岁之间。如此,则乌孙与月氏共居敦煌、祁连之时期,当在秦、汉之际。

2. 大月氏西迁

《汉书·西域传》大月氏条云:

> 大月氏……本居敦煌、祁连间。至冒顿单于攻破月氏,而老上单于杀月氏,以其头为饮器。月氏乃远去,过大宛,西击大夏而臣之,都妫水北为王庭。其余众不能去者,保南山羌,号小月氏。

据此,是大月氏西迁,在老上单于杀月氏王时。老上在汉文帝前元六年(公元前174年)立,则月氏西徙,必在文帝前元六年后。大月氏西迁遵何道,言人人殊。然据《西域传》乌孙条:"(乌孙)本塞地也,大月氏西破走塞王,塞王南越县度,大月氏居其地。后乌孙昆莫击破大月氏,大月氏徙西臣大夏,而乌孙昆莫居之,故乌孙民有塞种、大月氏种云。"按乌孙地即今伊犁河谷,是大月氏之西徙,先居伊犁河谷,伊犁在天山之西端,西接葱岭,南与焉耆、库车相接。乌孙西徙,由南而北,必先经过楼兰、焉耆、库车,西北至伊犁。按焉耆读若乌支,龟兹读为屈支,皆与月氏音近,或亦大月氏西迁时所建立之国家,如大夏西迁而建立吐火罗故国一例也。至乌孙后,再西徙,过大宛,时大宛居今之费尔干盆地,西至撒马尔罕留止,建康国。《隋书·四夷传》云,"康国者康居之后也。自汉以来相承不绝,其王本姓温,月氏人也。旧居祁连山北昭武城,被匈奴所破,西逾葱岭,遂有其国,支庶分王,故康左右诸国,并以昭武为姓,示不忘本也。"《唐书》同。一曰萨末犍,即今之撒马尔罕。按康国是否为大月氏之后,为另一问题。然大月氏初迁至萨末犍,则确为事实。由大宛至撒马尔罕适东西一线。张骞之使西域,西走数十日至大宛,大宛为发导译抵康居,康居传致大月氏,与西迁之路线适同。故《史记·大宛传》记大宛与大月氏、大夏之方位云:"(大宛)北则康居,西则大月氏,西南则大夏,东北则乌孙。"又云:"康居在大宛西北可二千里,行国。""大月氏在大宛西可二三千里,居妫水北,其南则大夏,西则安息,北则康居,行国也。"按张骞出使在建元三年(公元前138年),使西域十三年返在元朔三年(公元前126年),时大夏尚在,月氏立王庭于妫水北。及至班固作《汉书·西域传》,所记大宛、大月氏方位则与《史记》异。《汉书·西域传》大宛条云:"(大宛)西南至大月氏六百九十里,北与康居、南与大月氏接。"又大月氏条云:"大月氏国,治监氏城,……西至安息四十九日行,南与罽宾接。"按班固作《西域传》,迄于西汉之末,时大月氏已灭大夏,南徙至妫水南,居大夏之故都,《史记·大宛传》称:"大夏民可百余万,其都曰蓝市城。"即监氏城也。《史记》举大月氏之旧地大宛西,故曰:"西则大月氏,西南则大夏。"《汉书》举其新都,故曰:"西至安息,南至罽宾。"乃西汉之末时事也。由是言之,大月氏西迁,由伊犁河谷西至费尔干盆地,即古大宛,再西行至撒马尔罕,即萨末犍,南至巴克脱利亚,其行迹甚显然也。

(原载《西北史地论丛》)

中国古代大夏位置考

大夏之名,首见《山海经》及周、秦古书。而记黄帝与大夏之交通,则以《吕氏春秋·古乐篇》所记较详。其言曰:

> 昔黄帝令伶伦作为律。伶伦自大夏之西,乃至阮隃之阴,取竹于嶰溪之谷,以生空窍厚钧者,断两节间,其长三寸九分,而吹之以为黄钟之宫。(卷五)

按此类记载,又见于《说宛·修文篇》、《风俗通·音声篇》、《汉书》、《晋书·律历志》,其文略同。惟"阮隃"均作"昆仑"。王静安先生解释,"阮"与"昆"音近,"隃"为"仑"字之讹(见以下引文),是仍同述一事。则黄帝通大夏一事,既见于秦、汉诸书,则在当时必为一有力之传说,反映了战国、秦、汉人的观念。故吾人不妨本之以推求古代大夏之位置,亦古代交通史上颇有意义的问题。

自来言大夏方位者,其说不一。一说在今山西境内;《左传》昭公元年,子产谓叔向曰:

> 后帝不臧,迁阏伯于商丘,主辰,商人是因,故辰为商星。迁实沈于大夏,主参,唐人是因,以服事夏、商。(杜预注:"大夏即晋阳县。")

第二编

《史记·晋世家》索隐曰:

> 唐本尧后,封在夏墟,而都于鄂。鄂在今大夏是也。

又《史记正义》曰:

> 《括地志》云:"故鄂城在慈州昌宁县东二里。"按与绛州夏县相近。禹都安邑,故城在县东北十五里,故云在大夏也。(《史记》卷三十九)

据上所述,是山西境内之大夏,由夏后氏之故墟而得名,与黄帝时之大夏国无关,暂置不论。其另一说又言在流沙之外,如《山海经·海外东经》云:

> 国在流沙外者,大夏、竖沙、居繇、月支。

又云:

> 西胡白玉山在大夏东,苍梧在白玉山西南,皆在流沙西。(卷十三)

按王静安先生作《西胡考》,称《山海经》此语为汉后人附益,是也。但葱岭西确有大夏古国,《史记·大宛传》云:"大夏在大宛西南二千余里,妫水南,其俗土著,有城郭,与大宛同俗。"此必为《山海经》附益之所自出。丁谦作《穆天子传考证》,附《大夏国境考》,以《大宛传》中之大夏即黄帝时之古大夏国。其说云:

葱岭以西有自古著名之国,曰大夏。其立国当在黄帝以前(原注:黄帝遣伶伦至大夏取竹可证),历商与周(原注:《周书·王会篇》及伊尹《四方献令》可证),传世几二千年,至周襄王十七年,始为马太国所并(原注:见《万国史纲》)。穆天子西行时,其国尚存。(《穆天子传考证》附《剖闻鹎韩诸地皆古大夏国境考》)

如丁氏之说,是葱岭西之大夏,即古籍中所记黄帝以来之大夏国。黄帝时之大夏,乃在东方,自《古乐篇》"伶伦自大夏之西,乃至阮隃之阴"一语引知。但东方之国,何时迁徙至西方,丁氏未加说明。王国维氏、张星烺氏乃提出新解,以葱岭西之大夏,乃由东方迁徙者;而大夏之旧址,原在和田与且末间,即《大唐西域记》中之睹货逻国。其迁徙当在秦、汉之际。王氏说云:

大夏本东方古国,《逸周书·王会解》云:"禺氏騊駼,大夏兹白牛,犬戎文马。"又伊尹《献令》云:"正北空桐大夏。"空桐与禺氏(即月氏)、犬戎皆在近塞,则大夏一国,明非远夷。《史记·封禅书》云:"齐桓公西伐大夏,涉流沙。"此本《管子》佚文。《吕氏春秋·古乐篇》:"伶伦自大夏之西,乃至阮隃之阴。"《汉书·律历志》、《说宛·修文篇》、《风俗通·音声篇》同纪此事。"阮隃"皆作"昆仑","昆"之为"阮"声之近(原注:说文自部,阮读若昆),"仑"之为"隃"字之误也,综此二说,则大夏当在流沙之内,昆仑之东。较周初王会时,已稍西徙。……《大唐西域记》云:"于阗国尼壤城东四百余里,至睹货逻故国,国久空旷,城皆荒芜。"案于阗国姓实为尉迟,而画家之尉迟乙僧,张彦远《历代名画记》云于阗人;朱景元《唐朝名画录》云吐火罗人。二者皆唐人所记,是于阗与吐火罗本同族,亦吐火罗人曾居于阗之证。又今和田以东大沙碛,《唐书》谓之图伦碛(原注:《唐书·西域·吐谷浑传》,李靖等军且末之西,伏允走图伦碛,将托于阗。是图伦碛在且末、于阗间)今谓之塔克拉玛干碛,皆睹货逻碛之讹变。是睹货逻故国在且末、于阗间,与周、秦间书所记大夏地位若合符节。《唐书·西域传》云:"大夏即吐火罗",其言信矣。大夏之国,自西逾葱岭后,即以音行。除《史记》、《汉书》尚仍其故号外,《后汉书》谓之兜勒(原注:《和帝纪》及《西域传序》),六朝译经者谓之兜佉勒(原注:《婆沙论》卷九,世尊极知兜佉勒语,胜生兜佉勒中者)。兜佉罗(原注:《大智度论》卷二十五,见上),《魏书》谓之吐呼罗,《隋书》以下谓之吐火罗,《西域记》谓之睹货逻,皆大夏之对音。其徙葱岭以西,盖秦、汉间之事。希腊地理学家斯德拉仆所著书,记西历纪元前百五十年时,睹货逻等四蛮族侵入希腊人所建之拔底延王国。是大夏之入妫水流域,前乎大月氏者仅二十年。故大夏居妫水南,而大月氏居其北。此其侵略先后之次序也。(《观堂集林》十三《西胡考下》)

至于张星烺氏所说,约与王氏同,并引斯文赫定《亚洲沙漠探险记》(*Dürch Asiens Westen*)以证明其说。云:

> 西历纪元前157年,吐火罗民族居青海布隆吉尔湖畔,以后迁徙至西部土耳其斯坦,近代吐火罗斯坦之名(Tochauitan),即此族祖先所遗留者也。新疆中央大沙漠,土人称之为塔克

拉马干。又余在沙漠中发现之古代城市遗迹,亦名塔克拉(Takea),塔克拉为吐火罗之转音,毫无疑义。和田附近村庄有名托赫拉(Tochla)。古代沙漠逼近城市时,居民皆迁至此村。托赫拉亦必吐火罗民族所遗留之名也。吐火罗民族在上古时代,疆宇广拓,极一时之盛。据克拉勃罗德及圣马丹二人之考证,吐火罗人为西藏种也。(《中西交通史料汇编》第一册引)

我对两先生所说吐火罗人曾占有新疆一事可以赞同。但新疆之吐火罗人由东来乎?抑由西来乎?两先生均未曾有明确之说明。晚近东西学者,对此问题研究之结果,以吐火罗文化之来源与佛教之传播有关。如此,是吐火罗人系由西来,并非东往。佛教东来,始于西汉之末,而渐盛于东汉之世。吐火罗人之入新疆,当较此为后。以理推之,或在晋、宋之间。故《魏书》始有吐呼罗之名。与中国古书所记商周时之大夏,迥然二致。《史记·大宛传》本之张骞,张骞述大夏,云:"其俗土著,有城屋,与大宛同俗。无大王长,往往城邑置小长,其兵弱,畏战。善贾市。及大月氏西徙,攻败之,皆臣畜大夏。"张骞身至大夏,其说当可据,且与近来国外学者根据古大夏钱币研究大夏之历史,其结论亦相合。是大月氏未西徙之前,大夏完全为希腊人领土之一部。大夏之徙自东方,据前引张氏所引斯文赫定语,谓在公元前150年,以此与张骞出使西域之年(在公元前138年)相较,相差不过十余年。如大夏真有在公元前150年西迁之事,张骞安有不知之理。既知之,而又安有不为武帝称述之理。据斯文赫定所谈,是妫水大夏徙自东方,未可信也。

然则,中国古书所记之大夏,究何在乎?拟仍根据古书所记地理之形势,而在昆仑与流沙之间,以求大夏之位置。

　　《史记·封禅书》称齐桓公西伐大夏,涉流沙。《吕氏春秋》又称伶伦自大夏之西,乃至阮隃之阴。而阮隃又为昆仑之对音。综此以观,信如王静安先生所云:"大夏当在流沙之内,昆仑之东",直言之,大夏必距昆仑流沙不远。王先生本《史记》所述于田之南山为古昆仑山,《唐书》之图伦碛(即今之塔克拉玛干)为古流沙,故以于阗、且末之地当古大夏。但于田南山之名为昆仑,始自汉武。商、周时是否亦名昆仑,尚为问题。又今新疆盆地,因气候干燥,本不产竹。古代新疆之气候,与今无殊,则伶伦取竹于昆仑嶰谷,决非在新疆境内可知。今按《山海经》记昆仑者凡三。《西山经》云:"西南四百里曰昆仑之丘,实帝之下都。"《海内西经》云:"海内昆仑之墟,在西北,帝之下都。"《大荒西经》云:"西海之南,流沙之滨,赤水之后,黑水之前,有大山名曰昆仑之丘。"按《西山经》与《海内西经》所述多同,当同指一地。如此,则昆仑有二:一在海内,一在海外,即一在域内,一在域外是也。域外之昆仑,晚近一般学者,均指由帕米尔分支东行之喀喇昆仑山,即于田南山。此说已成定论,不复置辩。惟域内之昆仑,究在何所,尚为疑问。《尔雅·释地》云:"西北之美者,有昆仑虚之璆琳琅玕焉。"《禹贡》雍州:"厥贡惟球琳琅玕。……织皮昆仑、析支、渠搜、西戎即叙。"《汉书·地理志》金城郡临羌县下注云:"塞外有西王母石室,弱水昆仑山祠。"又敦煌郡广至县下注云:"宜禾都尉治昆仑障。"皆因山得名。《史记正义》引《括地志》云:"昆仑山在肃州酒泉县南八十里。"毕沅、郝懿行均据此指《西山经》之昆仑,为肃州南八十里之祁连山(见毕著《山海经新校注》,郝著《山海经义疏》)。郝氏又引郭璞赞云:"昆仑月精,水之灵府,惟帝下都,西羌之宇,嵘然中峙,号曰天柱。"

是郭璞亦以昆仑在甘肃境内也。又按《水经注·河水篇》:"湟水又东,与阎门河合,即浩亹河也。出西塞外,东入塞,径敦煌、酒泉、张掖南,东南径西平之鲜谷塞尉故城南。……阎门河又东南流径浩亹县故城南。又东流注于湟水。"(卷二)按鲜谷疑即《史记·封禅书》伶伦所至之嶰谷,鲜为嶰字之讹,音亦通转。西平疑在今民乐附近。嶰谷既属西平,则当在祁连山之北。古称山南为阳,山北为阴,据此,则是郝、毕均以甘肃之祁连山当古昆仑山,与《史记》以下诸书所称伶伦至昆仑之阴,取嶰谷之竹,全相符合。或谓嶰谷即《后汉书·西羌传》之允谷,《水经注》之榆谷,然亦在祁连山北也。昆仑之地位既定,次当求流沙之地。

敦煌以西及西域之大流沙有二。一在敦煌西,《汉书·西域传》所谓白龙堆沙碛是也,《新唐书》则称之为莫贺延碛。和田北之大沙碛,《唐书》称之谓图伦碛,今称塔克拉玛干者,乃后起之名,隋、唐前尚鲜称述。至先秦古书中所称之沙碛,皆指凉州以北贺兰山以东之大沙碛,今地图所称之腾格里大沙碛是也。此沙碛东南西北绵延,直抵居延海北,至外蒙边界。沙山重重,聚散随风,古书所谓流沙皆指此。《禹贡》雍州:"导弱水于合黎,余波入于流沙。"《汉书·地理志》张掖郡删丹县下注云:"桑钦以为导弱水自此,西至酒泉合黎。"(按此为《水经》逸文)居延县下注云:"居延泽在东北,古文以为流沙,都尉治。"班氏所称古文,则先秦诸子以弱水所经之地为古流沙可知。弱水即今张掖河,入额济纳旗,称额济纳河,河之东及北皆大沙碛,古今相同。额济纳河北流,潴为两湖,东为苏古诺尔,西为嘎顺诺尔,即古称为居延泽者。泽在流沙之中,故《禹贡》云:"余波入于流沙"也。流沙地位既定,则大夏之地位可考矣。

第 二 编

按《管子》、《国语》屡记齐桓公伐大夏事。如《管子·小匡篇》云:"西征,攘白狄之地,遂至于西河,方舟投柎,乘桴济河,至于石沉(《国语》作石抗),悬车束马,逾太行与卑耳之溪。拘秦、夏,西服流沙西虞,而秦戎始从。"《国语》文略同。又《管子·封禅篇》有"西伐大夏,涉流沙,束马悬车,上卑耳之山"之语,与《小匡篇》所述略同,而《史记·齐太公世家》及《封禅书》所从出。其事迹之真象如何,姑置不论,然其所述地理形势,当必有所据。春秋时之白狄,在今山西、陕西北部,即保德州与榆林府一带。西河即今宁夏一带。由白狄至西河,是桓公由山西北境西行,经陕西北边,至宁夏渡河,过贺兰山,即《管子》所称之卑尔山也,故云"悬车束马"。再西行,经流沙之南,西至大夏,故云"涉流沙"。倘此推论不误,再参以《吕氏春秋》"昆仑在大夏西"之语,则古时之大夏,必分布于凉州、兰州、河州一带。古时疆域广大,北与月氏接,南与空桐接。故我推测今河州(即临夏)为古大夏之中心区也。《汉书·地理志》陇西郡有大夏县。《水经注·河水篇》云:"洮水……左会大夏川水,水出西山,……径金纽城南。"《十三州志》曰:"大夏县西有故金纽城,去县四十里,本都尉治。又东北径大夏县故城南。"《一统志》云:"大夏故城在今河州东南,大夏水,今三岔河。"按《汉书·地理志》地名,多因沿旧称,如狄道、上邽、羌道,皆袭戎名以名地,则大夏之名,亦必因古大夏国而得。又查古书所记,大夏与月氏、空桐并举。例如《逸周书·王会篇》云:"禺氏騊駼,大夏兹白牛。"又《四方献令》云:"正北空桐、大夏。"是大夏疆域必与月氏、空桐邻接,或相距不远。今按《史记·大宛传》,张骞称月氏原居敦煌、祁连间,则大月氏古时必分布于今肃州、甘州之南,祁连山一带。又按《史记·五帝本纪》:"黄帝西至于空桐,登鸡头。"《正义》引

《括地志》云:"空桐在原州平阳县西百里。"即今平凉六盘山一带。大夏既与月氏、空桐邻近,则大夏古时在今河州、凉州一带,是非常有可能的。

(原载齐鲁大学《国学季刊》新一卷第一期,1940年11月)

重论古代大夏之位置与移徙

一、大夏故地

我在1939年时,作《中国古代大夏位置考》,言大夏故地,在甘肃河州、兰州一带,而以河州为古大夏中心区。当时唯据中国载记为言,证据不足,近年尝留心此问题。复检查东西学者所论列,益信前所考订之位置不诬。唯当时以周、秦古书所记之大夏与《汉书·西域传》所记西域之大夏,是二非一,否认西徙之说,今全盘研究,对于前说,有所修正,故重论之。

《史记》、《汉书》中,所记大夏国名,为西方记录中所载 Tokhara 之对音,且为其略译,已为一般学者所公认。据古希腊地理家斯屈拉仆氏称述:在公元前160年左右,有四民族 Asioi、Pasianoi、Tokhara、Sakaraule 自药杀河背后塞种地域南下,侵入巴克特里亚国家,欧洲史学家,如马尔瓜尔氏、法兰克氏,均以为攻入希腊所建立之巴克特里亚王国之吐火罗,即《大唐西域记》所载于阗、且末间之睹货罗故国,且以此为根据地,向西迁徙。二人所述尽同,不过二人所述路线各异耳。马尔瓜尔氏以为吐火罗自新疆大戈壁向西方进行,越葱岭迁至巴克特里亚,与从药杀河侵入巴克特里亚之大月氏,其路径完全相异,至后世大夏始与大月氏混合为一民族云(*Eransahr*. p. 206, f.)。法兰克氏又加订正,谓当月氏为匈奴冒顿所攻击,遁往天山之时,曾路过睹货罗故地,而睹货罗民族,亦以本地为沙漠所侵蚀,故与月氏共侵入天山北方塞种地域。后受乌孙之逼,乃于公元前160年左右,率其民族迁往西方,侵入药杀河、阿姆河二流域也(*Zur kenntnis der Türk-volker und Skythe Zentralasiens*. p. 24, f.)。据上述二氏论旨,对于吐火罗及大月氏迁移路线,见解虽异,但吐火罗故国之在和田东大戈壁中,以及大夏与大月氏融合而成一民族,则二氏完全相同。我对于二氏上述见解,除以大夏、大月氏融合为一民族问题,留待将来讨论外;对于以新疆于田东之大戈壁,即玄奘所述之睹货罗故国,为大夏故地,未能满意,有重新论证之必要。按睹货罗《后汉书》作兜勒(《和帝纪》及《西域传序》)。六朝译经者,谓之兜佉勒(《婆娑论》卷九)、兜佉罗(《大智度论》卷二十五)。《魏书》谓之吐呼罗,《隋书》以下谓之吐火罗,《大唐西域记》谓之睹货罗,想皆同名异译。但自《后汉书》以下,所指兜佉罗方域,皆在葱岭西,唯《大唐西域记》,指在于田东戈壁中,考其时代,而玄奘所记为迟。虽称故国,然亦不能超过汉代。然则此地民族,有由西而东来乎?抑由东而西迁乎?玄奘未加注释。仅云:有睹货罗故国,推其意不过此地曾有吐货罗民族居住耳,而李希特荷芬氏,根据此文,遂断定塔克拉玛干为大月氏本土;马尔瓜尔、法兰克二氏,复据此文以推测吐火罗人迁移次第,皆有证据不足之感。

然则和田之东,南山之北,塔克拉玛干既非吐火罗本土,则其本土应在何地?非先将其民族之根据地研究明白,则其迁徙之次序,不能明也。考查斯屈拉堡地理书中,在巴克特里亚一度略取东方领土之内，虽举 Phroun 及 Seres 而未记 Tokhara。但 Dionysios de Periegetes 依据某种古书记载，谓塞种人背后有 Tokhara、Phroun、Seres 三国（*Dutreuil de Rhins. Mission Scientifique* 11. p. 27）。老 Plinius 氏置 Tokhara 及 Phroun 于 Attacoras 西藏背后，Seres 附近。按 Seres 为中国，Phroun 为匈奴，所以吐火罗必在此近傍，是无可疑。又查托勒密（Ptolemaeos）《地理书》中记载：在相当中国黄河的博提索斯（Buatisos）河出西藏高原，而转入北方之处，以及相当南山山脉的喀斯亚（Kasia）山脉东端的塔戈尔（Thagour）山脉东麓，举出塔戈尔人之名，并于博提索斯河东岸，记有塔戈拉城名（Thagoura）。俞尔氏作塔格拉（Thagara），而 Grenard 氏、李希特荷芬氏则作塔戈拉（Thagura）。李希特荷芬目塔戈拉（Thagura）与其他西史上所载的吐火罗（Tokhara）是一非二，而以和田东方塔格拉玛干一地当之，托玛显克氏以为塔戈尔（Thagour），而比拟之为今之凉州，汉之武威，即阿剌伯人称之为 Kudza，其名取自流过此地之大河。塔戈尔，当为大河之对音（*Kritik der altesten Nachrichten über den Skythischen Norden* 1. p. 743）。Grenard 氏以 Thagoura 为今之兰州（*Mission Scientifique* 11. 27. Note 2.）。Hermann 氏则目之为甘州（Sidenstrassen）。关于托勒密氏之 Thagoura 位置，在泰西学者之意见已不一致。日本白鸟库吉氏赞同李希特荷芬，以大月氏，即西史之 Tokhara，而置其故地于河西①。

按大月氏是否即吐火罗为另一问题，在此不作讨论。今就吐火罗之故地言之，托勒密《地理书》中所记之塔戈拉（Thagoura）之

---

① 据日人白鸟库吉《西域史的新研究》转引，载《塞外史地论文译丛》第二辑，第 141 至 147 页。

方位,实可注意。但东西学者所比拟之地,均未在其所在地之地形上求其方位,而仅就言语上为比拟,故不尽合。按托勒密书中记塔戈拉城,在黄河向北流处,城在其东岸。据此,是塔戈拉城,当于黄河北流东求之。按黄河自绕过阿尼马卿山,即大积石山以后,即北流,转东流会洮河后,转东北流至皋兰,再屈而东北流。按在青海境内,黄河支流向北流较大者有三,为吗楚河、大夏河、洮河。按吗楚河为黄河上源,发源于巴颜喀喇山。以东之大夏河、洮河均发源于以东之西倾山,北流入黄河。如综合托勒密《地理书》中所述之山脉,作比较研究,则地理书中之 Kasia 山脉,相当于新疆之南山即昆仑山。其中支向东绵延于青海境者,为巴颜喀喇山,东与甘肃西南境之西倾山相接,即中国古书所称为西裔之山也(《史记·禹本纪》集解引)。在西倾山东北,即大夏河、洮河所流贯之地,为自古西戎所居。如巴颜喀喇山东之西倾山为托勒密《地理书》中之塔戈尔山,则西侧山一带所居之民,当亦即塔戈尔人。如大夏为塔戈尔之音转,则大夏河亦必因住大夏之人而得名不难知也。试再证之古传记。按《汉书·地理志》:"陇西郡有大夏县。"《水经注》云:"洮水左会大夏川水,水出西山,径金纽城南。"《十三洲志》云:"大夏县西有故金纽城,去县四十里,都尉治。又东北径大夏县故城南。"《一统志》云:"大夏故城在今河州,即导河县东南。"惟《水经注》称大夏川入洮河,现入黄河为异耳。按大夏与塔格拉为一音之转,当为一地。考《汉书·地理志》地名,多因沿旧称,如狄道、上邽、羌道,皆因居戎狄而得名。则大夏故城之名,亦必由居大夏之民而得名,可以推知也。大夏故城,在大夏川之旁,均在黄河北流的东边。与托勒密《地理书》所述地形,极为适合。据此,是吐火罗民族,原居今甘肃之大夏河与洮河一带,北与月氏相接,南接秦土。

秦琅琊台刻辞云:"北过大夏",可证也(参考拙著《中国古代大夏位置考》)。据上所述,是大夏即吐火罗,原居故地,以河州即导河为中心,分布于洮河及大夏河流域,可确信也。至大月氏则以张掖为中心,其分布地显然不同。然东西学者,多以大月氏即大夏,似仍有研究之余地,但非本篇讨论范围。

二、大夏西迁

试以大夏种类言之,大夏民族为何种类型,现虽无确切证据,然总可相信其为羌族,总称为西藏民族。以最初据地论之,洮河流域,原为大夏人民所居,我在上面已为证明。但此一带,同时又为羌民所居。例如汉代诸羌,皆在河、湟间,纵横数千里,可以为证。乃大夏西迁,羌民居之。故周、秦以前,月氏、大夏与氐羌各为领域,而汉以后,仅存氐羌之名,而无大夏。是大夏必与诸羌混合,随畜西徙,分布于南山之间,汉人不暇辨其种型,概以羌名之也。例如婼羌以《汉书·西域传》"僻在西南不当孔道"一语观之,实占据今日柴达木盆地,极为明显。但婼羌国王,号去胡来王,去胡来当为种族名。去胡来为吐呼罗之对音,疑皆大夏之异名也。匈奴语每于名词之首多用居字,作发语词。例如居延、居卢訾、居次等等皆是。故"去胡来"疑即匈奴人呼大夏人之名,大夏之为睹货罗已为一般学者所公认,则婼羌为大夏民族所建立,极有可能。"婼"有盐字之义,故婼羌亦即盐地之羌;汉人呼西藏族,皆名之为羌,婼羌居于盐地,故称婼羌,乃汉人之命名。"婼",颜师古音"而遮反",疑汉人取睹货罗最后一字为名,而复注一句:"婼羌国王号去胡来王。"边疆民族国王,有名无号,婼羌王名唐兜,已见《汉书·西域传》,则号去胡来王,为种族之名无可怀疑也。又按婼羌户四百五十,口千七百五十,胜兵五百人,但分布于南山山脉,直至葱岭之南,皆名为婼羌。例如《汉书·西域传》小宛国条云:"东与婼羌接,辟南不当孔道。"又戎卢国条云:"东与小宛,南与婼羌,西与渠勒接,辟南不当孔道。"又渠勒国条云:"东与戎卢,西与婼羌,北与扜弥接。"又于阗条云:"南与婼羌接。"又难兜国条云:"南与婼羌,北与休循,西与大月氏接。"按难兜在葱岭之南,巴达克山西麓。难兜既南接婼羌,是喀什弥罗国之北,毕尔提地方,亦为婼羌所居。如婼羌为睹货罗种族,是睹货罗东自柴达木盆地及敦煌之西,沿南山山脉,西出葱岭,向南漫延,至毕尔提而与大月氏为邻矣。至《汉书》所记婼羌之户口数,仅指留居柴达木盆地一部分而言。犹月氏西迁,留居南山羌,而称为小月氏,或义从胡也。其大部分则皆西徙矣。再自其西迁时之遗迹言之,《大唐西域记》瞿萨旦那条云:"行四百余里,至睹货罗故国。国久空旷,城皆荒芜。从此东行六百余里,至折摩驮那故国,即沮末地。"是睹货罗西迁时,已在和田之东,安得悦一带建立国家,与戎卢南之婼羌,正南北对直,或为一种。又于阗国,亦称南与婼羌接。按于阗据斯坦因所发现之文书,可证其为西藏种。又按于阗国姓尉迟。而画家尉迟乙僧,张彦远《历代名画记》云:"于阗人。"朱景元《唐名画录》云:"吐火罗人。"则于阗人之为吐火罗人审矣。又于田以东大沙碛,《唐书》谓之图伦碛。今谓之塔克拉玛干沙碛。皆睹货罗音之变。斯文赫定在大沙碛中发现一古城名塔克拉(Takla),和田附近村落亦有名托赫拉(Tochla)者,皆由吐火罗民族所居而遗留其名号也(《亚洲沙漠探险记》)。是大夏人虽已西徙,原居地仍蒙其故号,犹婼羌王之为去胡来王也。再自其路线言之,《汉书·西域传》西夜国条云:"蒲犁、依耐、无雷国,皆西夜类也。西夜与胡异,其种类羌氐行国。"是虽未指明为婼羌或吐火罗;但东北为和田之吐火罗,西南为毕尔提境之婼羌,则居其间者,亦必与之同族,可以推知。西夜、蒲犁均在南道上。南道西逾葱岭,则出大月氏、安息。可证大夏人之西迁,遵南道由东而西,形迹甚为显然。至何时西迁,疑当在西汉之初,或在月氏西迁以前也。

(本文约作于1949年,原载北平研究院史学研究所《史学集刊》第6期,1949年10月)

第 三 编

吐鲁番发现墓砖记

吐鲁番在天山南路,西北距迪化六日程。城西10公里为雅尔湖,又名为雅尔果尔。旁有甚深之崖岸,崖东有一平原,泉水涌出,居民散布其上,或居崖下沟中,为吐鲁番富庶村庄之一。

在村庄之西,有古城遗址,颓垣满野,作椭圆形,位于两道甚深之河床中间,隆起平原,遗址即满布于平原上。本地居民称此城为雅尔和图,此两河床在古时本为两河,环流城之两旁,至城之南端而合,故古名此河为交河,此城为交河城。现分四沟,头、二道沟,发源于约干特勒克达克,西南流20公里,经行戈壁,分为二道:一南流为头道沟,一西南流为二道沟,约15公里,至古城之东隅而合,流于城东。三道沟起自戈壁,南流5公里,绕于城西,至城之南端而与二道沟合。四道沟亦出自戈壁,绕古坟群西,沿土子诺克塔格东麓南流至雅尔沟口,而与三道沟合流出口。现均为泉水。出城北3公里地,而天山之雪水久已不至也。然据《刘士恭墓表》云:"东刚洋洋之水,南及香香遐岸。"是古时河水甚大,后渐干竭,空存河床,近因泉水涌出,遂恢复古之河流。然当古时水流于甚深之河床围绕故城时,而城上居民汲饮之方法如何? 当为吾人有趣之研究也。吐鲁番有二大故城:一在吐鲁番之东南25公里阿斯塔拉,为高昌国都城故址。汉时名高昌壁,为戊己校尉所治。一在吐鲁番城西10公里雅尔湖,为汉车师前庭王所治。晋成帝时前凉张骏置交河郡，高昌国因之，唐灭高昌，置西州，始改为交河县。《旧唐书》云："王都高昌，其交河城汉前王庭也。"《元和郡县志》亦云："交河东南至州八十里，汉车师前王庭，河出县北天山，分流城下。"所云州，即西州，为高昌国故都。现据余所发现墓砖，在雅尔湖坟群所发现者书交河，在阿斯塔拉所发现者则书高昌，可证此二城，自古为高昌及交河二城，至唐犹相沿未改。至唐之末叶，回鹘占领西州，其名称稍异，然畏兀儿仍受辽封，治交河。余尝于高昌、交河故城中掘拾有古维吾尔文残纸，皆足为交河故城至元时尚有居民之证也。至元末分设柳城、火州、吐鲁番三部万户府达鲁花赤，而交河、高昌二城遂废。今已禾麦离离，颓垣满野，非复当日人文之盛矣。

　　余于1928年2月间，由吐鲁番至库车，虽一度访雅尔湖、阿斯塔拉二故址，然未及详细工作。1930年春，复由迪化南行，补充前年工作之未备。于2月24日即抵雅尔湖，次日即开始工作故城，由其填密纤维之颓垣中，在其不同建筑及发现品，寻出历代居人之地段，即其中部建筑较早，或为北魏至唐之遗址，其北段为畏兀儿人所居，因发现有畏兀儿文字，其建筑亦较近也。本地居民告余云："城之南端有礼拜寺，为伊犁河人所居。"其言虽未可遽信，然审其建筑，当亦不甚远也。

　　余在北段即畏兀儿人之遗址中工作三日，乃转觅其城中之死者居室，初在其城北即干沟之北古坟区工作，我称为沟北区。此地有沙梁一道，隆起于沙漠中，沿沙梁两旁均有井穴及其死者之遗骨与殉葬品在焉。井口宽约3呎4吋，长约8呎5吋，小者宽约2呎8吋，长为6呎7吋，深亦3呎许，死者尸骨在焉。又尝于穴旁凿一副穴，位置死人。殉葬之物品亦罗列其中，或在头部与足部旁。其物品以陶器为最多,红色泥有柄,若今之把杯,又有红底黑花之陶器,类今甘肃辛店出土之物,疑均为二千年前之故物。尤使余最感兴趣者,即在一坟中,有骨制签4枚,陈于人身两旁,系剖一骨为两半者,阴面并刻划四方花纹,岂古时以此卜吉凶欤?又一冢中有骨矢镞1枚,其形尖锐,以木质为干,皆足表示其经过悠久之历史者。

余在此略掘10余冢后,又发掘沟西之大坟区,我称为沟西区。地在四道沟与三道沟之中间,显露出一平原,宽1公里许,长约3.5公里。弥望平野,古冢垒垒,隆起草阜,或方或圆,表面满布石块,宽广约13呎,高亦3呎8吋许,冢前有石块排立成一线为墓道之表示,而其石线之方向,亦即墓门之方向也。尤其使余感兴趣者,即每聚若干冢为一族,外以石线栏之,前开一门,门线长10余呎,表示其为一族一姓之冥居,非他人所能羼入者。而余在此石线栏中,由其界划之清楚,使余工作亦得按其族姓施行发掘之程序,登录亦极加以慎重与严密,深恐有违死者之意而使其疆界稍有紊乱也。当余发掘之初,初用20人,分为4组,每组5人,工作1冢,以1人为组长,作监察工作,又以2人为掘手,轮流下坑,探取古物,每组每日可得2冢,后加至30人,故日可得10冢。自3月1日起工,至17日止工,中间休息两日,整半月,而余之35箱古物,即墓砖120余方,陶器800余件,皆此十余日中之收获也。至墓室内容,更有趣味,每墓室之前,有一长廊墓道,宽约3呎,长约18呎,由浅及深,至距地平面约12呎时,即现墓门,门高约3呎,宽约2呎许,自墓门入,即现宽敞之墓室,宽者约9呎见方,小者亦7呎许,高亦3呎又半。砌土为台,高呎余,铺以芦席,死者横卧席上,外有木板栏之,无棺椁。陶器即陈于死者头旁,重叠堆聚,大小至数十件。盖余所掘古冢中,均有陶器,置头部或足部旁,或骈陈身之右侧,形成一线,为两死者之间隔,多少大小不一,要皆当时死者日用器物,死后即以此为殉。墓砖则砌入墓道墙壁中,字面向里,砖皆作方形,泥质,经火烧炼而成者。宽约 1 呎 1 吋至 3 吋见方。表面光平。每砖上或用朱写,或用墨写,或刻字填朱,书写死者埋葬年月日及生时官职,其字迹至现在颜色尚如新书也。又在墓内之墓砖多少,恒视墓中死者之数为差,然至多不过 3 方,盖一夫一妻或一夫一妻一妾也。尤其使吾人于研究方面发生兴趣者,即每冢中之陶器,皆与墓砖同穴并出。由于墓砖上之年代及死者姓名,而陶器之时代与主人,亦可互相证明也。

  但有一事,而为吾人所注意者,即此若干墓室,何以保存至千余年之久,毫不崩圮,使可宝贵殉葬物品,安然无恙,不受若何之损失?欲答此问题,则当论及此一带之土质,普通沙土固易崩圮,即黑泥土或黄土,若经风水刷洗,亦易使空穴倾塌;此地之土质则不然,皆为有粘性之白土,坚硬若石。吾人工作古冢时,若不得其墓道,随意发掘,虽终日不能进一寸。故余甚佩当时凿墓人之勤劳艰苦也。

(原载《高昌砖集》[增订本],中国科学院印行,1951 年)

雅尔崖古坟茔发掘报告

雅尔湖村庄西有一古城,即高昌有国时之交河城。因古有两河绕城,故名交河。当时河水甚大,人民居于城中。后河水干涸,此城遂废。空余数道甚深之河床,悬崖峭壁,颓垣满野。故此城又名为雅尔和图,今通名为雅尔崖。近数十年来,泉水自戈壁涌出,水复故道。从昔所称为两河绕城者,现已分为四沟。第一、二道沟合流于城北,绕城东,南流。第三道沟流于城西,至城南端而与一、二道沟合。四道沟流于古坟茔之西,沿土子诺克塔格东麓至沟口而与三道沟合流出口。现时雅尔湖居民均散布于头二道沟之东北原,村舍栉比,田园相望,为吐鲁番西之大村庄。沟中虽间有居民,但为数甚少。沟北与沟西、沟南均为平原,土质坚硬,或面覆黑沙,是为古时死者冥憩之所,古冢累累棋布,即余此次工作之中心地也。今分沟北、沟西、沟南三部分述之。

一、沟北

余于 2 月 27 日着手清理旧城遗迹。在城之中部大庙之旁,余之工人曾发现碑额之地,思图再发现其碑铭。四人工作一日,绝无所获。但在土台上掘出破乱经纸及红底黑花与蒲纹、印纹及水波纹之陶片。又在城之南部,亦发现同样之陶片与残砖。此事最足引起吾人之迷惑与研究兴趣。盖水波纹与蒲纹陶片,以其他物证明,皆为公元前后 1 世纪之故物。而红底黑花则或较远。但同时拾有唐开元与乾元所制之钱币,则为 9 世纪之故物。又在城北部拾蒙文残纸若干,又为 13 世纪之故物。故由其古物之分布,吾人可以断定此城有居民,当由公元前以至公元后 14 世纪之中期也。

在 28 日之傍晚,余工人自古城工作归来,报告一维民在沟北古墓中掘出一陶器,红底黑花。余喜极,綦购之,审其形制色彩,似为远古之遗物,且可与城中之彩色陶片互证也。

29 日之清晨,除留一部分人仍清理大庙后畏兀儿人之居住地外,另派六人发掘沟北古坟,冀能获得有彩色之陶器,在接近城北之处,由头二道沟之交萦中,显一隆起之三角洲,有低沙梁一道。在此沙梁之左右,有许多井穴鳞比,显长方形,面与地平,非精细审夺其土质与倾陷迹痕,不能知其为古墓也。间有陷落较深者,则墓中或无所获,盖为前人所盗掘也。其三道沟之西及北各井穴,不隆起无标识皆与此相同。吾始信《易·系辞》云:古之葬者,厚衣之以薪,葬之中野,不封不树。今由此而知其然也。

此一带古冢虽表面情态大抵相同,但其井口之大小及其构造与陈设亦不尽同。例如沙梁北第 1 冢井口作长方形,宽 1 米,长 2 米。死者直卧中间,但尸骨搅动,少遗物可求,只在腰间拾铜兽环一。沙梁东第 2 冢亦作长方形,但井口较小,宽 0.8 米,长 1.9 米,有铜片一,置于死者头部左边。第 3 冢作梯形,后宽前窄,后宽 1 米,前宽 0.5 米,长约 1.9 米。发现石斧一,置于死者腰侧,陶器则置于死者头部右边。又沙梁西第 4 冢作长方形,宽 1 米,长 2.1 米,陶器置于头部后。第 5 冢作梯形,后窄前宽,后宽 0.9 米,前宽 1.1

米,长2.1米,陶器均置于头部,及足部之左侧。最有兴趣者,即其足旁之陶器,在一大浅钵之中,置二小杯,可以表现当时使用陶器之情态及杯与钵之关系也。以上每穴中均陈死者一人。第6冢井口略近梯形,后宽1.1米,前宽1米,长2.4米。内陈死者三人,陶器均陈于死者足部。大人则为大器,小人则为小器。盖生时所习用者,死后即如式以殉焉。余在库车所得古坟中之陶器,其陈列形态,亦与此同。故冥中之用具当同于生人,为西域人一般之见解也。其第7冢则墓中构造微异,外面井口虽作后宽前窄之梯形,但其底边复穿一复穴,较原穴略小,死者直陈于其上。在其身左侧发现骨矢镞一,以木为干。第8冢形式亦与此同。死者亦位于复穴之上,在其身两旁发现骨签两副,计四枚,系一骨之剖为两半者,剖面尚刻有四方格纹。每副之一端,有半圆形之缺口,显为系绳索皮带之用。身之两侧各陈一副。但在两冢中均未发现陶器。由其墓室之构造与陈设之情形与器物,如7、8两冢所示,显然为另一种民族之特征也。盖吾人观察其墓室与死者遗物,虽未得上述红底黑花之彩色陶器与陶片,但由其粗笨红色陶器及以骨器殉葬之制,可确定与沟西出土之陶器为两时期,且沟北较沟西之时代为早也。

二、沟西

2月13日吾等工作古城北部,清理畏兀儿人居宅并发掘沟北之古坟时,余带二引导者探视四周古迹,在三道沟西,即在四道沟之东发现一狭长大平原,北枕山岗,南抵土子诺克达格沟口,古坟累累如棋布,今据墓志所云,其地理情形,由高昌立国至今,历1400

余年而未尝有所变更也。例如刘土恭墓表云(上略),"坒(葬)于赤山南原礼也。东则洋洋之水,南及香香遐岸,西有赫赫□□北帝岩岩之岭。"唐蕟墓志云:"葬于交河县城西原礼也。"刘土恭、唐蕟二墓,均在今三道沟西,大平原中间。对其所枕之岗言,则为南原。对交河城言,则为西原。赤山即《魏书·高昌传》之赤石山,今名红山。东则洋洋之水,即今三道沟。当时河水甚大,故云洋洋。后已干涸,现有泉水,乃最近时事也。南及香香遐岸,则必为深沟之崖岸。北帝岩岩之岭,即指赤山南麓。综其所言,古与今同。故余取此墓铭,以为此狭长平原地形之说明也。在平原中间有一大道,经坟地北行,盖野木沁村庄人民至迪化者,为避绕道吐鲁番或托克逊计,即沿土子诺克山入沟口北行,与吐鲁番至迪化大道会,车马人夫,络绎于途中。但旅行之人与幽居地中之死者,彼此相安,故此沉静之数百墓室,历千余年从未被人扰乱,而安之若新冢也。

平原之北部,邻近红山,间隆起风蚀土层,形成白色鳞甲,刚坚若石,表覆石子和黑沙。虽高阜拟古冢,倾陷类墓道,然死者仍不以此为乐土,鲜少冥宅。其中部地势渐平,土阜较少,故大部坟宅均集中于此。绵延而南,抵于沟口,最使余感兴趣者,即每若干冢外,均用石块排设一线作栏,成为一茔。《说文》:"茔,墓地,从土营省。"盖营者帀居也。合若干冢为一茔,犹兵营之帀居也。类皆方形,前开一门,二线平行,长3米许,方向不一。余发掘之结果证明在每茔内之死者,皆为一族一姓之人,从无有异姓滥入之事,知立石线栏者,即界域之义也。在此等严密组织中,使吾人工作审慎,当按其种姓而施行发掘之程序也。每一茔中,冢数不一,少者一二冢,多则至数十冢,排比颇有条理。每冢隆起,或方或圆,堆砌石块于其上,宽广约4米,高约1米。冢前有石块排立一线,指示其为墓道,由此可以抵墓门。墓道之长短,与石线之长短成正比例。而墓门之方向,间不一致,有时冢向东而茔门向南,有时一茔之中,而每冢之方向,东西南不一者,盖其每冢之方向亦随意以为界划也。然其墓门与冢门无一西北向者。盖西北风冷,不足以保死者之温暖,中土风水之迷,或传播西域人之脑中,而支配其安置死者也。次分述各茔工作情形如下:

1. 麴茔

3月1日之清晨开始发掘工作。由小侯带工人一名清理干沟西之麴家坟茔。茔内共18冢,列为5行。第一行4冢,二行2冢,三行6冢,四行2冢,五行2冢,又2小冢,附于其旁。其茔门与冢门,由石线所示,均东北向。吾开始工作,每冢分配五人为一组,以一人为组长,作监护事宜。又另派一掘手下坑取物,每日每组可工作冢二。今以10人从事,故日可得4冢也。其工作之方法,按冢前石线之指示循线发掘,百无一失。兹将已工作者述之,例如麴茔第二冢,其墓道初宽0.8米,掘至中途,即发现砌入墙壁中之四方形墓表二,以陶为质,一面磨光,涂以墨,朱格,朱书死者年龄、职官、籍贯及死埋年日月。审其题识为重光三年麴氏庆瑜,麴庆瑜必为墓中死者之姓名,而重光三年乃埋葬之年月也。又一方与之骈列,字迹已漫灭不可读识。再向前进展,入土较深,墓道渐宽,至长10米,深4米处,即抵墓门。盖两边为硬土,而墓道中则为浮土。墓壁上全露堑掘痕迹,显示初由人工所造之墓道,埋葬后复填入浮土也。启墓门入,即为墓室。墓门宽0.8米,高1.2米,墓室作梯形,后宽前狭,后3.3米,前宽2.1米,长3.2米,高1.2米。后边砌土为台,厚0.1米,横宽2.2米,直长0.8米。涂以白灰,垫以芦席,死者横陈其上。头东南,足西北,尸骨略具,衣服化为灰烬。陶器陈于死者头足之旁,及东北西北二隅,共20余件,均有彩画,惜多已失其鲜明也。复掘昨日所掘之第一冢,墓门土微陷,盖为人盗掘者。墓道宽1米,长12米,掘至距地平面4米即现墓门。墓门及室中均半塞土,尸骨已被搅乱。在室之西北隅,去其塞土,觅出破陶器三件。墓室为四方形,宽长约4米,在墓道之中间,掘出墓表2方:一为延昌二十九年麴怀祭妻王氏;一为延昌三十一年麴怀祭。吾人由此即可知其为夫妇二人之合冢也。麴王氏墓表为刻格刻字,并填朱色,字颇工整。麴怀祭则为朱格朱书,书颇潦草,想埋葬并非一时,故树碑亦必一在前一在后也。又掘第三冢,墓道宽1.2米,长7米。在墓壁中间略近墓门处,得墓表1方,亦为刻字,题延昌十七年麴谦友。掘至距地平面2.7米时,即现墓门。门上宽0.9米,下宽0.8米,高1.2米。启门入为墓室。室作梯形,后宽3米,前宽2.4米,两边等长。后有土台,厚0.1米,宽1.8米,长0.6米,死者横陈其上,头东南足西北。在东北西北隅,满陈陶器,约20余件,并砌土埂以为间隔,表示死者之尊严。生人贡献之物,不直陈于死者之前。最后又掘第六冢,在其墓道中得墓表一,为延昌九年麴延昭。墓中发现陶器6件。陶器及尸骨均不整齐,或亦是被人盗掘也。时已薄暮,即收拾返棚。余等今日初次工作古坟,即得若干古物而归,幸曷可言喻。

余除派大队工作沟西古坟外,另派工人五名,由汗木多利率领清理城北未完之畏兀儿居宅。在城北一高塔之前面,有狭长井坑一线,土微陷,必为死者入墓之路。即从事发掘,半途出大瓦缸1口,高约1.3米,围亦1米许,颈有草绳系之,无墓表及他物。复向前工作,约长6.6米,即抵墓门。启门入中显宽大之墓室,宽长2米,高1.66米,四面中凹,形同莲瓣,因顶已被水冲陷,中无一遗物可资考验。但余决相信为死者墓室。后在雅尔崖古城之南部及二堡古城中,亦有同样建筑之发现。据本地人云,此中曾发现古物甚多,汗木多利亦云然,并云有时在塔下亦曾发现类此之建筑。故余颇疑此为大僧侣或贵人死后埋藏之所。其形式或受印度佛教影响,与沟西之染汉化者不同也。至墓道中之大缸作何用耶。审其形质,为北魏末年之遗物。然决非此墓道中所固有,或由他处移藏于此者也。现此物已送吐鲁番县署保存矣。

2. 史茔

3月2日至4日,为维民年节,余亦循例休息三日,5日继续工作。加至二十人仍工作沟西坟茔。一行清理麴茔之4、5、10、11各冢,均有少许之收获。大队人员工作史茔。史茔在麴茔之西北隅,有古坟5冢,集为1茔,门均东北向。其第1冢,墓道宽0.8米,长约7.3米。在墓壁之中间约有1米之距离,即发现墓表2方。均为朱书,一题延寿八年史伯悦墓表,一题唐永徽五年史伯悦妻麴氏墓表。两方骈立,显然为夫妇合冢。至深距地平面2.3米,即发现墓门。门高1.3米,上宽1米,下宽0.75米,入门为墓室,室作梯形,后宽前窄。后宽2.5米,前宽2米,长3米,室后横陈尸骨2具,头西北足东南,盖即史伯悦夫妇二人之遗骸也。陶器陈于足部者1件,余均陈于头部,自南至北骈比为一线。其第2冢之收获则甚微,除在墓道壁上所取得之墓表,表明为延昌五年史祐孝外,不见陶器。故余亦未测量其墓室,与陶器陈设之位置也。其次即继续工作麴茔东之氾茔。

3. 氾茔

在吾人工作氾茔时,有本地人在麴茔北之令柡茔发掘,出墓表1方。墨书延昌十一年令柡天恩墓表,字体方整,书写甚佳。来以献余。余请其来与余大队共同工作氾茔。令栎茔茔门及冢门均向西南，氾茔则向东北，适相反。氾茔共有9冢，列为3行，第1行4冢，第2行3冢，第3行2冢。在第2行之第1冢，发现氾绍和及夫人张氏墓表，前为朱书，题和平二年，而夫人张氏为墨书，在砖之背面。故余疑氾绍和先死，夫人张氏死后附葬时，取原砖续书也。又在第3冢取墓表1方，题唐永徽元年氾朋祐。墓中取陶器3件。在氾茔之东为赵茔。

4. 赵茔

赵茔门均东南向。赵茔以西如麹茔、史茔、氾茔门多东北向，自赵茔而东，门多东南向，盖以其地势渐开展故也。赵茔为8冢，分2行，第1行5冢，第2行3冢。在第1冢中得墓表1方，朱书，首二行字不清，以水透湿，识三年丙子岁赵僧胤等字，复加检考，知为义和三年。墓中得陶器20余件。在其第2冢得墓表3方。一墨书题建昌元年赵荣宗夫人韩氏，一刻格朱书延昌十三年赵荣宗，一朱书题延和三年赵荣宗妻马氏。墓中无陶器，疑已被人盗掘也。盖盗墓者多自墓门往下掘，墓表在墓道之末端，为盗墓者所不知，故能保存至今也。第4冢为朱书，题延寿九年赵充贤。第3冢得墓表二，一墨书唐仪凤三年赵贞仁，一剥蚀不明，未能审其姓字官职。墓中有陶器10件。第7冢亦得墓表2方，一为延寿九年赵悦子，一为延寿七年赵悦子妻马氏，均朱书。取陶器2件。在赵茔之东北为画茔。

5. 画茔

在3月6日因余连日工作古坟之顺利，决增加多人工作。故今日参加人数为三十八人，由小侯与汗木多利领导，继续工作赵茔以东之各茔地。余在家料理队务及办理杂事，至傍午方至工作地视察。画茔共4冢,冢前石线均东南向,外无石线作栏,以各冢发掘之结果,审为画茔。在第1冢墓道中得墓表1方,为章和十六年画承墓表,方格刻字,颇整齐。尾附朱书永平二年夫人张氏。因画承死后,其夫人附葬时,就原砖追书,毫无可疑。而余作麴氏纪年,以永平继章和之后,亦由此表为之证明也。墓中取陶器10件。第2冢墓道中之墓表为延昌二十二年画神邕妻周氏,朱书朱格。墓中取陶器11件。第3冢墓表为墨书,题延昌三十一年画纂。取陶器2件。第4冢墓表为儒子,墨书延昌十九年,取陶器4件。儒子墓表不署姓名,以其附于画纂墓旁,或亦姓画,卒年二十有七,无妻子,盖其取名儒子之故欤。在画茔之东为田茔。

6. 田茔

茔内共3冢,门均东南向。外亦无石线栏。在第1冢中其墓表为刻字,题永平元年田元初。取陶器2件。第2冢墓表为墨书,题建昌五年田绍贤。取陶器11件。第3冢墓表为朱书题延昌三十二年田贤文。无陶器。由画茔与田茔在排列整齐之坟墓中,审其墓表所题之年代,在最右者时代为最早,以次递后,因此吾人知当时埋葬,亦先为右边,由右而左,或者为西域人尚右之故欤。在田茔西南为曹茔。只2冢,亦无石线栏。掘其左一冢,得墓表1方为朱书,题延昌七年曹孟祐。取陶器12件。在田茔东百余步为孟茔。

7. 孟茔

茔内共16冢,排列颇不整齐,略可分为5列,门均向东南。在第1冢墓表为朱书,题和平四年孟宣宗,有陶器9件。第2冢墓表为朱书,题延昌二十一年孟孝□。有陶器5件。第3冢,亦为朱书,题延昌三年孟宣住,有陶器5件。第5冢为朱书直格,题延和八年孟子,有陶器10余件。第6冢为朱书直格,题唐贞观二十四年孟隆武,有陶器3件。第8冢其墓表字迹模糊,只识义和四年丁丑岁等字,为何人之墓及官职若何已无从考识。但其墓表原书有延昌年号,则为取旧专(砖)新书者,余由此而知义和在延昌之后。盖罗振玉氏麹氏年表,以延和直接延寿,今乃知延和之后尚有义和,庆幸曷极。在墓中取陶器1件,然其价值不在此也。在第16冢亦掘开,惟取陶器2件,无墓表。综上诸冢,以墓表所署之年代推其埋葬先后,亦为自右而左,与画茔田茔相同也。在孟茔之北为曹茔。

8. 曹茔

曹茔邻于孟茔之旁,外无石线栏,有坟7冢,为一茔,门均东北向。在第1冢中取墓表1方,墨书延昌三十七年曹智茂。取陶器3件。第2冢以土坯作墓表,无陶器。第5冢取墓表2方,一朱书延寿九年曹武宣,一朱书延寿八年曹妻苏氏。墓中得铜饰2件,形如今之眼镜,左右隆起,密穿细孔,边缘有绢帛纹理,疑为衣帽上之装饰品。第6冢为朱书,题唐咸亨五年曹怀明妻索氏墓志铭。虽间有模糊,但以水浸湿,尚可识其大略。书写亦优,约200字,前为志,后为铭辞。在高昌有国时之墓志均称墓表,直书年月日及死者官职名氏,体尚质素。入唐乃有墓志铭以颂扬死者之德行,文词趋于繁缛。虽贫穷者亦尝抄袭他人之文以颂扬其死者。如王康师为其父作墓志铭,文与曹怀明妻索氏墓志多相同。间有更改一二字,而致陷于不伦者。如曹怀明文云:"嗟兹亡妇,秋叶雕霜。"盖夫悼其妻之词。王康师则改为"嗟兹亡父,秋叶雕霜"殊可笑也。但中国之文学传于西域,由此可见其概略,然必在侯君集平高昌以后也。墓中有陶器9件。在曹茔之东为苏茔,共21冢,门均东北向。在第1冢得墓表1方,题延昌二十二年苏玄胜妻贾氏,朱书朱格,无陶器。第2冢墓表为朱书,题延昌十五年苏□相。得陶器5件。以上诸茔地,皆在大道以北,为余等日来工作之地也。

在3月8日余为当地习称之阿亦普沁所驱使,拟前往寻觅。乃留汗木多利与小侯每日仍带领20名工人工作沟西路南之古茔地。余带毛拉及引导者,于今日正午向东南出发。下午1时出沟口,转南行,经连木沁村庄,入戈壁往南,经大庄子,住于锡兰木一维民家中。次晨又出发向西南行,渡托克逊水,发现阿萨土拉,为古时茔堡,以捍卫大道旁之行旅者。盖由鲁克沁旁库鲁克山往西,经艾丁湖之南岸,经毕占土拉、阿萨土拉,入库木什山至焉耆,为唐时之银山道。郭孝恪攻焉耆即取道于此。现有大道辙迹,维名北京邮路,由东至西,沿此大道,有古时土墩。维民呼为土拉,形成一线,以保护当时大道旁居民与屯卒。阿萨土拉即其中之一也。过此,仍为碱滩,盐硝搀泥,枯苇僵结,鳞积成波浪形。下午2时住于英儿野勒克羊厂。次晨,即骑马觅古城。传说古城在山边,及至,除白色如银之库鲁克塔格山石外,不见有何古代遗迹可寻,但由此可知古人取名银山之意也。沿山麓往东行,觅得古墓茔多处,则知古时沿艾丁湖畔而居者亦甚众多,生时牧畜于湖岸,死则葬于此山麓也。3月11日即开始返行,又经蒙古坟茔及土拉多处,发现卜柯洛克土拉。又此一带之古坟与雅尔湖不同,此处冢上虽堆砌石块,其下即为井穴,深约1.3公尺,有木料作栏,死者裹以布帛,或毛织物,疑为本地后期之游牧民族,或即畏兀儿人之墓地亦未可知。余因欲速返雅尔湖,未及工作,殊可惜也。由此向北复渡托克逊水,转西北行至大墩子,转东北行,晚8点40分抵雅尔湖住次。小侯与汗木多利急以四日之工作相告,古物累累,已盈余之床榻前后左右矣。

3月12日余即至古坟地视察彼等之工作。大道南之古坟茔均集中于中部。其西则为风蚀土阜,迤逦漫衍。再南过小道,即至四道沟。往东,地势高低不平,古坟散布亦稀。故此一带为中部,为沟西坟茔之要区,亦即余等工作之中心地也。兹将道南工作情形分述如下。

9. 卫茔

此为邻近路南最西之一茔,其门均向东北,有坟6冢,分为3列,余发掘其三。在第1冢墓表为朱书朱格,题延昌三十三年卫孝恭妻袁氏。有陶器4件。第3冢为一墓志铭,字迹漫灭,不可尽辨。故死者之姓氏官职及埋葬年月均无可考。有陶器11件。第6冢无墓表,仅得骨器1件,头尖锐,疑为妇人之簪。在卫茔之东为罗茔。石栏作长方形,门亦东北向,5冢,只掘其第3冢。墓表为朱书,题延寿十三年罗妻太景。无陶器。

10. 袁茔

在罗茔之东为袁茔。冢门均东北向,共坟12冢,掘第1、第2两冢。在第1冢中有陶器5件,无墓表。第2冢中墓表为墨书,题延昌九年袁穆寅妻和氏。无陶器。其东为唐茔。

11. 唐茔

唐茔紧接大道,在袁茔之东,为吾等在大道南工作之中心地。共18冢,分4列,第1列7冢;第2列2冢;第3列7冢;第4列2冢。冢门及外之石线栏均西南向。在第1冢中得墓表2,其一为朱书朱格,题延寿八年唐耀谦。其二为朱书,题义和二年唐幼谦妻鞠氏,墓中有陶器13件。第2冢墓表为朱书,题延和十年唐仲谦,有陶器13件。第3冢墓表有3,二方合并,一方骈列。一朱书义和四年唐舒平;一朱书延和二年唐元护妻令桭氏;一不明。得陶器30余件。兹述其墓室之构造,与陶器陈列状况如下:其墓道长9米,宽0.8米,三墓表均在墓壁之中间。墓道深至距地平面3.6米时,即现墓门,宽 0.7 米,门高 1.2 米,与墓室等齐。启墓门入为墓室。室作梯形,前宽 2.6 米,后宽 3.2 米,直长 2.1 米。有尸骨 3 具,后 2 具头西北足东南。又 1 具在其右边,头西南足东北。陶器陈列于死者足间及身旁,形成一弧线。其中有一漏底甑,则陈于一死者头部右侧,或有重视此器之意也。第 4 冢墓表为朱书刻格,题延昌十三年唐忠贤妻高氏。有陶器 15 件。其墓室之构造与陶器亦有可言者。墓道长 6.5 米,宽 0.7 米,墓表在其中间。墓道渐后渐宽。在距地平面 2.8 米时即现墓门。上窄下宽,形同圭窦,上宽 0.4 米,下宽 0.9 米,高 1.1 米,与墓室齐。墓室为四边形,左宽右窄,左宽 2.8 米,右宽 2.6 米,后宽 2.8 米,前宽 2.9 米。右边有土台,高 0.1 米,宽 2.2 米,死者直陈其上,头西南,足东北。土台旁陈陶器 10 余件,尽为瓿、碗、杯之属。第 5 冢无墓表,有陶器 6 件。第 6 冢墓表为朱书,体同墓志铭,死者为高昌人,名唐昙海,唐龙朔三年死,四年葬。墓中得泥塑驼马等残件。盖唐以前在高昌有国期中,据余之发掘,其墓中无以泥质人马为殉葬品者,有之皆在侯君集平高昌以后,此可注意之事也。第 7 冢墓表为唐蕨墓志铭,尾书上元二年,亦唐代之墓也。文词甚优,书写亦佳。文中述其祖父两代均为伪学博士,盖以追述高昌时代之官职,故称伪耶。墓中得陶器 3 件,有一兽形足盆,置于头部。四周花纹隆起,堆砌兽形,里有猿猴像,伏于盆底。有三足,均作兽形,背负此盆,式样颇别致也。兹述墓室构造与陶器陈列状况如下:墓道尾宽 1.1 米,长 6.7 米,至距地平面 2.8 米即抵墓门。门高 1.2 米,上宽 0.7 米,下宽 0.8 米。墓室作梯形,后宽前窄,后宽 3.3 米,前宽 2.3 米,直长 2.9 米,高与门齐。后有土台作长方形,厚 0.1 米,宽 1.2 米,长 2.9 米,有尸骨 2 具横陈,头西北足东南。兽形足盆即陈于外具之头部旁。又 2 件则陈台下之右边。第8冢墓表为朱书,题永淳元年唐思文妻张氏。得陶器4件。第9冢无墓表。得陶器5件。第10冢为朱书,题唐贞观二十一年唐妻辛墓表,左侧墨刻唐妻辛英疆之墓表八字,墓表侧刻字者甚少见也。内述唐为交河县神山乡民,与王朋显同乡,则高昌之乡村组织由此可证明也。有陶器9件。第11冢无墓表,墓中得铜器5件,似为衣带饰之具也。第12冢无墓表,有陶器7件。第13冢墓表有二。一为朱书贞观十八年交河县民岸头府橡师唐神护。一略小,侧刻师唐神护四字。二砖皆为一人,疑刻于侧者,师上略去一字。墓中有陶器1件。第14冢,墓表有二,一为朱书朱格,题延寿十一年唐阿明;一为延寿四年张氏。有陶器23件。第15冢,墓表为朱书,题延寿四年客曹主簿,姓氏不明,但以同茔不杂他姓为例,亦当姓唐无疑。殉葬之陶器甚多,有驼蹄足盆一,瓿、罋、杯、盂之属,共30余件。兹将其墓室构造及陶器陈列状况述如下:墓道长6.9米,宽1.1米,在距地平面2.1米即抵墓门。门宽0.7米,高1.2米,与墓室齐,墓室作后宽前窄之梯形,后宽2.45米,前宽1.9米,长2.4米。中有死者尸骨2具,横陈后方,头西北,足东南。陶器分陈于头足两面,直陈一线,其驼蹄足盆则在死者之足旁,表示为特别贡献之物也。第16冢,墓表字不明,未能知其年月日。得陶瓿4件。第18冢无墓表,有陶器4件。

12. 马茔

在唐茔之东南隅为马茔,与唐茔茔门交错,盖唐茔门向西南,而马茔向东北,正相对也。共有坟27冢,分为4列。但吾人只掘其3冢而止。第7冢得墓表1方,朱书,字迹不明,仅识延和四年等字,其死者之姓名官职亦不可知也。无陶器。第17冢,墓表为朱书,题延昌二十一年马阿卷。有陶器4件。第18冢,墓表为朱书,题延昌四十一年马氏,不具姓氏,书写甚佳。墓中有陶器20余件。在马茔东,有坟2冢,为一茔,门亦东北向,发掘无墓表,未审其姓氏,余订为B茔,有陶器2件。在B茔之东北有坟5冢,为一茔,门亦东北向,余订为C茔,掘第3冢,得陶器3件,亦无墓表。此二茔为余工作古坟茔之最无收获者也。在C茔之北为A茔。有坟9冢,亦无墓表。未能知其姓名,余订为A茔。掘其第1、2两冢,成绩甚佳。第1冢中发现兽形足盆1件,堆砌兽像计11形,骈绕四周,形旁间有花瓣纹,与唐蕨墓中之兽形足盆其形象多相同。为余发现陶器中之较佳者也。但此盆倒置于墓道之尾端,入土不深,与通常三足盆陈列墓中死者足旁或头旁者不同,未知何故?墓中复得陶器20余件。以其殉葬之丰富,必非贫贱之人,然为何无墓表以为志也。第2冢无墓表,亦得陶器9件。在A茔之旁为刘茔。

13.刘茔

在A茔之东为刘茔,有坟8冢,分为2列,门向东南。第1冢墓表为朱书,首题镇西府内主簿刘□□。其名字及死葬年月,均模糊不明,墓中有陶器10余件。第2冢墓表为朱书刻直格,题延昌二十七年追赠虎牙将军刘氏,失书其名字。得陶器3件。第3冢墓表为朱书,题重光元年刘保欢。为所得墓表中之年代最远者,今由此墓表,而麹嘉即位之年可以推定,快如何也。墓中得陶器4件。第5冢,墓表题唐显庆五年刘住隆妻王延台。有泥器10余件,多蚀残。有车轮二,墨画轮辐,中隆起穿一孔,疑为置轴之用。又泥器1件,疑为陶瓶之塞。第6冢为墓志铭朱书朱格,首书大唐乾封元年刘土恭,而刘字与土字书写相连致误作型。墓中得泥人马像10余件。人像亦为残毁,致失其彩色,仅具其形貌耳。第7冢无物。第8冢仅得铜零件3枚。无墓表。

14. 王茔

在刘茔之西南，B茔之南邻，有坟21冢为王茔。门均东南向。外茔石线，只有西北两面，东南二面已毁。审其遗迹，知原有石线作栏也。王茔在小道东，此道为雅尔湖人往北山之路，穿经坟区。时余谋迅速明了墓中之种姓及省减时间计，只取墓表，不开墓穴。因墓表在墓道中间，取拾甚易也。余在第1冢取王朋显墓表，朱书唐贞观二十二年。第2冢取王阁桂墓表，朱书延寿十三年。第3冢取王康师墓表，朱书唐仪凤三年。第6冢取王皮苟墓表，朱书延和十一年。第5冢取王阿和墓表，墨书延昌五年。由是而知此茔死者皆姓王也。在王茔之西为索茔。有坟3冢，门均东南向。余掘其第1冢，得墓表1方，为刻字填朱，题延昌三年记室参军妻张氏之墓，另行朱书客曹参(军)令兵将索演孙九字，当为后死附葬时续书者。但不知记室参军是否即索演孙也。无陶器。在王茔之西南为氾茔。氾茔有二，一在大道北，与赵茔邻。一在大道南，邻于王茔，此大道南之氾茔也。掘第1冢，取墓表1方，为刻字填朱，题章和十八年氾灵岳之墓表。取陶器9件。由此而西，古坟零落，间多倾圮，浮沙被之。方向亦极凌乱，有南向者，有北向者，有东向者，散布各处，又无石线为界。想非本地之主要居留人，故不予清理。在此一带乱冢之西南，有小道一，通四道沟中之居民。在小道与四道沟之中间为任茔。

15. 任茔

有22冢，门均东南向。在第1冢中有墓表2方：一刻字，题建昌二年任叔达妻张掖袁氏；一墨书，题延昌元年任氏附夫人袁氏，其官职相同，则任氏当为一人。末附张掖袁氏者，盖其妻先死，后任氏附葬时又续书袁氏于其后。墓中有陶器6件。其第5冢，墓表为墨书，题延昌三年任□□，任下字模糊，不知其名为何。墓中有陶器9件。第6冢,墓表为刻字,题延昌卅年任显文。无陶器。第9冢为朱书,题延昌三十九年任氏。有陶器3件。第10冢,朱书延昌十三年任□慎妻。有陶器17件。第12冢,朱书延和十一年任谦。有陶器9件。第14冢,朱书唐贞观十五年任阿悦妻刘氏。有陶器20件。第17冢,朱书延寿十年任阿庆。有陶器13件。第20冢,墓表有二:一朱书唐显庆元年四月十六日任相住之墓表;一墨书,为墓志铭,首题唐显庆元年四月八日交河人任相住也。两砖同志一人,死葬之年月亦同,惟一作四月十六日,一作四月八日,相差仅八天,而其卒之年岁一作七十有五,一作六十有一,则相差至14年之多。决不能一人死两次,此中必有一误。后检四月八日之墓志,其任相住三字书写特劣,与全文笔迹不类,且其干支亦与长历不合,因此余疑系取他人墓表涂书任相住三字,以歌颂死者之功德也。墓中有陶器3件。在任茔之西为张茔。

16. 张茔

张茔在小道之西,外无石线栏,门均东南向。第1冢墓表有2,一朱书延昌十九年张神忠墓表,一不明。有陶器19件。第2冢,墓表有2,一墨书延昌十五年张买得;一朱书延昌二十八年买得妻王氏。有陶器10件。第5冢朱书重光二年张保守。有陶器14件。第6冢,朱书延和八年张时受。有陶器3件。

17. 麹茔

在张茔之西,约百余步,有坟2冢,亦无石线栏。掘第2冢,墓表为朱书,题延昌二十四年麹显穆。无陶器。在麹显穆墓之西为麹弹哪,有坟10冢为一茔,以石线栏之,门均东南向。掘第1冢,有墓表2,一朱书建昌四年麹郴妻白阿度及女;一墨书延昌十七年麹弹哪及妻张氏。有陶器13件。在麹茔之旁又为张茔。在第1冢中,墓表为朱书,题延昌十二年张阿□,有陶器1件。第2冢墓表亦为朱书,题延昌□年张氏,有陶器1件。

此为余于3月9日出外考查,小侯及汗木多利等清理大道与小道中部坟墓之大略。及余于3月11日返队,继续清理小路两旁之古坟,成绩欠佳,乃减为5人,工作小路西南之各坟茔。余连日绘此地古坟分布图,至3月16日,而沟西之全部工作告竣。余等自3月1日至3月16日工作沟西坟区,除因维民年节休息三日外,每日有10余人或30人不等加入工作,在此荒僻之戈壁滩上,本地人来鬻食物者骈列成市,日昃不歇,四方之骑马驴来观者络绎于途,未始非一时之盛事。而余所得之数十箱古物,又足以证明高昌麹氏有国之历史。此又余所尝自引以为幸慰者也。

三、沟南

先是在沟西之东里余,当四道沟与三道沟水合流出口处,在土子诺克塔格之北麓,有高原隆起于四道沟与三道沟之间,古坟累累如棋布,本地人亟称从未有人掘过。邀余试往工作,致使余停工之意思消减,而又欲继续前往一试,以与沟西坟区作一比较。在沟西坟区东行,山势陂陀,间有一二散布古坟,但已与维民新坟相厕杂。前行里许即至其地,两边临甚深之崖岸,居民住于沟中,泉水淙淙东南流,树木荫绮,野木沁之人往迪化者,亦取道于此。余于3月17日开始工作,以18人从事,得陶器80件,墓砖2方。

18. 索茔

此地有坟5茔,唯中间一茔最为整齐巍峨,超越沟西,乃试工作此茔。此茔共有坟9冢,斜线骈列为3行,外有石线栏之。门均东南向。后宽23.8米,左宽42.1米,右宽42.1米,前宽22米,门宽4.8米,门长9.4米。余即工作其中之第1、2、3冢。在第1冢墓道中取墓表3方。一为朱书朱格,题延昌三十一年索显忠;一朱书,题延昌十三年索显忠妻曹氏;一朱书延昌三十三年索显忠妻张孝英。墓中有尸骨3具,与墓表之数相符,盖为索氏夫妻无疑也。有陶器40件,均堆积于头部及身旁。有三足盆二,及罋、瓿、杯、盂之类。其种类颇多,三足盆则置之中间,而四周围列陶器一圈,其盂、杯之类,则累叠列陈。陶器花纹多为朱色。有一盂内涂朱,其朱色渣汁,犹沉淀于底部。厚1厘米,触之尚能染指也。又一瓿,内满覆已腐食物之渣汁,则当时必以陈食物,且即以所陈之食物殉葬也。有在陶器口缘起白沫成凌状者,或因其器中原存有盐质之物所致。又有黄泥质杯数件,无柄,口微涂黑。凡此种种皆表示当时人民生活之状况,使吾人尽量了解,千余年前西域人日用器具与食品,亦为吾人最乐之事也。第2冢,在墓道中取墓表2方,一朱书,题延昌七年索守猪妻贾氏;一朱书墨格,题延昌十二年索守猪,但无陶器。第3冢无墓表。掘此墓时,余正在沟西复查已工作之墓穴,远见余之脚夫由沟南匆匆来,彼不能汉语,余不能维语,以手指示,仿佛是请余去者,前行数武,而余之掘手汗木多利立于高阜上,以手招示,声声叫余,余知其必有贵重物发现也。即驰至,以手电灯照此黑暗之窟室,似有一彩绘男女之神像覆于死者身上,及取携,已腐朽化为灰泥矣。余下人之惊愕呼余者为现也。余乃审视墓室一周,记其情形如下:墓道宽0.7米,后宽1米,长7.2米,深距地平面1.2米时,即现墓门。有土坯数块塞门,盖陈置死者既竣,即以土坯闭塞墓门,所以防浮土倾入与野兽之扰害也。门高1米,宽0.7米。启门入为墓室,墓室作梯形。前宽2.4米,后宽2.8米,长3米。中有土台二,作长方形,相对横列。后一宽2米,长1米,厚0.1米。前一宽1.7米,长0.8米。台上垫以石灰,上布芦席,后台陈尸骨2具,头西南,足东北。后一,长1.8米,头足旁置陶器各一。足旁为一大三足盆。后二,长1.65米,头部置陶器1件,两尸之中间置碗瓯之类一线。前台陈尸骨1具,头西南,足东北,与后二同。头足均枕以草灰枕,作棱角形。身衣锦绣,覆以采绘男女之神像,虽已腐化,但其彩色质料尚可见也。尸长1.65米,头旁置陶器1件,于其右侧。在两土台之中间有洼沟,置陶器一线。余均陈列于土台之南部,自后至前累累若串珠,共40余件。举凡生人所习用之器物几具于此矣。

　　余今日虽得最丰美之收获,随人等均劝余继续工作,但余终不欲更改余之原订计划,明日仍然停止工作。并整理所得之古物及包裹装箱,以备长途之运输,故亦备极忙碌也。

　　3月20日始将采集品26箱装包完竣,移置吐鲁番气象台中。21日上午将所有事务料理完毕。下午2时率全队离开二十日勤苦工作之雅尔湖,向哈拉和卓出发。沿让布工商渠东南行,夜抵让布工商。汉名二工,为清光绪中屯垦之地。发现古城一,疑为唐之南平或安昌故址。次日由小侯、汗木多利带队直至哈拉和卓。余偕毛拉至吐鲁番城购办什物,24日晚返哈拉和卓。25日开始查视附近古迹,3月30日开始古坟之工作。在哈拉和卓附近有古坟地三区:一在古城西北里许,其面积之大,过于雅尔崖,最有名之张怀寂墓亦在此区(详王树枏《新疆考古录》),但多为东西游历人士及本地人所盗掘,已失其地中层序,颇难清理,故余决定不工作。一在古城东北1.5公里许,当往土峪沟途中,古坟亦多,其状与西北区同。余等在此处取墓砖2方。一为朱书,题河西王通事舍人张季宗之墓表,夫人敦煌宋氏。无年号及年月日。但在高昌麹氏有国时无河西王名称,余查《宋书·氏胡传》沮渠无讳袭据高昌,遣使奉表于宋文帝,拜为征西大将军、凉州刺史、河西王。及无讳卒,其弟安周继立,宋仍拜为河西王如故。是河西王为沮渠无讳及安周时事。无讳为宋元嘉十九年,安周为宋元嘉二十一年,在麹氏前,故不署高昌年号,然沮渠氏侵入高昌,由此可以证明也。一为墨书章和七年平远府录事参军张归宗夫人索氏墓表。其墓中均已被人盗掘,惟墓表在墓道之末端,故尚能保存也。此一带坟院形式与雅尔崖同,院外有石线为栏,冢前有石线,其族划区分亦颇清晰。惟西北之坟区与此略异,外栏及冢墓道均已失去痕迹,或者原即未有,其坟之周围,间有半月形之土埂,表示为坟墓之屏障。此种风俗,略同内地,若江南一带之古坟多如此。亦有在坟后起高塔者,则为佛教入西域后之遗俗。二堡旧城及雅尔崖旧城尝有此类之建筑物,而其前均为坟墓。有时外表不隆起,故不能知其墓穴何在也。一在二堡东南伯什柯恶克,距二堡旧城约5公里。此处坟院形式与雅尔崖及他地均异,每冢上有一土墩,盖为塔或房屋之已倾圮者,坟前亦有墓道,外以石线表示,与雅尔崖同。在一冢或二、三冢外,有土筑之围墙,高约2米余,四周围之,宽10米,长约90米。余于3月29日试工作此一带坟地,每日5人,工作3日,长30米,深8米,但除有死尸之嗅味及零碎铜件外,不见有显著之古物。盖此一带地湿土疏,古时遗迹致失其保存之效能。余因是遂放弃此地之工作,转寻余所希冀之两千年前罗布泊古海也。

(原载《高昌陶集》)

雅尔崖古冢中陶器之研究

余在报告中曾分沟北与沟西两地叙述。今根据遗物之形式花纹及同时出土器物作时代之研究，亦拟分为沟北与沟西两期。虽沟南与沟西相距稍远，但其遗物之形式花纹与沟西两无差异。其墓表所署之年代亦先后相若。故合并为一期，统称为沟西期。今本余考查所得，及记载所述，表示个人意见如下，以俾研究者之参考焉。

一、沟北期

沟北古坟中出土之器物，其墓室形式与陈列方法，类皆相同，皆可表为同一民族之风习，其详已见报告书。又其陶器共为两类。除单耳彩色瓶，非由余亲手掘出，另有论述外，其余各陶器其彩色与制作方法，类皆一致，亦可表现为同一时代之遗物，虽有一俯口钵，与其他器形制不同，余在遗物说明内认为可疑，然不碍于主体也。但沟北陶器均无墓表，欲推论其绝对年代如沟西所出者为不可能，故不能不求其次者，即在同时出土器物及陶器本身之花纹彩色，而推论其相对年代。盖考古者除此外，尚无别法作研究之根据也。兹先述同时出土之铜骨器具以作比较。

1. 铜兽环

余在沟北沙梁北第1冢所发现之铜兽环，已在遗物说明内详述其形象。今以中国铜器上之花纹比对,亦有可为余研究时代之证者。试以《博古图》所载,其腔带间所具之兽头形作例。如彝类,商器具兽头形者9,周器兽头形者10。其分别商周,虽未必完全可据,但据铭词如父丁彝(卷八,页十一)、立戈父甲彝(卷八,页十二)确为商器。单彝(卷八,页十七)、召父彝(卷八,页二十)确为周器,则可信也。又如卣类,商器具兽头形者16,周器具兽头形者6。例如祖乙卣(卷九,页五)、祖辛卣(卷九,页十八)确为商器。周宝卣(卷十一,页三)、孙卣(卷十一,页十六)确为周器。又尊类,如商龙凤方尊(卷六,页二十六)、商三兽饕餮尊(卷七,页二十六)。又壶类,如周饕餮方壶(卷十二,页二十二)、周觚棱壶(卷十二,页十六)。以上诸器腔带间皆着兽头之形,惟均不衔环。其衔环之象,实起于晚周。仍以《博古图》所载衔环之器举例,如镀洗盆类,有周兽耳镀(卷十九,页二十六)、汉双鱼洗(卷二十,页二十五)、汉兽耳盆(卷二十一,页二十六)。周只1器,余均为汉。而周镀与汉镀形制甚同。壶类有周百兽圜壶(卷十二,页十七)、周鹦耳雷纹壶(卷十二,页二十九)、汉细纹圜壶(卷十三,页十一)、汉兽耳方壶一、二、三、四(卷十三,页十六至十九)、汉凤鱼壶(卷十三,页二十九)、汉兽耳圜壶(卷十三,页三十)、汉兽圜壶一(卷十三,页三十),共10器。而周只2器,余均为汉。而《博古图》所称之周又无铭词为证,仅据神色实不能作判别时代之根据。今以壶中有铭词者如大官壶为建武时器。以此形类推百兽圜壶与鹦耳雷纹壶形制大概相同。故此二器,即令为周代之物,当亦为晚周,与汉器为一系统也。周兽耳镀亦同此例。故吾据上文所述,是商周间之器,仅有兽头,尚无兽头衔环之象。虽有作牺首形,为柄把之饰,但与此意义各别。因此余断定兽象衔环,起于晚周,至汉时最为普遍,是可确信者也。此见于铜器者。至于汉代石刻,雕此形象者亦甚多。例如汉射阳聚画像(图一)、嘉祥画像第6石、南武阳画像,皆是兽头衔环状。其兽头之形象与汉兽耳方壶一、二、三、四器相同(卷二十三,页三十三)。但射阳聚环系巾带,程瑶田订为佩环。余皆饰于门扉,古谓之铺首。其制至今犹存也。又1928年,日人发掘乐浪故冢,发现漆器甚多,其漆盂之侧,亦绘兽头衔环(《乐浪》图版七六),可证汉时此形效用极为普遍。且施入绘画,非仅雕刻然也。又余在罗布泊北岸古烽燧亭遗址,发现铜兽头佩具1件(图二),形同乐浪漆盂所绘,虽无环具,其鼻端有钩,所以结环,以同时发现之木简为证,亦为西汉时故物,是汉时又施之于器物矣。今此器出于沟北,两眼大口,类兽耳方壶,又额有两乳状,虽所衔之环,不如以上诸器之圆整,而呈椭圆形,且上连结一小圈,但其取义谅无差别。故余以铜石木诸器,来证明此器,其年代当亦为晚周或汉初之故物无可疑也。

图一　汉射阳聚画像

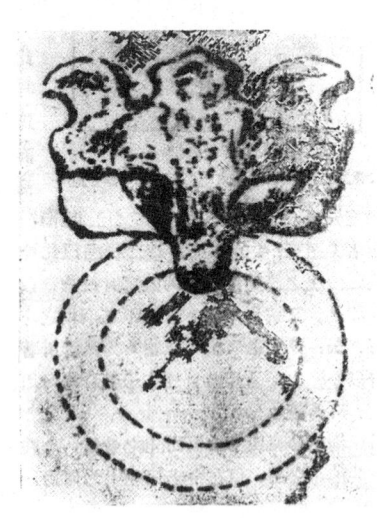

图二　汉兽头佩具

2. 骨矢镞

沟北沙梁西第 7 冢出土有一木矢干骨镞（图三:1）。余在器物说明内已引《尔雅·释器》订骨镞为习射之用矣。但《尔雅》不著作者姓名，相传为周公所作，孔子、子夏等所增益，皆不足信。《四库全书总目提要》已有详细之辨驳。但《尔雅》为解释群经之书，历来学者均极重视。盖《尔雅》作者时代虽不可考，要为二千年前后之古书，其称引必有所本。又《仪礼·既夕》云：猴矢一乘，骨镞短卫，志矢一乘，轩辀中亦短卫。郑注云：志犹拟也，习射之矢。书云：若射之有志辀蛰也。无镞短卫，亦示不周生时志矢骨镞。按《既夕》为记士大夫丧葬之礼，死者既殡，陈列生时之器物弓矢于旁。以示不用，谓之明器，此骨矢镞亦出于墓中，陈于死者身旁，其用义当与《既夕》所记相同，但《既夕》为礼经之一篇。礼经传为周公所作，以记周时之礼仪制度，而经孔子正订者。故所记为周时之习俗。则周时尚有骨矢镞，已可证明矣。至汉代有无骨镞，余未能发现此类遗物，但余在罗布泊北岸烽火台遗址拾铜矢镞数十枚。有三棱形者，有圆锥形者（图三:2）。其圆锥形状酷似此骨镞，且镞内空以纳秘，尤与骨镞相似，今以其同时发现之汉简证明，为西汉时故物。故此器其质料虽与之不同，按其形式则其时代未能相过。又按《尔雅》骨镞不翦羽谓之志。郭注云：

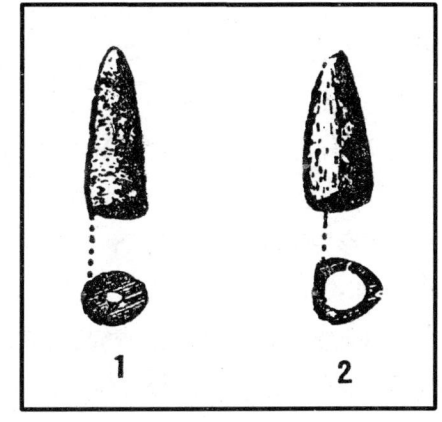

图三　矢镞

1. 骨矢镞（雅尔崖沟北） 2. 铜矢镞（罗布泊）

295

今之骨骲是也。《释文》引《埤苍》云：骨镞也。按《埤苍》为张楫所著。张楫为魏时博士，郭璞为东晋元帝时人，皆以今释古。是骨镞自周迄于魏晋犹习用未绝也。

3. 骨签

沟北沙梁西第 8 冢出土之骨签，余在遗物说明书内，由其缺口摩擦之角度，已证明其为编织之用。但在中土记载上为何物，现尚无充分之证明。故其年代若何，约当中国何时期，均不能有详审之指明也。但据墓室之形状，亦为复室。与第 7 冢之墓室相同，且与之邻比，则营葬必与第 7 冢为同一时期。故第 8 冢之骨签亦必与第 7 冢之骨矢镞同时，可断言也。

4. 陶器

以上专就铜器骨器作研究，则其时代之先后已略可考见。次就陶器本身彩色纹理形式分类研究，亦可收互证之效也。试分述如下：

（1）彩色及纹理

在沟北出土之陶器，除去彩绘陶瓶之外，余均有同一之彩色。即沟北之陶器均为红地，外表涂敷薄层红泥。此类红色陶器，据余此次所采集之陶片观之约有二种：一为唐代，一为远古。唐代红陶器，胎作浅红色，外面为粉红，磨制光平。余在库车古坟中所得唐代陶罂皆如此。又在库车、沙雅、焉耆一带之唐代遗址中，所得陶片甚多，上多刻水波纹，或里印蒲纹，同时有开元、建中诸唐代钱币，可作证明。至于远古之红色陶片，质较粗笨，内含石子，为特异之现象。间有薄敷红色彩衣，但多已脱落。余在吐鲁番南艾丁湖畔及雅尔崖旧城中等地所拾红陶片皆如此（图四）。雅尔崖旧城中所拾与彩画及刻纹陶片同地。又往西焉耆道中之阿拉癸沟及博斯腾湖旁之沙碛中亦拾有同样红陶片，同时有石刀片。而博斯腾湖旁沙碛中并拾贝钱 1 枚。若据同地出土之石刀片及贝钱，可认为新石器时代之产物。但又在其东北 2.5 公里许盐湖畔古坟中,掘出汉铜镜 1,同时有红陶片及残器,又为公元前后所遗留。今沟北红陶器质粗,且同时出土有铜骨等件与盐湖畔之情形相同。故红陶片虽起于远古,但在公元前后犹为当时居民习用未绝也。又其中可予吾人以注意者,即在沟北古坟中发现石斧 1 件,磨制甚光,与红陶器同

图四　磨纹红陶片(艾丁湖畔)

出土,陶器置之死者头部,石斧置之腰间。与焉耆沙碛及阿拉癸沟中所发现之红陶片同时有石刀片同一情形,据此似可推论沟北出土陶器为先史时期之遗物。但沟北墓中只此石斧一件,再无其他石器,不能即认为石器时代之产物。即令作较远之推论,亦为远古石器之抛弃于后者,观于石器上之水石冲刷痕迹可证。故不能据此一件,即作全部较远之推论也。又关于陶器之纹理亦为研究时代之必要资料。沟北陶器皆为刮磨纹,余在新疆本部所拾者除此外,又在吐鲁番南艾丁湖畔戈壁中发现有刮磨纹之红色陶片。虽无同时出土之器物,可以证明其时代要皆为西纪前后之故物。又在和田沙碛中亦拾刮磨纹之红陶片,纹理作几何曲线形,意料时代较迟,其在中国北部者,则为 1927 年夏,余在内蒙古甲色庙发现一旧城,采拾绳纹刻纹陶片极多,同时亦有刮磨纹陶片。又黑柳图河古址亦有少许。以绳纹陶器及其他铜件之证明,皆属于汉初。故刮磨纹起源何时虽不可知,要在汉代犹流传未绝也。不过在蒙古地所发现之刮磨纹陶器片,均为青灰色,而此则为红色为独异耳。

（2）形式

沟北陶器除单耳瓶外，其形式约可分两类：一为圆底钵，一为桶状把杯。钵之中有的若盘状（图五：1），有的若杯状（图五：2），但皆圆底无足，且皆为宽口。虽有一俯口钵为薄口，但余在遗物说明中已认为可疑。其余则大抵相同。但圆底陶器如陶钵之类，中国内地尚无甚多之发现。但在波斯出土之陶器，则与沟北所出相似者甚多。如 *Mémoires de la Délégation en Perse*, de Morgan(T. Ⅷ ,p. 100) 第154图之彩绘三角形花纹陶片与余之单耳彩色瓶花纹相同。又原书 p. 323 列绘各样陶器，其与余沟北期之式样同者有736、752、753、755、759诸图。又 p. 272，第3号墓穴中出土之陶器亦多与沟北所出者近似，而同时尚有许多与中国古时相同之铜器如矛盾之类。若就文化一源立论，则中国古代文明将被波斯夺去不少。而此次沟北出土之瓶钵，将为一有力之介绍物也。但吾人推论时代，不能只就一类器物作根据，必综合同时出土之各种器物及形色研究所得之结果，方可为最后之断定。故与圆底陶钵同时出土之桶状把杯亦为推论沟北器物年代之重要资料

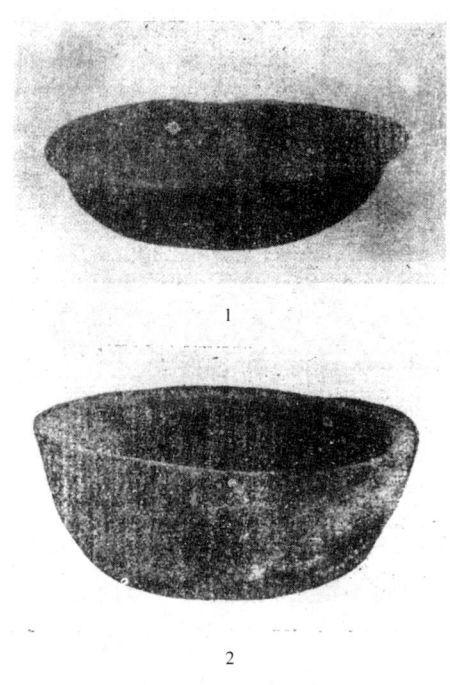

图五　钵

1. 圆底浅钵　2. 平口小钵

也。在沟北把杯类中有作桶状形者（图六：1），有作圆底形者（图六：2）。兹先就余考查所获与此类形状相同者言之。余于1930年春在雅尔崖工作完毕后，即赴罗布泊北岸探查。曾发现一汉代烽火台遗址，获木简百余，有黄龙、元延诸年号，确为两千年故物。在烽火台西约25公里有一干河，现已有水，在此河南北均有古坟，在河北岸古坟中发现桶状漆杯二（图七：1），以木为质，质料细薄，外涂朱漆，施以

图六　把杯
1. 桶状把杯　2. 圆底把杯

图七　漆杯、木杯
1. 桶状漆杯（罗布泊）
2. 圆底木把杯（罗布泊）

彩绘,虽被剥蚀,然犹能见其美丽之色彩。柄着器腰,适容一指,以此例沟北把杯,其形式正相同。同时尚发现有玻璃耳珰、木梳之类。在河南岸古坟中亦掘有木形把杯两件(图七:2),形式与沟北圆底把杯相同。不过一为木质,一为陶质耳。罗布泊与吐鲁番壤地相接,其文化之分布与交通当较密切。今以罗布泊出土之同形器物例吐鲁番所出者,亦为甚合理之研究。如此则沟北陶器不能与罗布泊相差过远也。又日人1929年发掘乐浪古坟,发现汉代漆器甚多,其漆盘之一,有汉永平十二年年号(《乐浪》图版六〇)。又有桶形漆器一(《乐浪》图版七九),其形式大小与余在罗布泊发现者同,彼亦为木质,但较粗耳。在乐浪报告书中,又插一瓦质把杯(《乐浪》页四七),据云:此器现藏旅顺关东厅博物馆。又云:此种形式瓦器在中国内地发现甚多云云。据此,是桶状把杯在中国内地亦甚流行,且传播至极东地也。今再就墓里遗物存置之状况言之,在沟北沙梁西第5冢,墓里遗物存置之状况,有桶状把杯一,置之死者头部。旁复有一圆底钵,内陈圆底把杯二,置于足旁。既把杯与圆底钵同存一墓中,则必为同一时代之流行品。又把杯置于钵中,疑为当时日用之习俗。若然,则圆底钵与把杯不可分离。按上文桶状把杯为公元前后之遗物,则圆底钵之时代,谅亦同此。就令圆底陶器在波斯年代较远,但起源与流迁为两事。故何时流入新疆,或为本地之仿作,及绵延至何时,均为可注意之问题。故不能以波斯式出土之年代以论西域也。

综上所述,关于沟北陶器之彩色纹理形式,及同时出土之兽头环与骨矢镞作综合时代之考订,则沟北出土之器物如上所述者,皆不出公元前1世纪至3世纪所遗留,是可确信也。

其次沟北陶器,有为吾人所最宜注意,而增加研究之兴趣者,为彩色单耳瓶（图八）。兹附论及之。

瓶之彩色花纹，均详遗物说明内，此不具述，惟以此类陶器，余只在沟北得此一件，其花纹有类于波斯出土之陶器花纹。如 *Mémoires de la Délégation en Perse*, *de Morgan*（T. Ⅷ, p. 100）第 154 图之彩绘三角花纹陶片与此器之花纹极同。又与中国本部河南秦王寨出土之陶片亦相似（阿恩《着色陶器》第 5 版第 14 图）。虽其彩色微异，但其画线之法则大抵相同。又甘肃出土之陶器如安特生《甘肃考古记》所述，第 2 版插图所示口缘部之水波纹与此器口缘部所绘同一形式。又第 9 版之第 1、第 2 两图，其柄宽平，上端紧接口缘，与此器亦合。在此东西不同区域，而有同一式样及花纹之器物，固为研究东西文化开展之良好材料。若进而研究其时代殊感困难。据安特生、阿恩两博士研究河南、甘肃出土陶器之时代，根据苏萨亚诺之第 12 纪为断，计时为公元前 2500 年，殆近 3000 年之谱（《着色陶器》页二五、《考古记》页二二）。但吾人推论此器年代，不能完全根据安特生所拟（李济教授在小屯与仰韶文中已发生怀疑。见安阳报告第 2 期）。盖推论年代最上者为本身文字之证明；其次则借助于地层学及同时发现之器物作比较研究亦可得相当之验征，再次则征之于附近出土器物及历史之记载。此虽较上二法为逊，然犹较取东西悬远之物论其花纹之同异为胜也。余此器虽系假手于本地人之手，在此穴中只此一器，又无其他之证物及地层可供吾人以研究时代之资料，故研究时代之上二法已不适用。但求其次法，既征求附近出土同似之器物作旁证，亦可得相对之年代也。

余在报告书内曾说明在雅尔崖旧城中掘拾彩色陶片若干。其花纹着色与此器相同。为吾人研究此器有力之根据。又轮台故城出土之红底黑花陶片亦当提及。按雅尔崖旧城为二千年前之车师前王庭旧址,《汉书·西域传》云:宣帝时遣卫司马破姑师未尽殄,今以为车师前后王及山北六国。又云:车师前王治交河城。按以出土之墓表作证,此城确为古之交河城,为车师前王所居之地无疑。但《史记·大宛传》称述张骞之语云:楼兰姑师邑有城郭。姑师即车师。是张骞使西域时,当公元前126年车师已有城郭之居。则此城或更远于张骞时所筑也。此彩色陶片既在此城所拾,必为寄居此城中人所遗留。此器又在此城北1

图八　彩色单耳瓶

公里许之古墓中出土,则此城人生时所习用者,必与死后之殉葬者为同样器物,且可断定为同一时代也。又同时在土台上拾有压波纹、蒲纹、雷纹(俗称回纹)、黍状纹(《貔子窝》定为矢状纹)及印花纹陶片,与貔子窝高丽寨之陶片相同。彼以此属于汉式系统。此处所发现之压纹、印纹陶片,与彩色陶片同一地点,其地层虽已被本地人掘土所紊乱,但最低限度亦可说为先后相承时期。又余在轮台南一故城中亦拾有红底黑花陶片,与雅尔崖故城所拾者相同。余按此城与龟兹故城之距离方位推计,确为古轮台城遗址。又按史载轮台故城在公元前102年为李广利伐大宛时所屠。则此城之有居民当在公元前102年以前。则此城人所遗留之彩色陶片亦当为公元前3世纪或公元前2世纪之故物也。根据以上所述之彩色陶片,以评断沟北出土之彩色陶器,其时代当然不能有所不同。因雅尔崖古城与此器出土地为同一区域,而轮台与雅尔崖又为东西一线相承，在文化推进之路线上亦有重要之关系。既车师与轮台之同样遗物皆为公元前3世纪或公元前2世纪所遗留，则此器亦当先后同时，最远亦不出公元前5世纪，再不能推远，故安特生3000年之说吾人不能援用。但近据瑞典远东古物馆杂志第一期中载安特生一文，题目为"Per Weguler die Steppen"，文中认内蒙一带西至甘新之铜器遗物，颇有特别之处，可以自成一区，与西伯利亚出现之斯西安（Scythian）遗物相似处甚多。又因沙井期之带彩陶器曾与此类铜器同时出现。照此类铜器在斯西安出现，以计算年代，安氏将甘肃沙井期推晚1000余年。重订为公元前600年至公元前100年（p.153，亦见安阳报告第二期小屯与仰韶所引）。据此，是安特生氏最后之改订颇与余说相近，而为吾人所赞同者也。

又余在此处关于东西文化之推进，附带叙述，以作余上文之结论。盖新疆居此东西交通之邮，在海道未通以前，东方民族之至西方与西方民族之东来必经过新疆。

据一般学者所云，东西文化有二大策源地，一为伊兰高原，一为中国本部。此两大文化区均位于新疆之两端，如何能沟通交通为一问题。盖西域地形沙碛大半，水草缺乏，暨西荒岭旷漠，时虞盗贼，非有强大之兵力与财力，平夷道途，警卫行旅，不能为有效之交通，此为稍明西域地形者所公认。因此东西文化之活动，非藉外缘之驱使不能显其机能。故余以为军事之拓展与种族之移徙皆为推进文化之重要原因也。在有史以前，西域之情形如何，吾人不得而知。近今学者关于人种之来源与文化之发生皆有不少拟议，但均无确切之证明，不可信为必然。故东西人文之活动，溯其最先而略有依据者，略可分为二期。一为大流士远征与塞种人之移徙；一为亚历山大东征与张骞之通使西域。请先言其前者。

第 三 编

公元前521年,波斯王大流士第一继立。袭居鲁氏之遗业统有小亚细亚、叙利亚全部,如文化发生最早之埃及、巴比伦、亚述及赫族,均为波斯领土之一部。其疆域西及多瑙河,北与塞种为邻,东与印度相接。而雄才大略之大流士复转兵北征,与塞种人战于多瑙河岸。战虽不胜,而东西民族因此而受一极大之冲动,此在世界史上可注意之事也。盖塞种原为黑海沿岸之游牧民族,后渐次东展,向里海、阿拉海之北岸漫延。自经此次战争之后,又分为两支移徙:一支向东徙,沿伊犁河山谷以入新疆;一支向南徙,沿阿姆河以至大夏(此据法国伯希和教授对余所云)。除南徙之一支俟另文论述外,其东徙之一支究在何时入新为一问题,但按中国传记所述,亦有可资参考者。《汉书·西域传》云:乌孙本塞地,大月氏西破走塞王,塞王南越悬度,大月氏居其地。又称乌孙东与匈奴、西北与康居、西与大宛、南与城郭诸国相接。是时匈奴约在今之新疆东部,奇台、阿尔泰一带。大宛即今浩罕一带。康居在北,约在今巴尔喀什湖西北之荒原锡尔河沿岸,今为哥萨克地。所谓城郭诸国,即今天山南路诸地也。汉书既云乌孙本塞地,则塞种人是时占有巴尔喀什湖以东,沿伊犁河及特克斯河诸山谷,东展至新疆中部,如绥来以西,焉耆以北皆为其领域。及大月氏受匈奴威逼西奔,塞种人遂南徙(此支系由天山向西南徙,疑与由沿阿姆河南徙之一支不同)。大月氏复追踵而南,乌孙遂居其故也。乌孙迁徙之年代,虽史无明文,但大月氏西奔,为汉文帝四年即公元前176年。则乌孙之据其故地,必在是时,据上所述,是塞种人之东移,必在公元前521年以后,公元前176年以前,考之史传,可以信其然也。至于因塞种人之移徙,其所附带之文化如何,余虽未发现指明何者为塞种人所遗留之故物,但塞种与亚述、米太、波斯血统相属,经此一度之开通,其文化或直接或间接均有侵入新疆之可能。故在公元前 5 世纪至 2 世纪之间为东西文化推进之第一期。且此期文化乃由西北荒漠以入新疆之北部也。

其次述亚历山大东征,与张骞之通使西域。在公元前 330 年马其顿王东征波斯,占据其都城苏萨。又进兵至印度西北部之干达拉,希腊文化同时至此两地。并遗留士兵与波斯人婚媾而成希波之混合民族。虽马其顿王死后国土分裂,而希腊之文化仍在此处葆荏滋长。虽在公元前 176 年以后被东方游牧民族塞种人与大月氏人相继侵入,然终被本地优秀之文明所同化,改其故习(参考德国奈柯克氏 V. L. Coq《东土耳其斯坦之希腊遗痕》)。及公元前 126 年张骞使月氏,公元前 102 年李广利伐大宛,而东西之文化如两地水池之被沟通,彼此交流。故一般学者均认此时为东西文化最活动时期。在公元前 1 世纪至公元 3 世纪之间,为东西文化第二期之推进。且此期文化乃由波斯越帕米尔高原以入新疆南部者也。新疆之承受东西文化亦以此期为最巨。又以后之佛教文明传至印度之西北部与希腊文明混合,而成立之犍陀罗佛教,渐次传入新疆及中国内地,虽张骞使月氏还未有提及佛教之事,但佛教之传播亦系受此期之影响跟随而入,无可疑也。

综上所述军事之拓展与人种之移徙,而东西文化早期推进之原因,由此可见。但余在沟北所掘拾之古物为受何期推动之影响,为何种民族所遗留,在未得充分证明以前暂不能有确切之推断。但于各种民族移徙之路线,考究古物之分布,比较同异,亦可使吾人发进一步之深省。则余之建立两期推进说,亦为研究东西文化交通之一重要提示也。

自此以后，东西交通频繁，文化之推动亦极活跃。如匈奴人、突厥人、蒙古人之西移，景教、摩尼教、回教之东来。于文化之沟通上，莫不有相当之关系。因与本篇无关，故不论及。

二、沟西期

余对于沟北出土之陶器及铜骨诸器时代之研究，已如上文所述。其次当述及沟西与沟南之遗物。按沟北之遗物无文字作证明，故研究时代必根据陶器之花纹形式及同时出土遗物，作相对之推论。而沟西及沟南之陶器皆附带墓表，以墓表所署之年代判断墓里陶器之年代，故年代极为可信。盖吾人研究古器物其最要之工作即推论其时代。盖陶器有自署年代者，其真确固无论矣。其次则同时出土之遗物标明有确实之年代者，亦可以彼例此作同等之推论，在考古学上亦认为极真确之方法也。

盖沟西及沟南墓室前均有墓道以通往，死者及陶器均在墓室中，而墓道两壁则砌有墓表。故墓表上所署之人名当然即墓中之死者，而墓表上之年龄籍贯及埋葬年月当然亦为叙述死者之事。今此陶器均陈列于死者两旁，故必系与死者同时入土，则墓表上所署之埋葬年代亦系陶器入土之年代，毫无可疑也。虽陶器之制作或许较早，其形制或由早先遗传下来，但时人既以之殉葬，则陶器在当时固甚流行也。然沟西陶器有墓表同时出土者，当然以墓表所署之年代为断，但其中亦有许多无墓表而只有陶器，其陶器之时代若何，固为一问题。但沟西坟茔有一特殊现象为吾人所不可不注意者，即沟西每合若干冢为一茔，其一茔中之冢墓，类皆为一姓，外有一石线作栏。各冢在一茔之中,依次鳞比,有时尚能推出其先后埋葬之次序,则无墓表之墓室距有墓表之墓室,其时代相差当不甚远。故以有墓表之陶器,例无墓表之陶器,其时代当亦真确可据也。例如沟南索茔第1冢,墓表署明为延昌十三年至四十一年,其陶器之时代固无问题。而第3冢则无墓表,今以第3冢之陶器,比较其形式花纹竟无区别,则第3冢陶器之时代与第1冢陶器之时代当亦无甚剧之差别。本篇图版取材索茔陶器颇多,可覆按也。因此吾人研究沟西及沟南陶器之时代,即根据墓表之题示,皆以为自北魏之末以迄初唐,即自公元6世纪至7世纪之遗物。其有无墓表者,亦此为例也。在此期间,虽经一度之国变,即唐贞观十四年(公元640)唐太宗命侯君集平高昌,改隶唐朝版图。然其墓室中之遗物,据余发掘之经过,除墓志款式转遵中土,及以泥塑偶像器具殉葬,二者为高昌有国时所无外,至若陶器之形式花纹则毫无所变也。故吾人关于沟西及沟南之陶器皆认为一时代之产物,与沟北不同一时期也。

在此,进而研究其形式花纹,作系统之叙述。

(一) 形式

余在沟西及沟南所采之陶器共为800余件。约其类别共有14。虽各类之形式与用途不同,但其制作之方式,加口部与底部各有其相类之系统。今先述口部式如下。

1. 卷口式

余在沟北所采之陶器。如钵类口皆宽平,唇微出。把杯类则

图九　汤罂　　　　　　图十　蒲纹瓿

为薄口,与身等齐。而沟西及沟南之陶器则以卷口式为最多。如罂类、壶类、瓿类,几全部皆然。虽如瓶类其口微侈,作流灌之用。然其唇亦微曲,亦不如沟北陶钵口部之平整也。罂类口稍薄,然亦微卷(图九)。若瓿类其卷口式多类罂,惟图十之蒲纹瓿其口微侈,为瓿状之特异者。又在余采掘之陶器中有一特征,即凡卷口式者颈项皆短,肩腹隆起。其中虽有二辘纹瓿,肩腹微隆近于桶状,但其项颈亦短,其形式与他器不类。余以为模仿中土古制而作,其卷口亦不如他器之显著也。瓶类之颈稍长,则尤为例外矣。盖卷口式完全使用钧运法旋转而成,其口部之细擦纹犹显然可见也。又卷口式在汉代陶器中有作双卷者,即在口外缘作凹凸纹式,并有镂刻矢状花纹者,疑为时代较早之制作。隋唐以后则以单纯之卷口式为最普遍矣。

2. 俯口式

此式以盂类为最多,口与身成曲线形,故肩腹均隆出,而里底深锐。虽有盂之口部不如上述之俯。而腹亦微曲作隆起状。如图十一。凡俯口式盂其口部均薄。惟图十一口唇稍厚。若纯素盂，口唇微伸出，反有类于漏底甑。但肩部隆起亦为盂状。沟北出土之俯口莲纹钵亦口薄而俯，与俯口盂同。但沟北之俯口钵为圆底，此为平底，仍非一时代之产物也。且沟北出土之俯口钵疑非中国本土所出。故余在遗物说明内已认为可疑

图十一 碗状盂

也。至俯口式在河南出土陶器中亦偶见之。如阿恩着色陶器第八版第二九图，仰韶出土之陶钵其形式正与沟西所出大致相同。又第二版第二图秦王寨出者形式亦近似。惟沟西俯口钵缘口至肩部作曲线，而河南之口俯钵腹与口缘及底成钝角也。

3. 平口及削口式

沟西陶器除上述之卷口俯口之外，尚有平口式。即口部平整，其肉厚与四围相等也。如三足盆，除两器略带唇外，余均为平口。若碗、杯、碟等类，口虽与围同厚，但口端微削。自制作上言，平口必用刀旋削而成。《天工开物·

图十二 兽形足盆

309

陶埏》云:凡手指旋成坯后,晒极干,入水一汶,漉上盔冒,过利刀次两。小注云:过刀时手脉微振,烧出即成雀口。由此所述,反证余之图十二,其缺口处显为过刀时不慎所致。至于削口则为用手抟扔而成,故不平整。再自其用法言之。盆类用以烹饪,罋瓿用盛食物,碗、杯用为饮食之具。凡烹饪必用盖,余虽未发现器盖,但拟料当时必有。或为木制,或为草制,覆蔽其上,以保温暖。故口端必平整,可以受盖也。至罋瓿所以为卷口者,盖盛食物后其口或以布幂之,系之以绳。余在柴俄堡掘出之陶罋其颈项上之绳犹存可证也。至于杯、碗则为饮食之具,接近人口,用平口卷口皆不适宜,故用削口,取其便于饮啜也。兹将口部式样列下:1. 卷口式,2. 俯口式,3. 平口式,4. 削口式(图十三)。

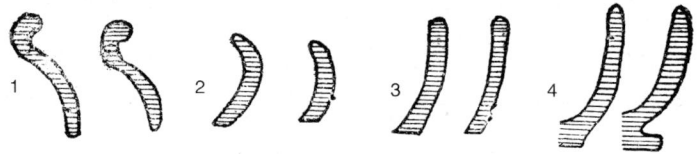

图十三　口沿形式

1. 卷口式　2. 俯口式　3. 平口式　4. 削口式

口部形式大致不出以上四者。至于底部,可分二式。

1. 三足式

在采掘之陶器中,惟盆类其底部均具三足,鼎峙而立,有作兽形者(图十一)。余皆作牛蹄或羊蹄形。其他陶器皆不具足。具三足器物,在中国铜器中惟鼎惟然。如《博古图》所载之铜鼎均有三足,其形状亦与此相类。盖鼎所以为烹饪之具,有三足所以受火,此盆谅亦同此。但鼎腹为圆形,有两耳,此为平底无耳,拟为制作时简复之分别。阿恩博士称三足陶器初发现于突罗邑第一市,相传其形如釜,有高足三,宽大之直耳一。安特生博士云:鼎器之原始形状似为一粘土之碗,下附极短之足三。初本以三石平支其下,而为烹饪之用,其后以泥易石,转成今形(《甘肃考古记》页三九、四〇)。此两位博士关于三足器原始之推论,余不能有所评论,因如阿恩博士之说,在吾人尚未发现东西文化推移之确实路线,与同样古物以前,不能认为可信。如安特生博士之说,其假想推定,吾人无法为证明其然否,且均不能据以推论余之三足器也。盖余器时代甚后,在此器千年前中国早有三足铜器,如商周之铜鼎是也。五百年前中国汉代之三足陶鼎亦甚流行。汉与高昌时代相差不甚远,且高昌最邻近中土,交通亦便,所习用此器者又为汉人,如认为此器系受东西文化之影响者,亦系受中国三足器之影响,而非受西方之影响也。

2. 平底式

沟西陶器以平底式为最多。其平底有二:一有足,一无足。如罋、瓶、壶、瓿之类皆无足,底与四围边缘等齐。盂、碗、杯类皆有足,即底与围迎接合处略伸出,或成锐角或成钝角。然皆平底,不同于后世之圈足。惟豆类两器底下削空作圈足形。镫类一器底亦洼入,此为例外也。但在中国铜器中如尊彝之类皆有足。惟亦有无足者,例如《博古图》所载周著尊二,其图说云:明堂位商尊曰著。释者以为著地而无足。周人于朝献亦尝用两著尊(卷七,页十九)。故余意当时器物有足与无足并用,著于地者则无足,陈设几案者则有足。又如瓿所以盛醯醢之物,而周蟠虬瓿一、二则无足,饕餮瓿一、二、三、四则有足。意以为无足者备盛储之用,有足者为朝献之器。设此推理而不误,则余器之无足者如罋、壶、瓿皆为陈储之具;有足者如盂、碗、杯、碟皆为饮食之器。又如河南、甘肃出土之陶

第 三 编

器,如《甘肃考古记》阿恩着色陶器所载,其大罂、瓿之类皆无足,下腹渐次消小,底与边等齐。与余之陶罋近似。但如《貔子窝》所载单砣子之彩色土器,一为圈足,一为高底足,均与四围成钝角。其高丽寨出土之盌、盂残底虽有短足,然底皆洼入。因此吾人又不能不疑中国文化之发展或有地域上之区别也。

(二) 彩色与花纹

沟北陶器皆为红色,已如上文所述。而沟西陶器则均为青灰色。此显然不同之彩色与泥质及烘烧之法有无关系,姑且不论;但在沟西及沟南陶器有一普遍之现象,即所有陶器均为青灰色,外表涂抹一层黝黑色作衣,再绘红色花纹,惟两器外似涂黑色液体物,或即为黑漆,然外表均绘红色花纹。此种黑底红花余虽不能推论其来源及其取义为何。但观其外表,表现幽暗冷酷之情状,说者谓此为某种宗教之象征。但余意此时佛教已通行西域,希腊化之美术在壁画上所见已极灿烂之形势,不能兼容其他宗教艺术。且如陶器上之花纹,如莲瓣、如璎珞显然受佛教美术之影响。而惟此类陶器均以黑色作地,再绘红花,佛教美术似此者稀。是否受其他宗教之影响迄未可知。至于陶器上之刷黑地,余疑系受中国刷漆之影响。盖压纹式陶器及刷漆陶器本为中国产物。高昌与中土最为接近,其受中土之影响最为可能也。例如余在柴俄堡所发现之墨漆瓶,其形式与中国古铜瓶近似,决为中国所传入。又如上述之两陶器,其外表均为涂漆,且与涂黑色之陶器同地出土,其外表之彩绘亦同。据此则沟西之黑地陶器为受中土刷漆器之影响极有可能也。虽黑色有浅深之差,其极浅者近褐,但其意亦当为涂黑色之表现也。

至于花纹则有两种,一为剔花或压纹,一为彩绘。关于剔花或压花花纹,其器地必光平纯素,不涂抹任何彩衣,与他器之先涂黑衣,再加彩绘者不同。且其花纹与其他花纹不同,而反类于中国北部及东北出土之陶器花纹。故余疑此类花纹陶器为自东方传入,已在遗物说明内略提及。又图十一之浮砌兽像花纹亦详于遗物说明内,均不赘及。次论述彩绘之花纹。

关于彩绘花纹,余在遗物说明内每器均说明其大略,兹为研究方便计,再综述如下。

1. 环圈纹

在沟西之彩绘花纹中有一共相,即每器在颈边及底部涂绘一红色弦纹,或在腹部中间涂弦纹一道或二道,或中含粉圆点或作方格形。在此弦纹上下涂绘各种花纹,或上下相切,或彼此连续如几何图案。在各种切线中得不同式样为4种:一为环圈纹,均在口与底两弦纹中间,涂绘内外双圈纹。又有数器均在腹部弦纹上涂纹一环圈,中含圆点。其圆点疑与同心圆圈同一意义。盖圆圈乃脱胎于圆点而来也。有两器其圆圈亦居两弦纹中间,但外圈中含半圆圈向下。一器在腹弦纹上,圆圈中含之半圆圈向上。一器腹弦纹上下皆含有向下之半圆圈。无论向上向下皆表现为半圆圈。故余综合各种环圈式花纹得4式如下(图十四):

(1)　　　　　(2)　　　　　(3)　　　　　(4)

图十四　环圈式花纹

第 三 编

以上所举虽为四种实即两种,即一、中含圆圈;二、中含半圆圈。一友人告余云:此或即取象于自然界现象。中含圆圈或点者,乃取象于日,中含半圆圈者,乃取于月。余按中国文中日字作⊙,月字作☾,《说文解字》卷七载古文明字亦作⊙☾。盖取象日月之形也。故以圆圈状为表示日月之形亦殊可能。余在遗物说明内即举日月之状以言其形也。但余又按中国古铜器中雷纹亦有以圆圈纹为代表者。如周雷带鼎(《博古图》卷五)豆腹间所著之同心圆圈◎以示雷象,与回旋纹之回状者取义相同,故《博古图》旋纹鼎说云、雷或有以○为象者。故古文益之为雨。或有以回为象者,故籀纹益之为 （卷五,页九）。据此,是圆圈亦可定为雷纹。有数器其弦纹下均绘卷云状,与弦纹上之圆圈雷纹配比成彩。与中国古铜器上以云雷纹并刻之普遍习惯,其设想正同也。

2. 椭圆纹

在沟西出土陶器中以椭圆纹为最普通。约其式样计有 8 种。列式如下(图十五):

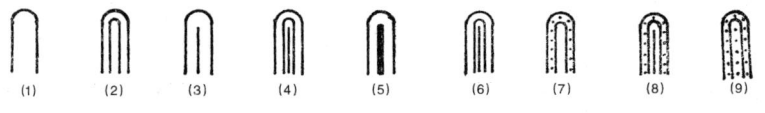

图十五　椭圆纹

以上诸图式可分为两组。即第 4 式为 1、2、3 式之合;第 8 式为 5、6、7 式之合,第 9 式虽中含串珠式之圆圈点然与第 8 式大致相同。又按双线纹中含圆点在中国古铜器中之豆腹或顶部有此种装饰。而在北魏至隋唐应用极为普遍,常用于墓志边缘,或墓盖上。又新疆佛寺之壁画亦常以连续之粉圆点作图案。此器亦在隋唐之际,当然受其影响,故亦援用于器物上。有一器腹部弦纹亦中含圆粉点,与椭圆纹中所含圆粉点其状相同。盖旋转于腹部则为弦纹,曲旋于腹上下则为椭圆纹,相间以成彩包。故吾人可知当时彩绘之术乃由单纯之几何线展转配合而成。有加彩者,如同心椭圆为红色,而内含之圆点则为粉白色;又同心椭圆及圆点均为粉白色,而中心填朱色,错杂以成彩。然皆以椭圆曲线与圆点相配合耳。

在此类椭圆形花纹,欲订为何种花纹,取象为何,欲得一真确见解颇感困难。余初据《博古图》所载古铜器如周寏父鼎、周鳞纹鼎(《博古图》卷三)。腹部所刻之鳞纹,及周仲偁父鼎、周娟氏鼎(同上卷三)口缘横带之花纹,两相比较颇为近似。以为当时人仿中

图十六 驼蹄足盆与卷口瓿

1、2. 驼蹄足盆　3. 卷口瓿　4. 莲纹瓿

国铜器之花纹,颠倒增损以成彩。今复加研究,原意遂移。因铜鼎所刻《博古图》称为鳞纹,以其重叠鳞比如鳞甲也。倘尽如图十六:1 所绘,或犹可说。但另有数器同心椭圆纹中,尚含圆点,其圆点且散布花纹内外,鳞形决不如此。故余顿弃前说,以为此类椭圆形之花纹仍取象于植物花朵,排比成图案如图十六:2,然也。《西清古鉴》卷四十所载之唐宝相花铜鉴一、二,其背面均有花朵六,每朵六瓣。其每椭圆互切之形式与此正同。又鉴一花朵之中心有连珠一圈,鉴二花朵与花朵中间有若干小圈若珠粒。取以与此图十六:3相比,虽一表现花朵之形,一为图案,然其取象则一也。至其花朵为何,《西清古鉴》称为宝相花。但余案图十六:4,椭圆形中所含舌状红点疑为莲花,盖莲瓣之中心为红色也。此时佛教已遍传西域,莲花为佛教美术中所习用,其雕刻绘画常取莲瓣为饰,试检查新疆佛教遗迹可证明其不误。则当时人在其日用之器物上仿绘其式样以为美观,甚可能也。且宝相花式据余图十六:2 以与《西清古鉴》所载之唐宝莲花镜比,其瓣与瓣均作弧线之连续相。又同时高昌出土陶砖,当时以铺陈于庙宇地面上者,其宝相花瓣连续相亦同。与此器花瓣作椭圆形彼此交切者不同,故当为之辨别也。

3. 曲旋纹

在沟西陶器中花纹其圆圈式者如上所述,其次为曲旋纹。绘此花纹者计有4器,或曲盘于腹部,或曲盘腹弦纹下与腹弦纹上之花纹对应,在上文已说明其意义。即此配合之状亦饶美术上之风致也。其式如下(图十七):

图十七　曲旋纹

按以上4式,(1)、(2)两式花纹中均含粉圆点,(3)、(4)两式只有回旋纹。又自其所画之式样观之,余在上文及遗物说明中曾提及为旋云纹,盖举中国铜器上之旋云纹为比证,而有以知其然。但铜器中所绘之云式其形式不一。据《博古图》所示,其式有2,一为旋云,象触石而出也,故古文云为2,以见其回转之形;一为垂云,作将雨之势,故小篆云为雲,以显雨施之意(《博古图》卷五)。但又有所谓浮云者如汉浮云鼎(《博古图》卷五)所绘是也。按据《博古图》中所图之云式亦分举如下,以备参考(图十八)。

一、旋云式

二、垂云式

三、浮云式

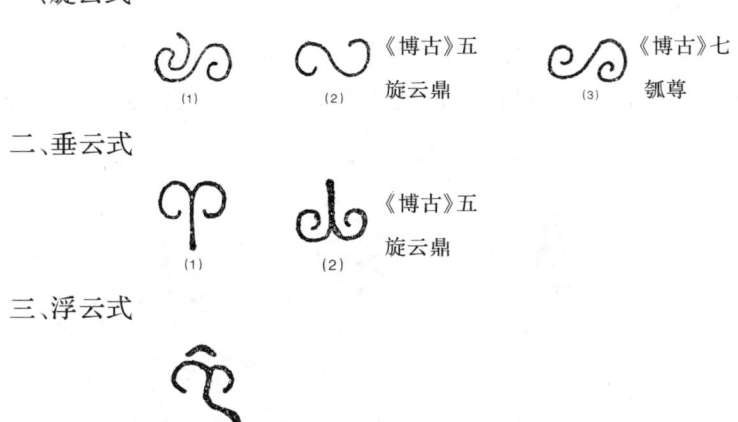

图十八　曲旋纹

按如上所图,则古文云为?乃浮云式,而非旋云。小篆之云,乃ϒ之省,且倒置也。今取以与余器所绘相比,则余器中之(1)、(2)、(3)三式均为旋云式,不过有繁简之别。(4)式则为垂云式也。其(2)式中之曲断纹疑亦为浮云,惜漫灭不全,无由推断其确实耳。又按云雷纹在中国应用极广,且时代亦长。在殷周铜器上每云雷纹相间为饰,其云纹间作长方形如▦与雷纹之▣其式几不可辨。

及至秦汉以后,雷纹多用于器物或石刻之边缘作图案,其曲转式亦变为长方形之连续相。而云纹则应用极为宽广,如石刻中所绘之神仙像及人鸟像,如孝堂山、武梁祠石刻,下绘云纹上乘一人或鸟,以明人鸟乘云气飞行之意。此形式或起于晚周,自秦汉至唐亦甚流行。在新疆佛洞中壁画绘天人供养像,下亦尝附以云彩,虽时代较晚,然或与中土所绘同出于一源也,然此皆限于浮云式或垂云式也。若旋云纹则多绘于器物作几何图案。如此处陶器上所绘是也。

4. 叶纹与点纹

按叶状红纹亦有如波纹上下,皆状如柳叶如(1)式;或为斑点,如(2)、(3)式,皆以红黑色错杂点缀成彩;或为串珠式之粉圆点,如(3)式。其式形如下(图十九):

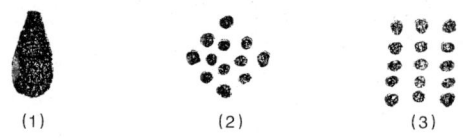

图十九　叶纹与点纹

按此点状花纹,余器中有含于椭圆纹中,与外廓成花朵之形,而此则单纯为点状。或在一器中对比成彩,如第(1)式或为红黑点错杂点缀如第(2)式是也。第(3)式则为串珠式之圆粉点也。

以上诸式皆在沟西及沟南陶器中表现。反之在沟北陶器中绝无一见。且其绘画之法皆用红色或粉白色,且皆为黑地。其花纹之组成彼此分合错杂成彩,如上腹为太阳状圆圈,则下腹为同心椭圆纹;又上腹为圆圈,而下腹则为曲旋纹。又有单独成彩之花纹如旋云纹,同时又与太阳状花纹上下配比成彩。故沟西及沟南花纹实可表现一整个之系统,及同一时代之产物也。虽沟北亦有莲状花纹,与沟西之莲纹瓿相同,但一为浮雕,一为绘画,仍非一例也。虽沟西亦有刮磨纹陶器如瓿、盘,其纹样与沟北之纹样相似,但此可认为沟北刮纹式之延长,且一为红底,一为青底,亦可为时代差别之证也。

附陶器制作法

沟西陶器之花纹形式既如上述。其制作方法如何,今据各陶器上之遗痕,参稽纪载,分述如下。

(1) 转钧法

在沟北诸陶器一为圆底如浅钵类,一为桶状,如把杯等。疑皆非钧车法所制,因圆底物器内外光平,且具刮磨纹,若第八图之彩色瓶,里底尚有草形遗痕,皆决非旋转法所能致。且亦无车旋遗纹。其次如桶状把杯,桶状本可用钧转法也。至于沟西则不然,其四围甚平,内外均有极细之擦纹。盖用木具或毛具旋转刮刷而成,故均有周转之弦纹。又如甕类其腹之下半间有刀削痕,乃用钧车转成器后,以刀削余泥,故下部略小者因此。又如汤罂图九其底亦用刀削成,其义同前。又如盂、碗类底外有刀削旋纹,底里有螺旋纹,其刀削旋纹显因器成后用刀旋削而成,故均成弧线,且极平整,与上述汤罂之以刀削成其底不平匀者微异也。至里底之螺纹或即为覆旋而成,故沟西及沟南除窝状镫及泥杯因内外之不平匀疑为手抟法所成外,余皆用钧车法所制也。至于钧车之起源,其方法如何,次当论及。

中国古书关于制陶器之法,其记载较实者,首推《周礼·考工记》。其述瓬人为簋云:器中膊,豆中县。郑注云:膊读如车轮之轮,既拊泥而转其均,树膊其侧,以儗度,端其器也。县,县绳正豆

第 三 编

之柄。孙诒让正义云：此记陶瓬范器之法也。拊泥，谓拘泥为瓦器之坏也。膊为长方之式以度器，使无衺曲者。郑注所谓均，即器范下圆物以便旋转者。《管子·七政篇》云：立朝夕于运钧之上。尹注云：均，陶者之轮也。《淮南子·原道训》云：钧旋毂转。高注云：陶人作瓦器法，下旋转者。《汉书·邹阳传》颜注引张晏传云：陶家名模下圆转者为钧（《周礼正义》卷八十一）。按《考工记》虽为后人补缀，而非周礼原书，然要在秦前遵旧典辑录，必有所本，《管子》为秦前之书，而《淮南子》则在汉初，其所云钧车法皆相同。可证钧车制陶法历周至汉皆同，乃至于隋唐迄今，其制陶法莫不同也。至其钧车之制，《天工开物》记之甚详，特录如下，以备参考。

  凡造杯盘器坯，先制陶车。车竖直木一根，埋三尺入土内，使之安稳，上高二尺许，上下列圆盘，盘沿以短竹棍拨运旋转，盘顶正中用檀木刻成盔头冒其上。凡造杯盘无有定形模式，以两手捧泥盔冒之上，旋盘使转，按定泥底，就大指薄旋而上，即成一杯碗之形……成坯后，微晒干入水一汶，漉上盔冒，过利刀二次，然后补整碎缺，就车上旋转打圈，圈后或画或书，再喷水数口，然后过釉。（《天工开物》卷中《陶埏》）

按《天工开物》虽为后人撰述，称引必有所本。今以校《考工记》及《管子》所记，则钧者即上下所列之圆盘以便旋转者，故《管子》称为运钧也。其用檀木刻成之盔头，疑即《考工记》所述之膊，即张晏所述之模，随钧转以范器之大小高厚者也。孙诒让谓膊为长方形之式以度器，使无衺，盖误会郑注树膊其侧之语。如作椭圆形物，则长方式不适用也。

（2）接合法

沟西出土陶器，若单耳瓶其耳空转大，然亦就原器反卷而成，惟圆底把杯，其把似另制配合，但不能以此一器推断全体也。若沟西陶器，凡柄足之类皆另工制就合附一器，如三足盆类之足，其合附之迹甚为显然。若图十二四面之浮雕，皆另制就后随意配上，均于遗物说明内详记其事。如陶壶、汤罂肩腹所附之鼻，皆就原器雕镂，此为例外。自大部分言，皆采分工接合之制。此种方法与钧车运用有因果关系。盖柄足花纹之类，非钧车所能制，故必另制附上，此法迄今尤然。《天工开物》记造罂瓮之法云：

> 凡罂缶有耳嘴者，皆另为合上，以沠水涂黏，……凡造敛口缸，旋成两截，接合处以木椎内外打紧匝口，缻瓮亦两截接合，不便用椎，预于别窑烧成瓦圈，如金刚圈形、托印，其内外以木椎打紧，土性自合。（卷中《陶埏》）

按此记为后世造瓷器之法，故合上后，再涂沠水。但当沟西期陶器尚不知用沠，故弥缝缺口及接合处均用泥浆，再涂抹黑色浆液，以掩其迹。又缻瓮之两截接合法，惟大器为然，余沟西出土之物，形器不大，无用两截之必要。但器之下部有用刀削痕迹者，如瓮类，是以手工法补钧车制之不足也。

（原载《高昌陶集》）

兽形足盆形象考释

1930年春,我在吐鲁番雅尔崖沟西发现古冢甚多,掘拾墓表和陶器不少,陶器中有兽形足盆二:一在刘茔旁A茔出土,年号已失;一在唐茔第7冢与唐蕻墓表同出,上署唐上元二年(公元675年)。两器四周均浮砌兽像及花纹,特参合中国古镜上所刻,并稽考载籍,为之考释如次。

兽形足盆一

如图一:青灰地,中含石子。平口,厚同壁。里部青灰色,有由旋转而成之细楂纹。外围涂黑,在光平之泥胎上,涂敷极细青泥一层。薄处约2厘米,厚处约5厘米,浮砌各种雕塑形象。此种形象,盖先由型范制成,贴于四围,再涂敷青泥,使形象不致脱落,然后迹印团状花纹于四周。观形象隆起处与原胎颇不胶合,其堆砌之迹甚为明显。

图一　兽形足盆一

底平，外面显露细黑石子，盖未经刮磨，或涂染彩色者。

有三足，高约 40 厘米，均为兽之前部，耳目口鼻及前两足均备；分立成三角形，背负此盆。由足与盆之接隙处，露现团状印纹，合口处敷涂青色泥痕，则兽头足亦必先由型范制成，后再附着器底。且其底之泥色，与兽足泥色亦不一致，底为青色，足为浅灰色；底与足接合处，其人工敷砌之迹尤甚显然。

一切装置既竣，再涂抹黑色，连足及四围花纹均同。又四围花纹上间点红色，兽足、口及舌则染朱色，或亦有美观之意也。

至于四围形象之名称，欲精密考释，至为困难。盖泥质粗疏，且经千余年之剥蚀，眉目已失其鲜明；今相度形式，参稽我国古器物之刻绘，略加说明，以为识别之资料耳。今据此器之展开图（图二），自右至左为说。

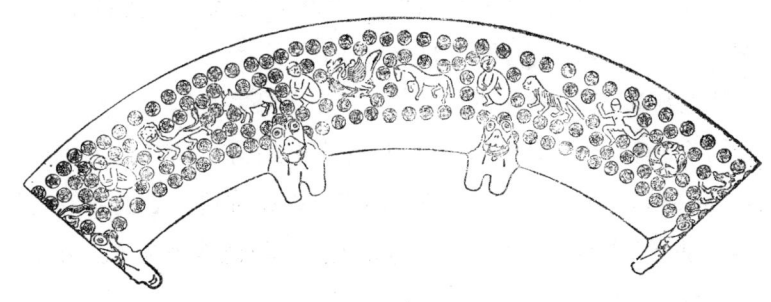

图二　兽形足盆—纹饰展开图

第一形为龙。身躯横长。头额及顶有长须。颈长而曲，作昂首状。口部微缺。有四足，著地，前一足前伸，后一足后蹬。尾略垂。作行动状。据唐八卦铁镜及十二辰铁镜（《博古图》卷三十）所绘龙形，与此略同。普通画龙形有二：一作盘绕状，有鳞甲，如唐二十八宿铁镜及唐晋阳龙铁镜（同上）皆然；一作动状，纯素无鳞甲，如此器是也。

第二形为团状，中刻何物，已漫灭不可辨晰，但似为一动物形。有两足，头目作回顾状。

第三形为猿像。头目已损。两前肢扬起。一足后伸，一足前行。作舞状。唐八卦铁鉴一所绘之猴像，为十二辰中申之肖兽，次于羊与鸡之间，与此像姿态略同。一说为人像，然其姿态有异。

第四形为虎形。横身昂首，四足著地。尾伸出。作行动状。有两耳。满身镂刻条纹。与唐四神鉴二之虎形相似（《西清古鉴》卷四十）。

第五形亦为猴像。箕坐。两手抱膝。头目一面微损，但尖嘴圆眼，极类猴像。身及手足均涂红色，岂表示为其衣服耶？

第六形为马像。四足著地。作走状。长颈，俯首。有耳。尾下垂。唐凤马镜（《西清古鉴》卷四十）及唐八卦铁镜四灵铁鉴（《博古图》卷三十）所绘之马像，均与此相同。

第七形为鸾像，或朱鸟像。头有冠。两足三爪。两翻作飞状。尾长而直起。初疑为凤，但凤尾疏散，末渐细，顶毛茸丛，如唐凤龟镜皆然（《博古图》卷三十）。此则尾竖起，如雄鸡。后检唐双鸾镜（《西清古鉴》卷四十）所绘之鸾与此正同。故此像当为鸾。又朱鸟像亦与此同（见汉石刻）。

第八形亦为猴像。头损，未能明其形貌。箕坐。两手抱膝。与第五图同。全涂红色。

第九形为牛像。有两角而曲。四足著地。尾下垂。作徐走状。唐八卦铁镜及十二辰镜（《博古图》卷四十）所绘之牛像，均与此同。

第十形为狮像。头额微损，鼻口尚可见，面向前，四足著地，作徐走状，尾竖起。按中国古无狮名，《尔雅·释兽》作"狻猊"。郭

注:"狻猊即师子也,出西域。汉顺帝时,疏勒王来献犎牛及师子。"郝懿行云:"狻猊合声为师。"是"狻猊"与"师",为一物之异译也。

第十一形为猴像。箕坐。有尾。两手抱膝。头额微损,耳目尚可见。与第五、第八两形相同,其大小亦相若,疑为一型所出。惟此有尾,彼二形之尾或因残缺而失去;然因此而可证明以上二形皆为猴形也。

以上共十一图,环列器之四围,满布团状物。每团圈内有米粒状十一,疑为果实,如葡萄之类,或米粒之形。

三兽形足,其状相同。均为兽头,大口,舌伸出,高鼻,目深入,有两耳,疑为狮类或犬类。关于此类足形,我在库车、和阗故址中,尝拾残件,初不知为陶器之足,今由此器方知其用处。类此形式之器物,隋、唐之际在西域颇为流行。

兽形足盆二

此器形式与上图大致相同(图三)。但上图泥质为黄沙土所成,故地带浅灰色;此器为青沙土所成,故地带青灰色;由其裂缝及剥蚀处可以知也。

图三　兽形足盆二

其埏埴方法与上图相同,兹不重述。惟里底此器有如人猿状之动物一,及同心双圈花纹;彼器则纯素无纹。其形式,彼深;此略浅,口微仰,有唇,外染红衣,里面之上半围亦涂红色;与上图外涂黑色,里为纯素之灰色有异也。

至于四围图像(图四)名称:

第一形为羊。四足。两耳。尾短垂。作徐走状。为上图所无。

第二形为牛。四足。长尾下垂。头有角。作徐走状。与上图第九形相同。

第三形为猴。作箕坐状。两手抱膝。头偏视,有尾。与上图十一形相同。

第四形为鸾或朱鸟像。尾粗竖起。嘴噱翅。两翻作飞舞状。两足已缺。全形与上图第七形相同。

第五形为龙。昂首。作走状。与上图第一形同。

第六形为虎。与上图第四形同。

第七形缺。

第八形为团状。与上图第二形同。

以上计 8 形。每形之旁,满布镂刻之同心双圈,或为椭圆状之花瓣形,与上图为米粒状者不同。

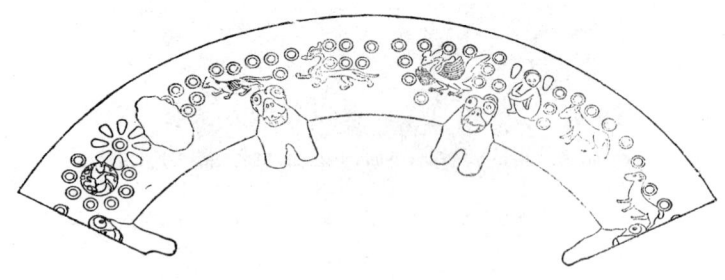

图四　兽形足盆二纹饰展开图

其里底之猿状（图五），为两前肢扬起，一足后蹬，一足前行，作舞状，与兽形足盆一之第三形相同，大小相等，疑为一型所出者。头部旁压同心双圈一，腰部及跨下压椭圆形之花瓣状各一，浮砌于里底之中间以作装饰者也。

图五　兽形足盆二俯视图

综合一、二两器，其形象有同有异。第一器共11形：一龙，二团状物，三猿状，四虎，五猴，六马，七朱鸟，八猴，九牛，十狮，十一猴；内有猿猴类4，重形2，不同形者为9。第二器连里底亦有9形：一羊，二牛，三猴，四朱鸟，五龙，六虎，七缺，八团状物，及里底之猿状。第一器与第二器同形者7：牛、猴、朱鸟、龙、虎、团状物，及猿状。其异者，第一器有马、狮，无羊；第二器有羊无马、狮，第七形之缺处为长椭圆形，亦必为猿猴之类，决非马、狮也。其相同者，形态大小均同，每形其横者长约60至70厘米，高约30厘米；直形者高约50至60厘米，宽约30厘米。又以每形旁涂泥之痕迹，彼此互证，知各形象如马、牛、羊之类，为已经制就之原型，随陶人任意检取敷设，初非有若何意义。故第一器猿猴类至重三形之多；共计11形，而第二器则只9形。盖第一器较第二器为大，因器物之大小，故所需用之形象，亦有增损也。

按此类形象,欲直接解说其意义,颇感困难;因器物上无可以证明其名相,又无其他证物之发现。因此不能不间接取材于类似此物之图像,以为解说。盖中国古铜镜镂列之鸟兽像;若汉、唐之四神镜、十二辰镜与此颇多暗合,故在上文已本其图像考订其名称。但据镜上所镂列之铭文,其图像似均有含义。故今引其说以作比较。按《博古图》中所载铜镜,其"乾象门"中有汉十二辰镜三,四神镜二。例如汉十二辰镜一,第一层列子、丑、寅、卯、辰、巳、午、未、申、酉、戌、亥十二干支;第二层列兽像七。十二辰镜二,其干支与形象同于前,惟铭辞中有"左青龙,右白虎,前朱雀,后玄武"等语(二十八),其第二层所列之兽像,虽未备具十二肖辰,然已可以证明图像与十二干支有关;至铭辞中之"左青龙,右白虎"等语盖可以代表方位。古传记中尝以"青龙"代表东方,以"白虎"代表西方,"朱雀"代表南方,"玄武"代表北方,又谓之四神。但此镜虽有铭辞,而肖像并不备著。浣花拜石轩《镜铭集录》载十二辰镜,其肖兽具全,然疑非汉镜也。故疑十二肖兽,及四神肖兽,至唐乃大备。例如《博古图》所载之唐武德镜一(六),其背面第二层列四灵像,龙、虎、朱雀与玄武;第四层即为十二肖兽像,鼠、牛、虎、兔、龙、蛇、马、羊、猴、鸡、犬、猪。唐莹质镜同(同上)。由其排列之次序与方位,虽无铭辞之指明为四灵与十二肖兽,然吾人参合如上所举汉镜之铭辞及其他书之记载,可证明其确为代表四神及十二干支也,《西清古鉴》唐十二辰镜及四神镜,其形象均与《博古图》所载者同(卷四十),而本书即以十二辰与四神题其名可证。

今所欲讨论者:古时为何以四灵代表四方;以十二兽相代表十二支,即十二时间?疑起源于占验家设辞以描写天空界之自然现象也。《石氏星经》云:

东方苍龙七宿:氐胸,房腹,箕所粪也。北方玄武七宿:斗有龙蛇蟠结之像,牛蛇像,女龟像,虚危室壁皆龟蛇斗结之像。西方白虎七宿:奎象白虎,娄胃昴虎三子也,毕象虎,觜首,参身也。南方朱鸟七宿:井首、鬼目、柳喙、星颈、张嗉、翼翮、轸尾。

《汉书·律历志》云:

东方,角、亢、氐、房、心、尾、箕;北方,斗、牛、女、虚、危、室、壁;西方,奎、娄、胃、昴、毕、觜、参;南方,井、鬼、柳、星、张、翼、轸;凡二十八宿。

《尔雅》邢昺疏云:

四方皆有七宿,各成一形:东方成龙形,西方成虎形,皆南首而北尾;南方成鸟形,北方成龟形,皆西首而东尾。(并上均见《格致镜原》卷二引)

由是言之,龙、虎、鸟、蛇皆就二十八宿罗布天空之形象而得名。故四神之发现,必在二十八宿既发明之后也。王充《论衡·物势篇》云:

东方木也,其星苍龙也。西方金也,其星白虎也。南方火也,其星朱鸟也。北方水也,其星玄武也。

是又以四兽为天上四星之精灵所降,代表四方,复纳入金、木、水、火五行之四。故《论衡》之说乃汉时阴阳家之转变，非其本旨也。至于以十二兽相代表十二时，前人多已怀疑。顾亭林《日知录》称古无一日分十二时之说（卷二十）。赵翼《陔余丛考》谓一日十二时及十二肖兽之说均起于后汉（卷三十四）。按十二肖兽之说，初见于王充《论衡·物势篇》云：

> 寅木也，其禽虎也。戌土也，其禽犬也。丑未亦土也，丑禽牛，未禽羊也。木胜土，故犬与牛、羊为虎所服也。亥水也，其禽豕也。巳火也，其禽蛇也。子亦水也。其禽鼠也。午亦火也，其禽马也。水胜火，故豕食蛇。火为水所害，故马食鼠屎而腹胀。

又云：

> 酉鸡也，卯兔也，申猴也。

《言毒篇》云：

> 辰为龙，巳为蛇，云云。

然此非创于王充，亦不始于后汉，不过后汉其说甚行，又杂入阴阳家五行生克之义，遂更为迷离耳。赵翼谓：

> 起于北俗，至汉时呼韩邪款塞入居五原，与齐民相杂，遂流传入中国耳。（《陔余丛考》卷三十四）

又《宋史·吐蕃传》：

> 仁宗遣刘涣使其国，厮罗延使者劳问，具道旧事，亦数十二辰属，曰"兔年如此"，"马年如此"。

按十二肖兽不特中国有之，即印度、希腊、埃及均有。惟印度之肖兽有狮子无虎，余均同中土。希腊、埃及亦有狮子无虎，并有驴、蟹、鳄、红鹤、猿、鹰（详郭沫若《释支干》，《甲骨文研究》第 90 页）。说者谓，汉时西域诸国仿巴比伦之十二宫而制定，再向四方传播。波西尔《中国美术》亦云，中国以七政支配二十八宿及十二肖兽，其法得自西人，或者同出中亚细亚（戴嶽译本第 97 页）。盖自汉武帝开通西域，东西文化彼此交流，则十二肖兽或即在此时输入，其说颇为可信。既入中原后，又参入汉族之旧习，遂与西域微异。赵氏谓起于北俗，盖黠戛斯位于中国之西北，十二肖兽既传自中亚，则黠戛斯为必经之地，当然受其影响也。惟波氏又谓以七政支配二十八宿，中国 8 世纪间始知之，则大误。盖二十八宿起源甚古，以七政支配二十八宿，始于《石氏星经》（见上引），则远在公元前矣。

上专就中国古铜镜之四神及十二肖为说。次当述全器四周所砌之形象。因全器之形象与古镜所列多有相似之处，故于说明时即援引以订其名称。今综合一、二两器所罗列均为古镜中所已有者，故亦可引为彼此参证之资。如上文说明所举，第一器共 11 形：一龙，二团状物，三猿，四虎，五猴，六马，七朱鸟，八猴，九狮，十一猴；第二器一羊，二牛，三猴，四朱鸟，五龙，六虎，七缺，八团状物，及里底之猿；除重形不计，连合二器同异各形，共得十类。如一器龙、团状物、猿、虎、猴、马、朱鸟、牛、狮，共九类；再加二器中之羊，

331

共十类。按龙、虎、朱鸟，为四神镜中之灵兽；器中之团状物，已漫灭不可尽识，疑为龟、蛇纠蟠之像，与唐武德镜之玄武颇有类似。若此，则龙、虎、朱鸟、龟、蛇，乃因沿于古镜中之四灵而来也。其次为猿、猴、马、牛、羊、狮六形，除马、牛、羊、猴为中国十二辰镜中之肖兽相同外，惟中国十二辰中无猿、狮，但在印度、希腊之肖兽则备具猿、狮。故此二器之兽相乃表举本地之十二辰属，参合中西而成也。此器出于新疆之吐鲁番，为隋、唐时之高昌国，居于西域之东垂，与内地最为邻近。此器以墓表所署之年代为证，亦在隋、唐时。时佛教已盛行西域，故希腊、印度之文明亦随宗教势力而传播。其星历中之十二肖兽，为当时人民所援用，毫无可疑。又狮子出于西域，已如上所述，则此器之雕塑狮像者，当因沿于本土或外来之习俗也。猿或即《尔雅》之"猱猨，似人善顾"，但中原均不以此列入十二生肖之中。又中原十二肖兽之中有鸡、豕等项。古传记时提及鸡之效用；且以鸡鸣定朝会。豕为祭祀之品，尊称为牺牲；在古铜器上亦尝刻写其形状。然此器又均不罗列，就其他处所发现之古物与绘画，亦不见有豕之形象。故疑西域正少此动物，故举十二生肖亦不采纳，犹中原之十二生肖不采纳狮子也。由此可知西域当时所通行之十二肖兽，乃援用印度、希腊所制定者，以此器罗列之图式可为证明也。至龙、虎、朱雀、玄武，发源于中土，远在公元前，已如上文所述。在佛教美术中以龙、虎为绘画之资料者正稀，此当为中国所固有。此器并列龙、虎、朱雀、玄武，当为受中原影响。故由此器罗列之兽相观之，实足以代表东、西文化交流之相也。

（原载北京大学《国学季刊》第3卷第3号，1932年9月）

高昌史事略

高昌史事见于载记者以《史记》为始。《史记·大宛传》云:"楼兰、姑师邑有城郭临盐泽。"又云:"楼兰、姑师小国耳,当空道,攻劫汉使王恢等尤甚。"又云:"遣从骠侯破奴,将属国骑,及郡兵数万,至匈河水,欲以击胡,胡皆去。其明年(元封三年),击姑师,破奴与轻骑七百余先至,虏楼兰王,遂破姑师。"云云。按徐广云:"姑师即车师也。"《汉书·西域传》云:"及破姑师未尽殄,分以为车师前后王,及山北六国。"旧时姑师,俺有车师前后王,及且弥、卑陆、蒲类等地。故《汉书·西域传》有车师,而不名姑师。与汉朝交涉最繁者,亦为车师。故述高昌史,以车师为始。下及高昌、西州、回鹘,至吐鲁番为止,为高昌史记略。

一、车师王有国时期

车师王分前后王庭,前王庭治交河城,今吐鲁番之西,雅尔崖地。后王庭治务涂谷,在今博格达小山谷中,或以今济木萨北25公里之古城即是,但无确据。后庭邻接匈奴,而前庭当汉北道之冲,因此汉与匈奴,尝争车师。自武帝元封三年(公元前108年),赵破奴破姑师后,未能占有其地。及天汉二年(公元前99年),因匈奴降者,开陵侯,将楼兰国兵,始击车师,不利。征和四年(公元前89年),复遣重合侯马通,将四万骑击匈奴,道过车师北。又遣开陵侯将楼兰、尉犁、危须六国兵,共围车师,车师王始服属汉。然车师以逼近匈奴之故,与汉时绝时通(宣帝时以本始二年通,车师王乌贵时绝,地节二年又通)。元康二年(公元前64年),匈奴又争车师,元康四年,以车师故地与匈奴,徙车师国民令居渠犁。汉、匈车师之争初告一段落。及宣帝神爵二年(公元前60年),匈奴日逐王降汉,罢僮仆都尉,汉始以郑吉为都护(汉以郑吉为都护,《汉书·百官公卿表》作地节二年,《传赞》同《帝纪》作神爵二年,《西域传》作神爵三年。按吉封侯在神爵三年,置都护当在神爵二年,《帝纪》是也。《通鉴目录》亦作神爵二年,《百官公卿表》及《传赞》误也),治乌垒城,兼护北道,车师遂完全为汉所有矣。元帝初元元年(公元前48年),复置戊己校尉,屯田车师故地。及平帝时,王莽秉政,西域诸国多叛,元始二年(公元2年),车师后王姑句,及婼羌王唐兜,亡降匈奴。王莽篡位,贬易诸侯王,始建国二年(公元10年),车师后王须置离,欲亡降匈奴,戊己校尉刁护,械致都护但钦所,斩之,其兄狐兰支,举国亡入匈奴,与匈奴共寇车师,杀后城长,伤都护司马。是岁史陈良、终带亦叛,杀校尉刁护,亡降匈奴。虽一度莽与匈奴和亲,未几,因莽欺单于,匈奴大击北边,西域瓦解。始建国五年(公元13年),焉耆复叛,杀都护但钦。虽天凤二年(公元15年),遣五威将出兵西域,又为西域所败。莽死,西域遂绝。

综记前汉时,自武帝天汉二年(公元前99年),与匈奴争车师起,至宣帝神爵元年(公元前61年)止,历四十年间,车师与汉时离时合。及神爵二年,郑吉为都护,兼护北道,车师遂内属,至王莽始建国二年(公元10年),车师始叛,盖内属已七十年矣。

后汉之初，西域诸国复求内属，光武以天下初定，未遑远事，西域诸国，亦自相攻伐，无有宁岁。永平中，北匈奴复挟持西域诸国，共扰河西郡县，城门昼闭。永平十六年（公元73年），明帝乃命窦固等北征匈奴，取伊吾卢地。而班超复籍以服鄯善，降于阗，西域自绝六十五载，至是复通。其明年（永平十七年），窦固耿秉击破白山，降车师前后王，复置西域都护、戊己校尉，车师与西域诸国遂内属。及明帝死，车师屡叛，章帝乃召还戊己校尉，车师复绝。和帝永元元年（公元89年），大将军窦宪大破匈奴。二年，宪、固遣副校尉阎槃将三千余骑，击伊吾破之。三年，班超遂定西域。因之超为都尉，居龟兹。复置戊己校尉，领兵五百人居车师前部高昌壁。又置戊部侯居车师后部候城。是时班超复击破焉耆，于是西域五十余国悉附汉。及安帝永初元年（公元107年），西域复叛，车师与匈奴屡扰河西，后汉不能禁，议者因欲闭玉门关以自守。延光中，安帝纳陈忠之议，以班勇为西域长史，西屯柳中，勇遂破平车师，斩其后王军就，西域复通。自建武至于延光，西域三绝三通。永建二年（公元127年）勇复击降焉耆，于是龟兹、疏勒、于阗、莎车等七国，皆来服从。自阳嘉以后，朝政衰败，西域诸国转相陵伐。桓帝永兴元年（公元153年），车师后王阿罗多，围攻汉屯田且固城，杀伤吏士，亡走匈奴。敦煌太守宋亮，立军就质子卑君为后部王。阿罗多复与卑君争国。戊己校尉阎详，虑其招引匈奴，复立阿罗多。徙卑君于敦煌，以后部人三百帐，别役属之。车师自此渐以疏慢矣。

后汉自明帝永平十六年，至桓帝永兴元年，计八十余年，西域时绝时通，均以车师为争夺之中心。自此以后，朝政益败，宦官弄权，至献帝之末，汉乃灭亡，其间益无暇顾及西域。

魏时赐其王一多离，守魏侍中，号大都尉。晋初置高昌郡，设太守以统之。而车师王居交河城如故也(《通典》称以交河城为高昌郡误,当从《北史》)。前凉张轨,后凉吕光,及沮渠蒙逊等,割据河西时,皆置高昌太守。其车师自为王如故。后魏太平真君三年(公元442年),沮渠无讳西走鄯善,据有高昌,奉表于宋文帝,拜为西夷校尉,凉州刺史,河西王。高昌有王,自此始。真君五年(公元444年),无讳死,安周代立。十一年(公元450年),安周破车师,车师王车伊洛,收遗民奔焉耆(宋文帝元嘉二十七年,公元450年),车师国自是亡。

车师自汉武帝元封三年(公元前108年),始见《史记》,至后魏太平真君十一年,计550余年,国始灭亡,可谓久矣。

二、高昌王麴氏有国时期

在麴氏有国以前,初称高昌王者,为阚伯周。时沮渠氏虽据有高昌,而柔然、高车逼邻东北,时受侵扰。魏和平元年(公元460年),沮渠氏为柔然所并。柔然立阚伯周为高昌王。太和初,伯周死,子义成立,为从兄首归所杀。太和五年(公元481年),高车王可至罗复杀首归,以敦煌人张孟明为王。国人杀之,立马儒为王。巩顾礼、麴嘉为左右长史。太和二十一年(公元497年),马儒表求内徙,国人不欲,又杀儒,而立麴嘉。为麴氏王高昌之始。至唐贞观十四年(公元640年),太宗遣侯君集灭高昌,始亡,享国一百四十余年。据《北史·高昌传》,麴嘉为金城郡榆中人,金城即今之兰州。又其百姓,亦多来自内郡,其立国垂一百四十余年之久,不可谓非为中国历史上值得留意之事。惜史载残缺,语焉不详。近数十年,考古事业兴起,据实物以补历史。而高昌麴氏,由于考古的发现,麴氏有国之纪年,差可纪矣。

在清光绪年间,日人大谷光瑞考古吐鲁番,觅获墓志数方,有延昌、延和、延寿诸志,我国罗振玉氏,据以作《高昌麴氏年表》,然其年号尚不全。我于1930年春,至吐鲁番考古,在广安城西10公里,雅尔崖古城工作完后,即在古城西土原上,发现古冢约百余。每冢均有墓志一方或两方不等。其墓志之多寡,以墓中死者之多寡为比例,然至多不过三方,盖一夫一妻或兼妾也。墓志皆烧砖质,作方形,上书死者姓名官职,及死葬年月与葬地。共得120余方。或为朱书,或为墨书,或刻字填朱,均在每冢墓道两壁嵌砌,纳入墓中者甚少。由墓志上所书之年号,除其重复,得重光、章和、永平、和平、建昌、延昌、延和、义和、延寿九号。余本之作《高昌国麴氏纪年》及《高昌国官制表》(两文均载《高昌砖集》〔增订本〕,中国科学院1951年印行)。先是罗振玉氏,本日本人所获延昌、延和、延寿三号,作《高昌麴氏年表》刊于《辽居杂著》中,以后虽有更正,然所得之年号,亦只建昌、延昌、延和、延寿四号而已。由于我所得墓砖有九建号,方知延昌之前,除建昌外,复有重光、章和、永平、和平;延和之后,有义和,罗氏复据以改补《高昌麴氏年表》。我根据所获墓砖结合文献编有《高昌国麴氏纪年》,与罗氏表颇有出入。

三、唐代西州时期

唐贞观十四年(公元640年),太宗命侯君集讨平高昌,下其二十二城,获户八千,列其地为西州。置县五:高昌(天宝元年改为前庭县)、柳中、交河、天山、蒲昌,并置安西都护府以统之。高宗显庆三年(公元658年),改置都督府,徙都护于龟兹,开元中曰金山都督府。开元二年(公元714年),复置天山军。天宝元年(公元742年)复为西州。德宗贞元七年(公元791年),没于吐蕃。计属唐一百五十余年。虽唐史称大中四年,张义潮逐吐蕃守者,自撮州事(沙州)五年,遣使入朝,献瓜、沙、伊、肃、鄯、甘、河、西、兰、岷、廓11州,籍内有西州。然吐蕃首领尚恐热势力尚存。及懿忠咸通七年(公元866年),回鹘首领仆固俊,自北庭取西州,而西州遂为回鹘所有。自贞元七年至咸通七年属吐蕃又七十余年矣。

四、回鹘统治时期

自唐咸通中,西州为回鹘所据,唐朝势力衰微,中原扰攘,无力顾及西域。《宋史》记建隆、乾德、太平兴国,并遣使来朝贡献。宋太宗遣王延德使高昌,记其师子王避暑北庭事。是宋初仍为回鹘所占领,称为西州回鹘。邵远平《续弘简录》云:"亦都护者,高昌国主号也,先世居畏兀儿之地,传十三余君,至玉伦的斤,颇雄武,数与唐相攻战。玉伦的斤卒,灾异累见,民弗安居,传数世,迁于交州,统别失八里之地,至巴而术阿而忒的斤,臣事契丹,为其属国。岁己巳(公元1209年,宋宁宗嘉定二年)闻太祖兴朔方,遂杀契丹所置监国官,来附。"此事与波斯史家所记相同,又《元史·巴而术阿而忒的斤传》亦与此同。是南宋时,高昌又为畏兀儿所有,然畏兀儿与回鹘是一是二,其说不一。有谓回鹘与畏兀儿,乃音译之异,详俟再考。

畏兀儿自巴而术阿而忒的斤附元太祖后，从太祖四出征伐，颇为尽力。阿尔忒的斤卒，玉古伦赤的斤嗣。卒，马木剌的斤嗣，从宪宗伐宋。卒，至元三年（公元1266年），世祖命火赤哈儿的斤嗣为亦都护。海都帖木儿之乱，畏兀儿民解散，次复辑。至元十二年（公元1275年），都哇、卜思巴等围火州，亦都护徙其民于哈密力，后为北方军所败。元仁宗时，封火赤哈儿之子，纽林的斤为高昌王，尚公主，还火州，复立畏兀儿城池，别以金印赐之，设王傅之官。王印行诸内郡，亦都护印行诸畏兀儿之境，自是称亦都护高昌王。延祐五年（公元1318年）卒，子帖木补化嗣。文宗天历二年（公元1329年），其弟钱吉嗣为亦都护高昌王。元末分为柳城、火州、吐鲁番三部，皆设万户府达鲁花赤。明初仍旧称万户。正统中，并于吐鲁番。其首领居安乐城，自称速檀。

高昌自唐咸通七年（公元866年）入回鹘后，至宋宁宗嘉定三年（公元1210年），巴而术阿而忒的斤附元太祖，共340余年。由阿而忒的斤附元改为畏兀儿国，至正统十三年（公元1448年）为吐鲁番速檀所并，又239年。如畏兀儿即回鹘，可谓享国之最久者也。

五、吐鲁番时期

按据《续文献通考》云："初吐鲁番介于阗、巴什伯里诸大国间，势甚微弱，其后侵掠火州、柳城，皆为所并，国日强。其酋额默勒和卓，遂僭称王。成化五年，其酋阿里，自称苏勒坦。弘治十七年，阿哈玛特死，长子玛克苏尔嗣。至二十四年，玛克苏尔死，长子沙嗣为苏勒坦，其弟玛哈穆特亦称苏勒坦，分据哈密。隆庆四年，玛哈穆特嗣兄职，自神宗万历后，遂无闻。清初服属准噶尔。乾隆二十四年，平准噶尔，遂内属，设辟展办事大臣统治之。"自成化五年（公元1469年）额默勒和卓称王起，至乾隆二十四年（公元1759年）止，速檀据有吐鲁番，计288年。

（原载《金陵学报》第10卷第1、2期）

高昌疆域郡城考

欲研究高昌疆域郡城,在未发现新材料以前,只有根据我国古史的记载。但当时西域与内地时绝时通,且其疆域郡城亦时有伸缩增减,故古史记载亦不一致。此次赴新考查,留意地形与古址之分布,现结合古史所记,特为之疏叙考订于下。

(一) 疆域

诸史志言高昌疆域率不一致。《魏书·高昌传》云:"东西二千里,南北五百里。"《北史》作"东西二百里,南北五百里"。《周书》、《隋书》及《太平寰宇记》均作"东西三百里,南北五百里"。《通典·州郡志》、《新唐书·高昌传》作"横八百里纵五百里"。《元和郡县志》作"东西八百九十五里,南北四百八十里"。其里数互歧。

兹先就东西界域言之。按《魏书》作东西二千里,《北史》作东西二百里,其长短相差为一与十之比。《北史》记载多因沿《魏书》,而何以独此相差特甚?丁谦《魏书高昌传考证》谓焉耆时为高昌所并,此盖兼指焉耆之面积言。按《新唐书·高昌传》,焉耆横六百里,再加高昌之横八百里,共计一千四百里,亦不足两千之数。疑《魏书》二千乃二百之讹。盖高昌初立,东西疆域本甚短促也。至麹氏有国以后,渐次扩充,疆域日广,故东西至三百里。《周书》、

《隋书》及《太平寰宇记》均作东西三百里者此也。试证之地形以明其然。唐彦悰《三藏法师传》云:"法师为高昌所请,遂行,涉南碛,经六日,至高昌界白力城。"按白力疑即《魏书》中之白棘,《魏书·高昌传》云:"马儒遣顾礼迎安保至白棘城,去高昌百六十里。"是白棘城为高昌东境之地。《通典·边防志》高昌条云,唐平高昌,以"始昌城为天山县";《元和郡县志》:"天山东至州一百五十里",则始昌城为高昌西境之城。今合计东西两边城之距离为三百一十里,故《周书》、《隋书》均云"三百里",举成数也。《通典》及《新唐书》作"横八百里",《元和郡县志》作"东西八百九十五里",较周、隋时扩大一倍有半,盖周、隋之三百里指东西边地之城镇言,《唐书》、《通典》兼举东西边外之荒地言也。试以地理证之。按《新唐书·地理志》云:"自州西南有南平、安昌两城,百二十里至天山西南入谷,经礌石碛,二百二十里至银山碛,又四十里至焉耆界。"是由西州西南至焉耆界为三百八十里,自天山而西皆为石碛,即今库木什一带之荒山,毫无居民之处也。又据王延德《使高昌记》:"延德至鬼谷口避风驿,凡八日至泽田寺,高昌闻使至,遣人来迎次宝庄,又历六种乃至高昌。"按所云"六种"即柳中,为今鲁克沁地,宝庄疑即白棘城。则泽田寺当在白棘城之西。又据《新唐书·地理志》纳职下云:"自县西三百九十里有罗获守捉,又西南经达匪草堆,百九十里至赤亭守捉与伊西路合。"赤亭、泽田当为一地之转音,《新疆图志》谓齐克腾木之对音近是。根据我实地考查,齐克腾木南5公里有古庙及古房疑即古泽田寺赤亭守捉之遗址。若然则齐克腾木为高昌东境置卡伦之处,故高昌遣使迎延德至此。罗获守捉或为伊吾西境置卡伦之处。现以道里计之,由三堡至鄯善65公里,由鄯善至齐克腾木45公里,故由西州至赤亭为110公里。再西接伊吾西境之荒地,共95公里,合计205公里。而由齐克腾木以西又皆为沙碛之地,今合计东西两境里数共395公里。所以我认为《通典》、《新唐书》所云之东西八百里之数,兼包东西边外之荒地而言。

次述南北界域。诸史志所言南北里数,大抵相同,或无可议。然其界域若何,次当论及。先言南界。《通典·州郡志》交河郡下云:"南至三百五十里过荒山千余里至吐蕃界。"《元和郡县志》称:"西州南至楼兰国一千二百里并沙碛难行。"按楼兰国为汉代古名,即今罗布泊及若羌一带。据《旧唐书·西戎传》云:"晋永嘉时吐谷浑人兼有鄯善、且末诸地,至唐龙朔三年为吐蕃所灭。"故《通典》云吐蕃者,指唐时的吐蕃族而言。《元和郡县志》云楼兰者,指古国名言。若高昌有国时,则南界当为吐谷浑。《通典》之荒山,即今库鲁克塔格,译言"童山"。过库鲁克塔格,即为罗布沙漠。故《元和郡县志》云:"沙碛难行。"过罗布沙漠方至若羌,即古楼兰或鄯善地。唐时鄯善为吐蕃所据。故唐时西州与吐蕃分界处,揆其形势,大抵荒山以南属吐蕃,荒山以北属西州。是《通典》云,南至三百五十里之数,疑即为高昌南界之里数也。现由三堡至库鲁克塔格南麓亦须六日程,与《通典》所记亦相当。

次言北境。据《通典·州郡志》交河郡下云:"北至北庭都护府四百五十里。"《元和郡县志》云:"北至北庭五百里。"按《新唐书·地理志》交河下云:"自县北八十里有龙泉馆,又北入谷百三十里,经柳谷,渡金沙岭,百六十里,经石会汉戍,至北庭都护府城。"是由交河县至北庭里数为三百七十里。又《元和郡县志》云:"交河东南至州八十里。"由西州至北庭合为四百五十里,与《通典·州郡志》所记四百五十里之数相合。但西州与北庭分界处何若,史志均不详,然北庭与西州有一天然界线为天山,即《新唐书·地理志》之金沙岭,亦称金山。所以我疑金山以南为西州,金山以北为北庭。若如此,则由西州过金沙岭准《新唐书·地理志》及《元和郡县志》所记为二百九十里,合南境之数共六百四十里,与诸史所记高昌南北里数不符。盖北庭在西州西北,故此路曲,向西北行其道路亦较长也。又《魏书》《北史·高昌传》云:"北有赤石山,七十里有贪汗山,夏有积雪,此山北铁勒界也。"按赤石山即胜金口连木沁一带之红山,亦称克子尔塔格,南距高昌不过15公里。《元和郡县志》称:"天山,亦名折罗漫山,在高昌县北三十里。"按此处天山即《魏书》之赤石山,今红山也。再北35公里即雪山根,《魏书》所谓贪汗山也。是由高昌抵雪山不过50公里。按之地图,即由经42°50′至43°20′亦约计50公里。连南境共计225公里,合四百五十里,较诸史所记绌五十里。但此就抵雪山南根言,若过雪山北至铁勒界,当亦不止百里。铁勒在高昌之北,故诸史所记南北之里数皆本于高昌有国时北界铁勒之里数。

(二) 郡城

诸史志言高昌郡城数目既殊,而名称亦杂,致读者莫能辨其原委。《魏书·高昌传》国有八城,《周书·高昌传》作十六城;《隋书》作十八城;《新唐书》作二十二城。罗叔言《麹氏年表》云:"《魏书》之八城本是十八城,夺去十字;《周书》之十六城,六字乃八字传写之讹也。"按城之多寡乃因户口之繁殖随时增损,并非字讹。例如《汉书》之车师前国户七百,口六千五十。及北魏之末,以至隋、唐,疆域日扩,户口逐渐增加。《旧唐书·地理志》称西州旧领县五，户六千四百六十六，至天宝户为九千一十六，口四万九千四百七十六。唐平高昌时，户为八千四十六，口二万七千七百三，而《元和郡县志》称开元时户一万一千六百四十七。所以城镇的增加与户口的增加成正比例。《通志·四夷传》云："高昌国周时有一十六城，隋乃增其二。"可以说明这种情况。但《通典》则作有城三十二，较隋时多出十四城。以开元户籍与隋时户籍相较，几为一与二之比，则唐增至三十二城亦有可能。又《新唐书》作三州五县，而《旧唐书》《通典》作三郡五县，一作州，一作郡。按作郡者乃高昌旧名，唐平高昌，郡改为县。我此次所得高昌墓志，凡在高昌有国时代皆云交河郡，凡在唐代皆云交河县，可以为证。盖作州者乃唐平高昌后所置，高昌时无州之名称，且云三州不知何指。今以意度之，盖谓西州、庭州、伊州三州。但唐以高昌国为西州与庭州、伊州无涉，且下云五县又仅限西州，《新唐书》之疵谬多类此。又《通典》称国内有城十八，置四十六镇。《南史·高昌传》不言国中城数，而曰置四十六镇，交河、田地、高宁、临川、横截、柳婆、洿林、新兴、宁戎、始昌、笃进、白刃等镇。交河、田地为郡城，亦称为镇，盖合大小城市而言。盖当时有城者，虽有城之名，而实无城，不过为一街市者，故皆以镇名之，并非除十八城之外另有四十六镇也。唐平高昌置西州都督府，以原有之五大城仍立五县，以交河城为交河县，始昌城为天山县，田地城为柳中县，东镇城为蒲昌县，高昌城为高昌县，其他小城镇不计，或亦隶属于此，而旧时高昌之郡城藉此乃可考。故今论高昌郡城仍以五大城为纲维，并附及散见各记载之城镇焉。

1. 高昌城

按高昌城在今吐鲁番之东南35公里，地名阿斯塔拉，译言二堡，本汉车师国之高昌壁。后汉和帝永元中置戊己校尉，屯田于

第三编

此。一说云汉武帝遣兵西讨，师旅顿敝，其中尤困者因住焉，以地势高敞，人物昌盛，因云高昌。亦云其地有汉时高昌垒，故以为国号。按一曰高昌壁，一曰高昌垒，皆为汉代屯兵之所，实为一地，皆汉人所命之名。自后历晋、魏、周、隋、唐虽主治者迭易，而高昌之名则相沿未改。唐懿宗时，有回鹘大酋仆固俊取西州，始有"西州回鹘"之名。元设"霍州畏兀察司镇"、"和州宣慰司"。《元史·地理志》附录作合剌火者，《元史·巴而术阿而忒的斤传》作哈拉霍州，《耶律希亮传》作哈剌火州，《明史》称为火州，今为哈拉和卓。法人伯希和氏作《高昌和州火州哈剌和卓考》（见1912年《亚洲报》，冯承钧译入《史地丛刊》）本新发现之突厥文残卷中 ℜOCO 一语谓即高昌之对音，而哈剌和卓又即突厥语之译音。我对伯氏之考订虽未能直论其非，但据我的考察所得，亦有数点可供研究。

（1）据伯希和氏所谓高昌国旧城，即在今哈拉和卓附近，既同为一城，则音译之变迁即由高昌变为火州、和卓殊为可能。我到吐鲁番时询问二堡旧城之名与所在之地，据说哈剌和卓尚在其西约5公里，地名三堡；此有旧城之地名阿斯塔拉，义谓二堡。"哈拉"为"黑"，"和卓"为"圣裔"，本土耳其语。又云，此地原为蒙古人所占据，哈拉和卓到此，与蒙古人战死城中，后觅得一指，葬于城旁，遂名其地为哈拉和卓。此虽为一种传说，但必有根据，则哈拉和卓出于维语自有其历史，与高昌因汉代屯兵而得名者不同，故不能即谓"和卓"之名出于高昌。

（2）伯希和氏谓二堡旧城名"雅图库"，与"亦都护"为对音。又云"亦都护"为人名，居此城中，因以名其城。按《元史·巴而术阿而忒的斤传》云："亦都护者高昌国主之号也，先世居畏兀儿之地，有和林山，二水出焉，至玉伦的斤卒，灾异屡见，民弗安居，乃迁于交州。"又云："元至元中,世祖命其子火赤哈的什嗣为'亦都护',还镇火州,仁宗时封为高昌王,别以金印赐之,自是王印行诸内郡,亦都护之印,行诸畏兀儿之地。"按《元史》此传本之虞集《高昌王世勋碑》,虞集元人,其说当较为可据。则亦都护为王号,并非人名,是可确定。我对于伯希和氏谓亦都护为人名,与雅图库为对音,不能不怀疑。

且畏兀儿迁火州后,其高昌之名仍存在,与哈剌火者并行,是"哈拉和卓"、"哈剌火者"与高昌虽同为地名,并无彼出于此之因果关系。

至于和州、火州之名,一见于《辽史》、《金史》,称和州回鹘,一见于《明史》,称火州。伯氏以为即哈剌和卓之译音。但《宋史》有西州回鹘,即在高昌之旧地,而无和州回鹘,王延德使高昌亦只称西州,且西州高昌治,与哈拉和卓相隔不及 2.5 公里,不应有两部落。至于《明史》之火州,据《四夷馆考》："高昌元号畏兀儿,隶马哈木,入国朝(指明),号火州。"《明史》谓其地多山,青红如火,故曰火州。据此则火州乃汉语命名,与当时本地人所称之吐鲁番、鲁克塵、哈剌火者等处之名号并行,犹现新疆南路各城名每维、汉互称。例如鄯善官名,维名为辟展;焉耆官名,维名为喀拉沙尔;轮台官名,维名为布古尔;于阗官名,维名为克衣;和阗官名,维名为和棠。凡如此类,指不胜屈。所以火州之于和卓或火者,亦同此例。不能因其音相近,即谓为彼由此之异译。

2. 田地城

《元和郡县志》云："柳中西至州三十里。"按即今二堡东 15 公里鲁克沁地,汉名柳中,后汉安帝延光中班勇为西域长史,屯柳中,即此。前凉张骏立田地县属高昌郡,北魏末麴氏立国,仍为田地城，与交河城并称，均为王子所居，称为"田地公"、"交河公"。握有高昌政治上之实力者，如麹嘉时兄弟孝亮，尝为田地太守，表求内徙，可以为证。唐平高昌，复以田地城为柳中县，属西州（《通典》作田北城，误）。唐、宋之间回鹘占据西州，此地乃属回鹘。宋名此地为六种，乃柳中之对音。王延德使高昌，又历六种乃至高昌，此六种即是柳中。元为鲁克尘，《明史》称为柳城，一曰鲁陈，现名鲁克沁。今以音义释之，鲁陈、柳城，疑鲁克尘之急读。鲁克沁，维民读为鲁姑庆。凡维民读"克""格"均以作语助词，有音无字，凡沁均读如庆，即城音之转，沁亦即城字之义。例如吐鲁番城，维民读为吐鲁番沁尔，新城读为英儿沁尔，故鲁克沁亦即鲁陈、六种、柳中之对音，因各地民族之发音有别，遂成异译。

现鲁克沁回王居处有旧城遗址，多毁圮，相其建筑与二堡旧城时代相若，疑即高昌田地城，唐柳中县之遗址。鲁克沁北15公里有红山，山石均为红沙石作红色，故古名赤石山。山之断岩涧旁，依岩凿洞，庙宇林立，如雅图沟、土峪沟皆是。再北约数十公里为雪山，即天山。相传唐薛仁贵征铁勒，"三箭定天山"即此。故《魏书》称高昌国北有赤石山，七十里有贪汗山，即指鲁克沁以北之山。鲁克沁之东南有大沙碛，《元和郡县志》称柳中县东南九十里有大沙海即此，沙山峰鳞，如海波涛，故名沙海。唐玄奘由伊吾涉行南碛，六日至高昌白力城。王延德使高昌，由伊吾之纳职县西北行，经大患鬼魅碛，三日至鬼谷口，八日至泽田寺，均系经行此沙碛，与玄奘断水受困之莫贺延碛有别。莫贺延碛在敦煌、伊吾途中；此则在伊吾、高昌途中，一在西北，一在东南，中有伊吾间隔其间。然此为至西域必经之地，凡通使西域者，自伊吾必经此碛至柳中，转西至焉耆、龟兹。《元和郡县志》称柳中当驿路，城极险固者即此。

3. 交河城

《元和郡县志》云："交河东南至州八十里。"按即今二堡西北40公里，吐鲁番西10公里雅尔湖地。有两河分流绕城，故名交河。为汉代车师王前庭治所，与匈奴接壤，尝服属之。时汉通西域，屯田渠犁，尝与匈奴争车师。宣帝时郑吉攻破车师前部，乃始有田卒。至元帝时置戊己校尉，居前部高昌壁。后汉永元三年（公元91年），班超定西域，置戊己校尉居前部，又置戊部候居车师后部，候城相去五百里（本《通志·四夷传》）。是高昌为两汉屯田之地，高昌壁即校尉之所居，故《旧唐书》以高昌为校尉城者因此。我此次赴罗布泊考查，采掘若干汉简，有一简云："交河壁"，以其他同出有年号之简证明，确为汉宣帝至成帝时事。然史书不载交河壁，检《通志·四夷传》车师条称："戊己校尉刁（刀）护遣使陈良屯恒且谷，史终带取粮食，司马丞韩元领诸壁，右魏侯任商领诸垒。"又云："胁诸亭，令燔积薪，分告诸壁。"云云。是汉时屯田非仅一地，屯田高昌者为高昌壁，屯田交河者为交河壁；因校尉居高昌，故史只记高昌壁，而交河壁遂不录，今由此可补史记之阙。自晋迄于魏初，交河仍为车师王所居，然仍被统制于校尉或太守，至魏太平真君十一年（公元450年），车师为沮渠安周所乘，车师王车伊洛以族亡奔焉耆，车师前部至是亡。高昌有国时立为交河郡，唐平高昌改为交河县，宋属回鹘，西辽及元初属畏兀儿，元至元中畏兀儿迁火州，此城遂废。明正统间吐鲁番强盛，高昌交河均并于吐鲁番。而昔时谓为文化中枢，今则土垣满野，禾黍馥郁，乃为考古学者欣赏之地矣。

4. 蒲昌城

本高昌时东镇城，《通典·边防志》车师条以东镇城为蒲昌县。《元和郡县志》："蒲昌西南至州一百八十里，贞观十四年置，本名金蒲城，车师后王置。"《旧唐书·地理志》："蒲昌，贞观十四年于始昌故城置。县东南有蒲类海，胡人呼为婆悉海。"《新唐书·地理志》："蒲昌本隶庭州，后来属。西有七屯城、弩支城，有石城镇、播仙镇。"综观诸书所云，皆未能确指蒲昌城之所在。按金蒲本金满之讹，金满属车师后庭，距西州五百里，不能以距州一百八十里之蒲昌当之，故《元和郡县志》之说为不可信。《旧唐书·地理志》以始昌城当东镇城已谬误，盖《车师传》明云："以始昌城为天山县"也。至称县有蒲类海，按海在伊吾之北，今镇西地，去鲁克沁千余里，更为不伦。《新唐书·地理志》谓西有七屯城等。按唐时由敦煌入西域道经蒲昌海南岸，西经七屯城，又西经石城镇，均在今罗布泊南岸西至若羌一带，距吐鲁番600多公里。《新疆图志》谓："蒲昌县初在东北，后移设西南"，乃牵合《新唐书·地理志》七屯城之说，而误以蒲昌县因蒲昌海得名之谬见。欲证古地，当本古迹之遗留，与方位之距离，校验无差，乃可信为真实。吾人断定二堡旧城为高昌王都，因有出土之古物可证；断定雅尔岩旧城为古交河城，因现有两河绕城之遗迹与古物可证；断定鲁克沁为古田地城，因有地理形势及与西州方位可证。因此，要断定蒲昌在何所，则先假定《元和郡县志》"县在州东北一百八十里"之说为可信，再按其方位与距离以求其古址。我到吐鲁番即按古书记载之方位，探问寻觅蒲昌古址。据当地人所言在二堡东北有二古址。一曰汉墩，在鄯善西北20公里，现有土城遗迹，西南有小山，山上有二墩，相传汉时所筑。今以二堡望汉墩正在东北，其方向颇相合，但由高昌故址数至汉墩，计55公里，距离远近微嫌不足。一曰柯柯雅，在山谷间，即在汉墩之北约40公里地，为通木垒河古城子间道，亦说有土墩及小土城。但又据一维民说为安集占人所筑，以防古城子敌人者。按由汉墩到柯柯雅均有居民甚多,水草亦优,为至古城子必经之地。唐时高昌东北与铁勒为邻,取名东镇城,盖亦镇守东界之义,则在此处置建城台殊为可能。可惜未及躬往探查,然相信蒲昌城必在是处矣。

5. 天山城

《通典·边防志》车师条以始昌城为天山县。《元和郡县志》云:"天山东至州一百五十里,贞观十四年置。"《新唐书·地理志》:"西州西南百二十里至天山。"《旧唐书·地理志》云:"取祁连山为名。"按匈奴呼天为祁连是亦以其有天山之义,故欲求天山县故址,当然在西州之西75公里天山之南寻觅其遗迹。今陶保廉《辛卯侍行记》谓当在托克逊,而《西域图志》以连木齐当之。按准方向,当以托克逊为天山县之故地似颇近理。盖托克逊距哈拉和卓95公里,此指绕吐鲁番之道,若直径可减10公里。又在托克逊之东10公里有古址一,维民呼为窝额梯木,汉人名为大墩子,审其陶片及形式或为唐代建筑。在北5公里有城址一间,有城基甚古,但其倾圮之墙壁甚新,盖为后人就原址重建新城也。其南车辙道深丈余,皆为数百年前往来人所遗留。盖此处适当东西交通之衢,由高昌至焉耆或龟兹者所必经之途径。且南北均为天山,与《元和郡县志》所述之地位与距离亦相合。我认为天山城当在此。至《西域图志》之连木齐,即连木沁,在哈拉和卓之东,与《元和郡县志》所指之方向相反。今不取。

以上所述五城皆旧时高昌较大之城,且有方位里数可记者举之,至于散见于各记载之中仅有城名难以明其方位者亦录存为表以备参校。

白力城　《魏书·唐和传》。按即《北史》之白棘城,去高昌一百六十里。

横　截　《南史·高昌传》、《魏书·唐和传》。按麴斌碑阴有
　　　　　应威将军横截太守。
高　宁　《魏书·唐和传》。按《北史》作高昌。
新　兴　《麴斌造寺碑》、《南史·高昌传》。按麴斌为新兴令，
　　　　　造寺当在今三堡附近。
临　川　《南史·高昌传》。陶保廉《辛卯侍行记》云，疑在今
　　　　　连木沁。
柳　婆　《南史·高昌传》。《辛卯侍行记》云，疑在今吐鲁番
　　　　　南之勒木丕。
洿　林　《南史·高昌传》。《辛卯侍行记》云，疑在胜金口东
　　　　　北之汗和罗。
宁　由　《南史·高昌传》。《梁书》作由宁。《辛卯侍行记》
　　　　　云，在今吐鲁番东南洋海。
笃　进　《南史·高昌传》。《辛卯侍行记》云，在今托克罗。
白　刃　《南史·高昌传》。按《梁书》作白刀，疑皆白力之讹。
南　平　《新唐书·地理志》。按在今雅尔湖东南35公里让
　　　　　布工商。
安　昌　《新唐书·地理志》。按在今雅尔湖南15公里柏克
　　　　　布拉克。
安乐城　《明史·西域传》。按《明史》谓为唐属交河县，疑即
　　　　　今之吐鲁番城附角之古城。

以上所举十三城，合前言五大城，适合《隋书》十八城之数。除白力城即白棘城，地址略可考见，已如上文所述者外，其余各城位置均不能确定。陶保廉《辛卯侍行记》所述亦属牵强，不能据为定论，且多无遗址可资考证。惟南平、安昌二城据《新唐书》称在州西

南。我此次由雅尔岩东南行至哈拉和卓途中发现旧城二,一在雅尔岩南15公里,一在雅尔岩东南35公里。据其遗物及城基大概在北魏之末及隋、唐之间,其城址建筑亦与鲁克沁旧城相同。我疑此二城或即《新唐书》所述之南平、安昌二城遗址。至《明史》称交河所属之安乐城,疑在吐鲁番附近。现吐鲁番广安城东附角有一旧城,本地人称昔为蒙古王所居。吐鲁番高小校长杨重熙君云,此即火州故城。但均无确据。我验其遗物,确为元、明时所遗留,岂即元至元中畏兀儿王赤哈的什所居之故城欤?是均有待于将来之发现也。

(原载北京大学《国学季刊》第3卷第1号,1932年3月)

亦都护高昌王世勋碑复原并校记

　　我于1943年赴新疆考察,路过武威,于武威县文教馆,曾见此碑的下半段。据说,原碑在武威县北15公里石碑沟,1933年前乡人发现后,县署即移置文教馆。现石碑仅存下半段,高1.8、宽1.62米,36行,行残存40字(原碑每行90字),正面为汉文,背面为回鹘文。当时我托文教馆代拓一份。回京后又将拓本的下脚损毁数字。后闻石碑因在抗战期间避免兵火,埋藏地下,已不知去向。今因新疆自治区博物馆建立高昌陈列室,特以此拓本奉赠,并复原碑文一并陈列,以为研究高昌史之参考。

　　此碑历来金石志著录不多。惟虞集《道园学古录》(以下简称《道园集》)载此碑全文,以后史书如《元史·巴而术阿而忒的斤传》、邵远平《续弘简录·也立安敦传》,皆据《道园集》碑文写史传,《元文类》录全文,大致与《道园集》同。《甘肃新通志》仅载铭文,《陇右金石录》虽全录碑文,但亦根据《道园集》任意删增。惟乾隆刊本《武威县志》所载"亦都护高昌王世勋碑"文,与现存石碑下半段文字大致相同,而与《道园集》所载碑文微有出入,增加了太平奴嗣位以后事迹。因此而知《武威县志》所载直接抄自石碑。校对行款亦复一致。因此我根据《武威县志》所载碑文,补写上半段,恢复石碑原来之旧。故今复原的碑文,下半段系据石碑原文,上半段则据《武威县志》补足,中划一线作界(图一)。再参考《道园集》

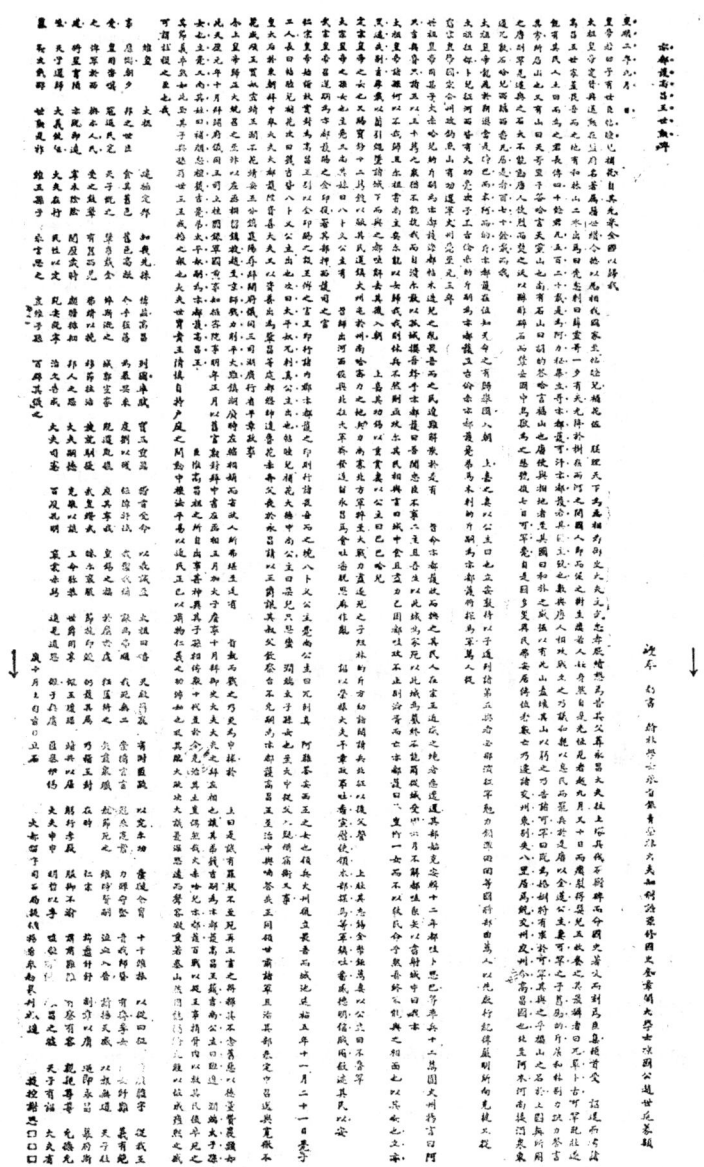

图一　亦都护高昌王世勋碑碑文复原图（↓以下为原存碑文）

及《元史·巴而术阿而忒的斤传》互校,作校记,并稍加解释,附于后。异者旁以点为记。

此碑文叙述回鹘人起源和流派,较他史为详。盖得之回鹘谱系,原始朴素,为历来史家所珍视援引。例如《元史·巴而术阿而忒的斤传》、《续弘简录·也立安敦传》皆取材于此,确为研究回鹘史之第一手资料。但回鹘人初起没有文字及历史记载流传下来,对于祖先故事,盖得之于口耳相传。因此在传说中每保存若干神话的传说。尤其以回鹘起源与西迁二事,传说特别多。但在传说中同时仍保存有若干史实。兹举碑文中二事为例。碑文中述回鹘起源云:畏吾儿(即回鹘)地方,有秃忽剌河和薛灵哥河均发源于和林山,两河中间有一株树,产生了五个婴儿,最幼的名"卜古可罕"。当然是无稽。但西域古史家阿剌哀丁记畏吾儿起源,与此略同而较详,据说是出于和林旧城中之石碑。碑略云:在源出和林山之秃忽剌、薛灵哥二水会流处,有地名忽木兰术,有树二株,树间有一小丘,有天光烛照丘上,日渐增长,既成,忽开一门,中有五室,有类帐幕,各有一婴儿坐其中。其第五子名不古可罕,美慧有才,诸部以为天赐,奉为君长(多桑《蒙古史》第一卷第180页转引;又《中西交通史料汇编》第四册第231页亦有转引)。与高昌碑文所述大同小异,盖出于一源。但阿剌哀丁所述五个婴儿是坐在五个帐幕中,出现于小丘中而不是剖树瘿而出,使人们相信这小山中五个帐幕,可能是暗指当时在两河间环绕此山而居的五个部落。最初由两个部落逐渐发展为五个部落,共推不古可罕为君长。《史集》亦云:"和林诸山附近别有一山,名忽都答哈,其间有一地,十水之所经也。别有一地,九水之所经也。昔因全境皆为畏吾儿之故地,……前十水通名温斡尔寒(即十鄂尔浑河)。……有三水为九部落所居,四水为五部落所居。"(多桑《蒙古史》第一卷第183页）合并两则观察，则阿剌哀丁所记碑文中之忽木兰术或即《史集》之忽都答哈，而为鄂尔浑河所经流之地。五部落及九部落皆居于鄂尔浑河各支流两岸，与我们所推拟者无殊。因此再与《新唐书·回鹘传》所述对照，更相吻合了。传云："回鹘人初居娑陵水上，至时健俟斤，众始推为君长。其子菩萨才勇有谋，南破突厥，树牙独乐水上（即土拉河）。传至骨力裴罗，尽有九姓回鹘之地，徙牙乌德鞬山昆河之间，又并有拔悉密·葛逻禄总十一部落，后又灭突厥，全得古匈奴地。自称为骨咄禄毗伽阙可汗。"唐代时为怀仁可汗，后又加左骁卫员外大将军。按"乌德鞬山"疑即《史集》之"忽都答哈"。"忽都""乌德"为对音，"答哈"突厥语"山"义（亦说"德鞬"二字连读为"答哈"之转音，"乌"即"忽都"之略），可能亦即高昌碑文中之"忽的答哈"所谓"福山也"。昆河即鄂尔浑河，与薛灵哥河源于和林诸山，鄂尔浑河又为九姓回鹘所分布之地，骨力裴罗既建牙于乌德鞬山，且拥有九姓回鹘所分布之地。则通过《史集》及阿剌哀丁所记与高昌碑文所述，使我们相信与《新唐书·回鹘传》所述，可能为一事；若然，则高昌碑文中与阿剌哀丁所记之若干起源神话，皆有其一定的历史真实性。

其次再谈西迁一事，高昌碑文所述对于回鹘西迁，归之于唐人取和林山石所致。新、旧《唐书》及西域古史家皆不具载。按回鹘西迁，据新、旧《唐书》所载，是由于天灾及黠戛斯人之攻击，与取和林山石无关。和林为历来游牧民族建庭之地，突厥、蒙古迭据之，强盛一时，并不因山上去一块石头而致削弱。阿剌哀丁又记畏吾儿人西迁的神话亦云："不古可罕死后，畏吾儿人闻野兽及家畜幼童皆喝曰'改赫'、'改赫'，以为乃上帝命迁徙也，于是举族西徙，直至别失八里,始不闻'改赫'之声,遂留其地,分五部而居。"(《中西交通史料汇编》第四册第 234 页)亦作建筑五城而居(多桑《蒙古史》第一卷第 182 页)。其言之荒唐无稽,不亚于上述。盖西迁已久,国人已不复记忆鄂尔浑河时事,又无文字记载,仅凭口耳相传,致失真相。每一民族对于他的起源和流迁,多有若干神话传说,不独回鹘为然。

以上系就碑文中起源与西迁略作解释,其他有关于若干史事解释及其文字差异,均详校记中,不再列举。

附:校记

一行　亦都护高昌王世勋碑　按石碑首上半段缺失,原碑名为何,已莫能明。元虞集《道园学古录》(下简称《道园集》)作"高昌王世勋之碑",《元文类》同,碑上无之字,疑抄自《道园集》。但清乾隆间张之浚所著《五凉全志》、《武威县志》(下简称《武威志》)内载作"亦都护高昌王世勋碑",比《道园集》多"亦都护"三字。而《武威志》碑文内容及行款字数,就现存部分石碑碑文比较,大致相同,是张之浚《武威志》碑文,直接录自石碑,则石碑上段题名应与《武威志》同。故今恢复原碑,其碑名从《武威志》作"亦都护高昌王世勋碑"。按高昌王世绩,自巴而术阿而忒的斤至火赤哈儿的斤称"亦都护",至纽林的斤因其父战死有功,仁宗延祐三年(公元 1316 年),"始稽故实封为高昌王,别以金印赐之,王印行诸内郡,亦都护之印则行诸畏吾儿之境"。故自此后嗣位者均称"亦都护高昌王",如帖睦儿补花、篯吉、太平奴等皆同。碑树立于太平奴时,则碑名亦必列全衔称"亦都护高昌王"。

二行　巉奉敕书……赵世延篆额　按此碑残上半段,巉上当有字。据《武威志》称"在武威县北三十里永昌堡有高昌王碑",

"巎巎书",是"巎"上当再有一"巎"字。巎巎为当时大书家,元至顺间,官至礼部尚书,应有官衔,惜上段残缺,全衔如何无知。在书写人名上,应有撰文人名字,亦被残失。但据碑文有"臣集顿首受诏"之语,则撰碑文者,应为虞集。虞集《道园集》亦录此碑文,则上段残缺者应是撰文人虞集及其官衔。

同行末赵世下拓片破损,现根据其他材料及碑志通例,补"延篆额"三字(其他各行下脚缺字按县志碑文补)。赵世延在元至顺间为翰林学士承旨、奎章阁大学士,官最高,故命之篆额。现石碑碑额已遗失,赵之篆文亦不可见。

三行　至顺二年九月　日　按石碑缺上段,《武威志》碑文起自"皇帝若曰"前无年月日。《道园集》及《元文类》所录碑文,均有"至顺二年九月某日某甲子"十一字。按行款及行文格式碑首应有年月日以引起下文,故据《道园集》补"至顺二年九月日"七字,删去日上"某"字,及"某甲子"三字。

四行　帖睦儿补花　《道园集》"花"作"化",《元史·文宗纪》作"高昌王铁木儿补化",《新元史》作"帖木儿补化",《蒙兀儿史》作"帖木儿补花"(注云"木"碑作"睦")。是原碑正作帖睦儿补花,与《武威志》同。今从《武威志》。

五行　世缵令德　《武威志》碑文同,《道园集》缵作绩。

同行　臣集顿首受诏　《道园集》"集"作"某",《武威志》集上多一"虞"字。

六行　天光降于树　《武威志》、《道园集》均同。惟《元史》传"天光"作"神光"。

同行　兀单卜古可罕　此据石碑,《武威志》同。《道园集》无"兀单"二字。《元史·巴而术阿而忒的斤传》作"不可罕",亦无

"兀单"二字,"不"下无"古"字。按卜古可罕上加"兀单"二字,语义不明,一说"兀单"有"创始"之义,又说有"幸福"之义,究竟是何义,尚待进一步研究。

七行　传四十余君凡五百二十载,是为阿力秘毕立哥亦都护可汗,亦都护者其国主号也　按《道园集》作"传三十余君"下无"凡五百二十载"六字。"阿力秘毕立哥亦都护可罕",《道园集》作"玉伦的斤",下无"亦都护者其国主号也"九字。而移置于"巴而术阿而忒的斤亦都护在位"下,"主"作"王"。《元史》移置于传首,作"巴尔术阿而忒的斤亦都护,亦都护者高昌国主号也",余同《道园集》。现石碑阙上段,今从《武威志》补。

又按阿力秘毕立哥亦都护可罕,《道园集》作玉伦的斤。王国维《书高昌王世勋碑后》根据《道园集》认为玉伦的斤即《唐书·回鹘传》中之"护输","输"为"轮"字之讹,护、玉一声之转,"护输"本作"护轮",转为"玉伦",其子"葛励",即骨力裴罗,"葛励"亦即"骨力"之转音(《观堂集林》第二十卷第22页)。按王国维仅据字音相近作判断,说服力不强。现碑文不作玉伦的斤,而是作阿力秘毕立哥亦都护可汗。"毕立哥"疑是"毗伽"或"毗伽阙"之异译,"阿力秘"疑是"爱登里罗汨"之简译。因此我认为阿力秘毕立哥,即唐宪宗元和间之爱登里罗汨蜜施合毗伽保义可罕,与护输无关。而碑文中之金莲公主,亦即穆宗长庆元年(公元821年)嫁崇德可罕之太和公主。碑文中所称之其子葛励,疑指敬宗所立崇德之弟葛萨特勒之昭礼可罕,崇德尚太和公主,崇德死,其弟昭礼可罕继尚公主。励疑是萨字之讹。《唐书·回鹘传》称太和公主在和林自建牙,与碑文所言"居和林别力跋力答(哈)言其常所居山也"语义相合。且回纥自保义可罕后,继承者均短世,与碑文中"传位者数亡"之语亦相符,但由唐穆宗长庆元年上溯至天宝三年(公元744年)建牙乌德鞬山时期不过七十余年,碑文云五百二十载,应在晋怀帝永嘉年间,时铁勒尚未兴起,回纥亦未形成,年代恐有错误。《道园集》及《元史》传均删去年代,甚是。

同行 可罕之子 《武威志》同,《道园集》"可罕"作"的斤"。八行同。

八行 其常所居山也 石碑缺,此从《武威志》。按《道园集》"常"作"妇"。《元史》同。

同行 胡的答哈 按《道园集》、《元史》传"的"作"力",今从《武威志》。

同行 乃告诸可罕曰……将有求于可罕 按:此据石碑,《武威志》同。《道园集》上"可罕"作"的斤",下"可罕"作"尔",《元史》传同。

同行 于上国无所用之 此据石碑,《道园集》同。《武威志》"于"作"与"。可能是抄录之误。

九行 后七日可罕薨 《道园集》作"玉伦的斤薨"。《元史》传同。今从《武威志》。

同行 乃迁诸交州东别失八里居焉,统交州,交州今高昌国也 按此段据石碑,《武威志》同。《道园集》及《元史》传均作"乃迁诸交州,交州今火州也。统别失八里之地",与石碑不同。可证《武威志》碑文是抄自石碑。

又按交州即《新唐书·地理志》之"交河县",属西州。今新疆吐鲁番城西雅尔湖尚有古城遗址,为汉时之交河壁,车师前王庭所在地,因有两河绕城故名交河。别失巴里译言五城,言大城中包括五个小城,一说这地区筑有五个城。今新疆济木萨北护堡子,有古城遗址,为车师王北庭,唐北庭都护府所在地。火州即和州,即唐之西州,原于汉之高昌壁,戊己校尉所治地。隋、唐之际,麹氏王高昌建都于此。唐贞观间改为西州,亦治此地。唐安西都护府初亦设于此。高宗显庆三年(公元658年),徙安西都护府于龟兹,此地复为西州都督府所治地。现吐鲁番县城东南45公里,哈拉和卓及阿斯塔那附近有古城废墟,即其遗址,现名为高昌城。这三座古城,一在天山北,二在天山南,各不一地。今石碑称"乃迁交州东别失巴里居焉",而《道园集》则称"迁居交州今火州也",究以何者为是? 我根据《新唐书·回鹘传》当是先迁居别失巴里,再移居西州。《回鹘传》云:"懿宗时大酋仆固俊自北庭击吐蕃,……尽取西州,轮台等城。"《资治通鉴》系之懿宗咸通七年(公元866年)。又据毗伽可罕碑叙述保义可罕恢复北庭之事,盖北庭在贞元六年(公元790年)为吐蕃攻陷,至保义可罕时方被收复,盖宪宗元和间(公元806—820年)事也。在贞元六年北庭沦陷时,虽史称"西州犹为唐固守",但西州周围如北庭、安西均陷,彼孤立无援,不久亦必沦陷。在保义可罕收复北庭时,西州不闻收复。回鹘为黠戛斯所破,被迫西迁,是在唐文宗开成五年(公元840年),上距北庭收复约二十年,下距仆固俊取西州亦约二十年,而在西迁以后。据此是回鹘西迁必先居别失巴里,二十年后方自北庭进取西州。阿剌哀丁述畏吾儿人西迁事,亦云"直至别失巴里",可证。自回鹘人取得西州后,政治中心移居吐鲁番称亦都护,以阿斯塔那附近旧城为王都,故阿斯塔那旧城亦名伊底库特赛里,即亦都护城之异译。但别失巴里——北庭仍为高昌王第二行都,例如王延德使高昌时,狮子王在北庭谒见延德,耶律大石西征、长春真人西行,均经过别失巴里。盖当时政治中心虽已南迁,而领地仍属于回鹘。碑文中之别失巴里统交州,《道园集》之交州统别失巴里,皆指唐懿宗咸通七年以后事。自元太祖后,以畏吾儿之地封察合台,为察合台汗国地。但畏吾儿人即回鹘人仍占有西州,称亦都护,而附属于元。至纽林的斤时,元仁宗又加封为高昌王。碑文中称交州今高昌国也,即指此。时畏吾儿仅有西州,不包括庭州。但现有一个问题必须说明,据现在实地考查,高昌王都与唐西州同地,遗址是在今阿斯塔那附近旧城,即亦都护城城中,现城的西南隅尚保存元时建筑遗迹,可证。而交州即西州时期之交河县。据王延德使高昌所记"由高昌历交河州凡六日至金岭口"之语,是交河与高昌绝然为两地。王都高昌不都交河,故王延德由高昌至金岭口必路经交河(由现吐鲁番到乌鲁木齐或孚远路线亦如此)。今碑文称"今交州即高昌国也",《道园集》亦云今交州即火州也,是以二城混同为一,将如何解释?我认为这一错误是由新旧《唐书》所引起的。《旧唐书·高昌传》说:"高昌者汉车师前王之庭,后汉戊己校尉之故地。……王都高昌,其交河城前王庭也。"按"王都高昌,其交河城车师前王庭也",其说本不误。但传中又说"高昌者汉车师前王之庭",在王庭中间加了一个"之"字,使人误会高昌是前王的"庭"之所在,按前王庭是在交河,不在高昌,是又将高昌与交河混淆了。至《新唐书·高昌传》,则删去"高昌"二字,直书"王都交河城,汉车师前王庭也",把交河城当为高昌城。《新唐书·地理志》"西州交河郡,前庭县"下注云,"本高昌,宝应元年更名",又把高昌变成交河。后代史学家,亦不暇分辨,彼此沿习。元虞集云:"交州即高昌国也",或"交州即火州也",其错误原因皆由于此。今据考古实证更正。

同行 北至阿木河 此据石碑,按《武威志》同。《道园集》"木"作"术",《元史》传同。按现石碑木字不清楚,可能是术字。

十行　东通兀敦石哈儿　按《道园集》、《元史》传作"东至兀敦甲石哈"。惟《武威志》作兀敦石哈儿,未知孰是。现石碑缺,今据《武威志》。

同行　凡居是者百七十余载　按《道园集》、《武威志》均同。惟《元史》传作"居是者凡百七十余载"(百衲本),而以后之官刊本均作居是者九百七十余载,盖"九"乃"凡"之误。实则回鹘西迁至成吉思汗时有三百六十九年,碑文年代有误。

十一行　巴而术阿而忒　按此行上段石碑原缺。《武威志》作"阿而的"。以行款字数求之,缺四字方与下段接。《道园集》、《元史》传均作"巴而术阿而忒的斤",是《武威志》所录非其全名,乃根据《道园集》加"巴尔述"三字,又"的斤"为官名,故又在"的"下补"斤"字。乃与行款合。全名应如《道园集》、《元史》传作"巴尔术阿而忒的斤"。

同行　上嘉之　《道园集》"上"作"太祖",《元史》传有增补,石碑缺,今据《武威志》仍作"上"。

十二行　从太祖征你卜儿　此据《武威志》。《道园集》作"你沙卜里",《元史》传作"从帝征你沙卜里",《武威志》"你"下当落"沙"字。

同行　将探马军万人从　《武威志》作"探马万人从",《道园集》作"探马赤军万人从",《元史》传作"将探马军万人从"。现石碑上行缺,如《武威志》"探马"下接"万人",尚空一字。今从《元史》传补"军"字,适与"万人"接。但全名应作"探马赤军"也。

十三行　宪宗皇帝围宋合州　《道园集》、《元史》传"围"作"伐",《武威志》作"围",今从之。

十四行　都哇卜恩巴等　此据石碑,《道园集》、《元史》传同。

《武威志》"巴"误作"邑",今从石碑。

十四、十五行　阿只吉奥鲁只诸王　原石碑缺,《武威志》作"阿吉奥鲁诸王",《道园集》、《元史》传作"阿只吉奥鲁只诸王"。以行款字数求之,今据《道园集》增两只字,适与下段接。

十六、十七行　以其女也立亦黑迷失别吉　按原石碑上段缺。《武威志》作"以其女也亦迷失别",《道园集》、《元史》传均作"也立亦黑迷失别吉"。现石碑在十六行下段"也"下有"立"字,同于《道园集》,则十七行石碑上段可能亦同于《道园集》,今从之。

十八行　屯于州南哈密力之地　原石碑缺。此据《武威志》。按《道园集》作"屯于南哈密力之地",《陇右金石录》亦同于《道园集》。《元史》传作"屯于州南",与《武威志》同。按"哈密力"即今之"哈密","火州"即今"吐鲁番",哈密正在吐鲁番南,《武威志》、《元史》传是也,今从之。

十九行　吐蕃宣慰使领本部探马等军镇吐蕃　按此段《武威志》与石碑同,"本"作"奉"。《道园集》作"领本部探马赤等军万人镇吐蕃宣慰司",《元史》传同,探马下无赤字。而《陇右金石录》作"领蕃军□□□本部探马等军万人镇吐蕃",不知何据,今从石碑。

同行　威德明信贼用敛迹　按《道园集》、《元史》传均同石碑。惟《武威志》作"威德信明,贼因敛迹",想系抄录之异。

同行　其民以安　《道园集》同于石碑,《武威志》"以"作"亦",《元史》传"以"上多"赖"字。

二十二行　次曰籛吉皆八卜义公主出也,次曰太平奴兀剌真公主出也　按据《武威志》"出"上均有一"所"字。《道园集》"出"上无"所"字,又无"次曰太平奴兀剌真公主出也"十二字,原石碑缺。今据《道园集》,删去两所字,余均从《武威志》补。《元史》传

"出也"作"所生也"。

二十二、二十三行　从父入觐备宿卫又事皇太后　《道园集》"入"下无"觐"字。《元史》传及《武威志》均有"觐"字,与石碑同。《武威志》"事"作"侍"。此据石碑。

二十五行　今上皇帝　《武威志》无"今"字,《道园集》作"今上皇帝"。按虞集碑文初稿作于至顺二年,正文宗在位时,故从《道园集》作"今上皇帝"。

同行　旋趋至京师戮力削平大难　按上段石碑缺,此据《武威志》。《道园集》无"旋趋至京师"以下十一字,《元史》传作"文宗召至京师佐平大难",是碑文续有增改。

同行　乃更为申捄于上曰　石碑作"捄"。《道园集》及《武威志》均作"救"。按作"救"是也。《元史》传作"为申请曰"与救义同。

二十六行　让其弟篯吉嗣为亦都护高昌王　《道园集》"让"上有"追念先王遗意"一句,石碑及《武威志》均无此句。而"篯吉嗣为亦都护高昌王"下,有"篯吉尚公主曰班进,阔端太子孙女也。主薨,又尚其妹曰补颜忽礼。篯吉薨,弟太平奴嗣为亦都护高昌王",共四十一字。《道园集》无之。疑《道园集》写在篯吉为高昌王时,故文止于篯吉。但竖碑在太平奴嗣位以后,又就虞集原文补充太平奴事,故石碑与《武威志》均多出此四十一字。

二十七行　火赤哈儿亦都护　《武威志》与石碑同。《道园集》作"火赤哈儿的斤"。

二十九行　可谓社稷之臣也哉　《道园集》"可"作"所",句下有"表其碑曰世勋为宜,敢再拜系以诗曰"十五字。《武威志》没有,现石碑缺上段,今从《武威志》。

三十行　列图率赋　《道园集》"图"作"国",《武威志》作

"图",今从《武威志》。

三十一行　靡懈朝夕　《道园集》"懈"作"鲜",《武威志》作"懈"。

同行　有齐季女　《道园集》作"齐",与石碑同。《武威志》作"斋"。今从石碑,齐读作斋。

三十一、三十二行　义有绝爱　《武威志》爱作"妥",《道园集》作爱,今从之。

三十三行　抚尔人民　《道园集》"人民"作"民人",今从《武威志》。

同行　移节往治　《道园集》"往"作"征",今从《武威志》作"往"。

同行　睠尔衮服　《道园集》"衮"作"旧",《武威志》作"衮",今从之。

同行　刻章以庸　《武威志》"刻"误作"克",《道园集》作"刻",与石碑同。

同行　洒即永昌　此据石碑,《道园集》同。《武威志》"即"作"及"。

同行　幕府斯建　《武威志》"建"作"临",《道园集》"临"作"建"。按当以作"建"为是。

三十五行　允德允恭　《道园集》"恭"作"功",《武威志》作"恭",今从之。

同行　大义攸征　此据《武威志》。《道园集》"征"作"正"。按当以作正为是。

同行　民性以定　此据《武威志》。《道园集》"性"作"信"。今按作信是也。

同行　儆于无虞　《武威志》与石碑同。《道园集》"儆"作"敬"。

三十六行　岁十月上旬吉日立石　按石碑岁上缺字,《道园集》碑文首作至顺二年九月,此作十月,不符。疑至顺二年九月为虞集受诏撰文时期,时正篯吉为高昌王,故虞文初稿止于篯吉。但立石是在太平奴嗣位以后,观于文中增加有太平奴嗣位以后的事迹可证。而太平奴嗣位据《元史·文宗记》在至顺三年五月,五月即位,十月立石,时间亦有可能。据此是十月,可能是至顺三年十月。至顺三年岁在壬申,则岁上应为"壬申"二字。惜上段石残,无法取证。

(本文作于 1963 年 7 月,原载《文物》1964 年第 2 期)

宁朔将军麹斌造寺碑校记

此碑旧存迪化将军署后花园内,有碑亭覆文。据云:"原出吐鲁番三堡,宣统三年(公元1911年)农人耕地得之。以碑重难运,乃断为两截,中间损失若干字。运迪化后,初置于荷花池,后移至将军署,又损失若干字。建立碑亭时,又将两边碑文镶砌壁中,又失去两行。"我于1928年到迪化时,得见是碑,时值春冻未解,勉拓数纸,并抄录碑文。及1944年第三次到新疆时,碑已不知去向矣。

碑分阴阳两面,阳面为碑文,第一行为碑亭所压,不可见。根据旧拓,知存"宁朔将军"及"寺铭"等字,中缺七字。又据碑文,有"宁朔将军绾曹郎中麹斌",等字缺者或为"绾曹郎中麹斌造"七字。罗振玉、王国维二氏所作本碑跋文,均作《高昌宁朔将军麹斌造寺碑》,《新疆图志·金石志》分作两碑,阳面题《北魏宁朔将军造寺铭》,阴面另题《北魏折冲将军薪兴令造寺碑》,并云:"铭石出吐鲁番三堡,与薪兴县城西造寺碑陆沉一处,宣统三年五月,农人掘地得之,长二尺九寸,宽二尺三寸。"(《新疆图志》二,二八)查《图志》所称阴面碑名,现新旧拓本并无此文,显与事实不合。今按原石实为一石,两面刻,阳面刻碑文,共31行,行38字,唯末行已为碑亭所压,据旧拓本尚可见"玄功"等字。唯《图志》所记铭之年号,则已不可见矣。阳面碑首有造像及题识,如：麹贞、麹暄、麹斌、麹仁，及高氏、使氏、孟氏、辛氏之像等字并像，虽有缺损，大致尚可见。像下为碑文，叙述麹斌事迹，及造寺经过，碑首题"宁朔将军……造寺铭"，因碑文尾有铭文，故题称造寺铭。碑反面即碑阴，第一行现为碑亭所压，据旧拓为"□□元年乙亥岁，十二月廿三日"等字，检查碑文，为麹氏施舍寺产契约，刻于碑阴。后附题名，自高昌王以下，重要职官，均被题名，高昌官制，由此可见一斑。共31行，行41字，与碑阳造寺铭实为一事，并非如《图志》所云别有一造寺碑，与造寺铭陆沉一处也，唯碑阳作麹斌，碑阴施产契作麹斌芝，是否一人，虽难确定，但据契约中麹斌芝官衔为"折冲将军新兴令"，而碑阳述麹斌任内事迹，亦有"折冲将军新兴令"官衔。碑阴首述"□□元年乙亥"，据雅尔湖新出高昌国《墓志》，高昌建昌元年，即西魏恭帝二年，是年正值乙亥。又据《北史·西域传》及《周书·异域传》，是年魏以田地公茂嗣为高昌王，本碑题名，首题高昌王麹宝茂，知元年即宝茂建昌元年也。麹斌为折冲将军新兴令，施产造寺，亦在此时，故斌与斌芝当为一人，斌芝或为其字也。碑阳铭词末行，现已残缺。但《图志》记录有"延昌十五年乙□岁，九月□旬刊讫"十四字，此是立碑年号。据碑文，立碑为麹斌嗣子麹亮，《图志》以延昌为北魏年号，在造寺前，实为错误。延昌为高昌王麹固年号，现已据写经残纸证实。延昌十五年正北周建德四年（公元575年），是年为乙未，故"乙"下缺字，当是"未"字。今据碑阳碑阴，麹斌施产建寺为建昌元年乙亥，未完工而麹斌死，其弟麹暄续成之。至其嗣子亮乃竖碑，时在延昌十五年，距开始建寺之岁，已二十年矣。造寺竖碑之原委如此。

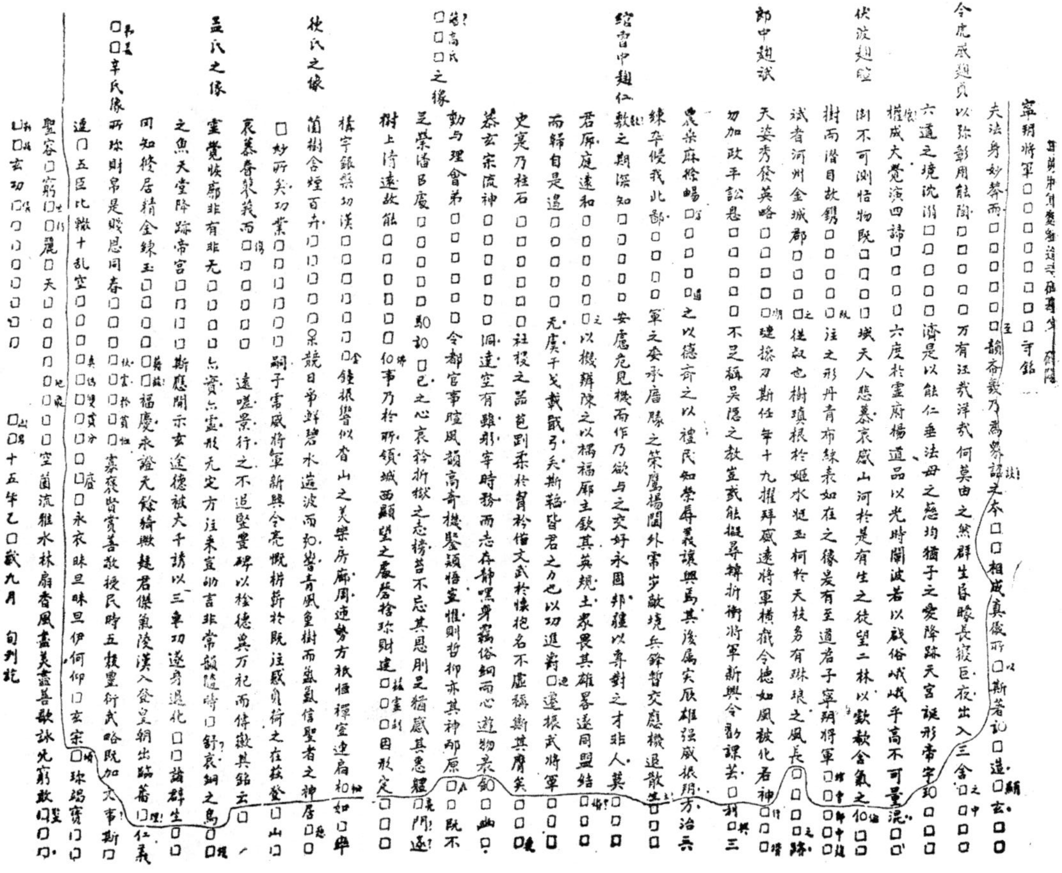

图一 宁朔将军鞠斌造寺碑释文（碑阳）

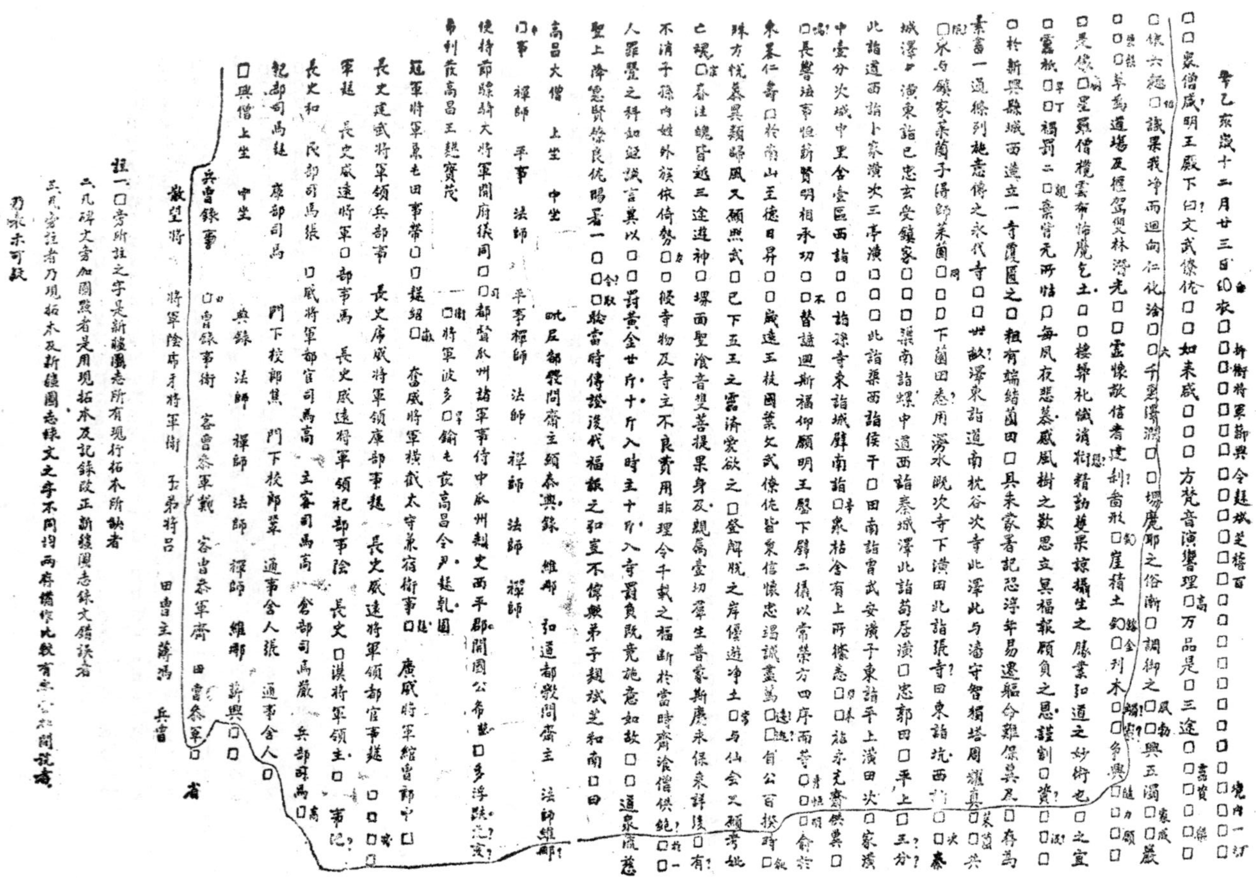

图二 宁朔将军麹斌造寺碑碑文(碑阴)

至此碑之内容及其重要性，罗、王二氏跋文中，已有详论。我在《高昌砖集》中所作的《高昌麹氏纪年》及《高昌官制表》，大部分取材于此碑，信如王维国氏所说，此碑为研究高昌历史第一资料。唯罗、王二氏虽见此碑拓本，书中未将原文摹出。《图志》虽录原文，亦即旧拓，但摹写错误甚多，且将一碑分题为两碑，致失真象。今据记录，及拓本，并参照旧拓，与《图志》所载，详加校雠。凡《图志》所误者，悉为改正，旁以点为记。《图志》有，而为现拓本所缺者，注于其旁。可疑者，加问号，重为影印，以为研究西北民族历史之参考焉（图一、图二）。

　　又《新疆图志·金石志·麹斌造寺碑》碑文中"新兴令""新兴县"等词，"新"上均加草头作"薪"。据碑阳之新旧拓本，"新兴"之"薪"均无草头，字甚清楚。惟碑阴第七行，"□兴县城西"旧拓上似为"新"字有草头。二十九行"兴"上似为"薪"字，不甚清楚。行下"薪"字稍可见，但兴字模糊。按"新兴县"，为高昌国城镇之一。当据碑阳作"新兴"不作"薪兴"。《梁书·诸夷传·高昌传》列举高昌国十二镇名，其中有新兴，亦不作"薪兴"（卷五十四），《南史·高昌传》同。是新兴之"新"字不应有草头。此碑碑阴"新"字虽有带草头者，皆沿六朝别体字而为，《图志》据以改地名，实误。

（原载《吐鲁番考古记》）

张怀寂墓志铭校记

此石出吐鲁番哈拉和卓（汉名三堡）古坟中。坟在高昌旧城西北0.5公里许。《新疆访古录》云："清宣统二年十月，巡检张清在吐鲁番之三堡掘取古迹，得张怀寂墓志……。闻张清言：'土人掘出张怀寂，尸身尚完好，修躯大首，覆以五彩丝缎。墓室以土筑，似城门洞，深四五丈，四壁及顶密画佛像五彩斑斓。尸不用棺，下荐苇席，尸前泥人泥马持矛吹号。尸旁堆积衣衾常御之物。'吐鲁番厅王秉章闻之，戒土人勿妄动，仍以土覆之。仅将其石辇归省垣，途中不慎，又残毁十数字，非复原揭之完善矣。"我于1928年到迪化时，得抚览此碑，碑砌于江浙会馆墙上，首末行字有残缺，即运迪化时所损毁也。正文共33行，行35字。首行题大周故□□大夫，行茂州都督府司马□□□□□君墓志铭并序。文中称："即以长寿三年，太岁甲午，二月己卯朔六日，庚申，葬于高昌县之西北旧茔礼也。"长寿为武周年号。故首称大周，而文中如天作而、地作埊、年作䥏、月作🈳、日作◯、臣作惡、载作䡛、初作䎃、授作秡，皆用武周所制新字。字颇整洁。时方春初，冰冻未消，余仅拓数纸，现闻碑石移存博物馆矣。是年夏初我赴南疆考察，路过吐鲁番时，即赴哈拉和卓访问张怀寂墓，本地人已不知墓之真确地点。据说：当墓初发现时，因墓中忽现一洞，本地人误失足陷入，见其中泥人泥马，及什物甚众，四壁绘画殆遍。碑石在墓门间，官厅闻知，取去碑石，复加

大周故中散大夫行戎州都督府司馬上柱國張府君墓誌銘并序
君諱懷寂字德璟南陽白水人也曾祖軒後裔蛻之源錫慶霓基印如馬射俶之
邑賢明結軼代有人高佐漢相韓備袞西宗微餘烈遽波奄居備諸逶為
高昌人也曾祖務右衛大都館曹郎中器雅微煌建義將軍都館曹
郎退警明敬右傅父遵為左衛大將軍神性俊朗祖懷別直府公懷誠
無謝仲由語重金寧狎得入籌帷幄出摠戎縛武經文職黃二柄以下
其裘不墜擊軍李布故得可旌寵章被妖童以謝率國賓 三水徵懷
之應再驅故里都督趙庚不廬鄉禮披公衣鑾章械才而學秦稱葆慶擬
邦榮同本錦廣直繁御公無越呂章俄轉伊錄事伊州行叅軍徵
無隱射操廣甘州詣披都令蘭清百里仕州政以嘉禀年至學秦稱葆鳴
之廬曲職佐九蕐遷徽朝散大夫陀風史雕六曹劑華軍凱層連三
恩轉職佐九蕐遷徽朝散大夫陀風史雕六曹剿華軍凱層連三
輔逸警聞佐嘉廉潁過禮設計誕篆蕐疆氣化隅洋寂𡉄帶山䕃嵋連
公波曲慬存畢而彘卹屬慈山小疑負德鶫馬思蚕海縶孤身心巖峰俅
其裘波禮而彘卹屬慈山小疑負德鶫馬思蚕海縶孤身心巖峰俅
恩轍蒞指以思念𠢐指授摄而未申謐勒忠恩制奔恇同恶相滯動禹戒
群下之𡸅一而霸溢慺慺滾禮頻指悉歳申謐勒忠恩制奔恇同恶相滯動禹戒
成 禮右王鈐假郎將克咸咸君于𣫎罪以果略先誓著俶䟦俶噍論道次拒懸
特加 玉鈐假郎将克咸咸軍子摠管公固羣不機俯𢟱櫕闢从哺乞言出藏
是飛鏡旗戌上塘戎師以器伐鳴鼓角坐中管景永掃類拳鎛景豕䎒員出藏
兵戈鏇衛朕行俄清如秋風之掃枯葉類景元帥張懷弈撤陈通精功籙鳳永榮
日塞清塵十肖安𡻵慘四鎮掩飛泉管張懷弈撤经通緊匜幕凱爾隆峯玉𥓍剏𣽸蒲
枵玉塞清大夫前行疊州長史咸軍子摠管之嘱略能擲妓玉碾軍隆靑峯玉𥓍剏𣽸蒲
朝請大夫前行疊州長史咸軍威敬恢七擲之嘱致可中將大夫行疊州摄謂都督府成浦
以兌進使副都尉諸緩隆振凱戒實可中將大夫行溯州謂都督府春秋六十有二於六
䆳䆳佐仕副都尉諸緩隆振凱戒實可中將大夫行溯州謂都督府春秋六十有二於六
此逸佐仕副都尉諸懐隆振凱𠢐實可中將大夫行宣諸都督府春秋六十有二於六
以兌進戌長即以長壽二年咸次癸巳朔十一日乙亥終於爲府春秋六十有二於六
以長壽二年歲次癸巳十一日乙亥終於爲府春秋六十有二於六
興理王烈悲尤師視臨優愛兟夫人大惕飲於宣謂偹俄赤指春秋六十有二於六
君之西北舊瑩禮也唯君體貞朗搠襟警朝雅善翮莈精革草無
兆昌縣之西北舊瑩禮也唯君體貞朗搠襟警朝雅善翮莈精革草無
高昌縣之西北舊瑩禮也唯君體貞朗搠襟警朝雅善翮莈精革草無
猿落紙飛毫豐詳禮譲去伐統餘慙崇讓滚崇讓滚
美績嘉紕駐鵠返禮譲去伐统餘慙崇讓滚讓
陝岾討民恐德守和身印長辭榮鳴珮飛纓九
陝岾討民恐德守和身印長辭榮鳴珮飛纓九
降代源頴代馬心病心就節曳緞韨門題玉珠瀦曲
仁無軌行收敛百常以歸窆項勒題玉珠瀦曲
口口口口二行收敛百常以歸窆項

封闭。但现在墓中已被盗一空,唯壁画尚存耳。

此墓志在《新疆图志·金石志》、罗振玉《西陲石刻录》均有摹录。以王树柟先生《新疆访古录》所摹碑文首尾完整无缺,以与现拓本相校,首尾之缺字,《新疆访古录》皆有。盖《访古录》据出土时拓本,而余则据运迪化时被损毁之后所拓也。现以现拓本校《访古录》所载,大致无殊。唯有数字不同,想系《访古录》刻版时所误。例如都督麴湛,《访古录》"湛"作"堪"。第二十行之朝请大夫,《访古录》"请"作"散"。思蓼莪而号踊,《访古录》"踊"作"诵",皆因刊刻而误。应按现拓本改正。兹将现拓本摹写付印(图一)。复以《新疆访古录》所载校补。现拓缺者,小字跨行写,旁加点为记。现拓模糊者,旁加点,《访古录》及现拓均缺者作□。

(原载《吐鲁番考古记》)

绢画伏羲女娲神像图说

此画系 1928 年，得于吐鲁番。据当地居民云："出哈拉和卓西北古冢中，当初发现时，此画覆盖死者身上，死者口中还衔二古钱。"一为铜质，上镌"开元通宝"四字，为唐初所铸。一为银质，无孔，上镌王者半身像，并刻有钵罗婆文字。据夏鼐考释，此币是波斯萨珊朝库思老二世四年即公元 593 年所造。则此二钱均属公元 6 世纪末 7 世纪初遗物。故此画年代，当在 7 世纪上半期以后也。

画底为绢质。高 144 厘米，宽 102 厘米。上绘二人像，左男右女，互相拥抱。两手扬起手执物，下部作两蛇相绞形。上绘一日形，日中有三足乌，下绘一月形，月中有树兔和蟾蜍。周围有大小不一的彩色圆点，或是星宿。

次说明画意。古人每于宫室或墓中，图绘古人事迹及传说。此画绘二人首蛇身交尾像，疑为一传说之摹写。盖古时传说："伏羲、女娲为远古二皇，蛇躯人首。"《楚辞·天问篇》首记其事，如云："女娲有体孰制匠之？"但未提明伏羲。至西汉鲁恭王余造灵光殿，始图绘伏羲、女娲二人形貌于壁，后汉王延寿游鲁观灵光殿图画而作赋，如云："伏羲鳞身，女娲蛇躯。"（《文选》卷十一，九）伏羲、女娲二人形貌见于绘画者，由此时起。但鲁灵光殿现已无存，二人形貌则可由武梁祠石刻见之。武氏祠石室内，关于人首蛇身像凡三见。一为石室一。右男像，戴方冠，衣缘领长袖。一手伸出，执曲尺向左,一手扪胸前,作授与状。左女像,戴五梁冠,衣与右同。一手伸出作接受状,皆有尾相交着,尾刻鳞纹。中有小儿双尾,两手曳其袖。旁题记云:"伏戏仓精,初造王业,画卦结绳,以理海内。"(《金石索·石索》。下同)一为左石室四,一为后石室五,二石所刻,在结构上,繁简面背,虽互有出入,而题材内容与作风则与石室一大致相同。可决定为同一传说来源。石室一男像旁既题为"伏戏仓精",伏戏即伏羲,则知戴方冠执曲尺之男像为伏羲。则左石室四,后石室五之男像皆为伏羲,因其冠服与手中所持皆相同故也。至于左女像是否为女娲,石室中未有题识,但三室所刻皆戴五梁冠,试查武氏祠石室所刻女人像,例如石室画像中曾子母、莱子母及妻,均戴五梁冠,由其题识,可以证明其为女像。由《灵光殿赋》以伏羲、女娲连举,其所绘男像,戴方冠者为伏羲,则与伏羲相对之女像,亦可证明其为女娲。因此,武氏祠所绘伏羲、女娲形象,与灵光殿所述者,基本相同,可能为同一传说之描写。今以灵光殿赋及武氏祠画证明此二半人半蛇两尾相交之画像,为传说中伏羲、女娲,亦可以确知矣。

但此画与武氏祠画相较,在服冠上,或不一致。此画头部残缺,而服饰方面作缘领、短袖、细腰均与武氏祠所画不同。此或受时代及地域之影响,在绘画作风上,稍有不同也。但其构图意匠,则与武氏祠相同。

次说明伏羲手中所执及四周日月星辰之象。此画男像手扬起,手中执一曲尺形物,与武梁祠石刻大致相同。今据《两汉金石记》所述,解此三角形之曲尺为矩,所以画方圆也。引张塤之说云:"曲尺,矩也,所谓圆出于方,方出于矩也。"(《两汉金石记》卷十五)根据题词"画卦结绳,以理海内"之语,是传说八卦始于伏羲,而手中所执曲尺,即其画卦之矩。《易通卦验》云:"燧人之皇没,虑犠氏生,本尚芒芒,开矩听八,苍灵惟精。"(《太平御览》卷七十八引)纬书起于两汉之际,所述苍灵,即是题词之苍精,皆指伏羲。开矩听八,即以矩画八卦也。伏羲手中所持既为矩,女娲手中所持为何?尚无确证,《金石索·石索》四,题识称,"伏羲氏手执矩,女娲氏手执规",亦有可能。

次说明四周日月星辰之象。此画上绘一日,日中有乌,三足,微残,横置。下绘一月,月中左绘一蛤蟆(古称蟾蜍),右绘一兔,持棒捣臼状,中间绘一树,均横置。四周绘有大小不一之圆点,或为星宿。盖日中有三足乌,月中有兔蟾蜍,为古时之一传说。此传说起源于战国。《楚辞·天问》云:"夜光何德,死则又育?厥利唯何,而顾兔在腹?"又云:"羿焉彃日,乌焉解羽?"汉王逸注云:"淮南言尧时十日并出,草木焦枯,尧命羿仰射十日,中其九日,日中九乌皆死,堕其羽翼。故留其一日也。"《楚辞·天问》是屈原游观楚先王祠庙所画而作。则日月传说,在战国时即已流传,且为绘画题材。至汉时运用更为广泛,祠墓中石刻,常刻传说中日月形象。如孝堂山第三石,左上有乌作飞状,右有白兔持杵捣药状。孝堂山第八石中有一乌形作飞状向下,不见足。月中有蟾蜍,四足,作爬行状,身有斑点隆起,右旁有兔作行状,身亦有斑点。(《金石索·石索》三)是汉时日月传说均上承战国,惟月中多一蟾蜍。1939年重庆沙坪坝发现汉元兴元年石棺,在男棺前额,刻一神人擎日,日光中有乌,三足。女棺前额作神人擎月状,月中情状不明。但女棺后额,刻一灵蟾捣药状及一神人持树枝状,或系传说中之桂树。(《巴县沙坪坝出土的石棺画像研究》图二、三、四,《金陵学报》8卷1、2期)如此二神人为传说中之伏羲、女娲,则在后汉时伏羲、女娲已与日月发生联系。此画作风,是男女二人合抱,日在上,月在下,星宿罗列两旁,较沙坪坝石刻,更为匀适而美丽。其意匠可能是以日月星宿表示天体,藉以表明伏羲、女娲为古之天神。

此画,在墓中发现时覆于死者身上。但死者为何覆盖此画?今不能有一确切答语,或与古人对于灵魂崇拜有关也。

(原载《吐鲁番考古记》)

第四编

略述龟兹都城问题

龟兹是古代塔里木盆地诸国中的一个大国,位于天山南麓,当汉通西域的北道线上。魏、晋以后兼有汉时姑墨、温宿、尉头三国之地。领地以今库车为中心,包括轮台、沙雅、新和、拜城、阿克苏、乌什等县,为当时西域五大国之一。

一

《汉书》所说的龟兹民族"大率土著",现在在考古上得到相应的证明:我们在库车哈拉墩发现了紧压在后期文化层之下的新石器时代文化遗存。说明早在新石器时代,龟兹人已定居此土,从事畜牧业和农业,并有简单的手工业。待至汉通西域时,龟兹已发展为城郭之邦,有人口8万多,胜兵2万余。生产水平的发展亦有可观,能铸冶,所产铁器行销西域各地。

龟兹与汉朝的交通始于武帝时,但直接往还则自宣帝时龟兹绛宾王朝始。宣帝地节元年(公元前69年)乌孙公主女过龟兹,龟兹王绛宾留女不遣,即与联姻,汉亦以主女比于宗室,号称公主。元康元年(公元前65年)主女与绛宾俱入朝,倍受宣帝宠爱,赠送甚厚,绛宾亦乐于亲汉。绛宾回国后,史称"乐汉衣服制度,治宫室,作徼道周卫,出入传呼,撞钟鼓,如汉家仪"。可见绛宾已深受汉文化的感染。绛宾死，其子丞德立，自谓汉外孙，仍保持亲密关系，终西汉之世，往来不绝。东汉初，光武"以天下初定未遑外事"，西域诸国自相攻伐兼并。明帝虽一度进取，而章帝仍复退守，"不欲疲敝中国以事夷狄"。至和帝永元间，方乘匈奴之敝，出兵伊吾，击走匈奴，而班超借之再定西域，西域诸国再度统属于汉。此时西域都护府转设于龟兹，龟兹成为汉朝经营西域的政治中心。魏、晋以后，虽中原多故，但与西域在政治、经济、文化上仍保持了联系。隋、唐继起，中原复归统一，有余力从事于西域，时突厥在其北，吐蕃在其南，不仅西域诸国受到侵陵，中原亦受到威胁。唐朝为了保障西域诸国安全，巩固边防，于贞观十四年（公元640年）灭高昌，显庆二年（公元657年）灭西突厥。西域诸国统属于唐，置安西都护府于龟兹，辖4镇，统16府72州之地。政治势力西达波斯，两汉之盛，莫与伦比。由上所述，汉、唐两朝皆以龟兹为经营西域的据点，这是由于龟兹居西域之中，土地肥沃，物产丰盈，又适当东西交通之孔道，汉、唐为了控制西域，维护通道安全，不能不以龟兹为依据也。至10世纪后，中原扰攘，无暇顾及西域。而吐蕃乘机北上，回鹘继之西迁，契丹人、蒙古人复迭相侵据，直至18世纪中叶清平准噶尔，新疆的行政建制同于内地。此时新疆政治中心已转移至北疆伊犁、乌鲁木齐为中心，库车在政治上的重要性，已非昔比了。

龟兹在历史上既占有一定的地位，那末作为龟兹政治、经济、文化中心的龟兹都城问题，在研究龟兹历史上就有其重要意义了。

二

龟兹都城首见于《汉书·西域传》，称"龟兹王治延城"，但未说明位置。《魏书·西域传》称:"王都延城在白山南一百七十里。"《魏书·西域传》久佚,后人抄自《北史》作于唐初。《水经注》称"故延城";《水经注》为北魏郦道元所作,在北魏时称"故",则当时已不都延城。然则汉代延城在何处?汉以后龟兹又都于何处?下面就此问题略作探讨。

《水经注》卷二《河水篇》:"龟兹川水有二源,西源出北大山南……其水南流径赤沙山,又出山东南流,枝水左派焉。又东南水流三分,右二水俱东南流注北河,东川水出龟兹东北,历赤沙积黎南流,枝水右出西南入龟兹城(音屈茨),故延城矣。……其水又东南流右会西川枝水,水有二源,俱受西川,东流径龟兹城南合为一水。"

根据《水经注》所述,龟兹城称故延城,正可理解为汉延城,其位置当在东川枝水右出处。今库车皮朗旧城,即其遗址。试以《水经注》所述东西川水形势,结合我们的实地考察,解说于下:现库车有两大河,西为木扎提河,发源于汗腾格里山东麓,东南流至克孜尔千佛洞,有克孜尔河来汇。克孜尔河发源于库车东北大山,南流于克孜尔山之西,入木扎提河,出雀尔塔格山口库木土拉为渭干河。水分三支,一支左派东东南流于库车县城之南,入渭干河,而渭干河本身东南流,分一支水南流于沙雅之西,入塔里木河,而本身折东流于沙雅县北,东流入轮台草湖。按木扎提河即《水经注》之西源,亦即西川水。出山口后之鄂根河即《水经注》西川枝水左派。不过现鄂根河为新河,西川支水之旧河床尚在稍南与渭干河骈比东趋,至轮台而合。然皆流于库车城南,与《水经注》所说径于龟兹城南完全相合。且沿线古城遗址甚多,是西川支水左派北之龟兹城亦即现库车东郊之皮朗旧城矣(参考《塔里木盆地考古记》

第24—27页及附图5）。库车东为铜厂河，源于库车北山，南流于克孜尔塔格之东，出雀尔塔格山口苏巴什，分为三支南流：一为叶苏巴什色依，在东，水流不大，灌苏巴什及附近农田即无余水；一为乌恰色依，南南西流于库车城东郊，径入龟兹故城，南流入沁色依。沁色依流于乌恰色依之西，入库车巴杂，南流与乌恰色依合。乌恰色依河水不大，南流灌胡木利克村农田即止，故入龟兹古城者为一干河床。沁色依流量较长，疑沁色依为新河，乌恰色依为旧河，沿河两岸古迹甚多。叶苏巴什河现虽为干河，但在古时河流较大，中游河床宽达1公里。如以《水经注》东川水的主流是叶苏巴什河，则乌恰河亦即东川水之枝水右出者。因此，乌恰河所经之古城，亦即《水经注》中龟兹城"故延城矣"。现哈拉墩正在乌恰河东岸，乌恰河由北城经行城中出南城；而南海墩、皮朗土拉均分布在乌恰河沿岸，从东川右出枝水所经行的形势说，亦可证明皮朗旧城即《水经注》之龟兹城，亦即《汉书·西域传》所述龟兹王所治之延城矣。

下面再述唐代龟兹都城。《新唐书·西域传》："龟兹一曰屈支，王姓白氏，居伊罗卢城，北倚阿羯田山，亦曰白山，常有火。"又《通典·边防》龟兹"王理延城，今名伊罗卢城，都白山之南二百里"；又云："今安西都护所理则龟兹城也。"《通典》是唐杜佑作于8世纪后期，西域诸条根据杜环《经行记》，杜环随高仙芝使西域，一切皆亲历，所言必不虚，所云延城今名伊罗卢城，是唐时龟兹王所居，即汉之延城。盖唐时龟兹王在汉延城遗址上重新修筑，改名伊罗卢城耳。这从考古发掘也得到了相应的证明。1958年，我们在库车东郊皮朗旧城哈拉墩遗址作过一次试掘。哈拉墩文化层明显地分为早晚两期：早期文化层为新石器时代后期遗存，可能到金石并用时期。出土物有石器、骨器和彩陶片、粗砂红陶，同时也有少许铜件,值得注意的是在陶缸下面的灰土层中,发现一枚汉五铢钱。其时代下限可能推迟到公元前后相当于汉;压在早期文化层上面的是晚期文化层,出土物有成组的大陶缸,以及莲纹铺地花砖、篮纹砖、筒瓦等物,尤其砖的纹饰形制与唐代长安大明宫麟德殿出土的铺地砖大致相同;同出的还有建中钱、中字钱、大历元宝和开元通宝等,可以证明为唐代遗址(关于哈拉墩工作经过及出土遗物详情另见《新疆考古报告》)。虽然我们发掘面不广,但唐代遗址建立在汉代遗址上面的线索,已经很清楚了。再从城的规模看,《新唐书》未言城的大小。《大唐西域记》称"大城周十七八里",虽未指明为伊逻卢城,但说是王都;而《新唐书》云:"王居伊逻卢城",则大城正可理解为伊逻卢城。现就皮朗古城遗址的实地查勘,周约7公里左右,折合唐里则与《大唐西域记》所记规模出入不大。则皮朗旧城为汉之延城、唐之伊逻卢城得到更进一步之认识。

三

其次再述汉以后、唐以前龟兹都城所在地。《魏书》所记延城在白山南一百七十里;《周书》、《隋书》与《魏书》所记相同;《通典》则云都白山南二百里。今皮朗旧城遗址在库车城东郊,北距雀维尔塔格不过20余公里,与《魏书》所记不合,我疑《魏书》所记延城是另一地。由于《水经注》称"故延城",这是因为龟兹在北魏时已不都汉延城,故称"故"。则龟兹新都必在白山南一百七十里。史书作者不辨新旧,往往以新地而沿用旧名,在新疆此例甚多,如鄯善已迁都伊循,但《汉书》仍言其都扜泥城,扜泥城是楼兰旧都;焉耆的员渠城也同此情形。《晋书·四夷传》云："龟兹国俗有城郭，其城三重，中有佛塔庙千所"；《隋书》云："都白山南一百七十里，都城方六里，胜兵数千。"其城郭规模均不同于汉延城，亦足证明是另一地。我们试查库车、沙雅、新和境内旧城遗址中有三重城墙及位置相当者，即不难确定新都所在。

一为新和县之于什格提，在新和县西偏南18公里，城三重，城墙已毁，但在南部尚有夯土所筑墙的遗迹，高5米，厚5米。城中全为碱地，很少遗物，此次我们只捡到一块彩陶片及很少的红陶片。新和县政府还保存一大陶瓮，据说是城中出土，疑为5世纪前后之物。我写《塔里木盆地考古记》时曾推断此城为《大唐西域记》中之荒城，并由此而推论库木土拉为《大唐西域记》中之昭怙釐。此次又来复查。觉得第一次推论不确。因为旧城在新和县西偏南18公里，库木土拉在新和西北15公里，由旧城到库木土拉山口共33公里，不惟方位不合，距离也不一致。且玄奘路线是由东而西入龟兹境，先过荒城再到大城（即都城），现我们已肯定库车皮朗旧城即龟兹都城，则荒城不应在西。且于什格提之西再无大城可当龟兹都城者，因此，我们认为于什格提不是荒城。一说于什格提是龟兹王都，我认为若于什格提为唐以前旧都，当在白山南一百七十里，此则为33公里，偏在西方，位置里数都不合。如为唐都，则又与《新唐书》所云"北倚阿羯田山"不合，且城中不见唐代遗迹、遗物。因此，于什格提只能是龟兹国几大城之一，与克拉马克沁相同，虽为三重城，而不是王都。

另一城为沙雅北英尔默里北10公里羊达克沁大城，城亦为三重。我在1928年前往考察时，城墙已圮。现仅存城基，全为夯土所筑，残高约1米，北墙略存痕迹，大外城周约3351米，内城周约

510米,中有高低土阜一线,想为当时建筑物倾圮之堆积,内城与外城中间尚有一城,北墙基址不明显,城中沙堆累累,地面全已盐碱化,检视无一遗物,连陶片亦不可得。本地人传说:"此为鞑子城,已二千年了,穆罕默德出世前即已有此城。"言虽无稽,然就此城的构筑特点,应早在3至5世纪。据《魏书》延城在白山南一百七十里,现此城在沙雅北30公里,而沙雅距库车白山110公里,减去至沙雅里数,则此城距白山为80公里,与《魏书》所记延城里数大致相合;又《晋书》说其城三重,中有佛塔庙千所,此城中间一线高地可能为当时塔庙区域。《隋书》说都城方六里,现此城周约3公里余,范围亦大体相当。因此《晋书》、《魏书》、《周书》、《隋书》所记龟兹国都可能即指此城,与《大唐西域记》所记龟兹大城显非一地,彼为唐时新都,此为北魏时旧都也。

至于何时迁至此地？何时又返回库车？我们目前尚无直接证据。但据《水经注》称故延城,则北魏时已不都库车;《晋书》称其城三重,则到晋时已迁都此地;而皮朗旧城中不见魏、晋以后遗物,是必在魏、晋时已他迁了。现查新和沙雅西部古城遗址甚多:从雀尔达格以南直到沙雅附近渭干河沿岸,大小古城和遗址无虑数十,而出土物从汉到唐各代都有。可能这一带在魏、晋以后,是龟兹国的政治中心和经济中心。这些古城经考查可以证明,是唐代的,均是小城,而城郭均完好。例如通古巴什是其一例;而大城如于什格提、羊达克沁大城均不见唐代遗物城,为土筑而墙壁无存,显然为唐以前者。故龟兹王都迁回库车,可能在隋、唐之际。

龟兹都城由汉时延城到唐时伊罗卢城几经变迁,我们从东西交通路线上亦可得到旁证。西汉时通西域有南北两道,南道起自"鄯善傍南山北,波河西行至莎车",即由今日的若羌、且末经和田而至莎车；北道起"自车师前王庭傍北山，波河西行至疏勒"，即由今日吐鲁番经焉耆、库车而至喀什。故当时和田居南道之中心，库车居北道之中心。不仅如此，龟兹又当汉通乌孙的枢纽，如常惠自乌孙返，乌孙公主女由长安返乌孙均过龟兹。今库车皮朗旧城，正当这一通道线上。魏、晋以后重开中道，据鱼豢《魏略》，"中道"由玉门关西出，转西北过龙堆，到故楼兰，转西诣龟兹，故楼兰即今罗布泊西北"楼兰故址"。由此至龟兹，必是沿塔里木河西进，转循渭干河而至龟兹。羊达克沁大城适在此一线上。中道至此与北道合，仍沿塔里木河、喀什噶尔河而至疏勒，这是汉通西域捷径。后汉班勇所谓"西当焉耆、龟兹径路"是也。故当时龟兹与疏勒、于阗交往常密，晋释法显往印度取经"由乌夷转西南行至于阗"，可能经过了龟兹。隋、唐之际，北道复开，贞观初高昌内属，往西域者转取道伊吾，经高昌、焉耆而至龟兹，即玄奘所行之路。从玄奘路过荒城，距北山仅四十里；看来，当时龟兹王都必已复返至库车，是时龟兹北与突厥为邻，东与焉耆接壤，而库车复居北道之冲，东西交往频繁，不久安西都护府亦移至库车。而龟兹都城即皮朗旧城遂又为西域政治经济之中心地。宋、元以后政治中心北移，库车昔时之地位遂失。

以上所述，仅是对龟兹都城问题作一初步探索。俟将来地下有更多的材料出现，我们再作最后的修正或补充。

（本文作于1962年6月1日，原载《文物》1962年第7、8期）

汉文写本残纸简释

（一）李明达借粮契残纸

出通古斯巴什旧城中。长 27.7、宽 17 厘米。起"大历"讫"为限不"。文云：

> 大历十五年四月十二日李明为無（无）粮用
> 遂于蔡明义边使青麦一石七升（斗）
> 粟一石六升其麦限八月内□□□
> 付其粟限至十月……
> □麦一取上好……
> ……如取麦已……
> 如为限不……

按大历为唐代宗年号。大历仅十四年，十五年为德宗建中元年，是时西域人尚不知，故仍用大历年号。盖北庭、安西自吐蕃陷河陇后，声闻隔绝不通者十余年，至建中二年，安西、北庭节度使李元忠、四镇留后郭昕遣使间道奉表，声闻方达。李明达、蔡明义皆为汉人，由内地迁往龟兹，以耕种为业，此纸述李明达向蔡明义借麦粟,四月出借,八月、十月分别偿还。按四月青黄不接故出借,八月、十月秋熟,故分别还偿,情形与内地同。其借贷方式如立契款式等,均同于内地。与此纸同时出土者尚有鞋履及梳之类,皆汉人服饰用品,故此城为唐代汉人所驻之城也。

(二) 白苏毕梨领屯米状

出土地同上。长25.5、宽8厘米。起"历十"讫"五滕"。文云:

□历十四年米□□(数)三月二十三日白苏毕梨领得
□屯米四斗䵮(面)壹硕捌斗䐑壹
□油叁滕　酱□滕酢五滕

按"历"字上半缺笔,可能是"历"字。则"历"上应是"大"字,唐代年号有十四年者,唯以大历年号为近似。在年月之间又中缀"米□数"三字,不知何义。白苏毕梨当为人名,首冠白字。据《新唐书》云,"龟兹百姓白",则白苏毕梨当龟兹国人。"领得屯米……"疑白苏毕梨亦为屯田戍卒。据《资治通鉴》云:"唐自武德以来,开拓边境,地连西域,皆置都督府州县。开元中,置朔方、陇西、河西、安西、北庭诸节度使以统之。岁发山东丁壮为戍卒,缯帛为军资,开屯田供糗粮,设监牧畜马牛。军城戍逻,万里相望。"(卷二百二十三)按自武周长寿元年王孝杰恢复四镇后,移安西都护府于龟兹,以兵三万镇守,则糗粮供给必赖屯垦。现在渭干河旧河床沿岸,尚可见唐时屯垦遗迹。不过自安禄山之乱后,边兵被征入援,广德后,吐蕃取河陇,中外隔绝不通,屯田戍卒乃用本地人充之,由此残纸可得一证明也。

（三）将军妣闰奴烽子钱残纸

出土地同上。长22.5、宽4.2厘米。起"将军"讫"□抄"。文云：

> 将军妣闰奴丙午年烽子钱五佰文支付……
> 大铺丙午年三月十一日王（？）思□抄……

按此文称丙午年，以干支纪年而无年号，必唐在西域已失统治势力，故此纸当在唐末或五代时所写。时回鹘人已入新疆，龟兹亦已属于回鹘，文书虽仍用汉文，但不奉内地正朔，故以干支纪年，回鹘、蒙古均如此。妣闰奴亦非汉人名字，"烽子钱"疑为供给烽卒之柴草费。唐凡烽候之所，有烽帅、烽副、烽子，盖守烽之卒，候望警急，而举烽者也。杜佑曰："一烽六人，五人为烽子，递知更刻，观视动静，一人烽卒，知文书符辞转牒。"（《资治通鉴》卷二百四十，页八，胡注）据此，"烽子钱"为拟派给烽子之柴草费，大铺当是烽子，王思□疑为烽卒，而将军妣闰奴或即其烽帅也。回鹘制度，多取法于唐，此其一例。

（四）杨思礼残牒

出拜城克孜尔明屋佛洞。长14.2、宽11.4厘米。起"碛行"讫"被问依"。

> 碛行军押官杨思礼请取……

第 四 编

　　阗镇军库讫被问依……
　　　　更问

按此残纸为押官杨思礼赴于阗镇军库文书,惜多残破,仅存两行,然亦足够珍贵。第一行首"碛"字旁,有一"∨",为倒字记号,则"碛"上当有一字,仍著向下记号。然碛上何字？我以为是"西"字,盖指碛西行军,且亦因沿碛西节度使而得名。《唐六典·兵部》云:"其西曰碛西节度使。其统有安西、疏勒、于阗、焉耆为四镇经略使……"(卷五,页八)又据《唐会要》:"安西四镇节度使……开元十二年以后,或称碛西节度使,或称四镇节度使。至二十一年王斛斯除安西四镇节度使,遂为定额。"(卷七十八,页十三)按《资治通鉴》称:"开元十二年三月起杜暹为安西副大都护碛西节度使,为有碛西节度使之始。以后赵颐贞、盖嘉运均领斯职。开元二十七年碛西节度使盖嘉运擒突骑斯可汗吐火仙,分遣疏勒镇守使夫蒙灵詧与拔汗那王阿羌烂达干,潜引兵入恒逻斯城,擒黑姓可汗尔微,威镇西陲。"(《资治通鉴》卷二一四,页二一、二二)由此知开元二十七年安西都护仍兼碛西节度使之号。此纸"碛"上如为"西"字,则碛西行军押官必指开元间安西都护与突骑施相攻时之行军押官。唐制一军分若干队,每队有押官一人;队头一人,副二人;旗头一人,副二人;火长五人(《通典》卷一四八,页六)。而杨思礼即碛西行军中之押官派往于阗镇军库取械,并已办讫呈报之文书,观下文"于阗镇军库讫被问依"之语可证。是此纸当为唐开元时所写。其次,此纸"阗"上缺字,按阗上当为"于"字。于阗镇为安西四镇之一。《新唐书·地理志》云:"咸亨元年,吐蕃陷安西,因罢四镇。长寿二年复置。"(卷三三下）按四镇即龟兹、于阗、焉耆、疏勒，初设都督府。龟兹为龟兹都督府，于阗为毗沙都督府，焉耆为焉耆都督府（后移置碎叶），疏勒为疏勒都督府，统属于安西都护，并以唐兵三万戍之（《通鉴》天宝元年作二万四千）。开元中复置碛西节度使，统摄四镇。所以南备吐蕃，北防突骑施。每镇设有镇守使一人，戍卒若干人。慧超《往五天竺国传》残卷略云："又从葱岭步入一月至疏勒，外国自呼名伽师祇离国，此亦汉军马守促。又从疏勒东行一月至龟兹国，即是安西大都护府，汉国兵马大多集处。又安西南去于阗国二千里，亦是汉军马领押。又从安西东行至乌耆图（即焉耆国），是汉兵马领押。"（《敦煌石室遗书》第一册）按慧超往五天竺国，返过四镇，为开元十五年，据称："于时节度大使赵君"（同上书引）盖指赵颐贞。称四镇均有汉军马领押，可证四镇均有戍兵。又贞元四年悟空由天竺返唐过四镇，时疏勒镇守使鲁阳、于阗镇守使郑据、安西四镇节度使郭昕、焉耆镇守使杨日祐（见圆照《新译十地等经记十力经》序）。据此是唐代四镇制度，自开元至贞元其制不变。此纸称于阗镇军库，必为于阗镇储藏军械之所。不过于阗镇遗址尚未发现。

（五）杨□亨课程钱残纸

出库木土拉佛洞中。长18、宽34厘米。现存下半段。汉文字两行，蒙文字三行。第一行为汉文"……十年二月吏杨□（道）亨廷"；第二行为新蒙文；第三行为汉文"……分课程夯（钱）"；四行、五行仍为新蒙文，皆用活字排印。新蒙文为元至元六年八思巴依据藏文字母制成，除钱币及文书应用外，民间并不通行。此纸与古维文土尔迷失的斤卖地契同出库木土拉佛洞中,必为同一时代之物。自成吉思汗灭西辽后,此地已属于元朝,故一切公文程式悉遵元式也。

(以上节录自《塔里木盆地考古记》)

释刘平国治关城诵

　　出拜城东北约100公里,喀拉塔格山麓、博者克塔格沟口岩石上。凿字者凡二处:北为题识,有字处长18.3、宽16.6厘米。三行,第一、二行各四字。第三行三字,隶体,每字4.2厘米见方;南为诵文,有字处长48.3、宽40厘米。隶体,每字约3.4厘米见方,凡八行,行十二字至十六字不等,镂刻颇工。按此碑为清光绪三年刘锦棠部将徐万福所发现,并椎拓若干纸,传播于世。叶昌炽、王仁俊均有释文(见王树枏《访古录》),王树枏《访古录》及罗振玉《西陲石刻录》并录其文。但诸先生未亲至其地,又字迹漶漫,因多推测之辞。现碑文又损毁若干字,原拓本更为模糊。余于1928年亲至该处,考察形势,并手拓数纸。知前人颇多误解,例如叶昌炽作"刘平国开道记"、《访古录》作"汉乌垒摩岩石刻"皆不真确。今据余之实地调查,参合旧拓,重释如下:

　　题辞
　　　　京兆长□
　　　　淳于伯隗
　　　　作此诵

　　按叶昌炽释文第一行"京兆长",第二行"淳于伯隗",第三行

"作此诵"。王仁俊释文第一行"京□□",第二行"淳于□",第三行"作此诵"。按现拓本第一行四字,长下尚有一字;第二行四字,淳于下当有二字,王误。《访古录》释:"首行第一字似'乌',第二字当是'垒',第三字缺,当是官名",完全错误。按题辞第一行"京兆"二字甚明晰,为何误解为"乌垒"二字。第三字我疑为"长"字,第四字剥蚀不可识,可能是"安"字,或"陵"字。因长安长陵后汉皆属京兆郡,言淳于伯隗为京兆郡长安县或长陵县人也。《西陲石刻录》直释为"安"字,未知何据。又第二行,《访古录》释为:第一字是"淳",第二字"诵于",第三字缺,当是人名,或云即诵文忠建字,此又大谬。"淳于"为姓,二字相联,极为清楚,为何中间夹一"诵"字?此云作诵,即后人作名之义,为何误为诵文忠耶?又题名在诵文北首,相距约1.6米,乃作诵人自题名,并非造关城之人,而《访古录》称为额文,非是。

诵释

龟兹左将军刘平国以七月廿六日发家

从□人孟伯山狄帚貟赵□甲□羌

⊙(石)□□程阿□(羌)等六人共来作□□□

关八月一日始斫岩作孔□扣日

□固万岁人民喜长寿亿年宜

子孙永寿四年八月甲戌朔十二日

乙酉直建纪此东乌累关城皆

将军所作也□披□

此碑自发现后,各家解释颇多臆测。今按实地勘查及新旧拓本作一辨订。第一行"龟兹左将军刘平国"各家及新旧拓本皆同。"以七月"新拓本模糊。"廿六日发家"各家所释不同，叶昌炽作"二十九日发家"，王仁俊作"廿六日发家"，今据新拓本，当作"廿六日发家"。碑文甚清晰可辨，王、叶均误。第二行新拓甚模糊，旧拓"从□人孟伯山狄帚箕"，"'从'下叶昌炽、王仁俊均作'秦'字，今石本剥落，毫无形似"（《访古录》引），除此字模糊外，余八字尚可辨识。"赵"下四字均模糊，叶作"当卑弖"三字，王作"当卑莫羌"四字。按新拓碑文"赵"下当是四字，碑文不清楚，诸家皆臆测。《访古录》"当"作"常"，亦不确。据新拓行末"羌"字尚可见其仿佛。第三行字迹模糊，各家所释多异。叶作"右当卑程阿羌等六人共来作高利从"；王作"彐乍车程阿羌等六人共来作州亭得"；《访古录》作"□□□程何□□六人共来升□□□"。按据新旧拓"程阿□等六人共作"九字，尚可辨识，余均不清晰。《访古录》"阿"作"何"，"孔"作"升"均误，新旧拓本此二字颇明晰。第四行叶作"寸谷关八月一日始斫（一作凿）岩作比（一作孔）至八日"；王作"旨谷关八月一日始斫山石作孔至廿日"；《访古录》作"□□□关八月一日始斫岩作孔□□"；《西陲石刻录》作"谷关八月一日始斫岩作孔至十日"。按据新旧拓本，只有"关八月一日始斫岩作孔"十字尚可辨识，余字均不清楚。"关"上"谷"字不确，"孔"下"至"字不类，下一字缺，"日"字疑为"皆"字下半，各家所释均臆测。叶作"斫岩作比"，王作"作山石"均误。现"斫岩作孔"四字颇清楚。我于1928年前往调查时，在西岩刻字附近，发现一石孔，圆径周约1.6、深约1.3米；又沟东半山岩，亦凿有石孔，岩下碎石甚多，必为凿岩遗屑。古人在此建关，在岩石上凿孔，以安木闩或栅栏，日开夜闭，以稽行人、御外敌，若非亲见，竟不识碑文中凿孔之义也。第五行叶、王均作"以坚固万岁人民喜长寿亿年宜"十三字,按现拓及旧拓"万"字可见其仿佛,"人民喜长寿亿年宜"尚清晰可辨,余均模糊。《访古录》"宜"字下无字,第六行叶、王均作"子孙永寿四年八月甲戌朔十二日"十四字;《访古录》作"孙永寿四年八月甲戌朔□二日"十三字。按现拓及旧拓"孙"上似有一字,可能是"子"字,"宜子孙"为句。"十二日"各家均同,按现拓"十二"二字不清晰。第七行"酉"上亦缺一字,按碑文八月甲戌朔,则十二日为乙酉,酉上当是"乙"字,二上当是"十"字。如碑文八日一日开始凿孔,十二日完工,按此是凿孔设关,并非凿山开道,《访古录》误也。第七行叶作"乙酉直建纪此东乌垒关城□";王作"乙酉直建纪屯乌累关城比",按现拓作"叱",疑是"此"字,叶释是。"城"下叶作"叩",王作"比",《西陲石刻录》及《访古录》均缺。按新旧拓"城"下为"皆"字,甚清楚,与下文"皆将军所作也"为句。第八行叶作"将军所作也亻披";王作"将军所作也从披"。按现拓本"也"字下不全,"披"字尚清楚,"□披"疑为刻字工人。在设关住处往南约30公里,克衣巴杂附近,有古城遗址,以城中所出陶片证之,为公元2世纪所遗。与东乌累、关城修建年代相当,必为同时所建。若然,则刘平国既建乌垒又建关城。故碑文云:"皆将军所作也",各家释此,均略去"城"字,似未允当。

又碑文中有"东乌累关城"字样,《访古录》遂谓刘平国所治之关城,即乌累国之关城,又谓其国属地当北至今拜属之明布拉克山,而建关于此。按乌垒国在轮台之东策特尔南,决不能至龟兹北境建关。又此关在龟兹国东、乌垒西北,此若是乌垒国之关,当云西乌垒关,不得云东,《访古录》误也。

又王国维《刘平国治□谷关颂跋》云:"盖治关之诵本至'纪

此'二字而止。东乌累以下因此关而旁记前作他关事,非此关又名东乌累也。"(《观堂集林》卷二十,页十一)。按王国维以"纪此"断句,文义虽可通,但不如以"纪"字断句,"此"字属下文,文义较妥。碑文云:"十二日乙酉直建纪",此处纪字虽可解作记事,但不如解作纪纲或次序较妥。汉历每日之下纪建除并所值神杀,"历家以建除满平,定执破危,成收开闭凡十二日,周而复始,观所值以定吉凶。"(《协纪辨方》引《历书》《流沙坠简》释一,页八转引)此言"直建纪"言十二日正轮次"建日"也。《淮南子·天文训》言:"建除满平主生"是"建日"为吉日,利于修建,故碑文言之。至是文义已完。"此"字当属下文,与"皆"字相应。"此东"为一逗点,言此关之东,尚有乌累与关城,皆为将军所作,乌累疑指博者克拉格沟水畔之石垒,以其色黑故称乌累,与"白屋"、"紫塞"、"黑城"以建筑物之颜色而得名者,同一意义,并非此关之名称,与西汉时轮台东之乌垒国为汉都护驻所毫无关系。关城当即指克衣巴杂附近之旧城,名黑太克尔,义谓汉人城,城距建关处约 30 公里,在关之南偏东,均旁博者克拉格沟水,沿岸之石垒亦在此线上,因沟旁均为石碛,不适宜于建城,故建关于沟口,而建城于平野。我又根据城中陶片,断为公元 2 世纪之遗物,是城与关修建时代约略相当(设关在永寿四年,公元 158 年)。因此,则此城与关及沿岸之石累,必为同时所建。如关为刘平国所建,则此累及城亦必为刘平国所建。碑文"皆将军所作也",用一皆字,可证刘平国不仅作关,还作城与累,故用"皆"字以统之。王氏未见原拓本,认为城下缺字当是"亦左"或"并左"二字,今据旧拓,"皆"字甚明晰,王氏误也。

其次谈到乌累与乌垒国问题。《新疆访古录》及王国维均以乌累由乌垒国而得名。《访古录》谓此地即西汉乌垒国所建之关,当然错误,已见前条。王国维谓东汉时莎车王贤分龟兹为乌垒国,乌垒仍属龟兹,故仍有建关之事,但未说明东汉时刘平国所建之东乌垒国究在何地,今以时考之,似不相及。莎车王贤灭龟兹,分龟兹为乌垒国,是建武二十二年事(公元46年),刘平国建关,为永寿四年事(公元158年),相距112年,如刘平国在莎车王贤时曾为之建关,则刘平国当时至少有30至40岁,至建博者克拉格沟之关时,刘平国当已有150岁左右,恐刘平国无此长寿也。今不从。

(原载《塔里木盆地考古记》)

古代于阗国都之研究

据我国传记所载,于阗都城之名,《汉书》及《后汉书》作"西城",《魏书》及《唐书》作"西山城"。《汉书》落"山"字乎？抑《唐书》多"山"字乎？现已无可考。但据其所述都城四周之形势,盖为一地,且均为于阗之都城也。故今讨论,仍以西城为题,欲求西城位置,当仍以地形即河水为讨论之中心也。

《魏书·西域传》于阗条云:"于阗城东三十里,有首拔河,中出玉石。(中略)城东二十里有大水北流,号树枝水,即黄河也。一名计式水。城西五十五里,亦有大水,名达利水,与树枝水会,俱北流。"

按《魏书》虽为北齐魏收所撰,至宋时已残缺不全。后人多取《北史》补辑而成。今《西域传》之文多与《北史》相合,是亦必取自《北史》。但《北史》城西之达利水作"十五里",不知是否"十"字上落"五"字。又,《北史》与《周书》均作于唐初,而《周书·异域传》于阗条,无首拔河之记载。其文曰:"城东二十里有大水北流,号树枝水,即黄河也。城西十五里,亦有大水,名达利水,与树枝水俱北流,同会计戍。"

今参合《北史》、《周书》、《魏书》之文,各有歧异之点。其城西之水,《魏书》作五十五里,《周书》、《北史》均作十五里。《魏书》、《北史》记城东有首拔河,而《周书》则无之,已见上文所述。而《北史》、《魏书》均云树枝水一名计式水,与《周书》所称达利水,与树枝水俱北流,同会计戍,显有差异。《周书》之计戍,当即《北史》之计式,而《北史》以树枝与计式为一河,《周书》则为两河,必有一误。据《通典·边防》于阗条小注云:

> 于田河,名首拔河,亦名树枝河,或云即黄河也。北流(原误海)七百里,入计戍水,一名计首水,即葱岭南河。同入盐泽。

按《周书》、《北史》作于唐初,时西域之情形尚不明,记载或有乖讹。至杜佑作《通典》,杜为唐玄宗、肃宗时人,唐朝势力正拓展西陲,而杜佑族子杜环又佐高仙芝西征,见闻自确。而当时游方僧侣,率有记载,材料益富。故《通典》所述,当比较可据。若此,则《北史》城东三十里之首拔河,亦即城东二十里之树枝河,"枝"必为"拔"字之误,而"三"又为"二"字之讹。据《通典》所云,是城东只有一河,计式水当别为一河,即《通典》所称之葱岭南河也。《北史·龟兹传》云:"其南三百里,有大河东流,号计戍水即黄河也。"与《通典》所称"北流七百里,入计戍水",以距离言之,相差不远。则树枝河北流所入之计戍水,亦即龟兹南三百里之计戍水,即今之塔里木河,与树枝河即和田河不可混为一河也。上述古代之水路既明,则转述近今之河流。在现和田城东,有玉龙喀什河,西有喀拉喀什河。据《新疆图志》,现和田城,名伊里齐城,距玉龙喀什河八里,西距喀拉喀什河五十里。又二十里渡杂瓦河,至杂瓦驿。是由和田城东之玉龙喀什,至和田城西之喀拉喀什,共五十八里。若较《周书》城西水,与城东水距离,为三十五里,太少。若较《魏书》

城西水五十五里,合城东水三十里,则为八十五里,太多。若以"三"为"二"字之误,亦七十五里,亦超出今之玉龙喀什河与喀拉喀什河相距之数。若吾人以现和田城之位置,即古于阗都城,形势虽相合,而两河之距离则不符约二十里,是必有为吾人所宜研究之点者在也。

近某些欧洲人及日本人,研究于阗都城问题,均自现有两河之距离起算,而白井长助君,依据桑原骘藏氏意见①,根据《新疆识略》所载喀拉喀什城,至伊里齐城之距离七十里,以求合《魏书》五十五里,与二十里之合。于是,遂以喀拉喀什河,为《魏书》城西之达利水,以玉龙喀什河为城东之树枝河,在其中间求于阗国都城。实则此项推算,是错误的。喀拉喀什城,即今墨玉县城,在和田城之西北,不当孔道。据《新疆图志》,和田城西北七十里,喀拉喀什城,为和田支路,且在两河骈行中间,不能以东南西北为斜对之计算也。故白井长助之推算,实不合理。

斯坦因氏,在和田西约3公里姚头冈处,发现古址。于是基于《高居诲行记》所见河水与都城之距离数字,以姚头冈比测为于阗国之古代都城②。按斯氏之引《高居诲行记》,系引自《图书集成·边裔典》所记。文云:

> 晋天福中,高居诲从使于阗为判官,作记纪其探玉处云:玉河在国城外,源出昆山,西流三百里,至国界牛头山,分为三,曰白玉河,在城东三十里;曰绿玉河,在城西二十里;曰乌

---

① 白井长助:《上代于阗国都之位置》(《西北古地研究》),第50—54页。
② A. Stein: *Ancient Khotan*, p.199.

第 四 编

玉河,在绿玉河西七里。

斯坦因氏推测白玉河为玉龙喀什河,乌玉河为喀拉喀什河。以绿玉河为今新河,由此而勘定于阗国都之位置,为即今姚头冈所在地。日本人白井长助亦赞成其说。但细察之,亦不免有矛盾之处。《图书集成》所述高居诲之记载,与《新五代史》及《文献通考》所引河之名称虽同,但《新五代史》无里数,则《图书集成》所引高居诲载三河之里数,是否可据,为一问题。且与《魏书》所载两河相距之里数不符。盖《魏书》两河相距,为七十五里,而此则五十七里。白井长助疑为明、清人据今地形添增而成,不无可能。今据河水里数之推测,以定姚头冈为古代于阗国都,证据殊嫌薄弱。白氏质疑其称引,而赞成其都城者何耶?且姚头冈周围亦不过二三里,亦无城墙遗址可寻。今以所出古物证之,以陶器为最多,皆墓中之物。据当地人云,从前曾出大量人骨。据此,姚头冈为古时坟地,并非古城遗址。且于阗为大国,《新唐书·西域传》亦明言城方八九里,今地实不足以当之。故就考古学上说以姚头冈为都城,亦无根据。因此,吾人对于于阗国都,不能不另求他地以实之。

以河流为依据,研究国都,其方法不能谓不善;但河流可时而变更,若以现在之河流所经行者,指即古代之河流,殊嫌疏略。在西域各地,流沙漫衍,水道倏改,今之所见者一揆之于古,往往不合。故吾人研究于阗国都,若以河流为依据,则古时河流情形,有无变迁,亦必须加以研究也。

次述我之踏查经过。我于1929年夏,到达和田。初闻此地有古城二,一在和田城南15公里,名什斯比尔。一在城北20公里,名阿克斯比尔,墙基犹存。我先访阿克斯比尔。于6月12日下午,由和田出发,东渡玉龙喀什河,至玉龙八杂。转北行,约 12.5 公里,至吉牙八杂。北东行,约 5 公里至下吉牙。休息数日,继续向东北行。旁有干河川,北行入沙,流沙开处,瓦砾遍地。复东北行,瓦砾益多,街衢巷陌,尚可辨识。约行 10 公里,过一土墩,墩巅尚留房屋遗址,中夹炭渣,显被焚毁者。在北有一大干河川东北流。复逆干河北东行,两旁胡桐密织,古瓦砾甚多,表示为古时河流所经过。傍晚住于可可达坂。次日,由达坂西行,约 10 公里,至姚瓦克,为一庙基。有塔高约 33 米,中空,上圆下方,为土坯所砌。东西有角门可入,外绕以围墙,围墙高 1 米许。在北遗存泥塑残件甚多。为今春被德国人椿克尔所盗掘者也。转东南行,至苏牙小路,复沿干河,沙碛重叠,时断时续,转东南,至阿克斯比尔。西北距姚瓦克,不过 15 公里,行 7 小时,盖跋涉沙碛之难也。阿克斯比尔,原在沙碛之中间,瓦砾遍地,城西北之街衢巷陌,尚可辨识,现城墙只余北段,长约 33 米,高 3 米许,半为沙所掩。因天气热甚,未及工作。但此一带瓦砾面积之广,可以证明为古时最重要之一地。而所有古址,皆在干河两岸,南北散布,约 10 公里以上,如阿克斯比尔、特特尔以及沙碛中之瓦砾场,皆在干河东。姚瓦克可可达坂瓦砾场,以及北 30 公里之准博尔古址,皆在干河西。若此,则此干河与阿克斯比尔必有连带之关系,而为吾人研究于阗都城之注意点也。又在阿克斯比尔东南约 10 公里处,为大库木提,为当地人掘玉石之所,旁有干河川一道。由锁洛洼庄分出,东偏北流于项格尔巴杂西,阿克斯比尔东,直东北流。河床高约 7 米,宽约 0.5 公里,两旁沙碛迤逦,断续不一。现水已干,惟有泉水南流。当地人即在河中掘取玉石,最佳丽者为白玉带皮者,俗称羊脂玉,以言白润如脂也。现不多见,亦无开采者。据云,此干河直通旦当,沿干河中,均有玉石。在干河两岸，瓦砾地正多，颓垣遍野，为当地人在此一带拾金子之处，由库马提干河，距阿克斯比尔西之干河，约10公里，本地人相传云在千年前，玉龙喀什河由吉牙分出，流于阿克斯比尔之西，转北东流入河，此干河即其故道也。后水北流，此河遂涸。

今据我之踏查经过及传说，是玉龙喀什河，已西徙10余公里。则推测古时于阗城东之树枝河，宜以此二干河为标准，不能以现行河流为标准也。据《魏书》及《周书》，东二十里有大水北流，号树枝水。今假定以阿克斯比尔为于阗故都，则库马提之干河，即古时之树枝水，亦即《高居诲行纪》中之白玉河。以距离言之，亦颇相合。盖库马提，距阿克斯比尔约近10公里也。树枝水确定，则城西之达利水，亦可同时确定。现喀拉喀什河，距现玉龙喀什河约15公里。若计至玉龙河旧道，适25公里许，与《魏书》所云城西五十五里之大水名达利水，亦颇吻合。则喀拉喀什河为古达利水，亦即《高居诲行纪》中之乌玉河。喀拉喀什亦即墨玉之意。因此，则喀拉喀什河，为《魏书》之达利水，亦可确定。至于吉牙北分出之干河，疑即《高居诲行纪》中之城西绿玉河，因此二干河，本为一河，即玉龙喀什河，初流经库马提，后又由吉牙分出北流。故至唐末，形成三河。而在唐以前，则仍为两河。故吾计算两河距离，仍以库马提干河，与喀拉喀什河计算。今以库马提与阿克斯比尔横断至喀拉喀什河，其距离适为37.5公里。与《魏书》中之树枝水与达利水之间之距离相合。因此，则阿克斯比尔，由两水之证明，即北魏与唐时于阗之西城或西山城，谅无可訾议之处。在阿克斯比尔附近数十公里内之古址，即瓦砾场，亦可表明此一带为当时于阗文化政治之中心区也。

既以河流为中心，叙述国都问题，次则附述与河流有关之方位

问题。古传记中关于于田河流之方位有不可解者。例如,《水经注》卷二云:

>（于田河）南源导于田南山,俗谓之仇摩置。自置北流,径于阗国西,……又西北流,注于河。

《大唐西域记》卷十二云:

>城东南百余里,有大河西北流。国人利之,用以溉田。

按据《水经注》及《大唐西域记》,有甚难解之方位名词。一为于田河之南源。按南与北对,据《水经注》例所叙水源,皆以枝派流经之方位而言,则南源者,应即和田河上流之南枝也。必尚有西源或东源,而《水经注》均无记述。又事实上和田河,实为两源。一为喀拉喀什河,源于帕米尔东流入于阗境,转东北流。一为玉龙喀什河,源于于田南山。北流,至托洼克,与喀什河会为和田河。则《水经注》之南源者,指树枝水也。一为《水经注》之和田河西北流,注于河。及《大唐西域记》之王城东南百余里,有大河西北流。按如以阿克斯比尔为王城,则阿克斯比尔之东南 50 公里,并无大河,且均为西北流之河水。近《新疆图志》以于田河（即克里雅河）当之,距离太远,且与于阗无关系。而玉龙喀什与喀拉喀什,均为北流水,旧时为东北流之水。然则,《水经注》与《大唐西域记》究何所指也。今两书所述均同,谅非误字,亦非抄袭,是必别有原因也。至此,则应注意和田人关于方位之观念。

我由库车经沙碛之和田极北地,往托洼克,先问道于牧羊人。

牧羊人云,沿河东行,即是。实则托洼克在其南,我们整一日均沿河南行也。又如我住河之东岸,彼等则云:"你等住在北岸。"又如彼等云:"由伙什拉什往东,至托洼克,东南至额瓦提。"实则为南至托洼克,西南至额瓦提。初以为当地人言之偶误,续因所询皆如此,乃询问其究竟。据说,此地分方位,以河流为主。河阴为北,河阳为南,此河皆南北流。因此,遂以南为东,以东为北,以北为西,以西为南。非以指南针之所指定方位也。

如上所举者,为当地人对方位之一般习惯称呼,且相沿已久。据此则《水经注》与《大唐西域记》所记河流之方位,盖本于当地人之称呼习惯,或得之于本地人之所传说,如现今和田人之方位观念也。故称河水为西北流,实则东北流也。而所谓南源者,实则西源也。所谓王城东南者,实则为王城西南也。设此推定不误,则《水经注》与《大唐西域记》之难解的水流方位问题,皆可得一解决矣。又以一事证之。我在前面说本地人称托洼克在和田河之东后,检民国五年参谋部出版之新疆五十万分之一的舆图,绘托洼克于麻札塔哈之东,而实则托洼克在麻札塔哈之南。初不知民国五年参谋部地图之如何错误,后方知新疆修志,是据本地人所言而绘,并非实地测量,而本地人以南为东,遂以致误也。再举一故事,《大唐西域记》述于阗建国之传说,称东土弟子,流徙居此东界,印度无忧王迁其豪族,出雪山北,至此西界①。而《西藏传》亦记述于阗建国类似之传说,称:"中国之王子,瞿萨旦那,率一万人赴西方,来至和田之 Me-Skar,当时印度达摩阿输迦王之宰相耶舍率七千人来自于田河之下流。后瞿萨旦那之从者于南方访见宰相耶舍之幕帐,于

---

① 玄奘:《大唐西域记》卷十二《瞿萨旦那国》。

是瞿萨旦那乃率从者,来至于田河南,Hang-gu-jo 地方,与耶舍会见。"①其所称之王名,与《大唐西域记》所述之同异问题,暂置不论。现就其所述方位言之,则彼此互歧。《大唐西域记》之东土帝子,无疑即是《西藏传》所述之中国王子瞿萨旦那。《西藏传》记述之印度达摩阿输迦王宰相耶舍,无疑即《大唐西域记》中无忧王所迁出之豪族。《西藏传》又云:"瞿萨旦那与耶舍和睦之后,瞿萨旦那之中国从者,居于于田河下流及 Mdo meskar 与 Skamshed 之上部。宰相耶舍之印度从者,则居于于田河之上流,与 Rgya 及 Kong-dzeng 之下部。两地中间,为中国人与印度人杂居。后乃共筑一城。"观此节所述,亦是以和田河之上流为南,下流为北。而共筑之都城,即在河流之中间。然则《西藏传》与《大唐西域记》所记有异乎?非也。《西藏传》之下流(北方),即《大唐西域记》之东。《西藏传》之上流(南方),即《大唐西域记》之西。盖《大唐西域记》本指南针之方向而言,而《西藏传》本地人以河水分方位而言也。若此解释不误,则《水经注》及《大唐西域记》之大河西北流,可以得其解释。即所谓西北流者,实即东北流也。同时,在《大唐西域记》中所举者,尚有二庙:一为王城南十余里有大伽蓝,此国先王为昆卢折那阿罗汉建也。一为王城西南二十余里,有瞿室䮚伽山,于崖谷间建一伽蓝。今若以阿克斯比尔为国都,向南或西南 10—20 公里以内,寻觅庙基及山丘,均不可能。若以西南或南作当地人之水位方向解,则在阿克斯比尔西北有二古庙基。一为姚瓦克,一为可可达坂之古址,均距阿克斯比尔约 5 公里,或 10 公里,与《大唐西

---

① Rockhill:*The Life of the Buddha*, p. 234—236(又贺昌群译羽溪了谛:《西域之佛教》,第 187 页引)。

域记》所述之里数相符。惟《大唐西域记》之瞿室㘁伽山，在和田西北一带，实无此山。故斯坦因乃转求之乌杂提对面之山①。我意当时于阗人所称之山，非必石与土方称之为山，即沙堆阜亦可称之为山。若是，则可可达坂之沙阜，亦可谓之为山也。例如《大唐西域记》所述之葛劳落迦城故事，其实为一大沙堆阜，但因其形势，亦称为山。故我疑瞿室㘁迦山，亦是类此之沙堆阜也。

以上所述，皆以本地人水流辨方位之说，推测古传记中所记方位之与今地方位之不合者，若此说可立，则我之以阿克斯比尔为于阗国都，得不少佐证也。总之，真实之地形方位，有与记载不符且互歧者，如《后汉书》称葱岭以东，惟于阗、鄯善最为强大，是于阗在葱岭以东也。然《魏书》则云：于阗在葱岭之北二百里，谁是而谁非耶？《汉书》于阗南与婼羌接，《魏书》则云：于阗东去鄯善千五百里，将谁是谁非耶？至此，若以本地人称呼之方位，以南为东、以东为北而解释之，则不能不疑为《魏书》之所本，实则与《大唐西域记》所记均同也。

按《大唐西域记》所述瞿室㘁伽山（唐言牛角山），斯坦因氏指乌杂提对面 Kohmarimazar 山，为其地。但此地并无寺庙遗迹，不如玉龙喀什河畔小库马提之山为瞿室㘁伽山，其寺庙遗址，即当时所建之伽蓝，较为合理。但此地在姚头冈之东南，与《大唐西域记》所述在王城西南之语不合，里数亦不符。白井长助君致欲迁移王城位置，以就斯坦因氏所云，亦非得计。要之，《大唐西域记》所述王城四周之伽蓝，其方位不必尽与指南针之方位相合，而多从土语。例如王城西百五六十里，大沙碛正路中，有堆阜，并鼠壤坟也。今

---

① A. Stein：*Ancient Khotun*，p. 186—187.

由斯坦因氏在旦当鄂利克,发现鼠显神之画版,知鼠壤坟在北而不在西,是其例也。故斯坦因氏强指姚头冈为于阗王城,而在王城西南觅瞿室馂伽山,又在山之西北觅王城,实有未妥也。

(原载《史学季刊》第 1 卷第 1 期,1940 年 3 月)

焉耆博斯腾湖周围三个古国考

一、焉耆国都问题

　　焉耆是西域三十六国之一,首见于《汉书·西域传》。法显《佛国记》作乌夷,《大唐西域记》作阿耆尼,皆指古之焉耆。清朝及民国仍名为焉耆县,现属巴音郭楞自治州,州治设库尔勒,县治设喀拉沙尔,但古时国都并不在此。《汉书·西域传》:"焉耆国王治员渠城";《后汉书·西域传》称王居南河城;《后汉纪》作河南城。疑南河城或河南城指城的位置言,或汉人所命名,其本名当仍为员渠城。《魏书》万度归讨焉耆进军向员渠,是在后魏时国都仍名员渠也。问题是焉耆员渠城今在何地。徐松《西域水道记》指四十里城市东之旧城为古员渠城。我在1928年7月曾前往查勘,旧城遗址在四十里城市东约20公里许,位于一草滩中,名博格达沁。城基尚存,周约3公里,似为土坯所砌。城已荒芜,苇草丛生,除间有粉红陶片外,无其他遗物可寻。城西南隅有一大土墩,高丈余,我在土墩上曾拾得开元钱半枚,铜片数块。由遗物及城墙建筑来说,显为唐代遗址。员渠城为汉代遗址,时代不相及,徐松之言似不可据。然则员渠城究在何地耶? 解决焉耆都城所在地问题的最好办法莫过于根据遗物;其次当求之地形。试以河流为中心探员渠城之所在。《水经注·河水篇》叙海都河与员渠城之关系云:"敦薨之水,……二源俱导。西源东流分为二水,左水西南流,出于焉耆之西,径流焉耆之野,屈而东南流,注于敦薨之渚。右水东南流,又分为二,左右焉耆之国,城居四水之中,在河水之州。治员渠城,西去乌垒四百里,南会两水,同注敦薨之浦。"按《水经注》所叙河流,校以今形,略有变化。按左水疑即今小珠勒都斯河,右水疑即今大裕勒都斯河,两河在山中会流后,出山称为海都河。东流于喀拉沙尔城西,转至城东,又东南流入海,与《水经注》称"右水东南流,分为二水,左右焉耆之国"之语不合。现就实地考察的情况来叙述这一问题。先是我在霍拉山工作时,一蒙古人称河南岸有故城,愿导我往观。乃于1928年6月尾前往,由霍拉山口向北行,经过两道干沟,越一沙岭而至锡科沁大渠。复北行二十分钟即至一沙岭,西北南三面皆大山环峙,中为一平原,沙岭即突起于平原的中部,海都河流行此岭之北,锡科沁大渠经流于此岭之南。有二旧城遗址即建立于沙梁上。一建于岭之西,作矩形,北墙滨干河边,已颓圮。南墙东墙尚存约1米多高,南墙长约113米,东墙长约90米,城内满布石子,不见任何遗物。其东一遗址建在沙岭北麓沿干河南岸,为一横长椭圆形,北墙遗址尚存,长468米,中宽48米,两头及中间断断续续尚有若干土堆和房址,形成一线,间有红陶片,显然为古人居住聚落。此外在海都河南岸另有一旧城遗址,墙基尚存,基础用石累砌而成,南北长约121.2米,东北约90米,城中已开垦成熟地。城西南隅有一土墩屹立,城中间有房屋遗址,在此掘出泥塑佛像残件。城之东面另有一围墙,墙高1米,南北长约37.2米,东西约84米,另有墙壁以石为基。两城中陶片皆作红色,与沙岭北遗

第 四 编

址中之陶片同。北距海都河约2.5公里地,可望及之。与沙岭旧城斜对,相隔约2.3公里。北望河北岸旧城历历如画,很显然这些遗址在古代焉耆国历史上必有其重要意义。很遗憾的是我们没有在此作较大规模的发掘。没有地下遗物来作为推断此遗址性质和时代的根据,现仅能就其周围形势作一初步探索。现在沙岭北遗址旁之干河,据本地人说,此干河上自海都河分出,东南流入海,又博罗海有一沙河亦自海都河分出,流于城西转东南流,绕沙岭之西南,下流经锡科沁转西南流至紫泥泉子入海。如此,是海都河自出山口后,分出左右二支水,环绕此城。左水即沙岭北麓之干河,流于城北转东南流者,现查墩渠即为古时水道之标识。右水流于城西,即博罗海之沙河,现锡科沁大渠为古时水道之标识。我在明屋考察时,发现明屋旁有一旧河道,据说即博罗海之沙河由锡科沁西南流至紫泥泉子入海者也。是两河至锡科沁已合为一河,经明屋西南流入海。此河沿岸遗址如锡科沁旧城及明屋佛寺皆其较巨者。现左右二水均竭,只存海都河本支东流入海矣。由这河流的形势及遗址位置,与《水经注》所云"城居四水之中,在河水之州"情形完全相合,可能即是古员渠城遗址。当然就现有遗址来说是很零碎,断断续续不能得出古城的全部面貌。但时期距今两千年,河流迁徙冲刷,加以人为的挖渠掘土,古城建筑遭受破坏,事实上不会有一完整古城如高昌旧城也。

除此城外,在河北岸尚有一古城。距河岸约2公里,有内外两城;外城周1140米,内城周360米。城墙只余基址,高1米左右,城内外为水冲刷,地面布满小石块,街衢巷陌已不可见,间有红陶片,与曲惠及阿拉癸沟中相同。时代当较早,本地人名城为唐王城,可能至唐代尚存在也。城北2.5公里处有土阜四处,疑为古代房屋或庙宇遗址，吾人掘其土阜之一，发现残佛像，盖亦废寺也。此城与河南岸旧城遥遥相对，相距不过 5 公里，疑同属于焉耆国都。《后汉书·西域传》称其王居南河城，有海水出入四山之内，周围其城三十余里。《新唐书·西域传》焉耆条："焉耆所都周三十里，四面大山，海水缭其外。"如焉耆国都范围为三十里，当不是指一城，而是包括海都河南北两岸所有遗址而言。如所推论不误，是焉耆占据博斯腾湖西北平原上，适与《通典·西戎传》所谓斗绝一隅者是也。

二、尉犁、危须国都问题

其次再谈尉犁、危须国都所在地问题。如《大唐西域记》所云，焉耆东西六百里，南北四百里，当指以兼并尉犁、危须二国而言。在汉时尉犁、危须各自有国，据《汉书·西域传》云"焉耆南至尉犁百里"，是尉犁在焉耆之南。又危须条云西至焉耆百里，是危须在焉耆之东。先谈危须。仍引《水经注》所叙敦薨水校以今形势，来说明古危须国位置。《水经注·河水篇》云："敦薨之水，……二源俱导。……东源东南流分为二水，涧澜双引，洪湍浚发，俱东南流，径出焉耆之东，导于危须国西。国治危须城，西去焉耆百里。又东南流注于敦薨之薮。……东北隔大山与车师接。"董祐诚《水经注图说残稿》称："今哈布齐垓河东南流，当喀拉沙尔东北，分为二水，合海都河。"董祐诚以现哈布齐垓河当东源是也。但分为二水均入海都河与我所考察者微有出入。当我由哈拉木登往游巴龙台。巴龙台为蒙古喇嘛教圣地。于 7 月 11 日发自哈拉木登，向北行约 30

公里,驻哈布齐垓山口,有哈布齐垓水自山口流出。12日沿哈布齐垓河北行,约35公里抵巴龙台后沟驻焉。此地为三水总汇之区。盖哈布齐垓有三源,东源为巴龙台水,亦称巴龙哈布齐垓水,蒙古寺庙及王府建于此水之旁;西源为乃任哈布齐垓水,"乃任"蒙古语西也;正源为乌拉斯太水,出自大山,南流至巴龙台,三水会合南流。出沟口后分为二支,一支东流经何腾苏木地至六十户入海。当我由吐鲁番赴焉耆途中,路过清水河之西约10公里,有水积为小海子,本地人修二桥以渡行人,即其东支也。不过在秋冬水小,仅能灌地,无余水入海。一支东南流。在喀拉沙尔附近入海都河,与《水经注》二水俱入湖之情形略异。但以哈布齐垓水为《水经注》中敦薨水之东源,则无可疑。如然,则现清水河为两国分界线,以东属危须国地,以西属焉耆国地也。再征之遗址,在曲惠西北0.25公里许,有古城遗址。墙基犹存,东西98米,南北75.5米,墙高3.3米。城为红土所筑,顶为土坯所砌。城中红泥陶片甚多,且有红底黑花之彩陶片,并曾觅得小铜片及铁块,亦不见其他遗物。然就红陶片来说,当为公元前后遗物,疑即汉时危须国都城所在地。除此城外,再无其他遗址可以相当。在北魏时称为左回,《魏书·西域传》云:"太平真君七年诏万度归讨焉耆,入焉耆东界,击其边守左回、尉犁二城拔之,进围员渠。"左回即曲惠,为一声之转。万度归由东来,先至左回城,时危须已并入焉耆为左回县,故万度归据之。如然,是危须在焉耆之东,据博斯腾淖尔东北面平原。但《汉书》称危须西至焉耆百里,现由曲惠至哈拉木登约二百里,所记里数不合。但如由六十户即哈布齐垓河(敦薨水东源)南入海处起算,则距离约略相当,但此一带无古迹。疑《汉书》所称之百里,指达其国境所言也。

其次再谈尉犁国地。古代尉犁国究在何地？是一哑谜。《水经注图说残稿》称："尉犁正当今布古尔地。"民国年初在库尔勒南设尉犁县，皆以尉犁在库鲁克山和天山之南，均与汉时尉犁位置不符。现仍根据《水经注》来探讨。《水经注·河水篇》云："敦薨之水自西海径尉犁国，国治尉犁城，西去都护治所三百里，北去焉耆百里。其水又西出沙山铁关谷，又西南流径连城别注，裂以为田。"据《水经注》所云，校以今形势，是尉犁在湖之西，沙山之北。现海都河自入博斯腾湖后，复由湖西南隅溢出为孔雀河，西流至哈满沟入库鲁克山即沙山，转南流经铁门关出山口，流于库尔勒之西，复转东南流，折东流为库鲁克河，入罗布泊。《水经注》叙敦薨水"自西海径尉犁国，国治尉犁城"，西海当即指由西海溢出之孔雀河。是尉犁城应在由博斯腾湖溢出西流之孔雀河水以北，即紫泥泉子一带。沙山即今库鲁克山；铁关谷即铁门关，因山中出煤出铁，旧设有铁厂，故有铁门关之称。再征之历史，《晋书·西戎传》称，张骏疆理西域，以张植为前锋，败熙于贲仑城，进屯铁门关。未至，熙要之于遮留谷，植击败之，进据尉犁。贲仑城当即库尔勒附近之旧城。遮留谷当即哈满沟中之狭谷。铁门关疑即沟之狭口处，现称为铁关口，竖立一牌坊，上书"古铁门关"四字。是张植自南来，故先败熙于哈满沟，再进至尉犁。是尉犁在哈满沟以北也。然则尉犁今在何地？试再征之古迹。

我由哈拉木登考查完后，返四十里城市驻处。7月初，本地以拾金子为业之猎户那卡，愿导我往观附近之遗址。由此地往南偏西有大道至库尔勒，沿大道南行约二三公里之地，即遍地沙丘，上生红柳。在这红柳冢中时现红土阜及泥滩，滩上满布古陶片。土阜有用土块累成，本地人称为炮台，实即古烽墩之倾圮者；亦有露出墙壁者,必为古代房屋之遗址,均与沙阜及红柳冢相间杂。自此地往南至紫泥泉子,西至明屋,东至盐池,东北至白土墩子,即海边周约15公里皆为此种沙阜及土堆所散布。本地人每于大风后即往红泥滩上拾金子及古铜件,多有所获。我等来此亦随手拾碎铜片、古钱、蛤贝、石矢镞、残瓦鬲、红陶片等。陶片色红而粗厚,石矢镞打制颇细,与罗布泊北岸所拾者同。瓦鬲仅得一足。由于这些遗物出现,可断定此地确为公元前后之遗址。或在新石器时代末期此地已有居民。又在沙丘之旁,时露出磨石残块,及汉"大泉五十"与唐"开元通宝",是此地自汉至唐代均有居民。由于陶器及磨石出现,及紫泥泉子尚存旧渠道及阡陌遗迹,可证此地古时又为垦殖区。在此址之南偏东约5公里,地名土子诺克,发掘一古坟,死者埋葬于一宽长之土垣中,并无棺椁,与罗布泊北岸墓葬形式相同。吾人在死者身旁发现铜镜一、帽饰一及陶器等,皆为公元前后之故物。此遗址邻于盐池之旁。由此往东南,地势低洼,形成一小海子,在湖之西,现已干涸。疑即《水经注》中所称之西海,在古时此海与东海相联。在盐池西北面有土墩七座,皆用土坯所砌,现已倾圮,然本地人仍在此一带拾金子及碎铜片等。这些遗址均在盐池以西,紫泥泉子以北,虽然零星散漫,没有有规模的古城或建筑物;但由其区域之大,散布之广,必为古时一国之重要聚住区。然则属于何国?徐松等据四十里城市之旧城,定为焉耆之员渠城。我当初也曾一度同意其说。后在盐池发掘时,于附近发现一小海子,证明博斯腾湖古为东西两海。现西海已涸,东海且向北移,当然这是由于海都河改道的原故。所以根据《水经注》,西海近尉犁国,国治尉犁城之语,及历史事实,可假定盐池以西紫泥泉子以北之广大遗址群为古尉犁国也。一者《汉书·西域传》称尉犁在焉耆之南百里。如以哈拉木登为焉耆之员渠城,则四十里城市适在其南,距离亦略相当。二者据《三国志·魏志》注,尉犁在三国时已并入焉耆。北魏太平真君时万度归讨焉耆先据左回、尉犁二城,进围员渠。则左回即曲惠,左回在东,尉犁在南,而员渠在西,故万度归采取了包围的战略。三者如以四十里城市东之遗址当焉耆员渠城,则尉犁势必推之库鲁克山以南,今库尔勒一带。当然库尔勒附近是有二古城,如狭尔乱旦旧城、玉子千旧城,但不能证明为古尉犁城,或许是熙被植所败之贲仑城,故以尉犁在山南,是与当时情形不合,且亦与历史事实不符。故不采徐松之说而另行推定。当然真确判断,必须有待于考古学上之发现,以及地下遗物之印证,吾人今日所论者不过一比较合理之假定而已。

以上是专就汉、魏、南北朝情形作研究,隋、唐以后如何,我想提出几点矛盾,来作研究这一问题的线索。

国都大小问题。《魏书·西域传》云:"焉耆国在车师南,都员渠城,……都城方二里。国内有九城,国小人贫。……"《周书》、《隋书》焉耆传均与《魏书》同。《魏书》虽为魏收所作,但多散遗,后人采《北史》补之。但《北史》亦为唐初所作,所引用者必为旧材料,仍然可信。但《大唐西域记》称:"焉耆国大,都城周六七里。四面据山,道险易守。众流交带,引水为田……。"《大唐西域记》根据玄奘亲历而作,所言当不谬。然则一称国小都城方二里;一说国大都城周六七里,究竟谁是?据慧琳《一切经音义》所云:"阿耆尼国……汉时楼兰、鄯善、危须、尉犁等城皆此地也。或迁都改邑,或居此城,或随主立名,或互相吞灭,故有多名。皆相邻近,今或丘墟。"(卷八十二)按慧琳为疏勒国人,称本土形势当有所据。惟将楼兰、鄯善亦并于焉耆恐误。《通典·边防》西戎条云:"焉耆今其王龙姓,即突骑(支)之后,尽并有汉时尉犁、危须、山国三国之地,并鄯善之北界矣。"(卷一九二)是在唐初除尉犁、危须早已并入焉耆外,又并有墨山国,而与鄯善接壤矣。疆域既扩大,则国都势必需要建立在适中之地以便控制全境,不可能仍居斗绝一隅之员渠城也。今以焉耆至龟兹之距离论证,据《汉书·西域传》,龟兹至乌垒三百五十里,焉耆至乌垒四百里,《水经注》所云亦同。是焉耆至龟兹七百五十里,若由尉犁至龟兹,当为六百五十里。按《汉书·西域传》渠犁条:"东通尉犁六百五十里。"此条自武帝初通西域以后,均言龟兹事,当为龟兹传原文;后人移至渠犁传内。若然,则龟兹东通尉犁六百五十里,与焉耆、龟兹各传均合。再以唐人记焉耆至龟兹里数来说,贾耽《道里记》云:"由焉耆西五十里过铁门关,……又百二十里至安西都护府,共六百三十里。"又慧琳《一切经音义》云:"焉耆即安西四镇之中是其一镇,西去安西七百里。"根据此两则,虽所谈距离有差异,但已不是汉员渠到龟兹里数,而与尉犁到龟兹里数相接近,则唐时焉耆国都必已向南移至汉尉犁国境内。或今四十里城市东2.5公里之旧城,为唐时焉耆国之都城也。现由库车至四十里城市为311公里,合六百二十二里,与唐贾耽所记里数仅差八里,则以四十里城市东之旧城为唐时国都,谅无不合。现四十里旧城周约3公里,与《大唐西域记》所记相合,且有开元钱,亦可证明其为重城也。但《大唐西域记》称:"从此西南行二百余里,逾一小山,越二大河西得平川,行七百余里至屈支国,"是从焉耆到屈支有九百里。但玄奘此记不甚清楚,二百余里到何处,西行平川七百里自何处开始,颇为模糊。渡二大河是哪两河,颇觉费猜。如丁谦所云以苦水河为界,则到库车不过四百余里,也不是大河。我想渡二大河必是指古之海都河及铜厂河。海都河出山后向西流于库尔勒之西,至渠犁之西即今库尔楚之南折东南流入塔里木河。铜厂河与渭干河会合后,东流至乌垒城里(今策特尔南),东南流入塔里木河,如渡最后一道河处,当在乌垒之西,即今策特尔南。据《汉书·西域传》由乌垒到龟兹也只三百五十里,就如徐松所云:以三字为五字之讹,改为五百五十里,仍没有七百里。因此我疑《大唐西域记》之七百里,乃指焉耆至龟兹之总数,或七字为五字之讹,不然决不至相差如此之大也。

(原载《西北史地论丛》)

罗布淖尔水道之变迁及历史上的河源问题

一、罗布淖尔名称及位置

罗布淖尔为蒙古语。蒙古呼海为"淖尔","罗布"是地名。源于唐之"纳缚波"。《大唐西域记》云:

> 由且末东北行千余里,至纳缚波故国,即楼兰地也。

据此是"纳缚波"为国名,在唐初已灭亡矣,故称"故"。英国斯坦因(A. Stein)于公元1907年,在密远古堡中发现藏文残纸甚多;内著录不少地名,中有名大纳布城(Castle of Great Nob)、小纳布城(Castle of Little Nob)者。"纳布"与玄奘之"纳缚波"(Na-fu-pa)译音相近,显然为中古及近古时用于罗布全区之名①。按"纳缚"据法国伯希和说:为梵语(Sanscrit)中"Nava"之对音,犹言新也②。是藏

---

① 向达译斯坦因:《西域考古记》,第81页。
② 伯希和说见《远东法国学校校刊》第六册,第371页;又冯承钧译:《马可波罗行纪》,第183页转引。

文中之"纳布"与梵文中之"纳缚"不能谓无关系。但近世之"罗布"及元初马可波罗所经过之"罗不",是否与"纳缚"同一义意,为一问题矣①。又罗布淖尔在中国古代传记中,其名略异。首见于《山海经》者,称为"泑泽"。《西山经》云:

  东望泑泽,河水之所潜也。

又《北山经》云:

  敦薨之水,西流注于泑泽。

按敦薨之水,即今焉耆河,下流为孔雀河,流入罗布淖尔,是罗布淖尔古名泑泽也。泑音黝,黑色之义。郭注《西山经》云:"泑,水色黑也。"据此,是泑泽以水之色言。《史记》则称为"盐泽",《汉书》则名"蒲昌海"。《史记·大宛传》云:

  于阗之西,水皆西流注西海;其东,水东流注盐泽。盐泽潜行地下,其南则河源出焉。

又云:

  楼兰、姑师邑有城郭,临盐泽。盐泽去长安可五千里。

---

① 按《河源纪略》云:"罗布为回语,汇水之墟也;以山南众水之所汇,故云。"与梵语义别,未知孰是。

按《史记·大宛传》,作于汉武帝时,所称于田东流之水,即今塔里木河及车尔臣河,均东入罗布淖尔。古代相传塔里木河为黄河初源,至罗布淖尔后即潜行地下,其南出积石山为黄河云。是罗布淖尔在汉武帝时名为盐泽也。后汉班固作《汉书》时,则又颇异其名。《汉书·西域传》云:

> 于田在南山下,其河北流与葱岭河合,东至蒲昌海。蒲昌海,一名盐泽者也。

《水经注》则又有牢兰海之名。注引《释氏西域记》曰:"南河自于田于东(编者按:原作东于,据赵一清校改)北三千里至鄯善入牢兰海者也。"

按《史记正义》引《括地志》云:"蒲昌海一名泑泽,一名盐泽,亦名辅日海,亦名牢兰海,亦名临海,在沙州西南。"是罗布淖尔在唐以前异名甚多。据《水经注》解释盐泽之义曰:"地广千里,皆为盐而刚坚也。"是盐泽因其水含盐质而得名。其解释牢兰海之义曰:"楼兰国在东垂,当白龙堆,乏水草,常主发导,负水担粮,迎送汉使,故彼俗谓是海为牢兰海也。"据此是牢兰海以事言。我意此乃《水经注》附益之辞。牢兰当为楼兰之转音。因泽在楼兰国北,故以国名名海;并非因迎送汉使之故也。蒲昌海、辅日海、临海未知其取名之由,疑皆以地名名海也。惟汉之"楼兰"或"牢兰",与唐之"纳缚波",元之"罗不"诸名称,是否有因袭关系,其变化程序若何,伯希和氏尝提此问题而未加解释。但据斯坦因在楼兰遗址及密远废墟所发现之文献,楼兰在罗布淖尔北部,为魏、晋以前之地名。纳缚在罗布淖尔之南,疑为后期之地名,虽同一国之地,而地点不同,时代亦异,其名称当不能一致。伯希和释纳缚梵语为新,极可注意。新与故对,必在形势转变之后,另立一新名也。

　　罗布淖尔本为海水之专名,今则以之名地。凡库鲁克山以南,阿尔金山以北,古玉门、阳关以西,铁干里克以东,在三面山丘围绕之中,有一片低地,完全为盐壳所覆盖。据斯坦因氏测量,自西南至东北257.5公里,最宽处为145公里左右①;即吾人所称之罗布区域。在史前时代,本为一咸水海,当中亚气候尚未干燥时,容纳塔里木河水流;后渐干涸,仅存一小部分之咸水湖,其余均变成盐层地带或沙漠。

二、水道变迁探查之经过

　　新疆南部塔里木盆地中间有一大河名塔里木河东流。在公元1921年前与由博斯腾湖泄出东南流之孔雀河会合南流,经铁干里克,又南流会车尔臣河东流入罗布淖尔,形成两湖:东曰喀拉库顺,西曰喀拉布郎库尔;在今若羌之北,罗布庄之东。但中国旧地图,则绘罗布海子于北岸,即在库鲁克山南麓②。清光绪间(公元1876—1877年)俄人蒲里兹瓦尔斯基(Prejevalski)发现此湖在罗布

---

①　见向达译斯坦因:《西域考古记》,第10页。但据陈宗器所述罗布荒原之范围:东西长度达六百里,南北宽度亦达二百五十里。现淖尔面积九五〇〇方里,略作葫芦形。南北纵长一百七十里,东西宽度:北部略窄四十里,南部向东澎涨处九十里。其位置:海之南岸为北纬三十九度四十八分。
②　清乾隆《内府地图》绘罗布海于北岸;《西域图志》、《西域水道记》皆从之。清末地图则绘海子于南岸,分为两湖。北岸后出一小海子,称为孔雀海。至1933年申报馆所出之《中国分省新图》,根据西北科学考察团所测改正。

区域南部，与中国旧地图所绘海之位置，纬度整有一度之差，遂谓中国旧地图上大误。德国地学家李希荷芬(Richthofen)不然其说，谓中国旧地图曾经调查，必非臆造，或另有一支流入罗布区域北部，而为蒲氏所未见也，遂引起地学上不少之争论。如英国斯坦因、美国亨亭登(Huntington)等均对于湖水有所推拟。1900年斯文赫定博士赴罗布淖尔考察，自库鲁克山南麓阿提米西布拉克南行，测量水准，在楼兰故墟附近发见有一片洼地，推论海水将来有恢复故道之可能。1927年我到新疆考察时，在1930年春于吐鲁番工作完后，向罗布淖尔前进。4月2日，发自鲁克沁直穿库鲁克山。6日至阿提米西布拉克。南望罗布淖尔已水云相接。极目无际，知海水已返北矣。复南行，累过土阜地带，约15公里，即遇溢水，即库鲁克河之末流入海处也。时河未归道，溢水四出，形成若干小池，枯桐、柽柳仍倒置水中，尚未复苏，而芦苇已有新生之象矣。循水东行，水势渐大，累阻行程；终乃达一较宽阔之水面，当地人称为大老坝。坝东北两岸剥蚀之土丘，重叠起伏若城郭，皆作东北、西南向，必为剧烈之东北风剥蚀所成无疑也。绕过大老坝，最后到达一三角洲，三面环海；一洲伸入海之中央，即我所发现之"烽火台遗址"，定名为"土垠"(Tuken)者是也①。东南望，海水无涯际。盖已至海之北端矣。土垠峙立于海中，鱼凫翱翔于水上，洵为海景奇观。又绕海东岸南行，得一古烽敦。五铢钱散布极广。因食粮缺乏，未及再沿海东行，为一遗憾耳。及1934年我第二次复往探查，出库鲁克山之鲁戈斯特，直南行，抵孔雀河岸。河宽近70米，两岸

---

① 此处地名，我因海边地形状况，定名为"土垠"(垠，古恨反)，英文为"Tu-Ken"。其后陈宗器、郝勒前往，称宜为"默得沙尔"，及我第二次复往，转询当地人，亦无定名。故我仍援用我所定名，特附志于此。

柽柳丛生。水深可以行舟。复沿河东行,达我第一次所踏查之地,则水已入河故道;无前次泛溢之患。而河岸之柽柳已欣欣向荣。前之剥蚀土丘渐已溶解于水中,化为泥滩。此第二次发现海水恢复故道之经过也。

我两次考察,均困于经济与粮食,未能充分工作,作沿海之测绘。当我第一次考察完后,1930年秋返平;即以发现罗布海水恢复故道之经

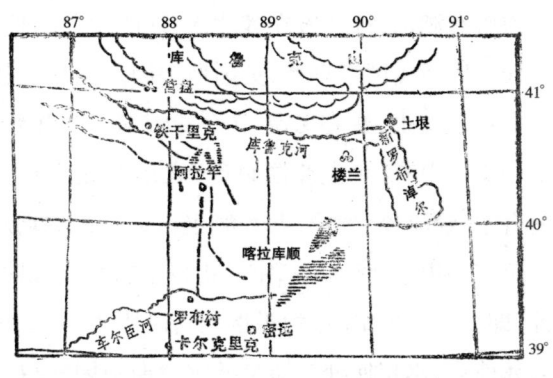

图一　最近水复故道之罗布淖尔

过,及考察路线略图,报告于北平学术界。复经雷兴教授(Prof. T. Lessing)译为德文,转告于欧洲学林。1931年春,郝勒(Dr. Hörner)及陈宗器君根据我之报告,重往查勘;并确定我所发现遗址之经纬度(图一)。1934年,赫定博士又往测绘地形,罗布淖尔新海之地形图遂益臻精密。

三、水道变迁时代之推拟

古海恢复故道已如上述;但何时在北岸,又何时南迁,诚为研究罗布淖尔之切要问题。试检查中国古籍如《山海经》、《史记》、《汉书》所载,甚可相信古海确在北岸。现以地文学上之证据,亦相信涸海沿岸之泥层,为古海水之沉淀物。但古海何时在北岸,其位

第 四 编

置若何？在吾人发见水复故道以前，尚未得一真确之解答。自斯文赫定博士发见楼兰故址，并在附近发见一大片低地，较喀拉库顺为低（喀拉库顺海拔 815 米，楼兰附近海拔 810 至 777 米）①。推论从前曾有湖泊，楼兰城在其北岸，证明中国旧地图绘海子于北岸为非误。以后美国亨亭登、英国斯坦因均在楼兰故墟有所考察，据其所发见之文书，皆在公元 263—267 年，相当于晋武帝时。又赫定所获文书中有"水大波深必泛"之语②，是在楼兰兴盛时，孔雀河中尚有水，经流楼兰城附近入海也。又日人橘瑞超氏亦于 1910 年在所获文书中有"海头"二字。由以上古物之证明，则海水在 1600 年前，即公元 3 世纪时，积于楼兰遗址附近，可以确定。但在汉初，即公元前后，水积何处？斯文赫定及斯坦因所得古物中，均不足以证明此点。盖楼兰遗址为纪元 3 世纪所遗留，无一汉物。则汉时此地是否有居民，及河水是否经行楼兰以入海？未可定也。我在 1930 年除见海水复故道之外，又在海北岸发见古烽火台遗址，并掘获木简多枚，有汉宣帝黄龙元年（公元前 49 年）及成帝元延五年（即绥和元年，公元前 8 年）年号，是在罗布古址中所得最早之文书，距今已 1960 余年矣。而此遗址适在海北头一三角洲之海湾中。不唯可以证明此地在西汉时之繁荣，而且可以证明在西汉时海水之位置。又由其附近之大道，更可窥见当时道路绕海北岸及沿河西行之情形。自有此古物之发见，则现所见海水之复故道，可以说所复者为 2000 年前后之故道，即《汉书·西域传》所称之古蒲

---

① 郝尔满：《楼兰》。(A. Herrmann: *Lou-Lan, China Indien und Rom im Lochte der Ausgrabungen am Lobnor* 〔Leipzig 1931〕*Fig.* 51)

② 孔拉德：《楼兰》。(A. Conrady: *Die Chinesischen Handschriften und Sonotigen kleinpunde Sven Hedin in Lou-Lan* 〔Stockholm 1920〕p. 119)

昌海之故道也。是不惟赫定所推论海水积北岸之假定实现,且提早 400 余年,而其位置亦偏向东北矣。并足以证明《史记》《汉书》及《水经注》所记真确无误。

至海水何时南徙,其移徙之情形若何？因未赴罗布南部考察,未能得一真确解答。但钩稽中国古籍所述,提出一些意见,以供读者参考。按以古物学上之证明,检查我所发现之文书,终于汉成帝元延五年。时成帝仅元延四年,五年已改元为绥和元年（公元前 8 年）。由此可知我所发现之遗址在公元后似已被放弃。赫定所发现之遗址其文书止于永嘉四年（公元 310 年）。据斯坦因所述,文书上有作"建武十四年"者①。建武为东晋元帝年号,仅一年,即位后,改元大兴。照推应为成帝咸和五年（公元 330 年）,乃前凉张氏仍奉元帝年号也。虽石虎亦改元建武,但张氏并不援用后赵年号。如此,则楼兰遗址之放弃,应在公元 330 年或以后也。此两地放弃之原因,是否由于水道之变迁,固不能确定。但居民必与水有密切之关系。盖水道变迁:一方面由于自然之变化,或河流改道;但间接关于人为之力最多。如有居民之地,则人民谋水利之引导开淤启塞,多有裨益于水道之流通。且植树平沙,亦可以阻风沙之壅塞,而致影响水流。反之,若有水无居民,或有居民无水,均足以引起地理上之变化,使水道变方向或干涸。是遗址被放弃以后,直接间接均可促使水道变迁或改道,此事理之必然也。据此,此海水之移徙,必与遗址之放弃同时,或在后,可以推知。然则移徙于何处,其情形如何？次当论及。

按罗布淖尔所受水:在北者为孔雀河,即海都河之下流;在南者为塔里木河与车尔臣河合流之水。在 1921 年以前,孔雀河至铁

---

① 向达译斯坦因:《西域考古记》,第 99 页。

干里克南流入塔里木河会车尔臣河后,东流入罗布淖尔。故淖尔在南,而北部干涸。1921年以后,孔雀河水复故道,至铁干里克附近德门堡转东流入涸海。水既返北,故南部干涸,此最近时事也。在汉、魏时,水积罗布北岸,是当时孔雀河水亦必径向东行。然则自晋、宋以后,河流之情形若何?为吾人所研究之问题也。考《汉书》所云:罗布入海之口,仅为一河。《西域传》云:

> 其河有两源:一出葱岭,一出于田。于田在南山下,其河北流,与葱岭河合,东注蒲昌海。

据此是和田河会塔里木河东流入海。海都河与车尔臣河虽未述及,疑亦与葱岭河会流东逝也。及《水经注》卷二所述,则分南北两河入海。其叙北河云:

> 北河,自疏勒径流南河之北。北河又东……径楼兰城南而东注。河水又东注于泑泽,即《经》所谓蒲昌海也。水积鄯善之东北,龙城之西南。

又述南河云:

> 河出葱岭自歧沙谷分流。南河又东与于田河合,又东,右会阿耨达大水,会流东逝,通为注宾河,注宾河又东径鄯善国北,治伊循城,故楼兰之地也。其水东注泽,泽在楼兰国北。(治)扜泥城,其俗谓之东故城。

又引《释氏西域记》曰：

南河自于田于东北三千里至鄯善入牢兰海者也。

综合郦道元所述，显示塔里木盆地有二大河东流入罗布淖尔：一为北河，一为南河。北河则称："径楼兰城南，东注于泐泽，即经所谓蒲昌海。"南河则称："径流鄯善国北，东注泽。"叙北河所入之海，则曰："蒲昌海"，"水积鄯善之东北，龙城之西南。"叙南河所入之海，则曰："牢兰海"，"泽在楼兰国北。"其所称之蒲昌海与牢兰海，是否同为一海，或为两海因地而异名，道元均未加以诠释，但如道元所述，罗布淖尔所受水，确系二道入海：一在北，即楼兰城南；一在南，即鄯善国北（图二）。其情形甚为显然。郦道元为北魏时人，所据材料必为当时之著述。如《释氏西域记》，我亦疑为晋、宋间作品；则所论之罗布淖尔情形，必为道元当时之情形无疑。由是言之，是罗布淖尔自东晋以后至北魏之末（公元330—528年），水分两道入海：南道之海在楼兰东故城之北，即在今密远县北；北道之海在龙城西南，若南北同注一海也。则北魏时之海水较汉时已南徙。北岸始于赫定所发现楼兰遗址之东南，南岸伸张

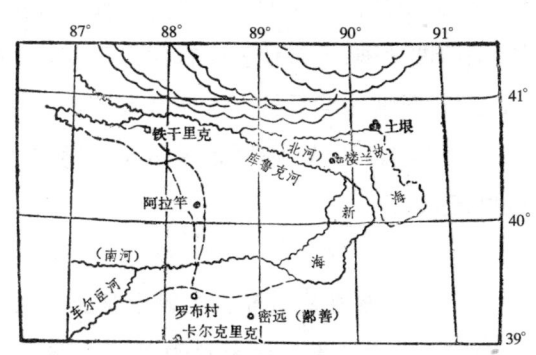

图二　魏晋以后蒲昌海之推测
（据《水经注·河水篇》拟绘）

于密远之北矣。其形势当亦为南北纵长也。

但由其受流海口之不同,影响于海水之伸缩与变迁至大。当其水大时,固可联为一海;及其干涸,或为风沙所阻塞,有截为两海之可能。如道元所述,是否能保持一海之原状,永久不变,固为一大问题也。故自隋、唐以后,罗布淖尔情形如何,次当论及。

过去旅行家之著述,多详于神怪而略于环境。晋释法显由敦煌至鄯善,记沙河中之情形,不言有海。唐释玄奘由西域取经,回程经纳缚波故国,太宗使敦煌官司迎于流沙,亦不言有海。岂讳之而不言欤,抑实未尝见欤?实使吾人苦索不得之问题也。但据《新唐书·地理志》所载,则罗布淖尔又有著矣。《地理志》附载贾耽《道里记》云:

> 又一路自沙州寿昌县西十里至阳关故城,又西至蒲昌海南岸千里,自蒲昌海南岸西经七屯城,汉伊循城也。又西八十里(当据《沙州图经》作"一百八十里")至石城镇,汉楼兰国也。亦名鄯善,在蒲昌海南三百里。康艳典为镇使以通西域者。

按七屯城据《新疆图志·道路志》密远注云:"此处有古城,周三里,北距罗布淖尔一百里。疑即汉鄯善国之伊循城也。"至于石城镇,疑即今之卡尔克里克。《沙州都督府图经》断片云:"屯城西去石城镇一百八十里。汉遣司马及吏士屯田伊循以镇抚之,即此城也。城以西有鄯善大城,遂为小鄯善,今屯城也。"据此是密远即汉之伊循城。唐之屯城又称小鄯善,石城镇又称大鄯善;康艳典所据者也。由蒲昌海南岸西经七屯城,是海之南岸在今密远东北,但又称石城镇在蒲昌海南三百里。是海水又在卡尔克里克以北三百里也。据其所述，若非所指者为两海，则隋、唐时罗布淖尔之情形又大变矣。盖此时海之北岸达阿拉竿驿附近，而南岸将及于喀拉库顺矣。其形势则为西北向东南扩展之斜长也（图三）。至如何造成此种形势，贾耽虽未加解释，但亦必与河流有关。若使所推拟形势不误，则

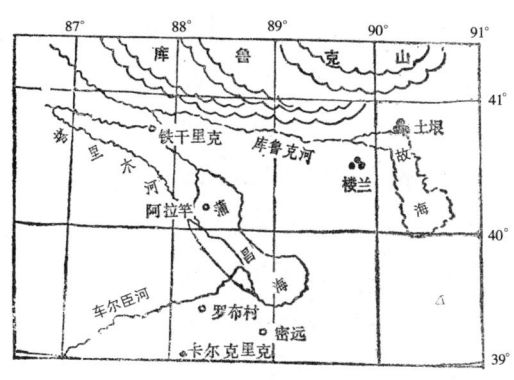

图三　唐蒲昌海之推测
（据《新唐书·地理志》拟绘）

当时北岸之孔雀河，至铁干里克时，必已不复东入涸海，而转东南流与塔里木河会流入新海也。车尔臣河则东北流入新海之南岸。水大则两海合而为一。《辛卯侍行记》营盘海子注云："周约三十余里，西南平沙宽广。相传此处原在泽中，为浣溪河（即孔雀河）淤沙所堙，疑古时此海与蒲昌海合也。"虽所述为清中叶情形，然甚可以之解释隋、唐时之罗布淖尔也。据此，是隋、唐时（即公元7世纪至9世纪之末）罗布淖尔水道较汉时不惟形势变异，亦且东西逆转矣。

　　宋、元以来罗布形势如何，有无变迁，记载缺乏，无可稽考。但马可波罗旅行西域，经过罗布镇以至沙州，并未提及有海子事，其《行纪》第五六章云："罗布是一大城，在罗布沙漠之边境，处东方及东北方间。……此沙漠甚长，骑行垂一年，尚不能自此端达彼端。狭窄之处，须时一月，方能渡过。沿途尽是沙山沙谷，无食可觅。然若

骑行一日一夜,则见有甘水,足供五十人或百人暨其牲畜之饮……。渡沙漠之时,至少有二十八处得此甘水。"按罗布大城,疑即今之卡尔克里克附近旧城,或在其北之罗布村。据此,是元时卡尔克里克之东及东北,完全为沙漠,并无海水;则海水必仍在北岸如隋、唐时之地位,尚未南迁。由沙漠中之甘水区可供五十人或一百人饮料之语,必指干河中之余水;而沿岸之"沙山沙谷",表示为古河床,现已干涸,变为沙谷矣。据此,是宋、元以来之车尔臣河仍东北流,不入喀拉布朗库尔,可以推知也。

明、清之际,碛路闭。罗布淖尔情形如何,已无可稽考。清初康、乾间,因军事之进展,罗布淖尔复见记述。《河源纪略》卷九云:

> 罗布淖尔为西域巨泽,在西域近东偏北,合受西偏众山水,共六大支。绵地五千里,经流四千五百里。其余沙碛限隔,潜伏不见者无算。以山势揆之,回环纡折,无不趋归淖尔。淖尔东西二百余里,南北百余里,冬夏不盈不缩。极四十度至五分,西二十八度至二十七度。北有圆池三,无名;南方有椭池四:为鄂尔沟海图、巴哈噶逊弩奇图色钦、弩奇图杭阿、塔里木池,错列环拱。登山远眺,亦如星宿海。

按《河源纪略》为清乾隆四十七年命阿弥达往青海穷河源后所记,皆所亲历,想非臆造。据其所述,根据其经纬度,则当时罗布淖尔确在北边;相当今阿拉竿以北以东,以阿拉克库尔、达雅克库尔、喀拉库尔、阿瓦鲁库尔及赤威里克库尔为中心。经度87°30′—88°40′,纬度40°05′——40°40′(民国初年参谋部百万分之一地图),东西浸漫,北岸达营盘西南小海子。今以《河源纪略》附图参以今地，可见也。又据《河源纪略》卷二图说二附图，在罗布淖尔东南又绘一海，名噶顺淖尔。据《纪略》卷十一云："噶斯淖尔（图说二作噶顺淖尔）周广三百余里。有三源，自西境碛中流出来注之。噶斯淖尔极三十九度六分，西二十六度五分。去罗布淖尔东南二百里。"今据其所述之经纬度，相当于今之喀拉库顺。在其西又绘有一不知名之圆池。推其位置比率，相当于今之喀拉布郎库尔。据此，是在清乾隆时罗布淖尔已南北分流：在北者水积于阿拉竿附近，疑仍为隋、唐时之旧道；在南者水积于密远之北及罗布村附近，盖为新海。其移徙之时代，虽不可确知，疑当在明、清之际也。但当时因南北河流之情形尚不清晰，故以后地图家多不注意喀拉库顺，并将南部东西两湖删除，仅将罗布淖尔绘于北部；如《大清一统图》、《西域图志》、《西域水道记附图》皆如此。及清之末叶，左宗棠驻新后，改省置县。光绪初，巡抚刘锦棠、魏光焘先后派刘清和、郝永刚探敦煌古道，而清末之罗布淖尔情形始大白。清光绪十七年（公元1891年）陶保廉据刘清和等探查图说，述其大概云："自敦煌西门渡党河，西北行约一千二百七十里，至黑泥海子。"注云："西北二十里咸滩，有废屋基。导者云：'咸丰时此地亦为水，回民渔于此，今淤为咸地。'又西南三十里，黑泥海子，即罗布淖尔东南隅也。水畔沮洳，人马难近；水咸有芦苇。四十里芦花海子，九十里阿不旦。"据其所述，是刘清和等所经行者正当罗布淖尔之南。"黑泥海子"疑即喀拉库顺湖之义译。"芦花海子"皆为喀拉库顺西之小海子。由引导者所云："咸丰时有水，后淤为咸地"之语观之，是在咸丰以前水势较大，至同、光以后遂渐干涸耳。又陶氏转录刘清和云："罗布淖尔水涨时东西长八九十里，南北宽二三里或一二里不等。"据此是较清乾隆间噶顺淖尔周三百里其情形已有不同。陶保廉又记由托克逊至若羌道云："……九十里和儿罕渡塔里木河,四十里七克里克庄,庄南涉水。(注云:于田东之卡墙河[即车尔臣河]东北流,至此会塔里木河。)四十里罗布村。四境多沮洳,即蒲昌海之西畔,古称牢兰海,今回语曰喀喇布朗库尔(言黑风海子也),蒙古语曰罗布淖尔。"据其所述,是塔里木河水南流会车尔臣河水,南积于若羌之北,分为东、西两湖。陶氏记之甚详,并不因袭于西人之发见也①。自陶氏之说出后,《新疆图志·道路志》均本此绘罗布淖尔于若羌之北;民国初年参谋部之地图亦如此;北部仍绘一小海子名孔雀海,我尚未查出其根据,想为臆造。此清代及民国初年关于罗布淖尔记录及绘图变迁之大略也。盖当清人作《河源纪略》时,塔里木河水与孔雀河水俱东流,入北岸之罗布淖尔,即《纪略》所称"六大支水入淖尔"者是也。而南部之噶顺淖尔则称西碛之水注之,虽不言车尔臣河,而车尔臣河亦当注入其中。故当时形成南北两海。此清乾隆以前事也。及刘清和前往调查时,则水道又变矣。时塔里木河与孔雀河水在阿拉竿会合后,不复东行;折而南流,又会车尔臣河,会流东逝,形成两湖,如1921年以前之形势。水既南行,故北部之淖尔遂日形干涸,又经风沙之侵袭,当时北部之淖尔,不得不截为一些小湖,即上文所举之喀拉库尔、阿拉克库尔,以及营盘西南之小海子,皆旧时罗布淖尔干涸后仅存之小积水池也。当地人相传"营盘西南宽广之平沙,本在泽中,为浣溪河即孔雀河淤沙所堙",此语极可玩味。吾人检查中国旧图自阿拉竿之东北,营盘之西南,铁干里克之东,表见一大块东西横长之咸壳低地,尚保存有残余之积水池若干个(参考民国五年参谋部地图),或

---

① 陶保廉:《辛卯侍行记》卷五汉玉门阳关路。同书卷六附吐鲁番歧路。

可拟为旧时罗布淖尔之遗迹也。近者营盘海子已完全干涸,虽阿拉干附近亦有积水,但不南行,亦渐干涸。而所谓喀拉库顺、喀拉布朗库尔者,将来或亦有干涸之虞矣。据此,是清代之罗布淖尔其地位与形势颇类唐时(图四)。

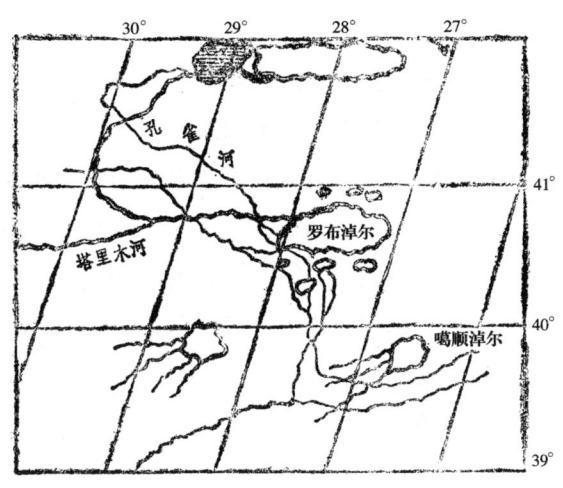

图四　清初罗布淖尔形势图(参考《大清一统图》及赫定《楼兰》附图摹绘)

不过唐时或为一海,而清代则为两海耳。

综上所述,是罗布淖尔此次变迁,乃自隋、唐以后之大变迁,不惟海水恢复两千年前之故道,而河流亦恢复两千年之旧河床矣。沧海桑田,不其然欤。总之,吾人现时所述,半由推拟;对于罗布淖尔之研究,为长远工作,有待探查之处甚多,现在之所述,其真确如何,有待将来之考察,必可得到证明或修正。

四、罗布沙漠之移徙

关于罗布沙漠问题,中国古籍数有记述,近代东西人士赴罗布考察者,对于罗布沙漠记载亦详。但吾人检查古记载所述沙漠之位置与现在情形,颇不一致。故拟本古记载所述,推测其移转之情

第 四 编

形,藉为研究海水迁移之旁证。兹缕述于下,以作参考。

吾人试检查英国斯坦因《考古报告》及其附图,在楼兰遗址之西南,铁干里克以东,罗布村以北,一大片沙漠地带。据其所述,沿途为荒寂不毛之沙山沙谷。但同时在沙漠中间散布陶片铜钱及石器之类,显然古时为人类居住之地,而且干涸河渠纵横,则当时必有河水流行其间。试检查记载,此一带为汉人屯田楼兰之区,且为孔雀河、塔里木河入海之孔道,不闻有沙碛。然则此沙碛何时移转于此,当为吾人研究之问题。

吾人试检《史记·大宛传》:"(宛贵人)相与谋曰:'汉去我远,而盐水中数败,出其北有胡寇,出其南乏水草。'"宛贵人所称之"盐水",当即今之罗布淖尔,汉时称为盐泽,又称为蒲昌海。由上面所述,汉时盐泽之位置,即在今楼兰遗址之东北,土垠遗址之南。即在今罗布低地北部,库鲁克山南麓。时匈奴右部,在今哈密、镇西一带。吐鲁番为古车师国,时役属于匈奴,而均在罗布淖尔之北,故云"出其北有胡寇"。又罗布淖尔之南,正为南道所经行,虽"贵人"不云有沙碛,只云"乏水草",但吾人甚可解释:因有沙碛,所以乏水草。在塞外风沙弥漫地带,凡无水草之区,可能即为沙漠之区。况鄯善东与三陇沙相接,则其南部之沙漠,可能与三陇沙一致。又我于1930年发掘罗布淖尔北部,在古烽火台遗址中掘拾汉简若干枚。有一简云:"敦煌去渠犁一千八百里,更沙版,绝水草,不能致。"同时拾有黄龙元年(公元前49年)木简,则所述为西汉时情形可知。时汉代南北两道均须经过楼兰。楼兰以西为汉代屯田之所。则所指之"沙版",应在楼兰东南。即在敦煌之西,过三陇沙,直至鄯善之伊循城,即今密远,皆为沙漠。由是言之,是汉、魏时之沙漠在罗布盆地东南部。1921年前之喀拉库顺湖当时疑亦在沙漠之中。故当时南道虽开,但通行者甚少,或因此也。至罗布洼地东北部如何,疑均为盐壳地带,古与今同。《水经注》云:"龙城故姜赖之墟,胡之大国也。地广千里,皆为盐而刚坚也。……西接鄯善,东连三沙,为海之北隘矣。"现根据斯坦因地图及吾人所踏查者,在涸海即今新海之东及东北,皆为盐壳地带,与《水经注》所述之龙城情形无殊。所述龙城,并非实有其城,皆指淖尔东北部被风剥蚀之土丘而言;当地人称为"雅尔当"。土丘鳞比,如城郭宫阙,蜿蜒迤逦于涸海之东北边缘。其形如龙,其状如城,故名龙城。《水经注》释龙城曰:"其国城基尚存而至大,晨发西门,暮达东门。浍其崖岸,余溜风吹,稍成龙形。西面向海,因名龙城。"则所述龙城即指剥蚀之土丘,在海之东北面,无可疑也。但若干土丘邻近山边者,固多属黄泥土层。但逼近海边,以我所见者,类分三层:上层为黄泥沙土,厚约6米至9米不等,中为沙粒层,外表僵结,内含流沙;下为盐层,《水经注》所谓"有大盐方如巨枕"是也。是由于古海之沉淀物与沙泥僵结而成,或即冰河时期所遗留。至于最上层之黄土层,疑为后期之新沉淀物。由于吾人尝在土丘之平顶上检拾带绳纹之陶片及石器,且有若干墓穴,皆在黄土层与沙粒层之间。由遗物之证明,皆为两千年前所遗留,则土丘最上之黄土层在两千年前尚表现其活力,从可知也。及进入其后时期,因风水剥蚀而黄土层遂变为"余溜风吹"之龙城矣。此两汉以前之情形也。至于魏、晋以后,地形当无较大变化。吾人根据历史所记及近来遗物之发现,楼兰故墟在魏、晋时代,尚称繁荣。楼兰海虽渐南移,但亦无多大变迁。故其沙漠,当亦无迁移之迹,吾人根据法显所述可以知也。法显《佛国记》云:"沙河中多有恶鬼热风,遇则皆死,无一全者。上无飞鸟,下无走兽,遍望极目,莫知所拟,唯以死人枯骨为标帜耳。行十七日,计可千五百里,得至鄯善国。"据此,是自玉门、阳关以西至鄯善即今密远,皆为沙碛之地,与两汉无殊。至隋、唐以后,则罗布情形有一剧烈之转变矣。今次述之。

吾人根据上文所述,罗布海水在隋、唐时当移转于罗布西部,北岸在铁干里克之西南,阿拉竿驿附近,南岸达喀拉库顺边缘,是海水已西南移矣。然则楼兰涸海情形如何,无疑已变为沙漠。吾人根据塞外经验,沙漠河流与居民尝有相互之关系:凡有居民之地,必有水草;凡无居民之地,此地必为戈壁或沙卤不毛之地。反之,地无水草,或成沙卤,人民亦必迁徙而去,此定例也。楼兰遗址在公元376年被放弃以后,迄今尚未恢复其繁荣。放弃之原因为何,吾人虽未获明文记载,但必与人为之关系及自然环境之变迁有关。盖自沮渠氏占据西域,北魏、隋、唐继之,其至西域通途,均行南道,而以鄯善与车师为中心。且鄯善与车师之交通线,疑亦由营盘、辛地横断库鲁克山而至车师。鄯善与龟兹之交通线,则疑循塔里木河向西北行,至库尔勒,转西行至龟兹。因此,汉、魏以来以楼兰为中心之交通线久已不存在。则楼兰由北魏至隋、唐是否有居民,成一问题。反之,鄯善、尉犁间则为孔雀河、塔里木河、车尔臣河末流之所汇。则当时鄯善居民为水利之运用,迫使孔雀河、塔里木河南流溉地,因此而使两河水道改变其方向,转东南流,停积于阿拉竿附近之低地,其势极可能。水既不复东流入楼兰海,则楼兰故海及其西南部变为沙漠,此必然之结果也。《史记正义》引裴矩《西域记》云:"盐泽在西州高昌县东,东南去瓜州一千三百里,并沙碛之地,绝水草难行,四面危,道路不可准记。行人唯以人畜骸骨及驼马粪为标验。"据此,则隋、唐时蒲昌海东及东南即楼兰遗址附近,完全为沙碛之地,与现情形相同。至13世纪时,威尼斯商人马可波罗经行西域,由罗布至沙州,其《行纪》第五、六章记罗布沙漠情形,本文第三节已引及。马可波罗为元世祖忽必烈时代人,所记当为宋、元时事。罗布城据斯坦因推论,即今之卡尔克里克。若然,则自若羌以东及东北完全为沙漠矣;较隋、唐时沙漠又向西南漫延也。故在宋、元之际,不特汉蒲昌海沦于沙漠,即唐之蒲昌海亦有一部沦入沙漠,迫而使海水改变其形势。故至明、清之际,罗布淖尔截为南北两海,而南部复被截为两湖,迫向南徙。故海水之变迁虽一因于河流之改道,而沙漠之向西及西南移徙亦有重大原因焉。总之现在罗布西部之沙漠,决为后起之情形,两千年来已经过几许变迁矣。现海水既复两千年故道,汉代罗布东部景物,吾人睹其地形,尚能领略于万一。但鄯善之白屋,楼兰之屯地,以及注宾河河床,尚淹埋于西部之流沙中,均有待于考古上之探寻也。

五、附论历史上的河源问题

按黄河流贯中国,与中国民族及文化之发展,关系极巨。但源始于何山,流经何地,因山川阻隔,交通不便,为古代学人及旅行者考索焦思之问题。虽近因地形学之进步,交通之开辟,对于前人思考之悬案,早已判明其是非。但由于探索河源之历史关涉罗布淖尔水道问题。故略述梗概,以为读者之助焉。

1. 西域初源说

按黄河初源之说,首见于《禹本纪》及《山海经》。《史记·大宛传赞》引《禹本纪》言:"河出昆仑,其高二千五百余里,日月所相隐避为光明也。"按《禹本纪》,其书不传,今但见《史记·大宛传

《赞》所引数语而已,未能窥其全貌。《山海经·海内西经》云:

> 昆仑墟在西北,帝之下都,河水出其东北隅以行其北,西南又入渤海,又出海外,即西而北,入禹所导积石山。

又《西山经》云:

> 积石之山,其下有石门,河水冒以西流。

按《山海经》,经后人假合窜益,故不尽可据。但河水出昆仑,潜入积石,为汉初普遍之传说。《淮南子·坠形训》亦言:"河水出昆仑东北隅,贯渤海,入禹所导积石山。"则与《山海经》所述,大致相同。但考《史记》《汉书》所记,均言河水注泑泽,不云贯渤海。《山海经·西山经》又云:"泑泽为河水之所潜",与《海内西经》不无矛盾,则其所记必有一误。故述黄河初源,当以《史记》《汉书》为主也。《史记·大宛传》云:

> 于阗之西,则水皆西流,注西海。其东,水东流,注盐泽。盐泽潜行地下,其南则河源出焉。

按《大宛传》所述,为张骞使大夏还,具言于汉武帝者,今推张骞还汉路线,盖由大夏,并南山,欲从羌中归,而为匈奴所得。大夏在今阿姆河南巴尔克一带,由此东行,必沿阿姆河上溯,过葱岭,经扦采、于田,而至罗布淖尔,不及青海,即为匈奴所获。则骞之所言,皆为及身所亲历者,当较可据。《大宛传》又云:"汉使穷河源,河源出于阗,其山多玉石采来。天子案古图书,名河所出山,曰昆仑云。"此虽不言为张骞语,然以河源出于田南山,《史》、《汉》所言,皆相同。虽后人有訾议张骞"于田之西,则水皆西流,注西海"之语。但由实地考察所得,印度河与于田河均发源喀喇昆仑山。于田河出于其北,东北流。印度河出于其西,西南流。与张骞所言暗相符合。盖张骞使大夏还,过葱岭,传闻身毒等国,必已悉闻印度河源,与于田河源之同出一山矣。故张骞使西域,虽非专为穷河源,而黄河初源之探查,则自张骞始也。及李广利伐大宛,郑吉破车师,匈奴受挫,西域服从。宣帝为之设都护,元帝更置戊己校尉,西域之土地山川,道里远近,益近翔实。班固作《汉书》,为西域立专传,其叙述河源,亦较《史记》为精密。其说云:

> (西域)南北有大山,中央有河。……其河有两源:一出葱岭山,一出于田。于田在南山下,其河北流,与葱岭河合,东注蒲昌海。蒲昌海,一名盐泽者也。去玉门、阳关千三百余里(原无千字,依王念孙说补),广袤三百里,其水停居,冬夏不增减,皆以为潜行地下,南出于积石,为中国河云。

按其所述,以较《史记》,则翔实多矣。班氏承中原、西域交通大开之后,又亲至私渠海,其弟班超久留西域,记其闻见,参以档册,故能言之确凿可据也。盖新疆南部,有一大河,曰塔里木河。会合南北支水,东流入罗布泊。在北者,为喀什噶尔河,出于葱岭,东流。阿克苏河、库车河、海都河,均入焉。在南者,为叶尔羌河,出于昆仑山,东北流。和田河、且末河,均入焉。班氏虽仅举两源,一为葱岭河,一为和田河。盖举葱岭河,则北路诸水皆属之;举和田河,则南路诸水皆属之。揭其大纲,去其枝叶,疑非有意遗漏。惟河水"潜行地下,南出于积石"一语,颇启后人訾议。但说"皆以为"三字,则班氏不过略述当时一般人之推测而已,非班氏私意也。自班氏之说出,而后人之言河源者悉宗之。虽王肃、郑玄注《尚书》,均以河水出昆仑为言。而邓展注《史记》,不信河源出昆仑,而本《禹贡》"导河自积石"语,以为河源出于金城、河关,即今河州之积石山。但《说文》、《风俗通》、《广雅》,皆云:"河出昆仑。"而高诱注《淮南子》,郭璞注《山海经》,所述皆同于《汉书》。以及应场《灵河赋》,成公子绥《大河赋》,所述亦同。是黄河初源在西域之说,已普及于一般注释家及文人矣。自魏、晋以来,中原和西域交通时断时续,而商贾贩运,僧侣往来,仍不绝于途。关于西域地形,耳闻目验,记载亦富。至北魏郦道元作《水经注》,囊括群书,征引详瞻,其述西域河流,核以现势,直同目验。盖郦氏所取者精,故所用亦宏也。然推其所本,亦不出《史记》、《汉书》与《山海经》所述之范围,而更加详密耳。故西域河源之说,在南北朝以前,均无异词也。

2. 青海河源说

自隋、唐以后,吐谷浑、吐蕃迭据青、藏,势力及于西域,两地交通,地理上之情形,渐趋明晰。隋大业中,平吐谷浑置郡设县,据《隋书·地理志》"隋大业二年,于赤水城置河源郡,以境有积石山。"又河源郡下云:"积石山河源所出。"是隋时已知河源在青海,但尚不知黄河之远源,而以河州之积石山,为河所自出矣。至唐贞观九年(公元635年),诏李靖、侯君集讨吐谷浑,据《新唐书·吐谷浑传》云:"君集与任城王道宗趋南路,登汉哭山,战乌海,行空荒二千里。阅月,次星宿川,达柏海上,望积石山,观河源。"柏海,据清人考证,谓即今之札凌、鄂凌两淖尔,丁谦并实指即今札凌湖。札,白也。凌,长也。柏,即白之转音。今云侯君集在札凌淖尔观河源,则黄河远源之发现,固始于侯君集也。又据《新唐书·吐蕃传》"唐贞观十五年,以宗女文成公主妻弄赞,弄赞率兵至柏海亲迎归国,为公主筑一城,以夸后世。"《唐会要》云:"弄赞至柏海,亲迎于河源。"其所述方位与地形,大致与《吐谷浑传》略同。是黄河真源,出于札凌、鄂凌两淖尔东北之星宿海,唐初人已知之矣。故杜佑作《通典》取河源在吐蕃,力非西域初源之说,职是故也。但当时仅有口头之记述,而无河流经行之详记载。故当时一般学人,犹持两端之见解;如张守节《史记正义》,李吉甫《元和郡县志》,一方面承认黄河经行大积石山,而以河州之山为小积石,但仍持由蒲昌海潜行地下之说。至唐长庆二年(公元822年),穆宗遣薛元鼎使吐蕃盟会,并探河源,而黄河上源始得较详明之观念矣。《新唐书·吐蕃传》云:

> 元鼎逾湟水,至龙泉谷,西北望杀胡川,哥舒翰故壁多在。湟水出蒙谷,抵龙泉与河合,河之上流,由洪济梁西南行二千里,水益狭,春可涉,夏秋乃胜舟。其南三百里三山,中高而四下,曰紫山,直大羊同国,古所谓昆仑者也。虏曰闷摩黎山,东距长安五千里,河源其间。……河源东北,直莫贺延碛尾,殆五百里。碛广五十里。北自沙州,西南入吐谷浑寝狭,故称碛尾。……元鼎所经见,大略如此。

据《河源纪略》考证,紫山,即闷摩黎山,当为今之枯尔坤山;乃巴颜喀喇山、阿克塔齐沁、巴尔布哈山,三山并峙之总名。按枯尔坤,即昆仑之转音。明僧宗泐《望河源诗》,以为河源出自抹必力赤巴山。其自记云:"番人呼黄河曰抹处,牦牛河为必力处,赤巴者,分界也。其山西南所出之水，则流入牦牛河，东北之水，是为河源。"按宗泐之抹必力赤巴山，当即闷摩黎山，摩黎即抹必力之对音，为河源之所自出。又称紫山者，疑为汉人所命名，指山色言也。与回人因山色黑，而呼为喀喇昆仑山，用义相同。据此，是唐薛元鼎所见之河源，已知出于巴颜喀喇山矣。此中国第二次所探之河源也。自薛元鼎之说出后，一般人之说河源者，情形大变。若欧阳忞《舆地广记》，及元马端临《文献通考》，踵随杜佑之说，皆主吐蕃之河源，而非西域之河源。历宋至元，其说未变。信如《元史·地理志》所云，世之言河源者，皆推本二家之说也。但唐、宋以来，道路未尽通达，信使所过，每迂回艰阻，不能直抵其处，而探其究竟。宋代幅员褊狭，凡河源经流之处，皆远隔西夏，非使节之所能通。故宋三百余年中，儒者所说河源，皆依据传闻，及唐人旧说，无所发挥。至元有中国，开道置驿，使骑往来，交通方便。自元至元二十七年（公元1290年），令笃实往穷河源，而黄河上源，遂臻详实矣。《宋史·河渠志》云：

> 元至元二十七年，令学士蒲察笃实西穷河源，河源在今西番朵甘思南鄙，曰星宿海者其源也。四山之间，有泉近百泓，汇而为海，登高望之，若星宿布列故名。流出复潴，曰哈剌海。东出，曰赤宾河，合忽兰、也里术二河，东北流，为九度河。其水犹清，贯山中行，出西戎之都会，合纳怜河，所谓细黄河也。水流已浊，绕昆仑之南，折而东注，复绕昆仑之北，自贵德西宁之境，至积石，经河州，入中国。

按此中国第三次所探之河源也。《宋史·河渠志》及《元史·

地理志·河源附录》,皆出于潘昂霄《河源志》。盖自笃实穷河源后,潘昂霄从其弟阔阔出得其说,撰为《河源志》,故潘氏《河源志》,乃记笃实穷河源之实录也。《宋史》修于元顺帝时,在笃实穷河源后,故其所述《河渠志》乃一循潘氏《河源志》,及朱思本《图说》而著录也。据其所述,星宿海,即《河源志》之火敦脑儿,清人译作鄂登他腊。哈喇海,即《河源志》之阿剌脑儿,清人译作哈勒罕,谓即今鄂楞淖尔。赤宾河,清人指呼兰河(即《河渠志》之忽兰河),额德凌特淖尔诸水,皆为元之赤宾河。《河渠志》之九度河,《河源志》称歧裂八、九股水,名也孙斡伦,译言九度之意。清人指八九股水,即海尔吉入河之处,言有八九股水入河,并非一股为八九支也。《河渠志》之昆仑山,《河源志》称为亦耳麻不莫剌山,其山最高,译言腾乞里塔,即昆仑山也。山腹至顶皆雪,冬夏不消,故又云大雪山。在朵甘思之东北,清人改译为伊拉玛博罗,即清人所称之阿木奈玛勒占木逊山,即唐人所述之大积石山也。虽如清人之批评,止知有星宿海之河源,而不知星宿海以上始发之河源。但其叙述河源之所经行,已较唐人所记,更为翔实矣。明代势力不及西陲,虽有一二僧侣关于河源之记载,然语不赅实,未可即据为典要。满清入主中夏,抚有西疆,及平准部,西北西南,悉归版图,乃又有第四次探河源之举。据《河源纪略》卷头语所云:

清康熙四十三年,命侍卫拉锡等,往穷河源,但至星宿海而止。及乾隆四十七年,后命阿弥达往青海穷河源。据称星宿海西南有一河,名阿勒坦郭勒。蒙古语,阿勒坦,即黄金,郭勒,即河也。实系黄河上源。水色黄,回旋三百余里,穿入星宿海,自此合流,至贵德堡,始名黄河。又阿勒坦郭勒之西,有巨石，高数十丈，名阿勒坦噶达素齐老。蒙古语，噶达素，北星极也。齐老，石也。其崖石黄赤色，壁上为天池，池中流泉喷涌，酾为百道，皆作金色，入阿勒坦郭勒，则真黄河之上源也。

据此所述，是较元人所探之河源，又上溯三百余里，而得其源之所出矣。清廷复令朝臣编为《河源纪略》一书，详记其事，而以御制诗文冠于篇首，历史上言青海河源者，至清人而极矣。此中国第四次探河源所得之结果也。

综观以上诸说，摄举大纲，不出二类。一以河源在新疆，塔里木河为其上源，至罗布淖尔，而潜行地下，南出积石，为黄河。此说出于《禹本纪》；《山海经》、《史记》、《汉书》及《水经注》等所述皆同，六朝以前人悉主之。一以为河源在青海，源于巴颜喀喇山，穿星宿海，至积石。唐、宋、元、明以来人悉主之。但如《汉书》所述，潜行地下，其潜行之迹何如，《汉书》亦未详加解释。而元人之以星宿海为河源也，对于与西域河源有无关系，亦未加以料简。是皆元、明以前人研究河源之疏略也。至清中叶，乘极盛之势，累遣专使探寻河源，乃于两者极端不同之中，觅出调和之法。以为河有两源。一为初源，在西域，出昆仑山。一为重源，在青海，出巴颜喀喇山之噶达素齐老峰。两者之如何联络，乃本《史记》、《汉书》"潜行地下"一语，而求其经行之迹，其说俱详于《河源纪略·质实篇》所记。又罗布淖尔《东南方伏流沙碛图说》，叙述亦颇简明。今参酌其说，举其大要云：

河水自罗布淖尔伏流，以至阿勒坦郭勒重发之处，测其径度，约一千五百里，若以伏流，随山曲折，东南激荡，当不止二千而羸。昔人言盐泽之水，散入沙碛。盖东以诸山，导以诸沙，凝荟潜流，似散而非散也。故自噶顺淖尔、察罕得勒苏水、察罕托辉水，以至库库塞水，诸泉仰发，不一而足。其最大者，达布逊淖尔一支（以上《图说》语），西北望盐泽，八、九百里，无连山之隔，东南窜入，直至拉布拉克岭，与青海相去，仅三十余里。此亦南山中断，大河伏地，从此流入之明证。前人仅知蒲昌海伏流入中国，而不知所以伏流者，为众沙之故，又不知其伏而仍行者，亦以连山中断为沙碛，故河水得以潜入其间也。（并上《质实篇》按语）

据上所述，其解释罗布淖尔水潜行入青海之迹，颇为详明。尤其提出以沙碛伏流，证河流潜行之迹，比之前人纠缠于字纸堆中者，其方法较为进步矣。

自近五十年以来，世界交通日辟，新疆、青海并入内地，东西学者前往旅行颇不乏人。据其探测之结果，罗布泊高出海面约850米。札凌海高出海面4270米。河源之噶达素齐老峰，当然更高。故欧洲地学家，遂谓两者绝无相通之可能。但察清人叙述河流潜行之迹时，每谓"诸泉仰发"，是已知青海河源之高于罗布泊也。不过清人仍主张泉水可以仰流耳。盖清人所指黄河初源者，谓塔里木河源于昆仑山。据斯坦因1906年之探察叶尔羌河及支流发源于喀喇昆仑山，其通道之河谷，海拔在5500米以上。和田河发源于昆仑主脉之最北部，海拔几达6100米。昆仑山向东南绵延，平均高度为4570米至4880米。由是言之，是昆仑中支分出之巴颜喀喇山即为青海河源之所出者，仍较塔里木河河源之所出者为低。清人认塔里木河与青海河源有关，又须中经罗布低地，不明物理现象，故有仰发之说也。我于1929年赴新疆南路考察，历循塔里木河诸支水，由北道之海都河、库车河、阿克苏河、喀什噶尔河，以至南道之叶尔羌河、和田河，探源竟委，咸入塔里木河，而归于罗布淖尔。尤其探叶尔羌河源之所出，深入山中，寻其原委，当地人名山为喀拉塔格。又有地名库尔伦，想为昆仑之转音。崖岸耸峙，壁成文理。或奇石接空，中通行人。或高峰围绕，内显平野，奇石怪木，非可言宣。阆风玄圃，不过状其山形景色而已。现喀什噶尔河水流中断，和田河水，与克里雅河水，中入流沙，而大河之主流，现仅恃叶尔羌河，及海都河而已。阿克苏河与库车河，虽间有余水灌入大河，但非主流也。在1921年以前，塔里木河水南流，与车尔臣河水会东流入罗布泊，形成喀拉布朗库尔、喀拉库顺两湖，《河源纪略·质实篇》称："罗布淖尔之南有噶斯淖尔，周广三百余里，为大河潜流伏见之第一迹。"按噶斯淖尔，《图说》作噶顺淖尔，当即今喀拉库顺之异名，实指一海。现海都河会塔里木河东流入涠海，不复南流。车尔臣河水流亦不长，故旧时之喀拉库顺，现已成涠湖。是噶顺淖尔之水，由于塔里木河流之浸入。河流改道，湖水即涠。是河流影响于水道，形迹至为显然。清人不察河流之所经行，讹言和田以东，无一河流，故以噶顺淖尔水，为罗布海水之伏见，何其诬也。达布逊湖，我虽未亲往查勘，但达布逊湖所受之水，中隔峻岭，实与罗布淖尔所受之水无关。札凌、鄂凌两淖尔，更无论矣。河出西域说、重源说虽然都是错误的；但所反映出来的祖国山河相连的观念却是可贵的。

（原载《罗布淖尔考古记》）

古楼兰国历史及其在西域交通上之地位

一、楼兰史略

楼兰国创始于何时,记载缺乏,无可征信。但其名称之初见于古籍记载者,以汉司马迁《史记》为首。文帝前元四年(公元前176年),匈奴冒顿单于遗汉文帝书云:"楼兰、乌孙、呼揭及其旁二十六国(按二当作三),皆以为匈奴。"此为记录楼兰名称之始。然此时汉朝对西域诸国情形,尚不明晰。汉朝认识西域诸国,始于张骞。张骞在武帝建元三年(公元前138年),奉使西域,元朔三年(公元前126年)返汉,俱以所过及传闻西域各国情形,还言于武帝。司马迁著《史记》,据之以作《大宛传》。如云:"楼兰、姑师,邑有城郭,临盐泽。"是为记录楼兰国之始,汉朝之知有楼兰国,亦自张骞始也。在《史记》以前,若《山海经》,虽述河水入渤泽事,然未提及楼兰。《水经注》述姜赖国之传说,语多虚诞,未足取信。故论罗布区域历史,当以《史记》所述楼兰为始。但"张骞凿空",记文简略。及武帝以后,宣、元之际,中原、西域交涉频繁,西域各国情形益臻翔实。后汉班固作《汉书》,西域各国别为一卷。而鄯善国即楼兰,

特立专传,以志其事迹,后之作史者,均相沿不改,而楼兰国历史,差可考述。今本近世出土文书,参稽古籍,述其历史如下:

(一) 鄯善国之初起及其最盛时期

秦朝开创统一局面后,在北方,东有东胡,西有月氏,北为匈奴,为三大相邻势力。时匈奴在阴山以北,今内蒙一带,而月氏居于敦煌祁连间,最为强大,乌孙等民族,均为其役属。楼兰僻处蒲昌海西岸,与月氏为邻,是否服属月氏,或有亲属关系,确无明文可考,然当与月氏有交往。月氏西迁,疑亦假道于楼兰国境。秦二世元年(公元前209年),匈奴冒顿为单于,势渐雄强,北灭东胡,西击走月氏,役属西域三十六国。据汉文帝四年(公元前176年),冒顿所遗文帝之书,称"楼兰、乌孙……为匈奴"。则当时匈奴势力已达到西域各国,即今新疆之南北矣。时月氏、乌孙已相继西迁,匈奴疆域,右方直至盐泽以东①。时楼兰居盐泽以西,国小兵弱,为匈奴役属,此必然之势。故在西汉初年,即自汉文帝前元四年至武帝元封三年(公元前176—108年),楼兰为匈奴属国时期。

西汉之初,匈奴奄有西北,置左右贤王,以左王将居东方,直上谷;右王将居西方,直上郡。又与氐、羌相往。故汉时西北两面,均被迫于匈奴,与氐、羌累为边境之患。自汉元狩中,汉遣骠骑将军霍去病击破匈奴右地,降浑邪休屠王,空其地,以置酒泉、武威、张掖、敦煌四郡。匈奴益西北徙,羌、胡交通自是断绝。初张骞奉使西域还,言联络乌孙、大宛之利。武帝从其言,甘心欲通大宛诸国,

---

① 见《史记·大宛传》。

使者相望于道,一岁中多至十余辈。然汉由白龙堆,过楼兰,至乌孙、大宛,必须经过极长之险道。时匈奴虽已西北徙,然与西域诸国相接。车师服事匈奴,共为寇钞。又匈奴西边日逐王置僮仆都尉,使领西域,尝居焉耆、危须、尉犁间。汉使至西域,必经过楼兰、尉犁,沿塔里木河西行,过龟兹,以至乌孙,西通大宛。时楼兰与姑师均临盐泽,当汉道之冲。楼兰最在东陲近汉,当白龙堆。"常主发导,送迎汉使",苦之。数为匈奴耳目,攻劫汉使王恢等。故武帝欲达到通西域以断匈奴右臂之目的,则非取得楼兰为根据地不可。元封三年(公元前108年),武帝遣从票侯赵破奴将属国骑及郡兵数万人,击姑师;王恢将七百人先至,虏楼兰王,遂破姑师,楼兰降服,纳质子于汉,汉亦列亭障至玉门矣。太初三年(公元前102年),贰师将军西行,得以渡过盐泽,平行至大宛,皆由已取得楼兰,无后顾之忧故也。楼兰虽服属于奴,但同时又被迫于匈奴,与汉时离时合。例如楼兰常遣一子质汉,一子质匈奴,又尝为匈奴反间以苦汉使。昭帝时因楼兰王不睦于汉,遣傅介子刺杀之,更立尉屠耆为王。迁都伊循城,置伊循都尉以镇抚之,更其国名为鄯善,是为鄯善得名之始。《汉书·西域传》立鄯善传,而无楼兰传,盖从其后称也。伊循在罗布泊之南,当南道之冲。楼兰在今罗布泊之北,当北道之冲(详下第二节)。楼兰既已南迁伊循,则楼兰故地,汉得因之以为军事运输之重地。例如宣、元之际,设都护,置军侯,开井渠,屯田积谷,由盐泽以至渠犁,亭燧相望,皆为布置军事及运输之重要措施。由是言之,自昭、宣以后,楼兰故地遂为汉有矣。

及前汉之末,哀、平年间,内政不修,汉朝势力,未能远播。西域诸国,自相分割为五十五国。王莽篡位,倒行逆施,激起西域统治者不满;匈奴乘机役属西域。光武初定,未遑远略,西域诸国,复自相攻伐兼并。据《后汉书·西域传》所述,明帝永平中,小宛、精绝、戎卢、且末为鄯善所并。渠勒、皮山为于阗所统。葱岭以东,惟此二国最为强大。《魏略·西戎传》所述,与此略同。惟戎卢属于阗,别有楼兰国属鄯善为异耳。是当后汉时,鄯善疆域,西达今之尼雅矣。1906年,斯坦因考古西域,在尼雅北废墟中,发现有佉卢文书(Kharosthi)及汉文封泥,上镌篆文"鄯善都尉"四字。都尉二字确否待考,鄯善二字则无可疑。又一封泥,镌有希腊式神像雅典娜(Pallas Athene),手执盾及雷电。斯坦因认为公元1世纪至3世纪之物①。适当汉、魏之际,与《后汉书》及《魏略》所述完全符合,足征史书所载精确可信。惟《后汉书》不为鄯善立传,其胜兵户口之数,无由确知。但合并《汉书》所记鄯善、且末、小宛、精绝、戎卢,户口胜兵之数,则户为二千六百七十,口为七千七百七十,兵为四千二百二十,视西汉时几加一倍矣。疑尚不仅此数也。至于罗布北部,则后汉与前汉迥殊。前汉交通,多取北路,由白龙堆取道楼兰,直诣龟兹。故宣、元之际,楼兰虽南迁,而汉朝仍设烽候以卫行旅。及至哀、平,中原和西域交通阻隔,此路遂被放弃,由吾人在罗布北岸守望台中所掘拾文书,无一哀、平以后者,可以为证。及至后汉情形,当复相同,且又为风沙所侵袭,已非如西汉时为屯田良地。故后汉通西域路线,不得不由敦煌通西域路中,别觅一安全之道,乃注意及伊吾。伊吾即今之哈密,居天山东麓,为西域诸国门户,匈奴尝资之以为暴钞。由伊吾至车师千余里,路平无险,可避白龙堆之厄。再由车师西行,沿天山南麓,经焉耆、龟兹至疏勒为天赋良道。故明帝永平十六年(公元73年),令窦固出兵攻取伊

---

① 向达译斯坦因:《西域考古记》,第63页,又第44图。

吾,为北路之根据地者,此也。虽章帝不能守,退出哈密与吐鲁番二地。但和帝永元之初,再令窦宪攻匈奴,取伊吾卢地,班超因之以定西域,五十余国,悉附于汉。故终后汉之时,与匈奴争伊吾、车师,而不注意楼兰,与前汉情形迥殊。故楼兰径道遂日益荒废。虽安帝元初中,据《后汉书·班超传》班超少子班勇上议:"宜遣西域长史,将五百人屯楼兰,西当焉耆、龟兹径路,南强鄯善、于阗心胆,北扞匈奴,东近敦煌。"然汉朝卒不从其计,令班勇将五百人出屯柳中。柳中即今鲁克沁地,与高昌为近。故就记载所述,终后汉之世,对于楼兰故墟,即罗布泊北岸,不见有若何之措施也。至于南道,在后汉之时,则为汉朝所注意。盖后汉既注意伊吾,但鄯善亦当南道冲要,若不取以为犄角,设鄯善与车师联合以阻汉道,亦足以威胁伊吾。故当明帝永平中,窦固攻取伊吾卢地,即令班超收抚鄯善为后援。班超率三十六人攻陷匈奴使节,鄯善遂为藩属,班超因之以镇抚南道诸国,平定西域。安帝之初,阻于羌乱,而西域诸国一度被迫于匈奴,而鄯善未几亦降。班勇上议,称"今鄯善王尤还,汉人外孙,若匈奴得志,则尤还必死,若出屯楼兰,足以招抚其心。"据此,是鄯善自永平以来,即为汉藩属。推"鄯善王尤还为汉人外孙"一语,则鄯善前王与汉又有婚嫁之谊,故鄯善王广及尤还二世,均尝以兵助超、勇平定西域之乱。鄯善王虽服属于汉,仍拥有国土与名号,故终后汉之世,其势力与疆域特别强大。至三国时,本《魏略》所记情形,与后汉略同,惟戎卢属于阗,疆域较后汉时略小耳。又据《魏志·乌丸传》所述,称龟兹、于阗、康居、乌孙、疏勒、月氏、鄯善、车师之属,无岁不奉朝贡,略如汉时故事。又称文帝黄初三年(公元222年)二月,鄯善、于阗、龟兹王各遣使贡献,魏置戊己校尉以统之。是鄯善在三国时仍服属于曹魏。

(二) 楼兰故地之复活与最后之放弃

研究西域历史,至魏、晋以后,颇感困难。这是由于内地长期处于分裂割据状态,政治上对西域的影响为之削弱;文字上对西域的记载又复残缺不全,史实失载较多。现检其自魏、晋以来二百余年之间略见于史书记载者,复参考近年来在考古上之发见,概略言之。

1900年,斯文赫定在罗布北区,发见楼兰遗址,采获文书中,有咸熙、泰始、永嘉各年号之记载。按咸熙为曹魏最后之帝陈留王奂年号,泰始为晋武帝年号,永嘉为晋怀帝年号,是此地在公元265—310年约四十余年之间,尚在活动时期。又一年号为喜平四年,我疑为嘉平之讹,即齐王芳年号,若然,则又早十余年矣。又查文书中所述,大概关于屯田、积谷事。如云:"将城内田明日之后,便当斫地下种"可证。又其官员中,有"从掾主簿"、"仓曹"、"兵曹"等官,则此地显然如魏、晋在西域所设置之政治组织所在地。又一简云:"长史白书一封诣敦煌府,蒲书十六封,十二封诣敦煌府,二诣酒泉府,二诣王怀、阚颀。泰始六年三月十五日,楼兰从掾马厉付行书"①。据此,是此地为西晋时西域长史所居,与敦煌太守交往不绝。按西域长史之官,初设于后汉安帝延光中,以班勇为长史,屯柳中。魏黄初三年(公元222年),置戊己校尉于高昌,晋初仍之未改,此见于史书之可据者。但设西域长史,屯田楼兰,史书均失载。由此文书之发见,可补正史之阙。又有发见嘉平、咸熙年号。是西

---

① August Conrady: Die Chinesischen Handschriften und Sonstigen Kleinfunde Sven Hedin in Lou-Lan, p. 156。

域长史,在曹魏时即已设置,或与置戊己校尉同时,而晋初仍其旧也。如此,是楼兰故地交通之恢复,始于魏黄初中。故《魏略》记通西域道路,称前有二道,今有三道,多一中路,盖即此也。

至此地放弃时期,据斯文赫定所获文书之记载,为永嘉四年(公元310年)。但斯坦因于1906年,在此地发掘得一年代最后之文书,为(东晋元帝)建武十四年,即(东晋成帝)咸和五年(公元330年)。但日人橘瑞超于1910年,又在楼兰故地,拾西域长史李柏书字样①,按据《十六国春秋·前凉录》,有"西域长史李柏请击叛将赵贞,为贞所败,骏赦不诛"等语。是为咸和五年事(辑补作"四年")。今以《十六国春秋》所记,与斯坦因、橘瑞超氏所得之文书核对,则橘瑞超所得之李柏文书,当即《前凉录》中之西域长史李柏。又观下文"赵贞不附骏"之语,是在咸和五年以前,高昌及西域长史,尚称晋年号,故有建武十四年之记载。自咸和六年以后,乃并于张骏,时晋已东渡,命令不及于西域,而高昌太守赵贞,尚承晋年号。故自魏黄初元年(公元220年)至东晋成帝咸和五年(公元330)约百余年间,皆为中原势力所及之时也。至前凉张骏据有西域后,设戊己校尉,与西域都护,仍沿魏、晋旧规,分居于高昌及楼兰两地。《十六国春秋·前凉录》云:"分敦煌、晋昌、高昌三郡,及西域都护、戊己校尉、玉门大护军三营,为沙洲。以西胡校尉杨宣为刺史。"西域都护,疑即魏、晋时之西域长史,与戊己校尉、玉门大护军为三营。可证在咸康元年(公元335年),张骏假节凉王时,仅改名号,而驻地未改。故咸康元年,沙州刺史杨宣伐西域,以张植

---

① 斯坦因文书,具见《西域考古记》,第99页。日人文书,见《流沙坠简简牍遗文》,及《观堂集林》卷十七《罗布淖尔所出前凉西域长史李柏书稿跋》。

为前锋,进至流沙,疑即白龙堆之沙碛也。《前凉录》又云:"张植为西域校尉,以功拜西域都尉。"按西域都护、西域都尉与西域长史,是否为一官之异名,虽不可知,但相信其职位必相等。疑晋之称长史者,注重屯田治民,盖沿曹魏之旧。张骏改为都护,或都尉,注重治军,故称营;营,军垒之号也。若然,是咸康元年为西域长史或都尉者为张植。又据斯坦因所获文书中,有"西域长史张君座前"之语①。是否即为咸康元年之张植,抑为天锡朝西域校尉之张颂,虽不能判定,但由咸康元年至前凉末王之张天锡,西域仍继续设长史,或都尉,似可确信。若然,是楼兰故地之放弃,当在前凉之末,即公元376年也。至苻秦灭前凉,内地与西域交通移转于鄯善、车师,而此地遂荒废矣。

(三) 鄯善与中原三朝之交涉及其衰亡

自苻秦灭凉,拥有凉土,兼制西域,西域诸国亦相率朝秦。《晋书·苻坚载记》云:"〔前秦苻坚〕建元十七年,车师前部王弥寘、鄯善王休密驮入朝,坚引见于西堂,悉依汉法。并请置都护,若王师出关,愿为向导"云云。建元十八年(公元382年),以骁骑将军吕光为使持节都督西讨诸军事;十九年春,兵发长安,加鄯善王休密驮使持节都督西域诸军事,车师前部王弥寘使持节平西将军、西域都护。是为鄯善与前秦关系密切之证。及苻坚败于淝水,领土瓦解,不复能控制西域。以〔西凉李暠〕建初二年(公元406年),鄯善王一度遣使贡献方物于西凉李暠,然亦无多交涉。〔北凉沮渠蒙

---

① 向达译斯坦因:《西域考古记》,第71页前,第47图。

逊〕玄始九年（公元420年），沮渠蒙逊率众攻敦煌，灭西凉，鄯善王比龙又入朝于蒙逊，西域诸国皆相率称臣。当五凉之互据甘肃也，拓跋魏亦雄张于山陕，渐次向西北扩展。时沮渠蒙逊拥有凉土，史称北凉。在宋文帝元嘉十六年（元公439年），魏太武帝破凉州，沮渠牧犍被执。其弟无讳奔敦煌。《十六国春秋》云："真君初（宋元嘉十八年）无讳谋渡流沙，遣其弟安周西击鄯善，王比龙恐惧欲降，会魏使者至，劝令拒之，安周与战，连旬不克，退保东城。明年，无讳将万余家弃敦煌，西就安周，未至，鄯善王畏之，将四千余众西奔且末。其世子乃从安周，国中大乱，无讳因据鄯善。"时鄯善之北高昌，为凉州人阚爽所据。鄯善之东敦煌，为西凉后裔李宝所据。而柔然与魏，又雄强于东北外围。鄯善当南道之冲，为谋控制西域之势力所必争。时魏已拥有凉土。势必扩展至西域，乃必然之势也。无讳与魏为敌，魏决不使无讳安据要冲，亦为必然之势也。故无讳亦谋向西北发展，因谋攻阚爽，即率众从焉耆东北趣高昌。遂留屯高昌。无讳卒，其弟安周继据之。清光绪中，德国人奈柯克在高昌故城中，发见有沮渠安周造寺碑，及所写佛经①，可以为证。则沮渠氏之王高昌，固有若干年矣。时无讳既去鄯善，而魏遂乘机而入。据《魏书·西域传》，魏太平真君六年（公元445年），鄯善王阻隔交通，魏太武帝遣万度归讨之，擒其王真达，以韩牧为假节征西将军，领护西戎校尉鄯善王，以镇之，赋役其人民，比之郡县。鄯善遂为魏有。但魏虽平定鄯善，尚不及且末，故且末仍为鄯善王所据，及西魏大统八年（公元542年），其兄鄯善王米率众内附，而旧时鄯善领土，遂全入于魏矣。按史书记载称鄯善始于汉昭帝元凤四年（公

---

① 王树枏：《新疆访古录》卷一。

元前77年),至魏太武帝太平真君六年(公元445年)亡,共有国凡五百二十二年。

附:鄯善与楼兰国都问题

楼兰历史既如上述。至楼兰与鄯善之都城问题,因近数十年来,罗布淖尔遗址续有发见,关于国都位置问题,遂引起东西学者之注意。今据考古上之材料,参稽古籍,为之疏证如下。

1. 在南说

此为斯坦因等所主张,日本人藤田丰八和之。据斯坦因《西域考古记》所述,在1907年1月,在密远西藏堡垒工作时,发现古西藏文书所记录之地名,有大纳布城、小纳布城。按大纳布城即若羌,小纳布城即密远,可证密远遗址,即为扜泥城旧址,"中国史书称此为鄯善的古东城"①。按斯坦因氏所述"中国史书",即指北魏时郦道元之《水经注》。郦注《河水篇》引《释氏西域记》云:"且末河东北流,径且末北,又流而左会南河,会流东逝,通为注宾河。注宾河又东,径鄯善国北,治伊循城,故楼兰之地也。……其水东注泽,泽在楼兰国北,扜泥城,其俗谓之东故城。"按且末河即今车尔臣河,东北流,与塔里木河会而东流,注宾河盖其末流也。其水由西而东,故先径鄯善国之伊循城,东至扜泥城注泽。斯坦因氏以今卡尔克里克附近之古迹,当汉之伊循城;密远旧址,当扜泥城。又以《水经注》有楼兰国北扜泥城之语,遂以扜泥城为楼兰旧都也。由是言之,是伊循城在扜泥城西,而扜泥城在东也。如此,则与《新唐书·地理志》所述不合。《新唐书·地理志》引贾耽《道里记》云:"又一路,自沙州寿昌县西十里,至阳关故城。又西,至蒲昌海

---

① 向达译斯坦因:《西域考古记》,第81页。

南岸千里,自蒲昌海南岸,西经七屯城,汉伊循城也。又西八十里,至石城镇,汉楼兰国也。亦名鄯善,在蒲昌海南三百里。唐康艳典为镇使,以通西域者。"又敦煌写本《沙州图经》云"石城镇,东去沙州一千五百八十里,本汉楼兰国。唐贞观中,康国大首领康艳典东来居此城,亦曰典合城。"又云:"屯城西去石城镇一百八十里,汉遣司马及吏士屯田伊循以镇抚之,即此城也。胡以西有鄯善大城,遂为小鄯善,今屯城也。"如《图经》所述,除七屯城作屯城,西八十里作一百八十里外,余与《新唐书·地理志》大致相同。据上所述,是汉之伊循城,即唐之屯城,当即今之密远。唐石城镇即汉之扜泥城,当即今之卡尔克里克,若然,是伊循城在东,而扜泥城在西也。与《水经注》所述方位,完全相反。近日人藤田丰八作《鄯善国都考》,赞同斯坦因氏之主张,并引《魏书·西域传》"沮蒙安周退保东城"之语,谓即《水经注》之东故城,证明北魏时鄯善国都之伊循城,在扜泥城之西。《新唐书·地理志》及《沙州图经》颠倒东西位置也。按《沙州图经》及《新唐书·地理志》,并无石城镇为汉扜泥城之语。本楼兰国一语,乃泛指楼兰国境言。楼兰即鄯善未迁时之名,故《新唐书·地理志》有汉之楼兰国亦名鄯善之语,本非两国,故互举以言之。细审《沙州图经》之语,石城镇为唐上元二年所改,其城初置于隋,未久即废。唐贞观中,康国人康艳典重修筑,改名典合城,即今卡尔克里克附近之废墟是也。现地方人士在此城中,尝得陶器及开元钱,已证明为隋、唐时遗址。若指为楼兰国之旧都扜泥城,或为鄯善之伊循城,应有西汉遗物。今察无一见,可证非西汉遗址。且《水经注》明言泽在楼兰国北扜泥城,是城临泽旁,与《史记》"楼兰、姑师,临盐泽"之语相合。时泽在北岸,由今之地文学者,检查地形,及近今之水复故道,已可证明,则旧扜泥城亦应在此,不过尚未发见耳。若以扜泥城,当今密远,或卡尔克里克,相差数百里矣。至密远遗址,据斯坦因氏发掘报告,皆为公元后2世纪至4世纪遗物,正当鄯善隆盛时期。由上文所述鄯善历史,可以考见。《水经注》明言鄯善治伊循城,则以今之密远当古时伊循城,至为适当。据此,则《沙州图经》与《新唐书·地理志》所述,并无不合,与《水经注》亦无违反。斯坦因欲以密远与卡尔克里克,配合汉之伊循城与扜泥城,未免武断。而藤田丰八等,又欲以《水经注》之伊循城与东故城,配合唐之屯城与石城镇,亦陷于时空不相容之谬误,两者皆非也。

2. 在北说

此说初起于德人卡尔·希姆来(Herr Karl Himly)及孔拉特(A. Conrady),盖斯文赫定在公元1900年时,赴西域探险,在罗布泊涸海之北部,发见遗址一区,在经度89°40′,纬度40°30′,掘获木简及文书甚多,交德人喀尔亨利及孔拉特研究,二氏据其所获文书中有楼兰字样,遂定此城为楼兰城。后斯坦因博士于1906年再往考察,又发现不少遗物,沙畹博士研究遗物,亦赞同孔拉特之说。1910年,日人橘瑞超氏至此城,获得西域长史李柏文书,又有"海头"字样,我国王静安先生合并研究,以此地非古楼兰,其地当前凉之世,实名海头①。我检斯文赫定所获文书,有晋泰始字样,大部分遗物,皆在晋武帝以后,并无西汉时之遗物。王先生以此非古楼兰城,其说甚是。虽文书中有"楼兰马厩"、"楼兰国主均那羡"等语,然不能据此,即指为古楼兰国所遗留。因楼兰国虽更名鄯善,而楼兰地名之称呼并未废,在史书记载中,亦常称述楼兰字样,如上文

---

① 《观堂集林》卷十七《流沙坠简序》,及斯文赫定《我之探险生涯》。

所举《水经注》、《新唐书·地理志》，皆其类也。故不能以有楼兰字样，即定为即古楼兰国都。又查此地有西域长史李柏书，李柏为前凉张骏时之西域长史，则此地为晋、宋时，中原王朝之西域长史所在地。我上文已详叙述矣。故以赫定所得之晋、宋遗址为西汉时楼兰国都，亦难凭信。然楼兰国都在何所耶？

按研究楼兰国都城，当有一先决问题。而时间与空间之配合，最为重要，盖鄯善国本名楼兰，近汉，当白龙堆。汉元凤四年（公元前77年），因楼兰王不恭于汉，大将军霍光遣傅介子刺杀之，立尉屠耆为王，更名其国为鄯善，都伊循城。故欲论楼兰之国都，当在元凤四年以前遗址求之。欲论鄯善之国都，当在元凤四年以后遗址求之。两者虽同为一国，但论其都城，不可混为一谈也。其次，汉通西域，原有二道：一为南道，一为北道。楼兰当北道之冲，由李广利出兵大宛之路线，及《史记·大宛传》之记录，可为证明。皆为未迁以前之事，鄯善当南道之冲，由前、后《汉书·西域传》及《汉书·冯奉世传》"奉世送大宛诸国客，至伊循城"一语，可为证明。皆既迁以后之事。因此，则鄯善国都之伊循城，在南道；楼兰国都扜泥城，在北道，似无可疑。我在上文述及鄯善之伊循城，根据《沙州图经》、《新唐书·地理志》，及考古上之发见，定为即今之密远废墟，大致可以确定。若楼兰国都在今何所，今尚无适当遗址可以当之，但决在北道上。又本《史记》"楼兰、姑师，临盐泽"一语，决距罗布淖尔古海不远也。又按《水经注》叙述河水入罗布淖尔，分为两道。一为南河，注引《释氏西域记》云："南河自于田于东北三千里至鄯善，入牢兰海。"一为北河，注云："河水又东径注宾城南，又东径楼兰城南，而东注泽。"按南河最后所会之河为且末河，发源于阿耨达大山，流行于且末城之北，是南河当南道，东流入泽。北河最后所会之河，为敦薨水，即今焉耆河，发源于焉耆山，流行于焉耆之野，东径墨山国南，为孔雀河，东流注泽，是北河当北道。河水流行既分南北二道，则入海处亦当为南北两海口，则所径行之城市，亦必有在南北两面可知。北河流行于楼兰城南，而东注于泽，则楼兰城在北河之北可知。此由河流之经行，可以推知者也。密远既在且末河入海之南，是故以密远当伊循城，与《水经注》所述实为暗合。援例推之，则楼兰城当在北河之北，即今库鲁克河之北也。但尚未发见耳。我推测古楼兰之扞泥城，必距我在1931年所发见之古烽燧亭遗址不远，或在其西，是固待于后来者之探寻者也。

（四）吐谷浑之侵入与隋、唐之经营

约当公元5世纪之间，在中国西北部有一突起之民族，先吐蕃而进入西域者，曰吐谷浑。后魏神龟元年（公元518年），宋云往西域取经，过鄯善，称其城主为吐谷浑王第二子，则鄯善此时，已为吐谷浑王所并无疑。又考《梁书·西北诸戎传》，有吐谷浑者，弟嗣位，避之西徙。"西上陇，度枹罕，出凉州西南，至赤水而居之。其地则张掖之南，陇西之西，在河之南，故以为号。其界东至叠川，西邻于阗，北接高昌，东北通秦岭，方千余里，因姓吐谷浑，亦为国号。"按鄯善在于阗之东，高昌之南。今称北接高昌，西邻于阗，则鄯善、且末已属吐谷浑领土可知。又《梁书·高昌传》亦有南接河南之语，河南为吐谷浑王号，是与《西北诸戎传》所述相合。但吐谷浑自何时始侵入鄯善，则史无明文。《魏书·西域传》于阗条云："太武时击吐谷浑，慕利延驱其部渡流沙，西入于阗，杀其王，死者甚众。"据《魏书·世祖纪》为太平真君六年（公元445年）事。《宋书》亦有同样记载。《吐谷浑传》云："宋元嘉十六年,改封慕利延为河南王。十九年,为拓跋焘所破,西奔白兰,因攻破于阗。"宋元嘉十九年,即魏太平真君三年(公元442年)。虽其年代微有差异,然必同记一事。按于阗在鄯善之西,白兰据丁谦考证,即今柴达木盆地,正当鄯善之南。与柴达木隔阿尔金山。然由柴达木至卡尔克里克,有大路可通行,谅古与今同。若然,则慕利延攻于阗时,必取道鄯善、且末,而西至于阗。《魏书》传中有"渡流沙"一语,其形迹至为显然。若然,则鄯善、且末之并入吐谷浑,始于慕利延,即(魏太武帝)太平真君三年,或六年事也。又按《魏书》(魏太武帝)太延五年(公元439年)平凉,(魏太武帝)太平真君二年(公元441年),沮渠无讳谋渡流沙,三年至鄯善,袭据高昌,六年魏遣万度归伐鄯善,擒其王真达,以其地为郡县。如慕利延在太平真君三年过鄯善伐于阗,则适当无讳据鄯善,时无讳势力尚强,拥有鄯善、且末、高昌,未必让吐谷浑通过。如过鄯善在六年,则适当万度归伐鄯善时,吐谷浑亦不敢经过。故慕利延之攻于阗,必不在太平真君三年或六年之间。鄯善之并入吐谷浑,决不在此时。又按《魏书》称,兴安元年(公元452年)拾寅始居伏罗川,时太武被弑,国内乱,无暇顾及西陲。故吐谷浑得乘机扩充其势力。是吐谷浑之兼并鄯善、且末,疑在魏文成帝兴安元年以后也。以后,魏与吐谷浑虽迭有攻战,然均不足以制吐谷浑之发展。至魏孝明帝正光元年(公元520年),伏连筹之子夸吕立,渐强盛。魏孝庄帝永安三年(公元530年),始称可汗,居伏俟城。史称夸吕所据,东西三千里,南北千余里,故夸吕时为吐谷浑最盛时期,而鄯善、且末为其服役久矣,故宋云至鄯善时,为吐谷浑王第二子所统也。历周至隋,其境宇均未有变更。《隋书·吐谷浑传》云："隋炀帝时,伏允为铁勒所败,帝出兵掩之,伏允南遁,故地皆空。自西平、临羌以西,且末以东,祁连以南,雪山以北,东西四千里,南北二千里,皆为隋有,置郡县镇戍。大业末,天下乱,伏允复其故地。……"按此为炀帝大业四年(公元608年)事也。是大业四年以前,鄯善仍为吐谷浑所有,炀帝灭吐谷浑,置鄯善郡,统显武、济远二县,且末郡统肃宁、伏戎二县,与西海郡、河源郡,同隶雍州,此炀帝大业五年事也。隋并筑鄯善镇以镇抚之,所筑之城,即今所见卡尔克里克之遗址。是鄯善在隋时,一度为隋所并,及大业末,隋乱,而伏允仍居故土,鄯善仍为吐谷浑所统。至唐初灭吐谷浑,而鄯善遂内属于唐矣。《新唐书·吐谷浑传》云:"隋末慕容伏允寇边,郡县不能御。太宗初,屡侵掠,贞观九年,诏李靖、侯君集率六总管讨之,伏允西走图伦碛,将托于阗,会追及,伏允遂自杀。"可以为证。是吐谷浑拥有鄯善、且末,始于魏文成帝兴安元年(公元452年),灭于唐贞观九年(公元635年)约一百八十余年。藤田丰八以鄯善属吐谷浑,自魏孝明帝正光元年(公元520年)至隋文帝开皇十一年(公元591年),凡七十二年,实不止此数也。

(五)康艳典东来与吐蕃之侵入

据《新唐书·地理志》附贾耽《西域道里记》云:"石城镇,亦名鄯善,在蒲昌海南三百里,康艳典为镇使,以通西域者。西二百里至新城,亦谓之弩支城,艳典所筑。"(《新唐书》四十三下)有认为康艳典为康国人。伯希和于1908年,搜获敦煌千佛洞写经,得唐时《沙州志书》一卷,卷中有开元年号,盖为公元8世纪前半期所写。罗振玉影印入《鸣沙石室遗书》中,定名为《沙州图经》。后伯希和氏又得一写本,卷末附有《沙州都督府图经》卷第三,并附有永昌元年所录歌谣诸事。《图经》所记,为 7 世纪至 8 世纪时事,其中所记,大概为水道、堤防、驿站、学校、寺观、城隍、怪异等事,并附有蒲昌海石城镇将康拂耽延之弟地舍拨所上之申请书,其申请书所记之年号,为唐武后天授二年(公元 691 年)。伯希和氏作《蒲昌海之康居聚落》,推论康拂耽延为伊朗种人,姓康,盖古康居之简称,即今之撒马尔罕。与天宝二年入朝中国之石国王婿康染颠必有亲属关系。并推论蒲昌海之南,当时有一康居聚落居其地[①]。按伯希和氏据《新唐书》中之康国即汉之康居,近人多有怀疑(参考白鸟库吉《粟特国考》)。至推论康国为伊朗种人,乃沿于康国即康居之后而来。但据《隋书·西域传》所述,称其王索发,冠七宝金花,衣绫罗锦绣白叠。其妻有髻,蒙以皂巾。丈夫剪发,锦袍。其服饰多与突厥同。又其王名代失毕,乃突厥语石王之义。代失读 Tas,乃突厥语石也。毕读若 Bi,乃突厥语王也。据此,是撒马尔罕之康国乃突厥人,而非伊朗人也。至少,其君主当为突厥人也。其后,斯坦因氏于 1906 年,又搜获敦煌千佛洞遗书,又得《沙州图经》断片。有云:"石城镇本汉楼兰国,贞观中,康国大首领康艳典东来居此城。胡人随之,因成聚落,亦曰典合城,其城四面皆沙碛。上元二年改为石城镇,隶沙州。"(此本跋尾,记唐僖宗光启元年十月二十五日,公元 885 年)是亦写于唐之后半期,据此断片与贾耽所记,大致相同。当为贾耽《道里记》所本。据此是康艳典之来,始于唐之初年。写本又云:"新城东去石城镇二百四十里,康艳典之居鄯善,

---

① 伯希和:《〈沙州都督府图经〉及蒲昌海之康居聚落》,载《亚洲报》,1916 年 12 月刊,冯承钧转译入《史地丛考》,第 73—78 页。

先修此城,因名新城,汉为弩支城。又有蒲桃城,南去石城镇四里,康艳典所筑,种蒲桃于此城中,因号蒲桃城。"又云:"萨毗城西北去石城镇四百八十里,康艳典所筑,其城近萨毗泽。山险阻,恒有吐蕃及吐谷浑来往不绝。"(并见伯希和引)由此言之,是康艳典东来共筑四城。自且末之东,至蒲昌海,皆为康艳典所占据也。但其所居之人民,据其写本所云,有胡人,即泛指西域人。有吐蕃人,有吐谷浑人,不尽皆属康国人也。又斯坦因所获文书中,又有云:"纳职县下,大唐初,有土人鄀伏陀,属东突厥。以征税繁重,率城人入碛,奔鄀善,至吐谷浑居住。走焉耆,又投高昌,不安而归。胡人呼鄀善为纳职,既从鄀善而归,遂以为号耳。"①按唐之纳职在今哈密附近,辟展之南,鄀伏陀疑为鄀善国之土人。又云属东突厥,则在唐初,鄀善又有东突厥人来居可知也。斯坦因又于1907年在密远西藏堡垒发见古突厥文字若干,后经汤姆生教授研究,指出有许多人名,大概是发给突厥士兵护照及通行证之类。可证突厥人曾一度在此作军事上之设施,且士兵亦多为突厥人。盖在隋、唐之际,突厥势力遍及新疆南北。高昌国曾受其官号②。高昌与鄀善相接,则突厥势力及于鄀善,极为可能。但其统治阶级,则属于西突厥。据《新唐书·突厥传》云:"当隋大业中,曷萨那可汗降隋,国人不欲,乃共立达头孙为可汗,号射匮可汗,建庭龟兹北之三弥山,玉门以西诸国多役属之,以与东突厥抗。"按史称玉门以西,则鄀善当包括在内。是鄀善在隋、唐之际,即已役属于西突厥。又云:"射匮死,其弟统叶护嗣,是为统叶护可汗。统叶护勇而有谋,战即胜。

---

① 斯坦因:《亚洲腹部》(*Innermost Asia*),第91页。
② 见《高昌宁朔将军麹斌造寺功德碑》及王国维《高昌宁朔将军麹斌造寺碑跋》(《观堂集林》卷二十)。

因并铁勒,下波斯、罽宾,控弦数十万,徙庭石国之北千泉,遂霸西域诸国,悉授以颉利发,而命一吐屯监统以督赋入。"据此,是康国必已役属于突厥,故其子咥力特勒(勤)为肆叶护可汗,乃国人迎之康国者。及咥利矢为可汗,与西部乙毗咄陆可汗相攻战,分主东西,以伊犁河为界,伊犁河以东咥利矢主之,伊犁河以西咄陆主之,及咥利矢走死拔汗那,国人迎立毕贺咄叶护为可汗,建庭虽合水北,谓之南庭。据传所述,时龟兹、鄯善、且末、吐火罗、焉耆、石、史、何、穆、康等国皆隶属焉。时贞观十三年(公元639年)事也,正值康艳典东来时。《新唐书·地理志》及《沙州图经》既已明言康艳典为康国人,康国既属西突厥,与鄯善同隶一庭,则康艳典东来,或受突厥王庭之派遣,东来鄯善作监统之官,且为驻屯军之首领者,故其士兵大抵皆突厥人。唐灭突厥,鄯善乃属于唐。改鄯善为石城镇,隶沙州,此上元二年事。故不能因康艳典为康国人,有一部分康国人在此地寄居,遂谓此地属于康国,而为康国之殖民地,是不可不辨。

附:吐蕃与鄯善之关系

自唐贞观九年(公元635年)灭吐谷浑,十四年灭高昌,以其地为西州,置安西都护府。高宗初,破突厥,西域诸国复属于唐。则鄯善亦当包括在内。而康国族人亦且归化于唐矣。但北方之突厥既去,而南方之吐蕃又来。据《新唐书·吐蕃传》所述,吐蕃本西羌属,原居河、湟、岷间,至弄赞时始强大。唐永徽初,弄赞死,钦陵当国,咸亨元年(公元670年),残破羁縻十八州,率于阗取龟兹拨换城,于是安西四镇并废。诏薛仁贵等讨之,为钦陵所败,遂灭吐谷浑,尽有其地。按吐谷浑在隋、唐之际,包括有汉之且末、鄯善,上文已述及。此云尽有其地,则鄯善自在其中。吐蕃之由于阗取龟兹，陷安西四镇，亦必经过鄯善、且末，方能至于阗，是鄯善、且末在咸亨中，已一度陷入吐蕃。故《新唐书·吐蕃传》，称"仪凤、永隆间，其疆域东接松茂，南接婆罗门，西取四镇，北抵突厥，幅员万余里，汉、魏诸戎所未有也。"是新疆南路古三十六国地，完全为吐蕃所有矣。至武周长寿元年（公元692年），王孝杰为总管，击吐蕃，复取四镇，更置安西都护府于龟兹。新疆又入于唐朝者六十余年。至天宝之末，安禄山反，哥舒翰悉拔河陇兵守潼关，边候空虚，吐蕃又乘隙暴掠边境，近迫京师。则西域故地，又完全为吐蕃所有矣。自此以后，唐失统治西域能力者，八十余年，虽会昌、咸通间，吐蕃内乱，唐朝乘机收复故地。然唐势亦衰，未久亦被放弃。斯坦因于1907年，在密远西藏堡垒发见之西藏文书，必为吐蕃据有时所遗留，无可疑也。其西藏文书中，有大罗布、小罗布诸地名，斯坦因以为原于唐初玄奘所记之纳缚波，据伯希和之解释，纳缚为梵语"Nava"之对音，犹言新也，合言新城之义。故以罗布之名名鄯善全境，必始于唐初，而为吐蕃所采用，至近世尚沿用不绝。而鄯善或楼兰，见于我国史书者，至此已归于消失。

（六）罗布区域之荒废及罗布驿站

上文已述楼兰北部之放弃，在公元4世纪后半期。但南部尚继续活动，如上文所述，吐蕃为见于史书最后活动之民族。《新唐书》称懿宗咸通七年（公元866年），北庭回鹘取西州，又斩恐热，吐蕃遂亡，其后中原多故，朝政不能播及西域。自唐末至宋，罗布区域情况如何，已不可考，或已近于荒废矣。《新五代史·四夷附录》于阗条云：石晋（高祖）天福三年（公元938年），遣贡俸官张匡邺等往册封于阗王,高居诲记其行程云:"沙州西曰仲云,其牙帐居胡卢碛。云仲云者,小月支之遗种也。……匡邺等西行入仲云界,至大屯城,仲云遣宰相四人、都督三十七人候晋使者……。自仲云界西,始涉醎碛,无水,掘地得湿沙,人置之胸以止渴。又西,渡陷河,伐柽柳置水中乃渡,不然则陷。又西,至绀州,绀州,于阗所置也。"按胡卢疑即汉之伊吾卢,简称伊吾。大屯城疑即《新唐书·地理志》之七屯城,七当作大,因形近而讹。陷河疑即且末河。绀州即今车尔臣,是于阗东界,抵车尔臣矣。五代时,车尔臣之东,哈密之西,为仲云领域。仲云种姓为何,史无明文。《新五代史》称为小月支遗种。但同传又云:汉小月支故地,有鹿角山沙陀,朱耶遗族也。据《新唐书·沙陀传》,沙陀,西突厥别部,处月同种也。处月居金婆山之阳,蒲类海东有大碛,名沙陀,故号沙陀突厥,后徙庭州东莫贺城。初沙陀臣吐蕃,吐蕃尝倚其兵力。其酋朱邪尽忠谋归唐,战败死。朱邪执宜收残部二千骑,款灵州降。部众随之,吐蕃由此益衰。按处月即朱邪;仲云与处月、朱邪,皆一声之转,突厥语沙碛之义。莫贺城当因莫贺延碛得名,在哈密之东南,哈密即汉伊吾地也。据此,是仲云牙帐所居之伊胡卢碛,正朱邪旧居之地。朱邪执宜归唐后,余众不能去者仍居故地,亦为汉时小月氏所居。故史称小月支遗种者,盖言小月支故地,朱邪之遗种也。据此,是仲云为突厥中之沙陀部也。

宋太平兴国间,王延德使高昌,由肃州经镇西,至哈密,经辟展东之十三间房而至高昌,则罗布区域之南北两道已无人行走。其时,高昌正为回鹘所据,由近来东西考古者,在吐鲁番旧城中发现回鹘文及经典甚多,可为回鹘人占据之证。于阗当五代之际,其王李圣天来贡,称同庆二十九年,则为汉族人而建号于于阗者。至宋真宗大中祥符二年(公元1009年),已易为黑韩王,仁宗嘉祐八年(公元1063年),封其王为"特进归忠砺鳞黑韩王";又按据多桑《蒙古史》第81页,时西州回鹘王名毕勒哥,即假道于耶律大石以攻西域者。和田属突厥君主马合谋可汗,于阗在11世纪初期,盖已为回族统治矣。于阗在罗布之西,高昌在罗布之北,罗布居其间。今检查出土文书,无一回鹘文,则西州回鹘势力不及罗布区域可知。宋王延德使高昌,称其地南接于阗,西南距大食、波斯,《宋史·外国传》亦云于阗东接吐蕃,则古之且末、鄯善一带,已为于阗所统矣。宋初,于阗已属于信奉回教之族人矣。则罗布区域谅亦为其所统治,但无甚多之居民与城郭耳。

元至元中,有威尼斯商人马可波罗兄弟,东来朝见元世祖忽必烈,由可失合儿、鸭儿看得、勿炭、培因、车尔臣,而抵罗布镇,至唐古忒州。此道自唐初玄奘返自西域,经行南道后,此为见于记载的第二次。据其所述:"罗布是一大城,为罗布沙漠之边境。处东方及东北方间。此城臣属大汗,居民崇拜摩诃末。在此沙漠中,行三十日,抵一城,名曰沙州,即唐古忒州。"则自罗布镇,东至敦煌,完全为沙碛。元时之罗布镇,据斯坦因所述,即今之卡尔克里克;以为昔时卡尔克里克为罗布泊最重要之中心,与今日情形相同。且赖以生存之河流为车尔臣河,经流平原,航行之易,较塔里木河为优①。按卡尔克里克为今若羌县城,在其东北有罗布村,即在罗布泊之旁,疑此村名源于元时之罗布城,及清人设县城于卡尔克里克,而旧罗布城遂废,仅存其名耳。若我所论不误,则元时马可波

---

① 见斯坦因《亚洲腹部》第一册,第343页。又冯承钧译沙河昂《马可波罗行纪》第五十六章,第182页。

罗所经之罗布城,尚在卡尔克里克之北也。自马可波罗记述此城名以后,又无所闻。至清初属准噶尔。及乾隆平准噶尔,而罗布泊之名,遂复显于世,以至于现时。

(七) 清之改县

据《河源纪略》卷二十八所述:"雍正元年二月,副将军阿喇衲奏报,罗布泊回人古尔班等,率哈喇库勒、萨达克图、哈喇和硕等处户口千余人,输诚投顺。三年诏与吐鲁番回众移居布隆吉尔、沙州、瓜州耕种。"据此,是雍正初年,罗布泊尚有千余户。但不久又为准噶尔所据。及乾隆二十三年(公元 1758 年)二月,大小和卓木之乱,户部侍郎阿里衮率师追擒巴雅尔,道经罗布泊,据回人哈什哈所述:"回民据处于此,凡数十年,有二千余户,数经迁徙,余数百人,以渔猎为生。前大兵平定吐鲁番时,曾遣使召抚,旋为准噶尔所据。"清乾隆二十六年(公元 1761 年)平定准噶尔,回民献仙鹤,率其众六百余人来降,诏附于吐鲁番回王额敏和卓,凡一百八十三户,一千七十一口,岁纳哈什翎百枚,海伦九张。清同治间,南疆大乱,回民避难者多杂集罗布泊左右,流离转徙,死伤过半,至光绪初有四百余户,二千余人,始设卡尔克里克县丞以统治之。光绪二十九年(公元 1903 年),升为若羌县,属新疆省。

二、楼兰及鄯善在西域交通上之地位

在海道开通以前,凡东西旅行人士,从陆路者,必须经过新疆

(见图)。新疆居东西交通之咽喉。罗布泊处新疆之东南,与敦煌接壤,又为东西交通上所必经之地。罗布泊历史已如前述,再按时代考察其在交通上之地位。

(一) 两汉至魏、晋之南北道及新道

在远古期中,中原与西域交通,虽不无传说,但缺乏明确记载,难言究竟。故言西域交通史者,必以汉张骞为始。自汉武帝建元二年(公元前139年)张骞奉使月氏,元朔三年(公元前126年)返汉,以其身至之国,及传闻旁国,具为武帝言之。司马迁因其所述,录之于《史记·大宛传》中。吾人对于汉初西域各国之认识,以此为始。但骞身所至者,仅大宛、大月氏、大夏、康居四国;而传闻之国,为奄蔡、安息、条支、犁靬、身毒,此属于葱岭以西者;葱岭以东,亦仅乌孙、扞罙、于阗、楼兰、姑师五国,共为十四国。虽于葱岭东西各国之轮廓,由此可得一仿佛,而于各国之远近距离,仍乏翔实之记载。自宣、元以后,匈奴称臣,西域服从,而各国信史质子往来不绝于途。班固修《汉书》,特立《西域传》,记录西域之国,凡五十有三,在葱岭以东者凡四十有八国,在葱岭以西者五国。范蔚宗作《后汉书·西域传》又增补七国,于是里海以南,印度以北,地中海以东,东接玉门关。其各国之土地山川,王侯户数,道里远近,更得详确之记载。故研究西域交通者,必以两《汉书》所记者为基础也。今就两《汉书》所记,推测其路线如下。

1. 北道

《汉书·西域传》云:"自玉门、阳关出西域有两道。从鄯善傍南山北,波河西行至莎车,为南道。南道西逾葱岭,则出大月氏、安

息。自车师前王庭随北山，波河西行至疏勒，为北道。北道西逾葱岭，则出大宛、康居、奄蔡焉。"据其所述，是汉通西域有二道。一为南道，自鄯善起。一为北道，自车师起。但须知汉昭帝元凤四年（公元前77年），楼兰迁都伊循，改名鄯善。伊循即今密远，楼兰在罗布泊之北岸。此言从鄯善傍南山，必为自元凤四年以后之路线。然则元凤四年以前之路线为何，为一问题也。又按《西域传》所述，宣帝遣卫司马郑吉使护鄯善以西数国，未能尽并北道。至神爵三年（公元前59年），匈奴日逐王降汉，乃使吉并护北道，号为都护。元帝时复置戊己校尉，屯田车师前王庭。是北道自车师前王庭始，为宣、元以后事。然则宣、元以前，通西域之路线为何，又为一问题也。今按《史记·大宛传》、《汉书·西域传》及《魏略》所述，其汉初西域交通情形，似不如《西域叙传》所述也。《大宛传》云："（大宛贵人）相与谋曰：'汉去我远，而盐水中数败，出其北，有胡寇，出其南，乏水草。……汉使数百人为辈来，而常乏食，死者过半。'"又云："贰师将军既西过盐水，当道小国恐，各坚城守，不肯给食。"又云："贰师复行，经仑头不下，攻数日，屠之。自此而西，平行至宛城。"又《汉书·西域传》鄯善条云："楼兰国最在东垂，近汉，当白龙堆，乏水草，常主发导，负水担粮，迎送汉使。"按盐水，即盐泽。《汉书》亦名蒲昌海，即今罗布泊也。由今东西学者考察之结果，证明在两千年前后，水积北岸。而《大宛传》又有楼兰、姑师临盐泽之语。则古楼兰在罗布北岸可知。楼兰与仑头至龟兹平行一线。贰师将军伐大宛，过盐水，至仑头，是其路线乃由罗布北岸过楼兰西行。贰师伐大宛，在武帝太初三年（公元前102年）。时楼兰尚未南迁，适当大道之冲，故常主发导。今由楼兰遗址之发现，及古道之获得，更可证明。是汉初通西域之路线，乃经盐泽西行也。

477

今据《魏略》所述，申明其路线如下。鱼豢《魏略》云："从玉门关西出，发都护井，回三陇沙北头，经居卢仓，从沙西井，转西北，过龙堆，到故楼兰，转西，诣龟兹，至葱岭，为中道。"（《三国志·乌丸传》注引）按鱼豢所述，虽指魏时事，但与汉初之路线相同。因此路开于汉初，至西汉末年，遭一度之封闭，至魏、晋又复恢复。在第一节中已阐明其事，不复重述。故《魏略》所述之中道，正西汉初年之北道也。我在1930年春，考察罗布泊时，在海北岸古烽燧亭中，发现西汉木简，有黄龙元年及元延五年年号。又于1934年，距此地2.5公里，又发现古道。则此地在西汉宣帝至成帝时，正在活动时期，可以确信。又此地临罗布北岸，为孔雀河入海处。东临碱滩，自此以东为咸水，以西为淡水。故凡东行人士往来必经过此处，负水担粮备通过白龙堆险地。故此地适为北道之桥头。陈宗器君，于1931年春，由玉门关北出，至罗布泊，抵我所找到的遗址处。据其《罗布荒原》论文中所述行程，与《魏略》所载实多暗合。如云："由玉门关西九十里，至榆树泉，疑即都护井也。由此西北行，五十四里，入绵延三十里之迈赛群（无数奇怪小岛之谓）。出迈赛群五里，有沙邱，即《魏略》中所述之三陇沙。沙堆狭长，向西北伸展三里。出沙不远有废墟，垣址可辨，即居卢仓遗迹也。十五里为五棵树，井已干涸，掘二三尺，即可得水。由此沿孔达格西边西行一百二十里，绕阳达胡都克，地原有井，但已腐朽不可饮。折西北行一百三十里，稍可得水。复西行，沿陡坡戈壁，几百里，入纯粹碱滩。转西北行一百三十里，经碱滩中之高地，作长条蜿蜒状东北走，当系汉之白龙堆也。蜿蜒如龙形，灰白色碱块则成鳞状，故有白龙堆之名。至此而达罗布泊之东岸，入古楼兰国境。"如绕海偏西北行，即至孔雀河末流，即我所找到的古烽燧亭遗址也。据陈君所述，益证我所见之遗址,确为西汉北道之要冲矣。此路自西汉末被放弃后,至曹魏又恢复,西晋时尚能通行,直至前凉之末,方复被放弃也。

2. 南道

据《史记·大宛传》云:"初贰师将军起敦煌西,以为人多,道上国不能食,乃分为数军,从南北道。"又《汉书·渠犁传》云:"初贰师将军李广利击大宛,还过扞弥。"按扞弥东北与龟兹接,西北与姑墨接,西通于阗。是扞弥在南道上。李广利去时,分军两路,而自行北路,故屠仑头。还则由南道,故过扞弥也。是南道亦开于汉初。及汉昭帝以后,楼兰南迁。迄于汉、魏之际,鄯善雄强,而南道遂在西域交通上居于重要之地位矣。

但南道之路线为何,与北道相关之点何在,亦为吾人所欲探考者。《汉书·西域传》,南道起自鄯善。《后汉书》同。均不言鄯善以东之路。《魏略·西戎传》则言"从玉门关西出经若羌,转西越葱岭,经悬度,入大月氏为南道。"《南北史·西域传》所记略同。《元和郡县志》则言出阳关谓之南道,西趣鄯善、莎车。出玉门关谓之北道,西趣车师前庭及疏勒。是历代史书记南北两道,出发点,各自不同。《汉书》混言玉门、阳关,《魏略》、《北史》专言玉门,《元和郡县志》言北道出玉门,南道出阳关。王国维先生则谓汉时南北两道,分歧不在玉门、阳关,而当自楼兰故城始。又言二道皆出玉门,若阳关道路,止于若羌。往鄯善者,绝不取此①。按楼兰扞泥城故址,今尚不知何在,但汉武帝时李广利伐大宛,自敦煌西,即分南北两道进兵,似不始于楼兰。楼兰故址假定如上文所考在罗布北岸,则适当西诣龟兹径路,若由楼兰北至车师,再由车师南至鄯善,再

---

① 王国维:《观堂集林》卷十七《流沙坠简后序》。

西行，实绕道过甚，汉人当不出此。疑汉时玉门、阳关，相距不远。自此西行，原只一路，出玉门关者由之，出阳关者由之。至沙西井后，再分南北两路进行。故《汉书》混言玉门、阳关者，此也。若新道，则由玉门关折西北行，达车师，与南北两道不同路线。故《魏略》专言玉门关者，此也。至唐时，玉门关稍东北移，故唐时北道，由玉门关稍西，即折西北行，穿噶顺沙碛，即莫贺延碛，而至高昌。其路线，与《魏略》所述之新道略同。南道微偏南，傍南山西行。与汉初之南北二道不同一途，故《元和郡县志》分举者此也。今王先生皆比而同之，故我以为未可。再以实地考察之路线证之。陶保廉《辛卯侍行纪》卷六，附汉玉门、阳关路考，根据清同治间郝永刚、贺焕湘、刘清和等之实地探察，述其路线云："北道出敦煌西门，渡党河，西北行戈壁，七十里咸泉，五十里大泉，四十里大方盘城（注云，汉玉门关故地也）。四十里小方盘城，三十里西湖（注云，有敦煌旧塞），七十里清水沟，折西北，七十里芦草沟，西行六十里五颗树，西南行六十里新开泉，西行七十里甜水泉，六十里沙沟，西南行八十里星子山，八十里土山台，西北七十里野牲泉，西九十里咸水泉，九十里蚊山，九十里土梁子，七十里沙堆，八十里黑泥海子，五十里芦花海子，九十里阿不旦，即罗布淖尔西岸也。"按陶氏所记之沙沟，疑即《魏略》之沙西井，据斯坦因氏称为 Kumkuduk，即沙井之义。疑此地为南北两路分道处。从此西南行，至密远，即古鄯善，从此西北行，过涸海盐层，到孔雀河末流，即古楼兰。与《魏略》所述，不无暗合。而南北两道之分途，始于沙西井，即库穆胡图克，由此可得一确证也。

3. 新道

以上所述南北两道，皆始于汉初。均须经过罗布泊低地西行，一傍南山，一傍北山而已。至后汉别有新道，直由玉门关折西北行，不经三陇沙及白龙沙，直达车师，即戊己校尉所治之高昌。《魏略·西域传》云："从玉门关西北经横坑避三陇沙，及龙堆，出五船北，到车师戊己校尉所治高昌，转西与中道合，至龟兹，为新道。"徐松补注云："五船今小南路有小山五，长各半里许，顶上平而首尾截立，或谓是五船也。"又云："今哈密至吐鲁番，经十三间房风戈壁，即龙堆北边也。"按徐松所述，为自哈密至吐鲁番之路。唐玄奘、宋王延德之至高昌，均由此路，皆经过伊吾即哈密。今细观《魏略》所云："出五船北，到车师界"，似不经哈密。疑《魏略》所指新道，在今哈密道之西南。又今哈密道，由安西转西北行，经马连井、星星峡、格子烟墩、南湖，而至哈密者，其出发点亦不由敦煌。疑新道，与伊吾即哈密确为两路，新道取自玉门关，即今大方盘城，折西北行，自托胡拉克布拉克穿行噶顺戈壁，即行于罗布淖海之东北，直达鲁克沁南之得格尔，即至车师界。五船疑在此一带。再西北过鲁克沁，至高昌，即今吐鲁番阿斯塔拉，此为捷径，不必东绕伊吾，西绕三陇沙，与淖海也。现得格尔尚有古土墩，疑为古道经行之迹，据得格尔猎户云，由此往敦煌，水草尚不乏，但均为乾山耳。再由得格尔转西，经库鲁克山北麓及艾丁湖畔而至库木什山。出山为乌沙他拉，即博斯腾湖之北边。转西南至焉耆，即唐之银山道也。唐郭孝恪攻焉耆，尝取道于此。现由得格尔，沿艾丁湖畔至库木什山一带之古墩，为指示古道之途径。虽土墩疑为唐代建筑，但亦有汉代土筑基址，故疑唐之银山道，即后汉新道之所由。至焉耆后，转西南行，过哈满沟而至库尔勒，转南，至尉犁，与中道相合。盖中道到楼兰后，沿孔雀河西北行，即傍库鲁克山南麓西行，与北道会于尉犁，即古渠犁也。现由沿孔雀河畔之古墩，可为指示古道行进路线之迹。由是言之,是中道行于噶顺戈壁西麓。转西行于库鲁克山之南麓。北道行于噶顺戈壁之东边转西,行于库鲁克山之北麓。因北道,须绕库木什山,取道焉耆,方至尉犁,微曲,不如中道之直至尉犁。故中道又称为径道者此也。西汉时,新道未开,虽在元始中,戊己校尉徐普欲开新道,终为车师王所阻,故当时之北道,即指《魏略》所述之中道,所谓径道也。及后汉明帝时,窦固破呼衍王,取得伊吾,重开新道。经由车师西行,故以新道为北道,即《汉书》所记者是也。而中道转废。自魏至晋,径道复开,故以径道为中道,以唐银山道为新道,实即后汉班固所记之北道也。

综上所述三道,除新道不经罗布泊外,南北两道均经罗布泊之南北两面,而楼兰与鄯善,适当两道之冲。故当汉初,尝与匈奴争楼兰者,此也。自楼兰南迁,鄯善转强,故后汉之世,又以北攻伊吾,南服鄯善为其国策。盖两地为西域之门户,居交通之咽喉。如不控制,即不能巩固后方,谋行旅之安全故也。其详见拙作《两汉通西域路线之变迁》文中,兹不具述。

(二)北魏至隋、唐之吐谷浑道

以上所述三道,均开于两汉,历魏至两晋,均未有变迁。尤其自曹魏以后,匈奴远遁,西域服从,高昌内属,比于郡县。西晋及前凉,尝置太守以统之。故中原和西域交通线得以畅通无阻。但上述路线,均须经过敦煌,取道玉门、阳关前进,故当时敦煌与鄯善,实握交通之枢纽。自北魏道武帝扩展势力于西北,而当时又有一游牧民族吐谷浑突起西陲,兼向北进。故通西域路线,自北魏至唐,除上所举三道外,又有吐谷浑道,即吐谷浑人出入西域之道也。

关于吐谷浑历史,在第一节中已述及。唯其疆域若何,则与交通有关,故拟重述,以资参考。《梁书·西戎传》略云:河南王者,其先出鲜卑慕容氏,有吐谷浑者,避弟西徙,西上陇,度枹罕,西南至赤水而居之。地在河南,故以为号。其界东至叠州,西邻于阗,北接高昌,东北(疑衍北字)通秦岭。方千余里,以吐谷浑为国号。按刘宋封吐谷浑王慕利延为河南王,则此所述,盖慕利延时事也。于阗今和田。高昌今吐鲁番。赤水即今发源于巴颜喀喇山之乌兰穆伦河。如其所述,是当时吐谷浑疆域,已有今青海全境,及新疆之东南部。罗布泊自在其领域中。故《魏书》有"太武帝伐慕利延,慕利延驱所部渡流沙,西入于阗,杀其王,死者甚众"之语,虽其时代我在第一节中颇致怀疑,但于阗以东为吐谷浑领域确为事实也。然吐谷浑人由青海从何路入新疆,当为吾人所研究之问题。宋云《求经记》略云:"初发京师,西行四十日至赤岭,即国之西疆也。又西行二十三日,渡流沙,至吐谷浑国,途中甚寒,多风雪,沙砾满目,唯吐谷浑城稍缓。从此西行三千五百里至鄯善国,城主吐谷浑王第二子也。又西行一千六百四十里至左末城。"云云。按宋云原书久佚,今仅见《洛阳伽蓝记》中,无年月日,但记中有神龟二年(公元519年)七月二十九日入朱驹波国,则当初发京师,当在魏孝明帝神龟元年也。吐谷浑城当为其国都所在。据《魏书·吐谷浑传》言,其王夸吕,建都伏俟城,在青海西十五里。丁谦考证以为伏俟城在今布喀河南,和硕特北前旗境。按赤岭即今日月山,伏俟城当即今之都兰。宋云发自京师,时魏已迁都洛阳,则宋云所经行,必自洛阳,经陕西西北行,过天水、陇西,上西倾山,西北绕青海之西,至都兰。自天水以西,皆山地,西倾山积雪,终年不消,故云途中甚寒,多风雪。又云沙砾满目者,此也。据此,是夸吕时吐谷浑牙帐,又由赤水东北徙矣。由都兰西行至鄯善,鄯善即今罗布泊南岸密远地。由此西行,必经柴达木盆地之北边,穿行沙碛,经阿尔金山,而至罗布泊南岸密远也。柴达木北之沙碛,与白龙堆之沙碛,隔岭相接。唐人称为碛尾,即莫贺延碛之尾也。《魏书》称慕利延驱所部渡流沙,西入于阗,亦指此沙碛言耳。昆仑山北阪,自和田东北行,山势渐低落,至罗布低地南部之阿尔金山,山势已不高峻,而与祈漫达格交错,中显一隘口,清人称为噶斯口(《河源纪略》卷二十八),为由柴达木盆地通若羌之孔道。现新疆、蒙古人赴西藏者率由此道行。唐时吐蕃之出入新疆,亦行经此路。清朝征准噶尔,尝驻军于噶斯口,故历来均视此地为青海与新疆交通之要冲矣。而其路线,则由吐谷浑人始开之。至隋、唐之际,其道犹通行。《隋书·地理志》称大业初,平吐谷浑,置鄯善镇,即今卡尔克里克。则隋大业以前,罗布区域仍为吐谷浑所有。虽中经隋炀帝一度收复,及大业末,仍为伏允所据。是在隋、唐之际,青海与新疆交通孔道,未尝断绝也。故唐贞观初,征吐谷浑,仍由青海进兵,直西至且末。《新唐书·西域上·吐谷浑传》略云:隋末,吐谷浑王慕容伏允,屡寇边,郡县不能御。太宗贞观九年,诏李靖、侯君集率六总管讨之,破贼库山,伏允西走。靖分兵为二,自与李大亮、薛万钧趋北路,出其右。君集与任城王道宗趋南路,出其左。靖率诸将战曼都山、牛心堆、赤水源、赤海,皆破之。次且末之西。伏允走图伦碛,将托于阗,会追及,又破之,伏允遂自杀。丁谦考证云:"曼都山在和硕特南右后旗境;牛心堆今丹噶尔厅西南;赤水源即乌兰乌苏河发源处,赤海即达布逊泊,此泊为红水河所归,故曰赤海。"又云:"青海要路有二:一、西北行,经青海,溯布喀河,至沙尔泊,再西顺乌兰乌苏河,至达布逊泊,再西北,经噶斯口,迤逦至罗布泊,此由西宁赴新疆之道。二、西南行,至西宁边外,二百余里,过雅玛图河,南行,经都勒泊,折西至扎陵泊,再西即河源,此由西宁赴西藏之道。李靖分军为二,即遵此二道行也。"(《〈新唐书·西域传〉考证》)按如丁谦所考证之古今地名,不尽可据,例如以达布逊泊为乌兰乌苏河所归,故为赤海。按乌兰乌苏河,为金沙江上源,出端木乌拉山,与达布逊泊相去甚远。且李靖军北出应在吐谷浑城之北,决不南行于吐谷浑城之南,与侯君集同道也。我颇赞同李靖分南北二道,即现青海通新疆及西藏二路之说。但现青海通新疆道,行于柴达木盆地之南。疑李靖出于柴达木盆地之北。由都兰西北行,沿阿尔金山南麓出噶斯口,而达新疆之若羌县。与慕利延入于阗之路相同。侯君集则行于柴达木盆地之南,故能过星宿川,达柏海,观河源,与李靖军中隔柴达木盆地也。至唐咸亨间,吐蕃灭吐谷浑,尽有其地。又由于阗攻取安西四镇,则吐谷浑道,又为吐蕃所有矣。斯坦因在新疆密远西藏古堡中,掘拾西藏文书甚多,皆记军事及屯驻事[①]。则当时吐蕃之出入新疆,仍由青海经密远可以确定也,及至唐懿宗咸通间,北廷回鹘进取西州,斩恐热,吐蕃遂亡。而吐谷浑道至是亦淹没矣。

以上专就吐谷浑道论述其原委,因此道开于北魏时之吐谷浑人,历隋、唐数百年间未有荒弃,而与西域之文化、民族关系甚大,故详述之。两汉时之南北二道,由魏至唐,始终不绝者,唯南道,即由敦煌至鄯善达于阗之道。北道即伊吾道,亦通行。唐灭高昌,西州内属,其交通之便利,更无论矣。唯《魏略》所述之中道,则自苻秦灭前凉以后,即已荒废。至最近仍未恢复,仅少数旅行家与猎户通行而已。

[①] 向达译斯坦因:《西域考古记》,第81页。

（三）宋高昌道及元之大北道与南道

自唐之末叶，中原混乱，势力不能达西域，中原和西域交通情形如何，难考其详，史书所载，不过根据一二使臣所经行以见其一端而已。当五代之时，据《新五代史·四夷附录》，称石晋天福中，遣供奉官张匡邺往于阗册封，副使高居诲为记其行程，略云：出玉门关，经吐蕃界，西至瓜沙。又东南十里，三危山。其西，渡都乡河，曰阳关。沙州西，曰仲云，其牙帐，居胡卢碛。匡邺等西行入仲云界，至大屯城，仲云遣宰相来候晋使者。自仲云界西，始涉醶碛，无水，掘地得湿沙以止渴。又西渡陷河，伐柽柳置水中乃渡。乃西至绀州，于阗所置也，去京师九千五百里矣。我在第一节中关于此记地名，略有考证。胡卢碛即莫贺延碛，大屯城即《唐书·地理志》之七屯城，陷河为且末河。今仍保持上说。如所说不误，是张匡邺所经行，仍为古阳关大道也。沙海昂《马可波罗行纪》引 Huber 译《匡邺行纪》，称"匡邺偕沙门三百人入天竺求经时，未遵此道。其由沙州赴于阗，系取道伊吾、高昌、焉耆，而至于阗，亦即波斯某著作家所言百日程之长道也"①，与我所见相左。盖 Huber 误认仲云牙帐居胡卢碛，即谓匡邺经伊吾。今按下文明云匡邺等西行入仲云界至大屯城，乃经行仲云境域，并非行经仲云牙帐。疑当时仲云疆域，直达且末以东也。下文又云，自仲云界西，始涉咸碛，明指罗布泊附近之沙碛，由《史记正义》引裴矩《西域记》及《马可波罗行纪》，均可证明。若由伊吾至高昌，虽如玄奘所记涉南碛，然既至高

---

① 冯承钧译沙海昂：《马可波罗行纪》第五十五章，第175页。

昌,转西南至焉耆,似可由焉耆直达于阗,如法显所行者。不必又东南行,绕道且末即绀州,方至于阗。故我不取 Huber 之说,而仍以为匡邺所行,即阳关古道。

至宋室继兴,远隔辽、夏,虽史载于阗、回鹘,尝遣使贡献,实则为商人之往来而已。路程所经,无可准记。今所得考见者,仅宋太宗雍熙间王延德使高昌一事而已。据宋史所载,王延德《使高昌记》略云:

> 初自夏州,历黄羊平,渡沙碛,凡二日,至都罗罗族。次茅女喝子族,族临黄河,以皮筏为囊而渡。次茅女王子开道族,行入六窠沙,沙深三尺,马不能行。次楼子山,无居人,行沙碛中。次卧梁劾特族,地有都督山,唐回鹘之地。次大虫太子族,族接契丹界。次屋地因族。次达于于越王子族。次历拽利王子族,有合罗川,唐回鹘公主所居之地,城基尚在,有汤泉池。次阿墩族,经马鬃山,望乡岭。次历格罗美源,西方百川所会。次托边城亦名李仆射城。次小石川。次伊州。次益都。次纳职城,城在大患鬼魅碛之东南,望玉门关甚近。凡三日至鬼谷口避风驿。凡八日,至泽田寺。次宝庄。又历六种,乃至高昌,即西州也。

按王延德所记诸地名,多不可考。兹举其可知者,夏州即陕北之东胜,茅女喝子族当即今宁夏一带。楼子山疑即阿拉善北之沙碛。达于于越王子族疑在今甘州境。合罗川疑即张掖河。马鬃山在酒泉县北,今名同。格罗美源,丁谦谓即巴里坤,或是。托边城疑即今镇西。小石川,丁谦谓即今昭莫多河。伊州今哈密。纳职今托和齐。避风驿即今十三间房。泽田寺即今七克腾木。六种即今鲁克沁。高昌即今吐鲁番之哈拉和卓,汉名三堡也。据其所述,似由陕北东胜,即古夏州,西行。经宁夏,过阿拉善沙碛,而至甘州,转西北,渡张掖河,过马鬃山,直达巴里坤,即镇西。转南,至哈密,即本文所谓伊州也。再由哈密西北行,经十三间房风戈壁,至鲁克沁,达吐鲁番,即高昌也。据此,是北宋通西域道路,不特不经行南北朝之吐谷浑道,且汉、唐之南北二道,亦不经过,而绕道于甘肃边外西行。故当时之南北二道,是否通行,为一问题也。盖当时西夏据有宁夏及甘肃西北部,王延德所行,均属西夏境域,亦即西夏与西域交通之道也。

元太祖崛起朔漠,兼并西疆,东西通途,至是复开。但其路线所经,则又以蒙古为起点矣。据《长春真人西游记》云:

> 二月八日起行,宿翠帡口北,过抚州明昌,入大沙陀。出陀至鱼儿泺。起向东北,凡二十二日,至陆局河。并河南岸西行,凡十六日。河绕西北流,改行西南驿路,凡十四日程,达平野。山水秀丽,水草丰美,东西有故城基,或云契丹所建。六月十三日至长松岭,十七日宿岭西,朝暮有冰,霜已三降,冷如严冬。山路盘曲。二十八日泊窝里朵。东渡河,河水东北流,入营驻车。窝里朵,汉言行官也。七月九日,同宣使西南行,屡见山上有雪。又二、三日,历一山,南出峡,一水西流。又五、六日,逾岭而南,迤逦南山,望之有雪,邮人告曰:"此雪山北也。"次至阿不罕山北,八月八日傍大山西行,复东南过大山,经大峡,中秋抵金山东北。复南行,其山高大,三太子出军,始辟其路。乃命百骑挽绳悬辕而上,缚轮而下,连度五岭,南出山前,临河止泊。渡河而下,经白骨甸,涉大沙陀,至回纥

城。酋长设葡萄酒及果饼,乃曰:"此阴山前三百里即和州也。"西即鳖思马大城,王官士庶,具威仪迎,曰:"此大唐时北庭端府。"九月二日西行,四日宿轮台县东,重九日至回纥昌八剌城。并随山而西,约十五日,宿阴山北,转南行,山中过一大池,名曰天池。沿池南下,入峡,过四十八桥,出峡,九月廿日至阿力马城。(下略)

按关于《长春真人西游记》地名考证,以王国维氏《西游记注》为最精详,不复具举。约其行程,似由克鲁伦河,经土拉河,过杭爱山南麓,西南过阿尔泰山,而达天山北麓之鳖思马大城,即今孚远北护堡子之旧城,即大唐北庭都护府所在地也。又傍天山北麓西行,过伊犁即阿力马城而达撒马尔罕。此路为长春所过;成吉思汗西征,拔都西征,旭烈兀西征,均由此路,是元初与西域交通,又取大北道矣。时辽、金、西夏,据有北方,南宋僻处江左,与西域交通阻隔已久。至元世祖忽必烈平定南宋,置驿于途,与西域之交通,至是畅通。据《马可波罗行纪》所述,东西交通略可知其梗概。其所经路程,由波斯至可失合儿、鸭儿看州、忽炭州、培因州、车尔臣州、罗不城、唐古忒州、哈密州、欣斤塔剌思州、肃州、甘州、亦集乃城、哈拉和林城。由其所述路线,沙州以西,完全经行汉之南道。盖可失合儿即汉之疏勒。鸭儿看州即汉莎车。忽炭即于田。皆经东西学者之考证,确实无疑。唯培因,汉无确地可指。斯坦因、玉耳均以为即玄奘之媲摩城,今策勒一带。唯沙海昂以为培因,即《新唐书·地理志》之播仙镇,斯坦因《西域考古记》中所述之安得烈也。培因、播仙皆一声之转[①]。唯过去考据家则以播仙镇即汉且

---

① 并见冯承钧译沙海昂:《马可波罗行纪》,第159—163页。

末国,陶保廉《辛卯侍行记》,《新疆图志·道路志》,均持此说。盖《新唐书·地理志》引贾耽《道里记》,明云"播仙镇故且末城也"。现车尔臣西北有古城遗址。周十余里,疑即播仙镇遗址也。又安得烈,《图志》作安得悦,一名安多罗,即《大唐西域记》之睹货逻,《新唐书》作故都逻,与安得逻音近而变也。据此,是播仙不得谓即安得烈也。又培因州后,又有车尔臣州,车尔臣即古且末,已为一般学者所公认。车尔臣既为且末,应即唐之播仙镇,故马可波罗所记之培因,当另是一地。我颇赞成斯坦因等以培因为唐玄奘媲摩城之说。斯坦因并指策勒北之兀宗塔迪遗址,即其故地。按媲摩城,与媲摩川有关。媲摩川应即今达摩戈之干河,在旧达摩戈北,约5公里,有古城遗址,街衢巷陌可辨,疑即唐之媲摩城。我曾在此,掘拾汉五铢钱一枚,或汉之扜弥城亦即其地。兀宗塔迪尚在其西,陶片散布极广,皆宋、元间物。又拾西域古钱币一枚,本地人言为回教初来时所通用者。南有古坟,当地人称为力济阿特麻札,为回族初来时之始祖,战死即葬于此。旁卜拉克干河附近有城基遗址,即元之培因城也。唯马可波罗称河中产碧玉及玉髓甚丰,今虽不见河中有玉,但于田山中出玉石,俗称岔子石,青玉亦出其中。古时由山上冲至河中,今仍埋于沙中,亦可能也。今由我与斯坦因实地所见,类皆一一吻合,似可无疑。唯我以媲摩城尚在其东北,与培因州城非一地,为异耳。又关于忽炭至培因路程,沙海昂以为培因至忽炭八日程,距车尔臣五日程。今按《新疆图志·道路志》,克里雅至和田五日程。尼雅至克里雅三日程。安得悦至尼雅四日程。车尔臣至安得悦五日程。沙海昂以里程计算,故不取斯坦因兀宗塔迪之说,而以安得悦当之。但安得悦距和田十六日程,亦与马可波罗所述不合。如以里程计算,不如以尼雅为培因州较合。

因尼雅至和田适八日程也。但细审冯承钧译沙海昂《马可波罗行纪》，称培因州广五日程，忽炭广八日程，乃指培因疆域言，并非言马可波罗所经行之里程也。故忽炭疆域，虽为八日程，培因虽为五日程，而由培因州城至忽炭都城，并不须八日程也。以上专就培因一地，加以考证。其次马可波罗所经行之地，如车尔臣即汉且末，罗不城即汉鄯善，唐古忒州即古沙州，亦为一般人所认可。哈密即汉之伊吾。欣斤塔剌思，汉无其名。De Guignes《匈奴全史》，以为即今鄯善（辟展），非也。或以为即肃州西之赤金卫，亦疑不然。我以为即哈密东之塔剌纳沁城，简称沁城。若肃州，当即今肃州，亦集乃当即今额济纳，即汉居延地，哈拉和林即蒙古汗都也。按据其所经行之路线，自沙州以西，虽与汉阳关古道同，但自沙州以后，折北行，过额济纳，而达和林，此又由蒙古至甘肃之南北路线也。盖自元世祖建都和林，而往西域交通路线，较其初又变矣。

（四）明清时之嘉峪关道

顾炎武云：

> 明初革元命，统一寰宇，洪武五年，宋国公冯胜兵至河西，驱逐元守臣，置嘉峪关，及甘肃等卫。洪武永乐中，因关外诸番内附，置沙州、哈密、赤斤、罕东、阿端、曲先、安定、苦峪等卫，授以指挥等官，俱给金印，羁縻不绝，使为甘肃之藩蔽。后因入关者众，皆取道哈密，乃即其地，封元之遗裔脱脱者，为忠顺王，赐以金印，使为西域锁钥。凡夷使入贡者，悉令哈密译语以闻。(《天下郡国利病书》卷一百十七)

据此，是明时以哈密为东西交通之咽喉也。自元灭西夏，兼并西域，太宗初于敦煌故地置沙州路总管府，而以瓜州隶焉。西北诸地如阿力麻里、别失八里设置新站三十。及元拔都平钦察，至元七年（公元1270年）又于吉利吉思、谦谦州、盖兰州等处设断事官，修仓库，置传舍，东西交通如行郡邑。明承元后，虽势力远不及元，但交通路线，犹存旧规。满清因之。昔日阳关古道，荒废也久矣。今就明人所述出嘉峪关路线，参考今道，述之如下，以征古今交通之变也。《天下郡国利病书》卷一百七十引《西域土地人物略》，记嘉峪关以西道路甚详。如云：

嘉峪关西八十里为大草滩。滩西四十里为回回墓。墓西二十里为扇马城。城西三里为三颗树。树西三十里为赤斤城。赤斤西四百五十里为苦峪城。苦峪西二十里为古墩子。墩西六十里为阿丹城。阿丹西南三十里为哈剌兀速城。哈剌兀速西南百里为瓜州城。瓜州西六十里为西阿丹城。西阿丹西二百里为沙州城。沙州西三百里为哈密城。

按《西域土地人物略》，不知作者姓氏。陶保廉云：盖前明人所记，地名多与今异。方向里数，尤不足据。而传写脱误，搀杂失序，几难卒读。按我所见，与陶保廉略同。自哈密以西诸地名，尤为难读。蒙古地名与汉名，搀杂其间，疑为本于来往商人之传述，好事者为之记也。故所述路程里数，多不可据。我颇疑此记出于元人之手，转相抄录，遂错讹滋多耳。但哈密以东里程，校以今道，颇多吻合。例如赤斤城以东，与《明史·西域传》相合。赤斤城以西各地，与陶保廉《辛卯侍行记》所述嘉峪关至哈密里程，地名虽异，而路线大略相同。至赤金峡后微异耳。例如回回墓,《辛卯侍行记》作惠回驿。扇马城,陶书同,扇作骟。三颗树,陶作滋泥泉。赤斤城,陶作赤金峡驿,则明时与今地同也。出赤金峡,今道由玉门县西偏北至布隆吉尔城,达安西州,为明之沙州卫地。转西北,过马连井、星星峡、格子烟墩、南湖,而至哈密。但故道则由赤金峡直西行,经苦峪、阿丹即罕东,而至瓜州,即安西州西南三十里新瓜州。转西而至敦煌,即沙州。再西北行而至哈密。较今道微偏南。

综上所述,历来东西交通,自汉至唐,均以玉门、阳关为门户,而鄯善、楼兰扼其枢要。虽唐人东移玉门关于疏勒河上,然亦不废阳关大道。自宋至清,则以北道为主,而哈密握其枢机。阳关古道遂废。所谓楼兰者,久已沦于沙漠,徒为吾人考古之资料而已。沧海桑田,不其然欤。

(原载北平研究院史学研究所《史学集刊》第 5 期,1947 年 12 月)

楼兰土著民族之推测及其文化

若论楼兰土著民族为何种型,此为一最艰窘之问题。一者古时本土居民之记载缺乏;二者汉文传记所载亦不明晰;且古时东西民族交互往来,迁徙无常,至为复杂。虽近今考古学家及人类学家,就地下出土遗物及人类遗骸,作有种种之推论①,但亦不能有一真确之断语。故兹篇所述,即欲避免此种烦难问题,专就楼兰民族之生活状况,加以推测;研究其为何等民族,其文化若何?至于种族来源问题,则非此文所论之范围也。

近五十年来,东西考古学者赴罗布区域考察,有一共同而显著之事实,即在罗布泊海水周围沙漠滩中,采拾不少石器。就我所采集石器种类言,大件者有石斧、石刀、捶石、砺石等类。小件者有石刀片及各种石矢镞等类,大概均为打制。尚有带彩陶片同出土,共约百余件。其详均具于《罗布淖尔考古记》器物图说中,兹不赘述。在我之前,尚有斯文赫定、斯坦因,均采获不少石器,在其报告书中印出;后我者有柏格曼、陈宗器,亦采集少许,其形式与制作,大致相同。有时尚能拾得磨制极精,以玉为质之精美石器,间杂以金属物。凡此石器所分布之区域,大概在涸海沿岸

---

① 郑元芳译羽田亨:《西域文明史概论》,第7页;又见向达译斯坦因《西域考古记》,第110页。

及盐层地带,即古楼兰国故地。因此凡旅行罗布沙漠之人,均有同一之感觉:即在金属文化输入楼兰以前,楼兰有一时期为新石器时代,或金石并用时代。至楼兰人应用此石器之时代,我赞同斯坦因之说。斯坦因在其名著《亚洲腹部》(*Innermost Asia*)第266页叙述在L.F.高冈上之采获,觅得许多零铜件及石器,还有一件磨制甚精之玉质石斧(L.F.025)。斯坦因并为之综合论述云:"楼兰地带的新石器时代,和汉通西域大路有关连。"据此,是在汉通西域以前,楼兰为新石器时期,大致可以确定。斯坦因又在L.F.高冈附近发现多冢古墓中死者尸体,干腊未腐,服装颇完整。据称:"头戴棕色毡帽,帽有护耳翼作尖角状,帽左边装饰羽毛五枝,有啮齿动物之皮围绕于帽上。周身以毛织物包裹,衣襟交合处,系一小口袋如球状,中盛碎细枝;腰际围一羊毛织裾带,露体不着衣裳;足穿红色鹿靴。死者之面貌:双颊不宽,鼻高而鹰钩,目直,显然为一长头种型。头发卷曲如波,须短而黑。"又云:"如其面貌,暗示在兴都库什和帕米尔,阿尔卑斯人种型相似。"在其殉葬物中,有三只草编织篮子,上织出之字形条纹。除此外,尚有L.F.4古坟中死者及少女坟,其死者形貌、装饰与殉葬物,大抵相同。其棺木构成,皆以两块木板掏空扣合,上覆以皮,则所有古冢皆同①。我于1930年,在罗布泊湖畔L.H.地发见一古冢,死者埋葬方法,其服装大致与斯坦因之L.F.冢相同。死者为女人,额窄颧高,眉际画绿线三道,帽具缨络,惟身裹毛织物,不见盛细枝口袋为异耳。1934年,柏格曼在阿德克地发见同样古冢

---

① 斯坦因:《亚洲腹部》(Stein:*Innermost Asia*,Fig.173);又见向达译斯坦因《西域考古记》,第114页第67图。

多起①。死者服饰形貌及埋葬方式,与我及斯坦因所见,大致相同,不再赘述。惟在墓中除草篮外,尚有木制筹箭甚多。据柏格曼云:箭在腰际,现已被盗掘的人散露于坟外。斯坦因根据死者形貌服饰,以为与《汉书》所记楼兰国人相似,而认为楼兰本地人,兼营牧畜渔猎,而度其半游牧生活。虽汉人已踏进西域,而本地人尚仍保存其原始文化,尚未改变其生活方式。至墓中死者,是否与上面所述用石器之民族有无关系?但在古坟中确未发现石器,如认为两者同一时期,实无地层上之根据。但据斯坦因在L.F.古堡附近所采拾之石器与铜器,与古坟距离甚近,其意义甚为重大。据其所述,是坟中死者与用石器之人,虽不能确定为同一时期,但暗示二者确有不可分离之关连,或前后相承,表现其生活进展之程序也。我于1934年在罗布泊L.T.地发见一故址,内有泥杯、泥纺车、束草纺筵、草编蓑衣、泥棒状物及骨器多件。由其草制物,可以表明其为游牧人所居之故址。尤其束草为纺筵,外缠毛索,与柏格曼在阿德克古墓中所掘拾束红柳枝之纺筵,外缠毛索,其用义相同。从死者可以看出生者的同一生活方式。又由其骨器中之骨具及骨刀,与L.H.所拾之玉刀及石镞,形式多相同。据此,是用石器之楼兰人与用骨器之楼兰人,以及墓中死者,似有因袭之迹,不能谓其绝无关系也。若然,是楼兰土人由新石器时代的渔猎生活,到汉通西域时,其生活习惯皆为一贯之方式,表示其生活之简陋与文化之低落而已。若如日人羽田亨氏在《西域文明史概论》中所述,称:"住在鄯善附近地方及吐鲁番地方,依西域人骨胳,是属于伊兰人种

---

① 柏格曼:《罗布淖尔新发见之坟群》(F. Bergman: *Newly discovered graves in the Lop-nor desert*)。

型。经营其城郭生活,开展农工商业,而成为有意义之文化生活,自汉初直至唐代。"我不是人类学家,未尝研究其骨骼。但就生活方式言,我与斯坦因、柏格曼所发见者,与羽田亨所述适相反也。

至于楼兰人种型问题,斯坦因在其《西域考古记》中,已明显表示楼兰人非雅利安人种,亦非蒙古利亚种;根据人种测量学,检查其头盖骨,是属于阿尔品种(Homo Alpinus),并与现居兴都库什山及帕米尔人民相似。在吾人尚未觅得其他新证据以前,可以赞同斯坦因之说。但为引起读者研究兴趣起见,再就楼兰人生活与服饰,略赘一词。吾人在罗布泊古坟中发见之死者,有同样情形:即无论男女皆戴尖状毡帽,足穿皮鞋是也。柏格曼由库尔哦巴(Kuloba)古坟中出土花瓶上所绘之西提亚人(Scythian)作短靴尖顶便帽,与罗布古坟中死者装饰相似,但西提亚人帽上无羽毛饰。又明斯所著《西提亚人和希腊人》(Minns: *Scythians and Greeks*)一书中,图十二至十四,有许多亚洲游牧人,是戴尖顶便帽,帽上常有护耳翼,帽缨垂颔下,可以系著①。我由柏格曼所述,联想及塞种人之习俗。据希罗多德(Herodotus)《上古史》记录中,叙述塞种民族情形颇详。第七卷第六十四节云:

> 巴克特里亚人赴战时,每依其习俗,执着藤弓及短枪。塞种人(Saka)即斯克泰人(Skythen)穿裤,头戴尖顶而又高又硬之帽;手携本国所制之藤弓与短刀,此外又携尖状斧兵。是名为 Amyrgiol 的斯克泰人(Skythen),波斯人呼之为 Saka。(白鸟

---

① 柏格曼:《罗布淖尔新发见之坟群》(F. Bergman: *Newly discovered graves in the Lop nor desert*)引,第 55 页。

库吉《塞民族考》引）

又据白鸟库吉《塞民族考》载，大流士（Darius）碑文中列举各民族，有一塞种民族，为 Saka Tigra Khanda。据土马显克氏（Tomaschek）解释称：Khanda 是古波斯语，指用羊皮所制之高帽。Tigra 是尖锐之义。合之即指"戴尖顶高帽之塞种"。游牧于药杀河之北，以迄里海北岸。

据此，是希罗多德《史记》所记塞种人之习俗，与大流士碑文中所列举之一塞种人，情形相同。以之与古楼兰人相较，其生活方式与习惯由古坟中所见者，疑同出一源。我疑楼兰土人与塞种人不无关系。又梁荀济《论佛教表》云：

《汉书·西域传》云："塞种本允姓之戎，世居敦煌，为月氏迫逐，遂往葱岭南奔。"（《广弘明集》卷七引）

按此说不见今《汉书·西域传》，疑梁荀济别有所本。又按允姓之戎，又称姜戎，见《左传》襄公十四年及昭公九年传。如荀济"塞种即允姓之戎"其言为可信，则塞种人西奔，必经过楼兰、且末，沿昆仑山西徙。《水经注》曾记一传说云：

蒲昌海在龙城之西南。龙城故姜赖之墟，胡之大国也。蒲昌海溢，荡覆其国。城基尚存而至大。……

按古蒲昌海，即今罗布泊。古时水积鄯善之东北，龙城之西南。龙城或即涸海东部之土丘。由于地面时可检拾石器及彩陶片,或即为姜戎氏西迁时所遗留,故称姜赖之墟。若推论不误,则楼兰土人必有一部或全部为姜戎即塞种人之裔胄也。

(原载《边疆研究论丛》,1944 年)

佛教传入鄯善与西方文化的输入问题

一、佛教之传入

佛教何时传入鄯善,史籍无考。其首见称述者,为晋释法显之《佛国记》。记云:

> 由敦煌行十七日,计可千五百里,得至鄯善国。……其国王奉法,可有四千余僧,悉小乘学,诸国僧人及沙门,尽行天竺法,但有精粗。从此西行,所经诸国,类皆如此。

按据法显所记,始于弘始元年,发迹长安。弘始为后秦年号,即东晋隆安三年也(公元399年)。但据斯文赫定博士在其楼兰古址所发现之佛教遗迹,有嘉平①、泰始年号之汉文,是在魏、晋之际,

---

① Conrady:*Lon-Lan*,p.93,Fig.16.按原简平上缺一字,孔拉德解作喜平。查中国无喜平年号,唯汉灵帝曾改元熹平(公元172—178年),时代疑不相及。故我疑当作嘉平,为魏齐王芳年号(公元249—254年)。同简又有咸熙年号(公元264—265年),相距不远,可证为同一时期物也。

此地佛教已属殷盛,皆在法显至鄯善以前也。然则佛教究自何时始传入鄯善？欲讨论此问题,须先明佛教传播路线。试以中国僧侣往印度取经路线作证明,先以法显所经行者为例。法显由敦煌至鄯善后,复西行,到㕽夷国,转于阗。㕽夷据一般学者解释为即今之焉耆。如然,是由鄯善向北行,至高昌,再转西南行至于阗也。故其记中有"直进西南行,路中无居民,涉行艰难"之语,盖由焉耆横过大沙漠而至和田也。如由鄯善直西行,须经且末、扜弥而至和田,即北魏宋云之所经行者。到和田后,分为两路:慧景等先至竭叉国,法显经子合国南行入葱岭,到于麾国。安居已,转至竭叉国。按子合国即宋云之朱驹波国,玄奘之斫勾迦国,今莎车叶城南山谷中也。于麾国今地不详所在,疑属汉盘陀国境。宋云《求经记》称:八月初,入汉盘陀国,疑即其地,即今之蒲犁县属也。据《佛国记》:"法显至竭叉后,再西行,向北天竺。在道一月,得度葱岭,有一小国,名陀历;顺岭西南行,其道艰阻,崖岸险绝;下有水,名新头河,渡河便到乌苌国。"按此即两汉通罽宾之大道。《汉书·西域传》罽宾国条云:

> 起皮山南,更不属汉之国四、五。……又历大头痛、小头痛之山。……盘石阪道,狭者尺六七寸,长者径三十里,临峥嵘不测之深渊。行者骑步相持,绳索相引,二千余里,乃到悬度。

《后汉书·西域传》德若条云:

> 自皮山西南经乌秅,涉悬度,六十余日,行至乌弋山离国。

按陀历即前、后《汉书》之悬度。若校以今地，盘陀国疑即今之塔什库尔干，汉蒲犁国地。乌秅今之乌杂特。悬度今之洪查山口。罽宾今白沙瓦。是法显由于摩国西南行，经乌杂特，过洪查山口，渡几尔几特河，西至达第斯坦，即乌苌国北境；与两《汉书》所记由子合经乌秅、难兜而至罽宾之路线相同。又竭叉国，足立喜六解为今之喀什①。若然，是法显由子合西北行，至竭叉国，又南行至北天竺；与原文不合。故我颇疑法显之竭叉，即《汉书》之乌秅。《后汉书·西域传》德若条，唐李贤注云："乌秅，《前书音义》云：乌音一加反，秅音直加反，合读为鹦拏。"据此，是竭叉为乌秅之转音，疑即今之乌杂特也。且法显称"竭叉在葱岭山中，被服毡褐，不生五谷"，均与乌秅情形相同。若喀什，则在葱岭以东，即《大唐西域记》中之佉沙国。据玄奘所述，佉沙国"气候和畅，禾稼殷盛"，与法显所述竭叉国情形，迥然不同，故不能视为一地。如此，则法显路径，由子合直至竭叉，即乌秅，与慧景等合，并不取道疏勒。至北魏神龟中，宋云入印度求佛经，取道较法显略偏西。《洛阳伽蓝记》卷五录其行程记云：

> 神龟二年七月二十九日，入朱驹波国。八月初，入汉盘陀国界。西行六日，登葱岭山；复西行三日，至钵盂城。三日，至不可依山；其处甚寒，冬夏积雪。自此以西，山路倚侧，长坂千里。……九月中旬，入钵和国。……国之南界，有大雪山，朝融夕结，望若玉峰。十月初，至呎哒国，以毡为屋，随逐水草。十一月初，入波斯国境。十一月中旬，入赊弥国；渐出葱岭。

---

① 《法显传考证》，为日本足立喜六著，何健民、张小柳合译，商务印书馆印行。

十二月初,入乌场国。

据足立喜六解释:"钵盂城在小帕米尔山中。钵和城在 Abipanja 河沿岸。哌哒国为缚刍河溪谷之强国,或名护密。"又按白鸟库吉解释:"钵和,今瓦格萨(Waxan)溪谷,哌哒在巴克特里亚一带。"今据白鸟库吉所云,是宋云由汉盘陀国即今塔什库尔干,向西登葱岭,经小帕米尔,沿瓦格萨溪谷,而达哌哒即巴克特里亚也。又《魏书·西域传》云:"从莎车西行一百里,至葱岭,西一千三百里至伽倍为一道;从莎车西南五百里至葱岭,西南一千三百里至波路为一道。"又钵和国条云:"在揭盘陀西有二道:一道西行向哌哒;一道西南趋乌苌,亦为哌哒所统。"两条合并观察,是北魏时在葱岭西有二道:一道从莎车经塔什库尔干,即蒲犁,向西经瓦格萨溪谷而至巴克特里亚;一道由塔什库尔干西南行,经几尔几特河谷而达犍陀罗,即趋乌苌之路,前者为宋云所行,后者为法显所行也。以后玄奘由印度之回程,以及慧超往五天竺之回程,皆同于宋云之去程。其东面皆以莎车西之塔什库尔干,即蒲犁为起点也。皆在《汉书》所述之南道上。然《汉书》尚有北道:"北道西逾葱岭,则出大宛、康居。"由我之推论,北道亦有二道:一由喀什沿克孜勒河至伊克斯塔木,北上达剌克岭至大宛,为北道中之北路,即大宛道也;一由伊克斯塔木西上阿赖高原,经喀喇提金,西南入苏儿格卜溪谷至巴克特里亚,为北道中之西路,即大月氏道也。是北道以疏勒西之伊克斯塔木为起点也。西域胡商多经行北道,而至塔里木盆地。故《汉书》称疏勒有列市,西当大月氏、大宛、康居道是也。据此,是大月氏又为南北道总汇之地矣(参阅《西域交通路线图》)。

然则鄯善佛教,遵何路线而传入耶?欲解答此问题,应先明于

第 四 编

阗佛教之来源如何。盖鄯善西与于阗接,同在南道上;佛教传入,由西而东,必先至于阗,再由于阗至鄯善,播及内地,此必然之形势也。但于阗佛教之传入,初有种种传说。试举《大唐西域记》卷十二,记佛教最初传入于阗故事云:

> 王城南十余里有大伽蓝,此国先王为毗卢折那阿罗汉所建也。昔者此国佛法未被,而阿罗汉自迦湿弥罗至此林中习定。王往观其容止,罗汉语王曰:"我如来弟子,闲居习定,王宜树福,弘赞佛法,建伽蓝,召僧众。"王曰:"既云大圣,为我现形,既得瞻仰,当为建立。"罗汉曰:"王建伽蓝,成功感应。"王从其请,建僧伽蓝,远近咸集,而未有犍椎,扣击召集;忽见空中佛像下降,授王犍椎。因即诚敬,宏扬佛教。

按此传说,又见于宋云惠生《行记》(《洛阳伽蓝记》卷五引),惟毗卢折那作毗卢旃,当为一人。又据罗克西耳所译《西藏传》,谓毗卢折那阿罗汉来于阗传佛教之时,在于阗建国以后百六十五年,即于阗王尉迟散婆跋(Vijayasambhava)治世之第五年也①。据羽溪了谛氏考证,称于阗建国,由《西藏传》及玄奘所传,当为阿育王时代,即公元前242年顷。此云建国后百六十五年,则佛教传入于阗,当为公元前74年之际。来传教之高僧,即毗卢折那。又据阿育王石碑及善见律所述,阿育王即位之第十一年至十二年之间(公元前259—258年),曾遣派僧侣至四方传播佛教;入迦湿弥罗及犍陀罗者,为末阐提(Madhyantika,并引见羽溪了谛《西域之佛教》,第

---

① 贺昌群译羽溪了谛:《西域之佛教》,第203页。

41—43页)。如上所述,是在公元前一世纪顷,于阗即有佛教。此时当前汉昭、宣之际,西域内属,交通大开,中国汉朝与罽宾交涉,自武帝以至元、成间,往来不绝。迦湿弥罗即今之克什米尔。克什米尔在罽宾之东南,同在汉通西域之南道上,盖由巴达克山经扬伽(Jangam)南下,越大雪山(Hindu-kush)而达克什米尔,其起点皆自莎车西之塔什库尔干也。于阗在莎车之东,亦在南道上,为汉通罽宾所必经之地。罽宾既与中国有交通,伽湿弥罗较罽宾为近,则由克什米尔到于阗,极为可能(参阅《西域交通路线图》南道线)。由此以言,则在公元前迦湿弥罗人,遵南道来于阗传教,非不可能之事也。但吾人细检中西载记,有足供吾人注意者,即《西藏传》称于阗最初建立之寺院,为赞摩寺。以后七代之间,绝未再建一伽蓝。据此,是前汉昭、宣以后,二百余年之间,于阗王皆无传播佛教之事。又据挪威科诺夫(Konow)著《东伊兰语考》称:"据《西藏传》首来于阗传佛教之毗卢旃,即毗卢折那;适当于阗王尉迟散婆跋时代。散婆跋即《汉书·西域传》之于阗将反莎车自立之休莫霸。"(方壮猷译文,见女师大《季刊》)按休莫霸约当汉明帝永平时,即公元58—75年;距毗卢折那入于阗之岁,相差一百三十余年。故由年代之考证,与《西藏传》显有出入。又据《汉书·班超传》,当汉明帝至和帝时,班超均在西域。称于阗国俗信巫,并有遣使向汉使求马祭神之事。时虽休莫霸已死,广德嗣位,但相距亦不甚久。又《大唐西域记》瞿萨旦那条,曾记鼠壤坟故事,称:

> 昔者匈奴率数十万众寇掠边城,至鼠坟侧。……其马鞍、人服、弓弦、甲缝、带系,鼠皆啮断。兵寇既临,面缚受辱。瞿萨旦那王感鼠厚恩,建祠设祭,上自君王,下至黎庶,咸修祭祀,

第 四 编

以求福祐。或衣服弓矢,或香华肴膳,亦既输诚,多蒙福利。

按此故事虽无稽,但匈奴伐于阗,据《后汉书·西域传》记,实有其事。莎车国条云:"匈奴闻广德灭莎车,遣五将,发焉耆、尉犁、龟兹十五国兵、三万余人围于阗,广德乞降,以太子为质。"时后汉章帝元和间也(公元84—86年)。今以两书所记合并观察,必同记一事。但可注意者:瞿萨旦那王建祠设祭,祭以弓矢肴膳之事,此皆非佛教所宜有。综上诸例证,是自前汉昭、宣以后,至后汉章帝之末(公元前74—公元88年),于阗无流行佛教之事。又在此期间,汉朝势力扩展至西域,使臣来往,不绝于途。虽中间有一时期,政治上与西域断绝关系,而交通大道并未废弛。然汉朝之使西域者,从无一人提及佛教事。和帝以后,西域复内属,班超父子驻屯西域时间最久,而甘英且西至波斯海湾,亦无一语道及。则后汉明帝至安帝之初,佛教在西域为一般人所漠视,从可知矣。虽鱼豢《魏略》有"汉哀帝元寿元年,博士弟子景庐受大月氏王使伊存口授浮屠经"之记载;然以为老子西出关,过西域,之天竺,教胡浮图所云。其对佛教观念之不明确,由此可知。《后汉书·西域传》亦有"明帝梦见金人,……遣使天竺,问佛道法";但范蔚宗首称"世传",结论谓"桓帝好神,数祀浮图、老子,百姓稍有奉者,后遂转盛"。是明明暗示中国佛教之流行,始于桓帝以后也。故其《西域传赞论》云:

佛道神化,兴自身毒,而二汉方志,莫有称焉。张骞但著地多暑湿,乘象而战。班勇虽列其奉浮图,不杀伐,而精文善法,导达之功,靡所传述。……自楚英始盛斋戒之祀,桓帝又修华盖之饰,将微意未译,而但神明之耶。

是当时以佛教列于鬼神之俦,僧侣比于方士之林,未尝认为特立之宗教,并含有高深之哲理;由蔚宗所云,概可知也。内地之情形既如此,则西域情形当亦相类。据此以言,则玄奘所记,西藏所传:毗卢旃始到于阗传佛教之事,无论其年代如何,然皆为一种传说。即令有一、二外方僧侣,寄居于阗,信奉佛教,并未足以改变其风俗,影响于社会,而为于阗国人所崇奉,则可断言也。鄯善与于阗相接,于阗既如此,则鄯善亦可知矣。

然则于阗及鄯善国人自何时始信奉佛教;我按佛教传播历史,疑自贵霜王朝之迦腻色迦王始也。按《后汉书·西域传》大月氏条云:

> 初月氏为匈奴所灭,遂迁于大夏,分其国为休密、双靡、贵霜、肸顿、都密凡五部翎侯。后百余岁,贵霜翎侯丘就郤攻灭四翎侯,自立为王,国号贵霜;侵安息,取高附地,又灭濮达、罽宾,悉有其国。丘就郤年八十余死,子阎膏珍代为王,复灭天竺,置将一人监领之。月氏自此之后,最为富盛。

据羽溪了谛《大月氏诸王之年代表》称:丘就郤即位于公元40年,在位三十五年。阎膏珍即位于公元75年,在位二十余年,约当后汉光武建武十六年,至和帝永元七年。据史书所记,在光武及明、章两帝时,匈奴国势尚强,尝控驭西域诸国。及和帝之初,窦宪破匈奴,匈奴远遁,而西域诸国又为汉朝所有。在班超为西域都护时,势力扩展至葱岭迄于县度(《后汉书·班超传》)。由是言之,在和帝以前,大月氏势力东迄罽宾而止,并未及葱岭以东也。丘就

第四编

郤时代，据其货币，尝刻佛像于其上。又记有 Sachad harmathida 等字，译言正法之保护者（《西域之佛教》第100页，引堪林干氏语）。则丘就郤确为佛教徒，疑此时或安息高附，罽宾之佛教，由丘就郤时传入。但并不传播至葱岭以东，阎膏珍货币，刻湿婆神像，根本非佛教徒，更无传播佛教事。故我疑汉和帝以前，西域人不奉佛教，盖以此也。及安帝以后，朝威稍减，虽延光中一度恢复，但势力不能遍及西域。而当时贵霜王朝之势力，则反是。盖自迦腻色迦王继位以后，声威远播，影响达到葱岭以东。《大唐西域记》迦毕试国条云：

> 闻诸先志曰，迦腻色迦王，威被邻国，化洽远方，治兵广地，至葱岭东，河西蕃维，畏威送质……

此说与《后汉书·西域传》疏勒条称"疏勒王安国以舅臣磐有罪，徙于月支，月支王亲爱之"之语，隐相符合，必同记一事。时安帝元初中也。下文又云：

> 月支乃遣兵送还疏勒。国人素敬爱臣磐，又畏惮月氏，即共……迎臣磐，立为王。……后莎车亦叛于阗，属疏勒，疏勒以强故，得与龟兹、于阗为敌国焉。

据上所述，如月氏王，即为迦腻色迦王。则此时塔里木盆地，疏勒、莎车皆为其影响所及，且东及于阗、龟兹也。佛教之隆兴，始于迦腻色迦王。在此以前，虽有阿育王传播佛教之事，而兵威不及，未能推动远播。迦腻色迦王袭祖父之余荫，拥有庞大之领土，兵马强盛,国内殷富。而公元前希腊之文明,与印度之文明,移植于阿姆河流域,及印度河流域者,孕育滋长,至此时亦已成熟,故当迦腻色迦王时,名贤辈出。若乾陀罗国、迦湿弥罗国,已成为佛教文化之中心。而迦腻色迦王,复笃信佛教,宏扬佛法。在内为第四次佛教之大集结,赞研佛理。佛教中有名之《大毗婆沙论》,即于此时纂成。对外,则派遣僧侣赴四方,推行佛教。班勇在西域时,当已悉闻其事,故称"身毒奉浮屠道,不杀伐,因以成俗"。身毒,《史记索隐》音乾笃,即乾陀罗之转音也。据此,是迦腻色迦王之影响,已及于塔里木盆地,则其佛教之传播,亦必随之推进于塔里木盆地也。在安帝元初时,疏勒、莎车,既已为其影响所及,则与疏勒、莎车为邻之诸国,即北道上之龟兹,南道上之于阗,次当受其影响,当可比推而知也。而汉朝自顺帝阳嘉以后至永和间,内困于羌乱,无暇顾及西域。《后汉书·西域传》亦称:

  阳嘉以后,诸国骄放,转相陵伐。元嘉二年,长史王敬为于阗所没,曾莫惩辜。

据此,则月氏影响,由疏勒、莎车以入于阗,必在是时。而佛教之传入,亦当于其时矣,时公元132—152年也。鄯善与于阗国境相接,《后汉书·西域传》称贤死之后,诸国更相攻伐,小宛、精绝、戎卢、且末,为鄯善所并,渠勒、皮山,为于阗所统。是在明帝永平时,鄯善疆域,西包精绝,与于阗东之渠勒接界,疑以今之克里雅河为分界地也。又斯坦因氏在尼雅古址中发见大量佉卢文文书,据斯坦因解释,此项文书,多属于各种公文和命令及地方官之报告,以及书函、账簿、护照、申诉书之类。其国王敕令所用称号及年代,完全为印度式。与公元1世纪统治印度极西北边阿富汗一带贵霜朝诸王之官称,异常符合。其中人名,并显示与贵霜朝之关系(《西域考古记》第63—66页)。按尼雅遗址,斯坦因根据文书中地名,以为此遗址,即汉之精绝国地。又云,曾在其地发见许多古钱,皆为后汉之物。按据《后汉书》精绝在后汉明帝时,已为鄯善所并。斯坦因氏同时又发见一中式封泥,上刻篆文"鄯国都尉"四字,则此地此时已属鄯善可知。据此,是公元1世纪至2世纪之间,贵霜王朝的影响已由于阗东渐,而及于尼雅,即鄯善之西界。斯坦因氏又于安得悦遗址中,亦发见少许佉卢文字之木牍。安得悦在尼雅之东,《大唐西域记》所称睹货逻故国地。然用佉卢文字时,亦即大月氏最盛时也。斯坦因氏又于1906年,在罗布泊之南岸,密远遗址中,发见一彩幡,上书佉卢文字,与尼雅遗址中之木版,及羊皮上所写之文书相似。又于一寺院护墙壁上,绘画两尊人像,旁书佉卢文字,同印度语,由此可证明此寺院及壁画,为公元后初几世纪之遗物。按密远为鄯善之伊循城,我已为证明。今于此地亦发见佉卢文字,及佛教寺院,则贵霜王朝影响,由鄯善西边,即尼雅,向东渐及鄯善王国都也。斯坦因氏又于楼兰遗址中,发见木版,及绢上所书之佉卢文字,由拉普孙(Rapson)教授研究考出,有 Kroraina 一词,皆可表示与尼雅为同一时期之物。不过楼兰有晋泰始五年(公元269年)年号之木简,为公元后第三世纪之遗物。由此言之,是贵霜王朝影响之东渐,与佛教之传播,始于公元后第2世纪之中期,至第4世纪之初期,亘二百余年矣。据此,是鄯善佛教非得之迦湿弥罗,而为由大月氏人所传入,似可肯定,时月氏势力北达里海、地中海,南及印度,居葱岭南北两路之中枢。月氏人之东来,亦必遵南北两路而入,可以推知。则安息人、康居人、印度人,随月氏路线东来,亦属可信。而最初来中国译《佛经》之安清,为安息国人。支谶为月氏国人,亦可为证。

二、西方文化之输入

关于佛教之传播,已如上述。则随佛教输入之文化,亦必因之增长。但关于西域文明,主要由本地固有文化以及汉文化与印度、波斯、罗马、希腊文化参合而成者。在罗布区域,此例尤为显明。乃近一般人多谓西域佛教文明,完全属于由印度、希腊混合之犍陀罗艺术系统,而忽略其他。我颇不谓然。今就罗布泊及尼雅所发见之遗物,概略言之:

1. 文具类

斯坦因氏于1906年,在尼雅遗址中,所发见之佉卢文木牍及函封甚多。其佉卢文为公元初几世纪通行于印度西北部,及阿富汗一带之古文字。换言之,即贵霜王朝在其领地内所通用之文字。因贵霜王势力东渐,故其文字亦随之而东行。上文已略述及,但其书记制度,则颇可注意。据《史记》、《汉书》所述,安息等国之文字,皆"画革旁行为书记"(《汉书》作书革,今从《史记》)。据此,是葱岭西域诸国,以皮质为书写之资料也。斯坦因在尼雅遗址破屋中,发见佉卢文体之羊皮书(《西域考古记》第42页)显然尚保持葱岭以西原来式样。但大多数文字,均书于木牍上。其木牍之形式,及函封之状况(同书第三八、三九、四四各图),毫无疑问,来自内地。自汉武开边以后,即流传于西域也。其作函封之封泥,一方为中文篆书,同时又有数方作西方图像(同书第四四图)。据斯坦因氏解释，一方为雅典娜之像（Pallas Athene），执盾与雷电。又一方作希腊神像，如或立或坐之伊洛斯（Eros）、赫拉克里斯（Heracles）及其他之雅典娜，皆与希腊或罗马作品风格极相似。按以雅典娜神像作装饰，刻于玛瑙及铜戒子上，在库车、和田沙漠中，不少发见，皆为西方文物之输入品，毫不足怪。惟以此神像印于中国式函封之封泥上，则颇有意义。盖表示内地之函封制度，早已通行于鄯善及和田。及贵霜王朝影响东渐，遂构成中西混合之现象。但西方之羊皮书，除斯坦因在尼雅发见少数外，余均不见矣。斯坦因氏又于楼兰遗址之垃圾堆中，发见在木版纸片以及绢上之佉卢文书。又有一残纸片书写窣利语文（Sogdian，同书第98页）。佉卢文书，已如上述，窣利语文，据斯坦因解释为公元初几世纪，通行于撒马尔罕、布哈拉一带，即古康居国地也。由此可证明在公元后之康居国人，贸易东来，亦习用中国公元后所使用之纸，书写文字。与月氏人以绢及纸，书写佉卢文字，皆表见对于汉文明，不惟无排斥之意，且尽量吸收也。能说汉文明不影响于西域乎？其次关于楼兰织品亦饶中西混合之趣味。

2. 织品

斯坦因氏1907年，在楼兰古墓中，发见织品残片。据其所摹印之一部分，一为丝织品，花纹作云气奔兽之状，并有"韩仁绣宜子孙"题识，与云气奔兽相间杂（同书第六四图A）。由其风格与技术上之观察，完全为中国传统作风，吾人以之与战国铜器中之狩猎纹样比较，几无二致。其有角兽，与中国铜器中所称为夔龙者，似有因袭之迹。其边缘之三角纹，为战国至秦、汉铜器上普遍之图案，汉石刻上应用尤广，其为中国所固有无疑。不特其题识与中国漆器及砖刻上题识，用意相同，而为中国之传统习俗也。虽关于铜器上之狩猎纹,吾人尝推论与西伯利亚及高加索出品多相类似,疑其由早期之斯克泰人介绍至中国者。但至中国后,加以改造运用,故至秦、汉时,又变为中国艺术中之主要题材矣。其他一块,为毛织品之地毯残片,两边缘作希腊、罗马式之图案,中有翼马,左右对称(同书第六四图 B)。据斯坦因解释有翼马,为汉代雕刻中所常见者,故称此为中西混合作品。但我则以此出于波斯萨珊朝之作品也。盖当公元 3 世纪之初期(公元 227 年)约当中国三国时(即魏明帝太和元年),安息王国为阿尔达西尔(Ardoshir)所灭,建立波斯萨珊王朝,势力西达地中海,北包美索不达米亚,与东罗马帝国为邻。故其艺术,实含有古代亚述及波斯之因素。又因安息而承继希腊、罗马式艺术系统。凭其艺术天才,而创造萨珊朝之新兴式样。以翼兽为题材中心之作风,为萨珊朝艺术之特点。故萨珊王朝之建筑雕刻及织物文样等等,皆称工巧。而狩猎纹尤为所常用者。其后又由波斯西传至东罗马,为拜占庭艺术基础。又东传至新疆及我国内地。时楼兰遗址,于魏黄初间恢复繁荣后,东西交通再开辟。直至公元 403 年后凉为苻秦所灭,此地遂被放弃。但在放弃之前,又正值萨珊王朝强盛,势力向东西发展之时,则萨珊朝之毛织物东入中国内地及楼兰,为极可能之事也。在此以前,中国雕刻上虽已有翼兽作品,如河南宗资墓,四川雅州高颐阙,皆有翼兽,为墓前之饰物,但皆在后汉之末季,手法拙劣,线条不匀。及萧梁墓前之翼兽,姿势雄俊,线纹匀称,但近来一般学者均以为出于波斯作风。中国人称石翼兽为"天禄辟邪","辟邪"为 Parthia 之对音,即波斯安息朝之本名,因其艺匠来自波斯,故举以为名也。在秦、汉以前,中国艺术无有以翼兽为雕刻题材者,可证翼兽为受外来影响,非中国所固有也。斯坦因氏又同时发现一毛织物,据云,上有赫密士（Hermes）头部残片，则完全出于希腊、罗马作风矣。以上各件，据斯坦因所述，均出于距楼兰遗址6.5公里左右之古墓中，同时尚有带花纹之铜镜、木制兵器模型、家具、木版及纸上所书之汉文字等等（同书第108页及六五图）。今据其各殉葬物品观之，如铜镜及汉文书，本为中国所固有，以及有汉文题识之丝织品，与上述各件同时并出于一墓中，楼兰文化之中西混交状态，不难由此窥其大略也。

3. 建筑及雕饰

在楼兰强烈风蚀之下，当然无完整建筑物供吾人研究之资料。但自斯坦因氏、斯文赫定氏，由考古上所发见之残余物件，由雕刻纹样上风格，亦不难窥见艺术之一二。斯坦因氏于1906年，在密远古废寺院遗址中，发见隐埋墙中柱子，柱头作旋云对称式。据斯坦因称，谓有百泄波里城（Persepolitan）作风。又在柱旁墙壁龛中，有几件泥塑佛头及残坐像，其头部雕刻及衣褶之配置，完全同于希腊式。同时在坐像底部，发见用婆罗谜文字体写梵文贝叶书（同书第83页，又第五一图）。据斯坦因作年代观察，最后不能出公元4世纪。其他有木雕各种之装饰品，其艺术上之风格，几全为罗马、希腊式艺术系统，又参杂波斯固有之风格，由月氏人或波斯人，输入至新疆，再进而至内地者也。试举数例以明其然。一为卷草纹。日本人称为忍冬唐草。斯坦因氏于1906年冬，在楼兰遗址一小佛寺中，发见若干木刻残片，有一件为浮雕连续不断之卷草纹，由中间之连环发卷，左右对称，其三叶花，适填满其空际，下部边缘略隆起，刻斜纹方格，两端作直角锐角形，似为四方镶边之一边（同书第101页第六二图9）。按斯文赫定氏于1900年，在楼兰遗址，亦发见同样之木雕卷草作风，及边缘隆起之刻纹，完全与斯坦因相同。

惟为直行连续回旋,不作左右对卷为异耳(柏格曼《楼兰》图版一、第一图)①。后柏格曼根据斯坦因及赫定所获遗物,由其两端之薄梢,绘镶边全形于《楼兰》著述中(同书第80页插图一),并谓此乃由科伊(Koi)所得犍陀罗石浮雕所摹来。按卷草纹样原出于希腊,以三瓣为中心,屈折回环,变化无穷。后由希腊传至东罗马及伊朗,故在波斯、罗马艺术中,亦尝引用为装饰纹样之主干。在中国西汉,自汉武通西域后,亦随葡萄纹样同时输入中国。例如汉代铜镜背面,间有雕镂卷草纹样,杂以异兽者。又我于1941年春在陕西城固汉墓中发现之铜盘,边亦作卷草纹。是在佛教入中国以前,中国艺术上,即已有与希腊式类似之卷草纹样,不必借助于犍陀罗之浮雕也。及至佛教传入,卷草纹又运用于佛教艺术中,例如北魏时之若干石造像,多用连续不断之卷草纹作图案,又如云岗石窟中部诸窟,如第二窟、第四窟、第六窟,均有卷草纹之装饰图案,而第六窟之卷草连续中间,且饰以走兽。为唐碑碑侧图样之先河。及至隋、唐以后又遍用于一切石刻及绘画中矣。然最初则疑为罗马人或波斯人所传来者也。楼兰之木刻,其情形谅亦相同。其次为连环纹,及八瓣花纹。斯坦因又在上述之小寺院中,发见之小木雕中,有作连续之环状,中填八瓣花,花以八瓣共一蕊为一朵,填入环中,环与环间用索缠结,成一垂直平行线。又二分其花,填环间之空隙,分配颇为匀称,其一端又有斜十字纹样,有二分其花填于空际。斯坦因谓此为横墙上之装饰物,装饰于门楣较低处(《西域考古记》第101页第六二图)。斯文赫定氏在楼兰遗址中亦发见同样

---

① Folke Bergman:Lou-Lan Wood Carvings and Small Finds Discovered by Sven Hedin. 文中简称柏格曼《楼兰》。

之木雕(见柏格曼《楼兰》PL.11)。柏格曼氏合并各件,摹拟原形,插于原书第83页第四图。据其解释,谓与斯坦因在尼雅故墟中所发见之彩画卷形花纹,极为类似。在犍陀罗美术中,更可得类似之物品。例如南俄罗斯里萨诺夫加(Ryzhanovka)斯克泰人墓中之金链,及克里米亚(Crimea)之金项链,均有与佛教雕刻之基本花纹相同者(同上由柏格曼《楼兰》第81页附注三转引),斯坦因在其报告中,则以"希腊式作风"一语概括言之。但我尝以之推比中国初期之佛教艺术,实鲜其例。云岗中部石窟中,亦有连续之环圈,作横条之装饰画,如第二窟、第五窟、第六窟皆然。自其环与环相连结之点言,意匠颇与楼兰之连环纹相近。惟其引用之题材,则各有主题,云岗石窟之连环纹,完全由卷草纹组织而成环状。环中由卷草之三叶填满,惟有繁简之别,如第五窟、第六窟,较第二窟为简是也。但其环与环之组织法,均由两端曲结向内卷,环与叶不可分离则一也①。至于楼兰之连环纹,是以每一环为单位,中填八瓣花,其作风与题材,根本与云岗不同。盖楼兰连环纹,是由于连环及八瓣花两种题材混合组织而成。例如斯坦因又同时在楼兰发见一方木版,作莲花瓣,疑为房屋上之天花板,是环与花为两种题材,经过楼兰匠人之分合运用,可以确知也。至于论到两种题材之来源,为吾人最感兴趣之问题。有人以八瓣花解作莲花,实不然。莲花出自印度,但希腊有一种水草叶与莲花近似。及佛教北传至犍陀罗、大夏及安息后,又与希腊之水草叶混合,而成"印度、希腊式"之莲花瓣纹。但在初期佛教艺术中,八瓣花与莲花各自分别引用。例如

---

① 梁思成:《云岗石窟所表见之北魏建筑》,插图三十八,《中国营造学社汇刊》,第三、四期合刊本。

楼兰木刻中，连环内之八瓣花与方形天花板之莲瓣纹，及尼雅所发见木雕椅上所刻莲瓣纹（《西域考古记》第四十一图），皆各自为题材。其作风各别，虽有时两种同在一物上，如尼雅故址中之木雕托架梁，一端雕四瓣莲花，一端于四瓣莲花之中心，又生八瓣花（同书第四十三图）。但其两种混合之迹，至为显明，盖莲瓣作四瓣散开，上端尖锐，中部洼入，双层，确表示印度式之莲花形。天花板上者，虽叶片较多，而上端亦尖锐，与木雕椅所刻作风相同，故我名此为"莲瓣纹"，出于印度之莲花。至八瓣花为椭圆形，上不尖锐，由八瓣合组而成圆形，瓣与瓣紧接，而不散开，我名此为"八瓣花"，颇类似蔷薇花，中国旧时称为宝相花。出于伊朗，在伊朗艺术中，应用颇广，尤其在宫殿建筑上甚见引用。传至新疆，除木刻外，又应用方砖上。如焉耆、吐鲁番古寺庙中铺地方砖，甚多具此花纹，瓣作椭圆形。又传至内地，铺地之方砖，其纹亦同。例如敦煌千佛洞中其地多铺八瓣花之方砖可证。惟北魏石造像台座间有作四片之花瓣耳。设我所论不误，连环中之八瓣花，出于伊朗式之佛教美术，益可信也。至于连环纹之来源，我颇疑为受斯克泰人艺术之影响。例如赫定氏在楼兰所拾遗物中，有一四环相连之残铜件（《楼兰》图版四十四），及一铜质平扣，在宽边缘中，满布乳点十二粒（同书图版四十五）。关于此类铜器，又发见于内蒙长城一带，及西伯利亚南部，与俄罗斯南部，均认为与斯克泰人，或鄂都克铜器艺术有关。完整之铜连环，虽无发见，但赫定氏又在楼兰遗址中，发见一铁连环（同书图版十六第八图），作二环相连，虽已残缺，但由其环与环之结合作风，与斯坦因在楼兰所得之木雕连环纹作风相同。因此我疑木刻上连环纹，系受金属连环之影响而来，此铁连环与铜轮状物及铜扣，皆同出一地，上件既与斯克泰或鄂都克有关，则此件当亦同例,而受斯克泰艺术之影响者。据此,是横梁上八瓣花纹及连环纹,一出"伊朗式",一出与伊朗艺术有关之"斯克泰式",由两种题材混合而成者。吾人须知斯克泰人之艺术,在伊朗艺术中,如铜器及建筑雕刻上,时占重要地位。且帕提亚人即安息人,原居里海东南,与斯克泰人有亲属之关系,当然对于固有艺术,不能遗忘。波斯萨珊王朝,又继承帕提亚,西与东罗马为邻。希腊艺术,早已由东罗马输入波斯,故波斯人得因沿旧有,参酌新知,而造成伊朗式之特有作风。东传至楼兰,而为楼兰艺术家所采用也。其次为异兽纹。斯坦因氏于1906年,在尼雅遗址破屋中,发见若干木雕托架梁,在架梁上左右两部雕奔兽相向,中雕一花瓶,花草生出,分披左右(《西域考古记》第四十三图)。斯文赫定在楼兰遗址中,亦发见若干残木雕,据柏格曼氏《楼兰》图版二,中作花瓶,生出卷草,分披左右,与尼雅托梁所雕两兽中间之花瓶形式相同。惟尼雅所出,系浮雕于木梁上,楼兰所出,为透雕于方形镶版上为异耳。据柏格曼解释,谓此种纹样,与印度及犍陀罗浮雕上之莲花盆,极为类似。又引弗彻尔(Foucher)说,或与"佛陀诞生图"有连带关系(柏格曼:《楼兰》第84页)。又赫定氏,同时发见木透雕镶版,为一动物像之残部后腿之弯曲状,及头部之啮腿状,尚可窥见(见同书摹图二)。又斯坦因在楼兰遗址亦得残镶版四片,作同样雕纹。如此则啮腿动物之镶版,当不止一个,同时必另有一个啮腿动物镶版,向花瓶左右相对。如此则必与上引尼雅发见二兽向花瓶对驰之托梁同一组织法也。按以动物作中心题材之装饰画,尤其如奔兽啮腿等纹样,在犍陀罗美术中不常见,而在伊朗美术中则为习见之品。尤其在俄罗斯南部及高加索出土之斯克泰铜器用翼兽作装饰纹样者,为例甚多。在中国战国以后铜器,尤其狩猎纹铜器,亦常用以为镂刻之主要题材。故此种作风,决非"印度式",亦非"希腊式",而为"伊朗式"。在上文及走兽纹毛织品中,已详为叙述矣。但中间又加入类似"佛陀诞生图"之花草瓶,此种题材,据柏格曼及弗彻尔所论述,或系出于印度。今此两种不同来源之纹饰,同见于一木雕上,显示印度与波斯艺术上之混合性,实可玩味之问题也。及传至中国,则又变其形态矣。例如北魏正光六年(公元525年),曹望憘造像上层左右刻两狮子相对,狮子作张牙舞爪状,中间刻一"佛陀诞生图"。佛陀立莲花盆中,头顶汉代最通行之"博山炉式",两旁以朱雀及莲瓣补空隙。又孝昌三年(公元527年)比丘惠隽造弥勒像,设计与此相同。惟"诞生图"两旁加比丘像为异耳。又北魏永熙二年(公元533年)"五百人造像",中间所刻之"诞生图",略异于曹望憘,"博山炉"易以佛塔状之花瓶,瓶下柱作莲花,以莲盘承之。下有两人像,分背而立,无莲盆。两旁狮子,仍作张牙舞爪状,与曹望憘造像同。狮子上面刻两僧像。一题"禅师慧训供养佛时",一题"邑师慧刚供养佛时"。据上所述,由其组织方法,或皆脱胎于所谓"佛陀诞生图"者。但曹望憘造像,佛顶博山炉,两旁缀以朱雀,显然以之代替中间之花瓶,及分披左右之花草。"博山炉"及"朱雀",为中国固有之艺术题材。今与印度之莲盆,合组为一图像。中国、印度艺术之混合性,可以充分表露。而佛家庄严光明之情态,亦由此可见矣。至"五百人造像"中间之花瓶形式,与我在吐鲁番木头沟所采壁画中之花瓶相同。惟吐鲁番花瓶,分披花草,"五百人造像"无花草,另加中国式华盖为异耳。此又一混合之方式也。总之东方艺术,以中国、印度、伊朗为三大中心区。自佛教产生后,东传至中国,即与中国艺术混合。西传至伊朗,又与波斯艺术混合。而希腊、罗马之艺术,亦同时渗入。新疆适居中央,楼兰又当中西要冲,为各方艺术所交凑丛集之地。所谓"中国式"、"伊朗式""希腊罗马式"不难于楼兰遗物中找到它们的来源。

4. 壁画

壁画为佛教美术中之主要题材,今在此篇仅为楼兰壁画中与文化之来源有关者,概略述之。斯坦因氏于1906年,在密远废院中发见从不经见之壁画数处,可为佛教美术来源之说明,特为举出,加以推论。

一为着翼天使。据斯坦因报告,一在小圆拱塔内部,距地面1.2米左右之护墙壁上,一在塔旁过道墙上,距前地约66米左右。又在一圆屋形过道墙壁上,又绘有带西方色彩之俗人。据斯坦因解释,"谓有翼天使,是'犍陀罗派''希腊式'佛教雕刻中,从有翼的爱罗神(Eror)抄袭而来。用以代表佛教中印度之传说。普通称此为犍达婆(Gandharvas)像,一称为'飞天',在叙利亚、美索不达米亚,及波斯西部寺院中亦所常见。"① 按据斯坦因发见天使之位置,或在墙之下部护墙壁上,或在过道中与供养人像同位置,是与佛教中位置飞天之习惯不同。盖普通飞天,均在佛像后面背光上,作飞舞翱翔姿态,手中或承日月、宝珠,或持乐器,均不见有翼。何如印度Aianta第十七洞,及Elura第六洞,均作婴儿状,不着翼,可证也(见《云岗石窟所表见之北魏建筑》插图三十七)。再如中国之云岗、龙门石窟寺所刻之"飞天",无一着翼者。是着翼人像,为另一来源,与印度佛教中之飞天,毫无关系。且此处天使像皆作半身像,置于墙壁之不紧要处,明显以之作装饰画,并非如佛家所述善财天像之重要也。至于着翼人之来源,据斯坦因解释,谓:"由于希

---

① 向达译斯坦因:《西域考古记》。

腊、罗马神话中爱罗神变化而来。"又云:"在基督教兴起以前,西亚一切宗教系统中,以天使为天上有翼之使者,故护墙壁上之有翼使者,或系受古基督教派中天使之暗示,发生亲属关系。"(《西域考古记》第85页)我对于斯坦因见解,在未获其他证据以前,不敢有所可否。但为引起读者兴趣起见,再引中国有翼人像以作参考。例如《武梁祠石室画像》中刻许多有翼人像,翼着腰际下身作卷云式,或不露足。又有画古帝王像,手执规矩,而两胁着翼者,相传为中国远古帝王伏羲、女娲神像。武梁祠虽建于后汉,但其所描写之题材,必因沿于古代神话或传说,则可断言。此其一。又战国式铜器中,如"狩猎纹壶"亦有作有翼人像者。例如"蟠螭纹画像壶",其纹样皆作人与兽抟斗之状。人或持盾矛,或持弓矢。兽像或作斑鹿及野牛之状,姿态生动飞跃。惟人像皆折腰,挂弓剑,小袖衣,长筒皮靴。间有胁间附翼者,亦有作鸟兽身首者(《战国式铜器》图版九二)。吾人由其人像姿态与服饰,充分表现其为游牧民族之情状,或出于古之斯克泰人。而人皆折腰或着翼,又为伊朗艺术中受希腊艺术之激荡而成者。后由斯克泰人传至中国,又与中国传统之蟠螭纹混合,造成中国战国式之艺术也。但吾人所应注意者,即"斯克泰式"铜器中之着翼人,与汉武梁祠中之着翼人,是否同出一源,而与希腊、罗马神话中之"爱罗神",及西亚古宗教中之"天使",是否有因倚,或亲属之关系,均为吾人所不可忽视之问题。然此问题,过于繁难,详为解答,请留以俟之异日。吾人总觉伊朗艺术中,尤其波斯萨珊王朝之艺术,每喜以怪异动物作题材,如上文所举之毛织品、木雕刻,皆可为例。斯坦因亦于密远废寺中发见半狮半鹰之壁画(Serindia L Fis 133),皆以为属于"伊朗式"作风。故我谓此有翼人像,亦与同例。

其次为佛本身故事画。斯坦因氏在同地圆屋形佛寺,西边弓形弄道入口处,发见墙壁下层之护墙版上,绘一连续不断成山谷状之宽条花带。据斯坦因所述,第一持花带之青年菩提像,戴"佛里家"(Phrygian)帽,显然模仿波斯之太阳神(Mithra)神像。又当中空处,交互绘男女头部及半身像。其中女像盛饰香花,手挈酒樽酒杯,亦有弹琵琶者。据斯坦因解释,女像在"希腊式"面容中,杂有地中海东部(Levantine)或赛卡兴(Circassian)式的美。其首饰又表示近东或伊朗风味。其他青年男半身像,据斯坦因解释,头部姿势,十分像罗马人,右手高举,左手屈指不一,类似希腊、罗马人作猜拳游戏。其他半身像,浓髯、厚发,衣饰富丽,当然描写从北方,或东方来之蛮族。又与此风度相反者,在花带中间,绘一印度王子半身像。珍宝装饰全身,颇为华丽,面貌清洁,眼膜半垂,表示柔和情态,头戴峰峦形头巾,显为"希腊式"佛教美术雕刻中,表示乔达摩王子未成佛前形式。又在东南面残余墙壁上,绘皮珊多罗王子(Prince Vessnatara)本生故事行列。从进门左方起,绘王子出宫门像,至以白象送给四婆罗门为止。又在白象膈窝上,发现一段佉卢文题记,经研究为画家 Tita 名字,及所得报酬数目。据斯坦因所述,Tita 名词,在公元初几世纪,通行于罗马东陲,当时一位装饰画家亦取此名(《西域考古记》第 83—89 页,插图五四、五六、五七)。据上所述,由其人像作风及题词,是此壁画完全出于波斯西部,或东罗马一派艺术家之手,已勿庸吾人多言。自其白象膈窝中之题识观之,显然与修建密远寺院之工程师及画师有关系。疑当时或有安息人,或东罗马人东来,传播佛教,或表现其艺术,因题东罗马画师之名,证明壁画模仿之所自出也。吾人又检查古籍记载,《汉书·西域传》称"安息以黎靬善眩人献于汉"。黎靬(Reken)即指今叙里亚地，后汉时属于东罗马，中国史书称之为大秦。善眩，即幻术也。又孝堂山石室所刻幻人形状，皆作西方人姿态，或即描写黎靬之幻人。由大眉眼之表情，与壁画上持花带人像略同。《汉书·地理志》张掖郡有黎靬县，据颜师古注，因居黎靬人而得名。是汉时东罗马人来汉者必多。至安息与中国交往最早，最初来中国传译佛教经典者，为安息人。如后汉桓帝时之安世高、安玄，是其例也。罗布泊居西域交通之咽喉，凡由西东来者，必过此地。则伊朗人或罗马人来中国之艺术家及传教士，因即逗留楼兰，表现其巧妙之艺术手腕，极为可能也。据此，则此一带寺院之壁画，或即为波斯人或罗马人所作。最少其作风亦必模仿伊朗或罗马也。

综上所述，是佛教最初传入新疆及我国内地者，为月氏人及安息人。而佛教文明，由上所述，亦以受波斯或月氏人之影响为最多。月氏、安息均临妫水，即阿姆河。故中国内地及新疆之佛教文明最初确遵妫水大路而来。即上述西域交通大道之北道中路，或南道之北路。所谓月氏道者是也。及逾葱岭，又分两支传播，一支至库车、焉耆、吐鲁番，一支至和田、且末、鄯善。路虽有二，而佛教文明之来源则一也。至印度河文明之流入，疑起于东晋以后。中国僧侣直至印度求经，而印度僧侣亦频东来。"犍陀罗派"艺术，从是流入。由以上所述及新疆其他之佛教遗物，可以证明也。

（原载《罗布淖尔考古记》）

元阿力麻里古城考

伊犁为历来游牧民族活动之地，首先见于《汉书》者，有塞人及大月氏人，均以伊犁为驻足点。接踵而至者，则有匈奴人及乌孙人。乌孙人活动时期较长，与汉朝关系亦较密切，然其史迹被发现者甚少，乌孙赤谷城至今还是一个哑谜。稍后者为突厥人、契丹人及蒙古人。尤其是西突厥的贺鲁部及突骑施部，在7、8世纪前后约当唐代，在此地活动频繁。据《新唐书·贺鲁传》所载，其东方建牙之地是在伊犁河边，但其真确地点，言人人殊。以后至蒙古察合台汗国时，伊犁——即阿力麻里，始终为其政治中心地之一。然其建庭之所，清代学人专门研究西北史地卓有成绩者，如徐松等，曾亲履其地，已感"陵谷变迁，莫知其处"。解放后由于政府的重视文物工作，对于自治区北疆尤为注意。1958年夏季，中国科学院考古研究所新疆考古队于南疆工作完后，又到伊犁作了专门调查。发现古城和遗址多处，北疆考古序幕从此揭开了。在多座古城中，尤其以吐鲁番呼子古城、霍城阿力麻里古城、绥定磨河古城、察布查尔海努克古城的发现颇为重要。我在1960年已将这几座古城的情况作了介绍①，但未作进一步研究，今根据实地考查所得，结合文献，除吐鲁番呼子旧城拟另文论述外，现以阿力麻里古城为中心，探讨其地理位置及历史关系，其他二城亦并涉及。兹述说如下。

---

① 《新疆考古的发现——伊犁的调查》，《考古》1960年第2期。

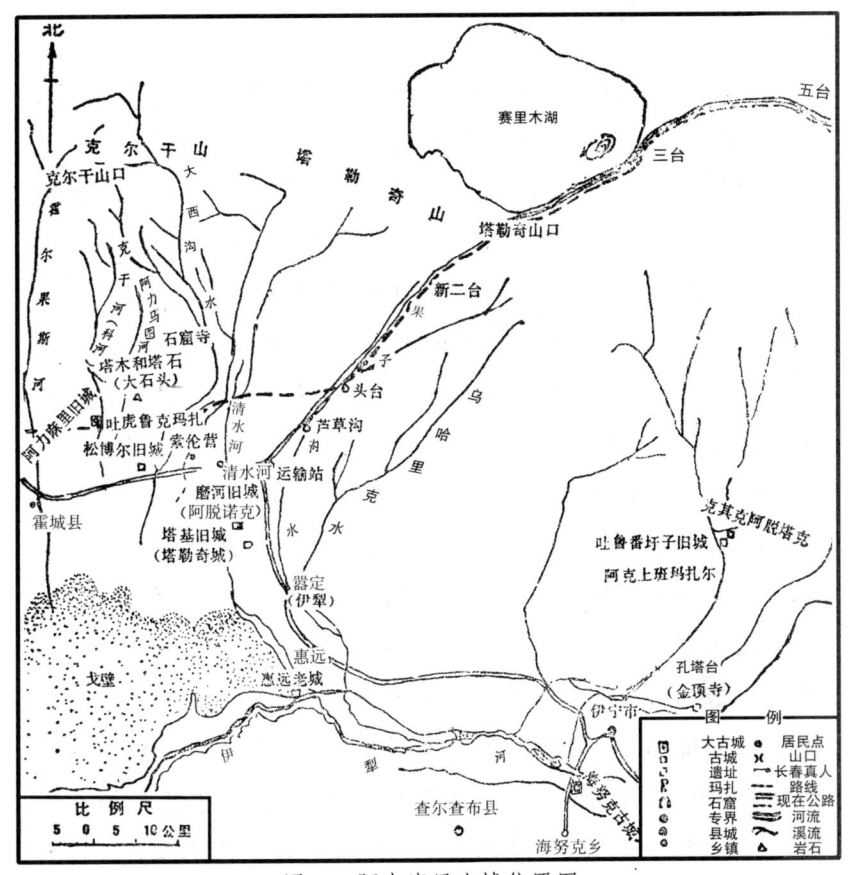

图一　阿力麻里古城位置图

第 四 编

一、阿力麻里古城位置

　　近人对于阿力麻里古城位置每多臆测，或不知其所在。我们为了正确了解这个古城的位置，拟援引长春真人的游行记，结合遗迹遗物作一阐明。先引《长春真人西游记》作说明：长春以元太祖十五年（公元1220年）西行，1222年东返，去来均经过阿力麻里古城，所记必较真实。其述过塔勒奇山峡到阿力麻里一节云："……又五日宿阴山北，诘朝南行，长坂七、八十里，抵暮乃宿。天甚寒，又无水。晨起西南行约二十里，忽有大池方圆几二百里，雪峰环之，倒影池中，师名之曰天池（按《西游录》作周围七、八十里①）。沿池正南下，左右峰峦峭拔，松桦阴森……众流入峡，奔腾汹涌，曲折弯环，可六七十里。二太子扈从西征，始凿石理道，刊木为四十八桥，桥可并车。薄暮宿峡中。翌日方出，入东西大川，水草盈秀，天气似春，稍有桑枣。次及一程，九月二十七日至阿里马城。"②综观长春旅程，自入峡至出峡，与现行公路大致相同（图一）。阴山北麓宿地，可能即今之五台。现由五台到三台海边61公里，公路较曲，故里程较长春为多。由三台到新二台33公里，若由松树头到新二台约23公里，疑长春沟中宿地或在新二台南10公里地。以上大家解释均同。所不同者，在出峡后向何方走。《新疆图志·道路

---

① 丁谦：《西游录（考证本）》，《浙江图书馆舆地丛书》。又按《西游记》中之天池即赛里木湖，在通伊犁驿站三台旁。由三台到松树头，即南岸约10公里，合二十华里，只是东面。湖的形势略作方圆形，若估计周匝，《西游录》七、八十里说约略可信。但若计算曲折弯环，当不止此数。程春庐百里之说或可依据。长春周匝二百里是估计多了。

② 《长春真人西游记》王国维校注本。又"可六七十里"改从监本。

志》认为现由芦草沟南行到塔勒奇城约六七十里,与长春次及一程之说相合,因而塔勒奇城北之磨河旧城,即阿力麻里城。但细查长春所经行沿途情况,出峡后是入东西大川,水草丰盈,并有枣桑树。《西游记》亦云:"附郭皆林檎园",是出峡后向西行一平川,水草甚优,现由果子沟到塔勒奇城是南行,多是戈壁,既无林檎,也无桑枣,与长春所见不合。塔勒奇城北之磨河旧城,徐松曾亲至其地,不云是阿力麻里城,而谓阿力麻里城应在阿力马图河滨求之①,必有根据。因此我认为长春出峡后入东西平川向西行,必经阿力马图河、小玛扎,方至阿力麻里城。程春庐云:由果子沟到阿力马图河一百里②,现阿力麻里城距阿力马图河二十里,共一百二十里,路程不算大。又据本地人说:"现果子沟是后来的,从前的果子沟即今大西沟。"现大西沟口外即是东西大平川,水草丰盈,树木阴翳,尤其小玛扎一带,果树成林,并有桑枣。小玛扎就是个果园,有枣树多株。本地人又说:"此地在六百五十年前,地名阿力麻里,从前是一个大平川,果树甚多。"根据以上所述,我认为长春出峡后所经行之大平川,即小玛扎一带之东西平川,所到之阿力马城西果园,即现距霍城东13公里之阿尔泰遗址(此是哈萨克语,维名阿脱诺克,都是出金子之义,现订为阿力麻里城)。事实上阿力马图河及小玛扎一带,已是阿力麻里城近邻了,故亦有阿力麻里之称。徐松、程春庐谓当于阿力马图河求之,并无大误。洪钧驳之,可谓胶柱鼓瑟矣。

现在克干山南麓有古城遗址,名阿力麻里,本地人称为阿尔泰古城。西距霍城13公里。其范围甚大,北抵克尔干山南麓,南至克干

---

① 徐松:《西域水道记》卷四,第32—33页。
② 《蒙古游牧记》何秋涛补注本卷一五,第12页引程春庐语。

色依,东至吐呼鲁克帖木耳汗玛扎,西至卡纳威,东西5公里,南北未量,当不止此数。据本地人说:"此城规模甚大,周约五十华里。"有克干河经行城的东部及南部,无城墙,城中建筑已被摧毁无存,城中有一条石子铺地路面,本地人说是前些年的公路,因为路面窄且杂砖块,我疑是古时街道。刘郁《西使记》云:"阿力麻里城市井皆流水交贯",说明城中有衢道,并有河流交贯市区,与现在情况实相吻合。因此克尔干山南阿力麻里遗址即长春所到之阿力麻里城,无可置疑也。

再以出土物言之,我们虽在城中未作发掘工作,但由于农民锄地亦不断出土金、银、铜钱币,石刻及陶器等。我们曾搜集有银钱四枚、石刻三块及玛瑙饰物等。银钱均无孔甚薄,有三枚直径约3厘米,厚0.1厘米,两面均印有类似阿拉伯文字及圆线圈或点圈花瓣等,俱无轮廓。据专家鉴定为回历727年(即1327年)所造。另一枚更薄小,直径约2厘米,与高昌城所出及斯坦因在库车所拾者相同,被定为14世纪钱币[1],与此地所出者先后同一时期。据布哇《帖木儿帝国》云:在回历721年(公元1321年),察合台汗国分为东西两部,一为河中汗国,一为者台汗国,即蒙古汗国,君临现在准噶尔,同东西突厥斯坦一大部分,一直到回历771年(公元1370年),被帖木耳所灭[2]。张星烺认为:"14世纪初半,察合台汗国分为东、西二部,西部都撒马耳干,治阿姆河以北诸地,东部仍都于阿力麻里"[3],与布哇所述大致相同。此钱币铸造正在汗国分裂以后,又出于阿力麻里旧城中,可能是者台汗国遗物。

我们又在城中获得三块石刻,上均刻有叙利亚文字,有的上刻

---

[1] 见《塔里木盆地考古记》,第111页转引。
[2] 布哇:《帖木耳帝国》,第19页转引思克邻书。
[3] 张星烺:《中西交通史料汇编》第二册,第255页。

有十字架纹。新疆博物馆亦获得数方,情况相同。皆在霍城附近阿力麻里城中出土,显然为基督教徒死后所树立之墓碑。在瓦丁所著《圣方济各教会史》第七册中,曾述有西班牙人巴斯喀尔在1338年派赴阿力麻里城传教被害事。又意大利人巴拖罗谋在14世纪末所著《圣徒传》中,亦详记阿力麻里城中传教僧人死难情形云:在1340年契丹牧师管理区阿力麻里城,有主教僧李嘉德,僧人佛兰锡斯、巴斯喀尔、雷曼德,及修道士基督教徒被阿梨算端杀害(《中西交通史料汇编》第二册,第250—254页)。现此石刻是否即是死难基督教徒的墓志,尚须进一研究。但在14世纪阿力麻里城中有基督教徒传教,则系事实,而阿尔泰遗址亦即阿力麻里城,由于基督教徒墓碑的出现,亦可得到证明也。

其次关于遗迹方面。在旧城东北隅有一玛扎,维族称为夸玛扎(大玛扎之义),即吐呼鲁克帖木耳汗玛扎,传说玛扎是旧城中主人,死即葬于城东,距现在已600年矣。又说玛扎生于回历730年(公元1330年),为成吉思汗后裔,当他二十四岁时信奉伊斯兰教,三十一岁与敌人战争,三十四岁(按即回历765年,公元1364年)病死,一说战死①,与布哇《帖木耳帝国》引阿不哈即《蒙古史》所记者台汗国秃忽鲁帖木耳遗事,大致相同。据称:"……此汗生于(回历)730年(公元1329—1330年),其父也里火者,即以也先不花名而显于世者,是成吉思汗子察合台的后裔,君临不花刺,所属诸异密拓地抵于可失合儿、鸭儿看、阿剌塔黑、蒙古等地。其妻撒忒迷失可敦无所出,其蒙古妾明里生秃忽鲁帖木儿汗,撒忒迷失可敦出

---

① 看守玛扎之阿訇有一本书,记载关于吐呼鲁克帖木儿汗的事迹,传说即出此书中。

其母子于外。也先不花死，诸异密将他迎归，他即位之时，年十八岁（公元1348年），后至二十四岁时……遂归向回教，并传布回教于人民。762年（公元1361年）他引兵略取撒马尔罕，765年（公元1364年）死。"（见《帖木耳帝国》第30—31页）所述生卒年月，与本地传说相同，所指必是一人。但阿不哈即所记也先不花君临不花刺，吐呼鲁即位似乎在不花刺，但布哇引思克邻书称："者台诸汗君临淮噶尔，即阿力麻里之地。"现本地人又传说："吐呼鲁是旧城中主人"，而他的玛扎又在旧城旁，即阿力麻里必同时又为者台汗国之政治中心区也。

根据以上所述，是阿力麻里城的地理位置即今克尔干山南阿尔泰遗址（现订为阿力麻里），已得到多方面证明，无可怀疑。现虽无城墙，可能在元至元后，西北诸宗王战乱相寻，城墙早被摧毁也。阿力麻里城位置既定，则阿力麻里城南之磨河旧城，亦即刘郁《西使记》中之赤木耳城（王国维《古行记校录》第7页），更可不烦言而解矣。

以上所述，是关于阿力麻里城的地理位置。下面再谈阿力麻里有关史事。

二、阿力麻里有关史事

据多桑《蒙古史》所载，阿力麻里王初见于历史的，是斡匝儿。多桑《蒙古史》云："1211年春，成吉思汗三征唐兀儿还其斡耳朵时，畏吾儿王已奉珍宝来觐。同时哈拉契丹古儿汗之别二藩臣亦入朝。其一人是突厥哈拉鲁部长海押立王阿儿思兰汗（Arslankhan),其一人是阿力麻里王斡匝儿(Ozar)。已而斡匝儿出猎,为屈出律所执杀。成吉思汗命其子昔克纳克的斤(Siknaktékin)袭父位。以长子术赤之女妻之。"(多桑《蒙古史》第一卷第三章第63页,中华书局1962年版)又云:"屈出律既据哈拉契丹大位,欲服阿力麻里汗斡匝儿,数以军讨之。终乘其出猎,袭擒杀之。合失合儿(今喀什)、兀丹(今和田)两地亦先后被征服。"(多桑《蒙古史》第一卷第五章第81页)按屈出律袭夺哈拉契丹古儿汗大位,是在1212年,1218年即为成吉思汗所灭,则擒杀斡匝儿必在1213—1218年之间,而昔克纳克的斤袭父位,必在屈出律灭后,或同时受成吉思汗之命及1219年成吉思汗率军西征花刺子模时,昔克纳克的斤即同畏兀儿王及哈拉鲁汗阿儿思兰以军来会(多桑《蒙古史》第一卷第六章第95页)。当1220年庚辰九月,长春过阿力麻里大城时,有铺速满国王领诸人来迎。王国维谓此王即多桑《蒙古史》书中之昔克纳克的斤[①],甚是。此时畏兀儿在新疆东部,而以哈刺火者为中心,包括别失巴里[②]。阿力麻里在新疆西部伊犁一带,而以阿力麻里城为中心。哈拉鲁即唐时葛罗禄部,在新疆西北额敏、塔城至巴勒哈什湖一带。三部首领既已脱离哈拉契丹控制,服属于成吉思汗,成吉思汗又命哲别收服喀什、和田,自是哈拉契丹在西域所控制的全部区域,包括新疆在内,完全为成吉思汗所有。这就使成吉思汗得以放心西进,而无后顾之忧了。成吉思汗攻占花

[①] 《长春真人西游记》王国维校注本,第24页。
[②] 按畏兀儿即维吾尔,在今吐鲁番一带;哈刺火者,即今哈拉和卓,附近有一旧城名伊底库特赛里,即亦都护城,为畏兀儿王都所在。别失巴里译言五城,有旧城遗址,在今济木萨北后堡子,为唐北庭都护府所在地。回鹘西迁,首据此地,贞元间回鹘南并吐鲁番,此地仍属回鹘所有。回鹘即畏兀儿。

刺子模后,即从花刺子模及西辽领地分封其次子察合台。多桑《蒙古史》称:"察合台之封地东起畏吾儿之地及海押立①,西抵只浑河(阿姆河)两岸。"(第二卷第一章第 181 页)包括新疆全部及突厥斯坦一部分,而以阿力麻里为其政治中心地之一。多桑《蒙古史》称:"察合台常驻夏于阿力麻里之地,地在阔克(Gueuk)诸高山及忽惕山(Cout)之附近。"(第二卷第二章第 210 页)按阔克,克干一声之转。根据上文所述,则克尔干山南麓之遗址,必为察合台汗驻夏之地,且为其政治中心区也。

　　自 1241 年窝阔台与察合台相继死亡后,诸王因争夺汗位,内乱迭起。在 1262 年阿里不哥称号和林时,命察合台后人拜达尔子阿鲁忽主持察合台汗国事,时哈拉旭烈兀已死,由其王妃斡儿合纳权摄国事,居别失巴里。按别失巴里,为畏兀儿北庭,统属察合台汗国封地,故阿鲁忽赴别失巴里收取政权。但史称其统治之地,"自阿力麻里之地,达于只浑河岸"。只浑河即阿姆河,不提畏兀儿,是畏兀儿自阿鲁忽后,已自立国,不属于察合台汗所辖。是察合台领地至阿鲁忽时已较前缩小了。不特此也,其建庭之地亦移至伊犁河畔阿力麻里之地。兹据多桑《蒙古史》所述:阿里不哥之前锋将哈拉不花与阿鲁忽遇于普剌城及速惕湖附近之地,兵败,哈拉不花战死,阿鲁忽退还其伊犁河驻所,遣散其军队。无何,阿速台率第二军继至,逾名称铁门之山隘,渡伊犁河,取阿力麻里,并及阿鲁忽本人之领地。阿鲁忽退至忽炭(今和田)、合失合儿(今喀什)两城。其后不久阿里不哥率余军进至阿力麻里境内,驻冬于伊犁河畔,阿鲁忽率残众退走撒马儿罕(见多桑《蒙古史》第三卷第一章第

---

① 海押立在今巴勒哈什湖东南至塔城一带,后为海都分地。

291页)。

由上所述,可证阿鲁忽领地,东自阿力麻里,西抵撒马儿罕,包括天山南路和田及喀什等地,与初受封时无殊。但史称"退还其河畔驻所",是必阿鲁忽牙帐在伊犁河边,现伊犁河南北两岸,均有旧城遗址,在南岸者为海努克旧城,在北岸者为磨河旧城。何者为阿鲁忽河畔驻所,洪钧及《新元史·阿里不哥补传》记文简略,惟多桑《蒙古史》中有"阿速台……渡伊犁河,取阿力麻里,并及阿鲁忽本人之领地"之语,则阿鲁忽所驻河边之城,必为海努克旧城。阿鲁忽败退至忽炭、合失合儿亦必是自海努克逾天山至阿克苏、和田、喀什,与清代由伊犁到阿克苏驿站大致相同。是忽炭(今和田)为阿鲁忽退兵时临时驻地,未久即西行。《蒙兀儿史记》察阿歹(察合台)汗诸子世系表,称阿鲁忽建牙兀丹[①],恐非是。但现阿速台所取之阿力麻里,是在伊犁河南,与上文所谈阿力麻里在伊犁河北、克干山南不同。何故,我认为若干史书所记,阿力麻里有二义:一为城名,即今阿尔泰遗址,已如上述,一为地名,如斡匝儿领地,察合台及阿鲁忽等之领地,皆泛指阿力麻里区域,举凡塔勒奇山、克干山以南,汗腾格里山以北,包括现在伊犁专区,皆属于阿力麻里范围。例如上文所引阿力不哥率兵进至阿力麻里境内,驻冬于伊犁河畔,是阿里不哥在伊犁河畔驻地属于阿力麻里境内,语义甚为明显。至与阿鲁忽驻地是否一地,史无明文,可能是一地,因为海努克旧城是在一广大草原上,距河岸约3公里,南接昭苏,为历来游牧民族优良牧地,气候温和,适于驻冬。故我疑阿里不哥所驻者为

---

① 屠寄:《蒙兀儿史记》卷一四八,第42页,《宗室世系表一·察阿歹汗诸子世系二》。

南岸，与阿鲁忽同为一地。阿鲁忽死后嗣位宗王亦多驻此。元至元间，海都并在此地设立行营。《元史·地理志》西北地附录，阿力麻里下注云："诸王海都行营于阿力麻里等处，盖其分地也。"阿力麻里为察合台领地，宗王笃哇为海都所立，附属海都，联合作战，故海都得在阿力麻里等处设立行营，其行营驻地我亦疑设在海努克旧城。据《马可波罗行纪》玉尔注称："1227年海都与忽必烈军队在伊犁河附近阿力马里克作战"，当亦是此处（《马可波罗行纪》玉注第二册第462页），但非海都分地。海都分地在海押立，在今巴勒哈什湖东南一带，阿力麻里在伊犁，属察合台领地，不可混同，徐松讥之甚是。但徐松谓阿力麻里亦曰叶密里（《西域水道记》卷四第32页），亦非。叶密里即额敏，原为贵由领地，现有旧城在额敏县附近。阿力麻里在伊犁克干山南麓，相隔数百里，不能认为是一地也。

以上所述是察合台汗国有关阿力麻里史料。察合台汗国在14世纪初叶又分裂为河中汗国及者台汗国即蒙古汗国两部，而蒙古汗国亦以阿力麻里为政治中心地，已见上文所述。总之，我们对于察合台汗国及者台汗国历史所知甚少，有关阿力麻里者则更少。仍希望城中将来有更多实物出现，再作订正和补充。

（原载《考古》1963年第10期）

黄文弼先生学术年表[*]

1893 年（清光绪十九年）

4 月 23 日（农历三月十八日）出生于湖北汉川县黄龙潭湖畔黄家嘴。

1911 年（宣统三年）

辛亥革命。时就读于汉阳府中学堂。

1915 年

考入北京大学哲学门。

1917 年

兼任哲学门、国文门研究所研究员。

此前用名黄芬，该年 12 月由教育部备案更名黄文弼。

1918 年

于北京大学哲学门毕业，任北京大学研究所国学门助教，其后历任讲师、副教授，直至 1930 年。

1920 年

《二程子哲学方法论》，由北京大学出版部出版。

《孟子政治学说释评》，刊于《唯是》第二册，唯是学报社编。

《中国婚制研究》，刊于《唯是》第三册。

---

[*] 本年表为黄烈原编，由朱玉麒增补。

1922 年

兼任北京大学图书馆编目工作。

《中国旧籍新分类法纲目》,由北京大学出版部出版。

《北京大学图书馆贵重书目》,由北京大学出版部出版。

1924 年

《拟编续四库书目录略说明》,由北京大学出版部出版。

1925 年

参加故宫清点工作。

1926 年

《山西兴化寺壁画名相考》《关于壁画之讨论》,刊于《北京大学研究所国学门月刊》1 卷 1 期,考古学专号。

1927 年

参加以斯文赫定、徐炳昶为团长的中瑞西北科学考察团,第一次赴内蒙古、新疆考察。

1930 年

结束新疆考察返回北平。

《蒙新旅行之经过及发现》,刊于《国学季刊》2 卷 3 期,北京大学国学季刊编辑委员会编。

《天山南路大沙漠探险谈》,刊于《女师大学术季刊》1 卷 3 期,北平女子师范大学编。

《居延海考》《西北科学考察团考古情形报告》《拜城博者克拉格沟摩崖》,刊于《女师大学术季刊》1 卷 4 期。

1931 年

任北平女子师范大学教授。

《新疆古物概容》,刊于《东方杂志》28 卷 5 号。

《高昌》(第一分本),西北科学考察团丛刊之一,《考古学》第1辑,由西北科学考察团理事会出版。

《高昌专集》(高昌第二分本),西北科学考察团丛刊之一,由西北科学考察团理事会出版。于1951年修订为《高昌砖集》(增订本),刊于《考古学时刊》二号,由中国科学院印行。

《楼兰之位置及其与汉代之关系》,刊于《史学年报》1卷3期,北平燕京大学历史学会编辑。

1932年

兼任《国学季刊》编委。

《高昌疆域郡城考》,刊于《国学季刊》3卷1期。

《兽形足盆形象考释》,刊于《国学季刊》3卷3期。

1933年

以教育部考察新疆教育文化专员身份第二次赴新疆考察。

《高昌陶集》,西北科学考察团丛刊之一,由西北科学考察团理事会印行。

1934年

从新疆返回北平,任西北科学考察团专任研究员,直至1937年。

1935年

任中央古物保管委员会委员兼西安办事处主任,主持整理西安碑林,1938年竣工开放。

《释居卢訾仓》,刊于《国学季刊》5卷2期。

《韩城禹门口记游》,刊于《禹贡半月刊》4卷4期。

《第二次蒙新考察记》,刊于《禹贡半月刊》4卷5期。

《由考古上所见到的新疆在文化上之地位》,刊于《禹贡半月刊》4卷6期。

1936 年

担任禹贡学会候补理事。

《罗布淖尔水道之变迁及历史的河源问题》,刊于《禹贡半月刊》5 卷 2 期。

《新疆考古发现与古代西域文化之关系》,刊于《蒙藏旬刊》120 期,南京蒙藏旬刊社编。

1937 年

抗战开始。任中国艺术史学会发起人之一。

1938 年

任国立西北联合大学(北平大学、北京师范大学、北洋大学等校抗战开始后迁西安成立临时大学,复迁陕西城固成立联大)教授。

《两汉通西域路线之变迁》,刊于《西北史地季刊》1 卷 1 期,西北史地学会编;又《西北论衡》6 卷 7 期,西安西北论衡社编;《甘肃民国日报》1942 年 7 月 30 日。

1939 年

任四川大学历史系教授,开始整理《罗布淖尔考古记》。

1940 年

《古代于阗国都之研究》,刊于《史学季刊》1 卷 1 期,成都史学季刊社编。

《古高昌国历史略述》,刊于《金陵学报》10 卷 1、2 期,成都金陵大学编。

《中国古代大夏位置考》,刊于《齐大国学季刊》新 1 卷 1 期,齐鲁大学国学研究所编。

1941 年

任中国边疆学会会员、教育部边疆教育委员会委员。

《前汉匈奴单于建庭考》,刊于《责善半月刊》2 卷 5 期,齐鲁大学国学研究所编。

1942 年

任西北大学(西北联合大学改名)历史、边政两系系主任。

《新疆地形概述》,刊于《边政公论》11、12 期合刊,重庆边政公论社编。

1943 年

受西北大学委托,随国父实业计划考察团第三次赴新疆考察。

《波斯古史及与中国文化之关系》,刊于《说文月刊》3 卷 10 期,重庆说文月刊社编。

《论匈奴族之起源》,刊于《边政公论》2 卷 3、4、5 合期。

《高昌国历史与文化》,刊于《西北日报》1943 年 12 月 6 日。

1944 年

从甘肃、新疆考察返校。

《史记源流及其体例》,刊于《说文月刊》4 卷。

《汉西域诸国之分布》,刊于《边政公论》3 卷 8 期。

撰写《西域诸国之种族问题》,后收入《西北史地论丛》。

《楼兰土著民族之推测》,刊于《边疆研究论丛》,成都金陵大学中国文化研究所编。

1946 年

《班超》,黄文弼、罗郁编著,由南京胜利出版公司出版。

赴武汉检视被战火毁坏之采集品遗存,赴甘肃洮河流域考察。

1947 年

回北平,就任北平研究院史学研究所专任研究员。

《古楼兰国历史及其在中西交通史上之地位》,刊于《史学集刊》第 5 期,北平研究院史学研究所编。

1948 年

《罗布淖尔考古记》,中国西北科学考察团丛刊之一,由北平研究院史学研究所、中国西北科学考察团印行。

1949 年

中华人民共和国成立。

《重论古代大夏之位置与移徙》,刊于《史学集刊》,北平研究院史学研究所编。

撰写《河西四郡建置年代》,后收入《西北史地论丛》。

1950 年

任中国科学院考古研究所研究员。

1954 年

《吐鲁番考古记》,《考古学特刊》丁种二号,由科学出版社出版;1958 年校订再版。

1956 年

撰写《焉耆博斯腾湖周围三个古国考》,后收入《西北史地论丛》。

1957 年

带领中国科学院考古研究所新疆考古队第四次赴新疆考察。

《塔里木盆地考古记序言摘要》,刊于《考古通讯》1957 年 3 期,中国科学院考古研究所编。

1958 年

从新疆返回北京。

《塔里木盆地考古记》,《考古学专刊》丁种第三号,由科学出版社出版。
1959 年

《新疆考古的发现》,刊于《考古》1959 年 2 期。

1960 年

《新疆考古的发现——伊犁的调查》,刊于《考古》1960 年 2 期。

1962 年

《略述龟兹都城问题》,刊于《文物》1962 年 7、8 期。

1963 年

《元阿力麻里古城考》,刊于《考古》1963 年 10 期。

撰写《谈古代塔里木河及其变迁》,后收入《西北史地论丛》。

1964 年

《亦都护高昌王世勋碑复原并校记》,刊于《文物》1964 年 2 期。

1965 年

任中国人民政治协商会议全国委员会第四届委员。

1966 年

"文化大革命"开始。于 12 月 18 日逝世。

(说明:1968 年,《罗布淖尔考古记》,由日本京都大安影印再版。1978 年,中国社会科学院考古研究所为黄文弼、陈梦家、颜间三位先生举行了追悼会。1981 年,黄文弼著,黄烈编《西北史地论丛》,由上海人民出版社出版。1984 年,黄文弼著,中国社会科学院考古研究所编《新疆考古发掘报告》(1957—1958)"中国田野报告集考古学专刊 25 号",由文物出版社出版。1988 年,日译本《黄文弼著作集》第一册《罗布淖尔考古记》,田川纯三译,由恒文社出版。1989 年,黄烈编《黄文弼历史考古论集》,由文物出版社出版。

1990年,日译本《黄文弼著作集》第二册《吐鲁番考古记》,土居淑子译,由恒文社出版。黄文弼遗稿,黄烈整理《黄文弼蒙新考察日记》,由文物出版社出版。2013年,荣新江编《黄文弼所获西域文献论集》,由科学出版社出版;朱玉麒、王新春编《黄文弼研究论集》,由科学出版社出版。2014年,荣新江、朱玉麒主编《西域考古·史地·语言研究新视野:黄文弼与中瑞西北科学考查团国际学术研讨会论文集》,由科学出版社出版。)

西域史地考察与丝绸之路研究的奠基之作

——黄文弼先生的《西域史地考古论集》

朱玉麒

一

本论集的作者黄文弼(1893—1966)先生是20世纪著名的考古学家、西北历史地理学家。

黄文弼字仲良,1893年出生于湖北汉川一个世代务农的贫苦家庭。其父由木匠而经商,家境稍裕,黄文弼得以在1911年开始就读于汉阳府中学堂。辛亥革命的浪潮激发了他寻求新思想、新知识的渴望,于1915年负笈北上,考入北京大学哲学门。

1918年,黄文弼毕业留校,担任国学研究所助教,历任讲师、副教授。在蔡元培、胡适、李大钊、沈兼士等师长的影响下,黄文弼致力于传统典籍的研究和学术新知的追求,其学术志向经过多次转型,由传统哲学,而目录学,而古物学,形成了多元的知识结构。在留校以来的10年间,他先后出版了《二程子哲学方法论》《北京大学图书馆贵重书目》《山西兴化寺壁画名相考》等代表性论著,奠定了他日后从事考古学与历史地理学的丰厚基础。

1927年中瑞西北科学考察团的成立，改变了黄文弼的学术命运。他以唯一的中国考古学者身份加入其中，于1927年5月9日首途，从此开始了长达三年多的内蒙古和新疆考察之旅，也开始了他终身从事的西北研究征程。

黄文弼一生四次考察新疆。第一次的征程，先在内蒙古地区获得了丰富的田野考察经验，并从姥弄苏木（鄂伦苏木）发现的一处废墟和数段残碑中，找到了汪古特部的根据地，成为此次考察的告捷首战。其后考察的秦长城、黑柳图、居延堡等遗址，都为日后北方史地的研究提供了重要的考古材料。进入新疆之后，黄文弼独立作业，在吐鲁番盆地、塔克拉玛干沙漠和罗布泊地区进行了中国学者第一次新疆考古的科学调查和发掘。后来高昌陶罐、吐鲁番墓志的成书，土垠遗址、南北两河的发现，都始于这一次的艰苦工作。

1933—1934年间，黄文弼以教育部考察新疆教育文化专员的身份，作第二次蒙新考察之旅。对于内蒙古地区的长城、居延塞，新疆的罗布淖尔，又再次进行了新的考察。著名的"居卢訾仓"汉简也正是此次在土垠考古所得。

1943年，黄文弼受西北大学委托，随国父实业计划考察团第三次赴新疆考察。这次从河西走廊西行，他主要考察了敦煌和新疆的北疆地区，足迹遍及巴里坤、木垒、奇台、吉木萨尔、阜康、昌吉、呼图壁、玛纳斯、乌苏、精河、伊宁、博乐、额敏、塔城、布尔津、阿勒泰等地。他还再度到南疆，考察了塔里木盆地北缘从焉耆、库车直到阿瓦提、乌什的一线，回程又在库尔勒、吐鲁番、哈密等地进行了访问，对当地的教育、民族状况给予了充分关注。第三次考察填补前两次考察所留下的大片空白,并为第四次的考察做了准备。

新中国成立之后的1957年,黄文弼以64岁的高龄,率领中国科学院的考古队前往新疆,成为他人生第四次也是最后一次西域考古经历。在一年多的时间里,除了对以往调查地区如库车的龟兹国古城遗址做重点挖掘外,他主要对过去未曾进行过考古工作的区域做了考古填补,如塔里木盆地东南隅的婼羌古城遗址和米兰古城遗址。在巴里坤和伊犁草原游牧地区,对土冢、石雕人像、岩画等过去忽视的民族文化遗存进行了详细的调查工作。

除了以上四次新疆考古,以及新疆文物考古事业是其终身的追求之外,黄文弼的一生还在文博、科研和教学的许多方面取得成就。他曾在1935年以中央古物保管委员会委员的名义在西安主持碑林的整理工作,用3年时间完成了新的西安碑林的开馆。抗战爆发,他辗转内地,先后担任西北联大、四川大学教授,1942年起,专任西北大学历史、边政两系系主任。抗战胜利后,他担任北平研究院史学研究所专职研究员,在1948年完成了《罗布淖尔考古记》的写作,并于当年出版。新中国成立以来,他担任中国科学院考古所研究员,始终从事在过去动荡的年代里未能完成的新疆考古资料研究工作,先后出版了《高昌砖集》(增订本)、《吐鲁番考古记》《塔里木盆地考古记》等专著。1965年,黄文弼先生还担任了第四届全国政协委员。但是,"文化大革命"爆发,黄文弼先生受到批判、抄家等巨大的冲击,不堪屈辱,不幸于1966年12月18日辞世,终年73岁。

黄文弼的一生与中国近现代动荡、剧变的时期相始终。从汉阳府中学堂到北京大学,他在中国遭受西方列强侵略、帝制覆灭、五四运动等等一系列剧变中成长起来,培养出奋发图强的爱国主义精神,其所从事的西北考古工作本身,也带有明显的道义担当;抗战八年的烽火中,他与同胞辗转流离,却始终紧抱着西北考察的资料不断撰述;新中国成立后,他仍旧老当益壮,直到遭受"文化大革命"的冲击而赍志以殁。关于黄文弼及其学术成果的研究,不是简单的关于一个个体人生的历程回顾,而是有关近现代中国知识分子乃至中国国家命运的探讨,也是有关中国当代考古学发展、西北历史地理学研究的学科探讨。

二

黄文弼先生是西北考古尤其是新疆考古学的奠基人,是中国考古学的先驱者。他的四次新疆考察,行程在38000公里以上,探查过的遗址有数百处,重点发掘的也有数十处,对所有的遗址都有详略不同的记录。因此,无论就其从事西北史地和新疆考古的时间之早、之长,还是就其考察领域之广、之深,以及取得成果的丰硕程度而言,黄文弼先生都是当之无愧的中国从事新疆考古的第一人。

黄文弼先生于1928年踏上新疆的土地开始从事考古调查,是中国在这一区域从事科学的考古工作的开创者。之前从19世纪后期开始的中亚探险与考察,一直是欧美和日本等东西洋各国的专利。代表着中国学术界对新疆地区从事学术研究主权意识的觉醒,黄文弼先生的西北考察担负着重大的使命。他克服重重困难,在第一次长达三年多的艰苦考察中,就获得了80多箱采集品,并在来年的1931年开始陆续公布相关的报告和研究成果。

西域史地考察与丝绸之路研究的奠基之作

黄文弼最早发表和出版的成果，主要是吐鲁番盆地的考古收获。他相继出版了《高昌专（砖）集》（1931年）和《高昌陶集》（1933年）。这些著作在出版不到一年的时间里，就得到向达、郑师许等中国第一流学者的学术评价，表彰"西北科学考查团之成绩在中文著述方面，目前不能不以黄君之收获为最大焉"（向达语），称道作者的科学研究"既不盲从汉人种西来陋说，又不误信中国文化高于一切的怪论"（郑师许语）。

黄文弼的吐鲁番研究成果，后续还有《高昌砖集》增订本（1951年）、《吐鲁番考古记》（1954年）的出版。对于吐鲁番盆地的陶制品、砖志、文书，黄文弼的采集品自成系列，并都给予了出色的研究。他的《兽形足盆形象考释》《高昌疆域郡城考》《高昌国官制表》《高昌国麴氏纪年》《宁朔将军麴斌造寺碑校记》《张怀寂墓志铭校记》和《亦都护高昌王世勋碑复原并校记》等论文，奠定了后来高昌史研究的基础。从1930年代到1950年代，日本学术界一些著名的西域史专家如水野清一、藤枝晃、石田幹之助等，都跟踪黄文弼西域考古著作的出版，而及时将出色的书评在日本发布。如见到黄文弼《高昌陶集》的考古报告脱离了中国古器物学的僵局而具有了科学考古学的面貌，水野清一由衷地欢呼说："考古学渐渐被采用了其本来应有的面目形式，这是应该为中国考古学庆贺的吧！"

黄文弼以《罗布淖尔考古记》为代表的著作，体现了中国学者在罗布泊地区研究的最早成果。他在这一领域的突出贡献，一是土垠遗址及其汉简的发现和研究，二是孔雀河北岸古道和各类遗址的发现与研究。土垠汉简是新疆地区发现时间最早数量最多的一批西汉简牍，结合这批汉简和考古遗址的判断，黄文弼对西汉经营西域的职官、交通、仓储等方面，做出了新论。土垠遗址因此被认为是继楼兰古城之后在罗布泊地区第二个最重要的大发现。而孔雀河南北两岸文化的差异揭示,对研究这一地区的孔雀河道、楼兰城址变迁,都具有十分重要的意义。

《塔里木盆地考古记》体现了黄文弼在更大的区域内对新疆环塔里木盆地周边绿洲古国遗址的深入调查和研究成果。他对塔里木盆地的焉耆、库尔勒、轮台、库车、沙雅、拜城、和田、于田、皮山、叶城、巴楚、喀什、阿克苏等地区的各类遗迹都做过丰富的考察,并且从沙雅出发,穿越塔克拉玛干沙漠抵达于田,对沙漠腹地的河流和遗址做了细致的调查。他在焉耆、龟兹、于阗(今于田)等古国都城及重要遗址的研究中,发挥了熟悉传世文献的优长,从而与实地考察结合,做出了二重证据法的切实考证。

黄文弼的最后一份新疆考古报告是《新疆考古发掘报告(1957—1958)》,生前已经完成初稿,在其身后由孟凡人先生根据遗稿整理出版。其中在哈密、伊犁等地的考古工作,填补了黄文弼在北疆草原遗址考古方面的空白。《元阿力麻里古城考》也是对于草原丝路遗址的重要成果。

黄文弼在西北学术考察和研究方法论上的特色,一是他对考古学、历史学和地理学等多种学科的并重,二是对西北地区的遗址点考察与丝绸之路广阔区域面的有机结合。因此其在西北历史地理学方面的研究成果,突破了清代西北史地学片面注重文献的局限,而获得了考古学实物的印证;而其考古遗址的个案调查,又得以在传世典籍中获得文献依据,取得了二重证据的相互印证。他的一些考证丝绸之路交通和民族迁徙的论文,如《汉西域诸国之分布及种族问题》《张骞使西域路线考》《谈古代塔里木河及其变迁》《大月氏故地及西徙》《楼兰土著民族之推测及其文化》等,都体现了黄文弼在一个学术新时代里守正出新、开创西域研究新局面的追求。

三

黄文弼有关西域考古和历史地理研究的成果,有的散落在民国以来的各种刊物上,有的则凝聚在其著名的"三记"(《罗布淖尔考古记》《吐鲁番考古记》《塔里木盆地考古记》)"两集"(《高昌专集》《高昌陶集》)和后来的《新疆考古发掘报告(1957—1958)》中。黄文弼先生晚年,拟编《西北史地论丛》而未果,在其身后,由其哲嗣黄烈先生完成了这一遗愿,《西北史地论丛》于 1981 年由上海人民出版社出版。其后的 1989 年,黄烈先生又从其考古报告中粹选其重要的论述部分,分别给以恰切的论文题目,与《西北史地论丛》中大部分的史地论文合刊,以"黄文弼历史考古论集"为书名在文物出版社出版。黄烈先生的选集,确实非常准确地传达了黄文弼西北考古与史地研究的重要成果。这两本选集在近 30 年来的丝绸之路和西域研究中,与黄烈先生在 1990 年整理出版的《黄文弼蒙新考察日记(1927—1930)》一起,成为研究者的案头必备。如今,它们也与早年的"三记""两集"一样,成为稀缺的书籍。

征得黄文弼后人的同意,商务印书馆以"西域史地考古论集"的书名,出版黄文弼先生西域历史考古研究成果的选集,收入"中华现代学术名著丛书",以应流布之需。笔者受出版社的委托,根据篇幅的限定,对《黄文弼历史考古论集》的篇目做出了调整和筛选。这个选本,更集中于有关西域地区的历史考古成果,以及丝绸之路交通、民族方面的专题。除了对论文中一些笔误的修订、部分地图的修正外,基本上都维持了原来的面貌。这篇导读文字,也对黄烈和孟凡人二位先生的研究成果多有参考,谨此致意。

           2015 年 11 月 16 日